Kunst-Reiseführer in der Reihe DuMont Dokumente

Zur schnellen Orientierung – die wichtigsten Orte Grönlands auf einen Blick:
(Auszug aus dem ausführlichen Ortsregister S. 338–341)

Aasiaat	281	Narsarsuaq	271
Ammassalik/Tasiilaq	304	Niaqornat	298
Brattahlid	32	Nuuk	229
Habets Ø	239	Paamiut	274
Igaliku	273	Qaanaaq	301
Ilulissat	289	Qaqortoq	248
Ittoqqortoormiit	308	Qasigiannguit	287
Kangerlussuaq	280	Qeqertarsuaq	296
Maniitsoq	276	Sermermiut	292
Nanortalik	242	Sisimiut	276
Narsaq	268	Søndre Strømfjord	280
Narsaq Kujalleq	244	Uummannaq	298

< In der vorderen Umschlagklappe: Übersichtskarte von Grönland

In der hinteren Umschlagklappe: Stadtplan von Nuuk >

Heinz Barüske

Grönland

Kultur und Landschaft am Polarkreis

DuMont Buchverlag Köln

Umschlagvorderseite: Sisimiut, Westgrönland
Umschlaginnenklappe: Stabkirche von Paamiut, Westgrönland
Umschlagrückseite: Eisberge in Ostgrönland
Frontispiz: Eskimokonferenz in Sisimiut, Westgrönland

CIP-Titelaufnahme der Deutschen Bibliothek

Barüske, Heinz:
Grönland : Kultur und Landschaft am Polarkreis / Heinz Barüske. – Köln : DuMont, 1990
  (DuMont-Dokumente : DuMont-Landschaftsführer)
  ISBN 3-7701-1544-9

© 1990 DuMont Buchverlag, Köln
Alle Rechte vorbehalten
Satz und Druck: Rasch, Bramsche
Buchbinderische Verarbeitung: Bramscher Buchbinder Betriebe

Printed in Germany   ISBN 3-7701-1544-9

Inhalt

Vorwort 10

Historischer und kulturhistorischer Überblick

Die frühen Kulturen der Eskimo: Mythos und Geschichte 13
Die grönländische Genesis. 13
Independence I. 15
Die Saqqaq-Kultur. 16
Die Jäger der Dorset-Kultur 21
Die Thule-Kultur 23
Die Inussuk-Kultur. 24

Beginn des europäischen Einflußes 26
Die Normannenzeit: Erik der Rote 26
Ein Bistum in Grönland 28
Das Leben auf den Höfen 29
Das Ende der nordischen Siedler 35

Das Zeitalter der Entdeckungsreisen 36
Erste Expeditionen 36
Europäer in der Arktis 38
Walfänger und Tauschhandel 43

Grönland vor der Kolonialisierung 48
Die traditionelle Eskimokultur: Weltanschauung und soziales Leben 48

Kolonialisierung und Missionierung 70
Die Mission von Hans Egede 70
Grönland als dänische Kolonie 75
Die religiöse Situation 79
Der Umbruch im 19. Jahrhundert 81
   Der dänisch-englische Krieg und seine Folgen 81
   Erneute Missionierungen 85
   Die Erforschung Grönlands 85
      Die mineralogischen Forschungen von Giesecke 86
      Scharfe Kritik an der dänischen Kolonialisierung 92

Germania in Grönland 93
Die Frauenbootexpedition von Gustav Holm 95
Kulturelle Blütezeit in Nuuk 97
Die Herrnhuter in Grönland 100
Grönländische Vorsteherschaften 103
Wirtschaftliche Ausbeute der Kolonie 104
   Rink in Grönland 107

Grönland im 20. Jahrhundert 109
Expeditionen nach der Jahrhundertwende 109
Die politische Entwicklung 134
Grönland und der Zweite Weltkrieg 139
Erneuerung des Gemeinwesens 142
Grönland wird dänische Provinz 144
Das Geburtsortkriterium und die Folgen 146
   Auf der Suche nach Bodenschätzen 148
Einführung der Selbstverwaltung 150
Die wirtschaftliche Situation 155
   Grönland und die EG 156
Zeittafel zur Geschichte 157

Die grönländischen Kulturträger

Die Literatur 162
Archaische Dichtung 162
Christlich-religiöse Literatur 163
Grönländische Lyrik neuerer Zeit 164
Die neue Prosa 166

Die Sprache 170

Die bildende Kunst 172

Grönlands Natur

Das Inlandeis 206

Eisberge 210

Geologischer Aufbau 212
   Schmucksteine 213

Klima 215

Flora und Fauna 218

Grönlands Nationalpark 225

Orts- und Routenbeschreibungen

Nuuk 229
Stadtrundgang 231
Ausflüge in die Umgebung von Nuuk 236

Nanortalik und Umgebung 242

Qaqortoq 248
Ausflüge in die Umgebung von Qaqortoq 266

Narsaq 268
Tagesausflüge von Narsaq 271

Narsarsuaq 271
Nach Igaliku 273

Die Küste Richtung Norden 273
Søndre Strømfjord 280

Disko-Bucht 281
Aasiaat und Umgebung 281
Qasigiannguit und Umgebung 287
Ilulissat und Umgebung 289
Zur Disko-Insel 296

Uummannaq und Niaqornat 298

Qaanaaq, das frühere Thule 301

Die Ostküste 304

Ausgewählte Literatur 310
Abbildungsnachweis 312

Praktische Reiseinformationen 313

Register 338

Praktische Reiseinformationen

Inhalt

Landeskundlicher Überblick
Lage und Größe 313
Klima 313
Vegetation 313
Fauna 313
Ökologie 314
  Zum Problem der Robbenjagd . . . 314
Bevölkerung 315
Religion 315
Wirtschaft 316
Politische Situation 316
  Im Spannungsfeld militärischer
  Interessen (von Sabine Barth) 316
Verwaltung 318
Tourismus 318
Kommunen in Grönland 319
  Übersicht über die Ortsnamen
  (grönländisch-dänisch) 322

Vor Reiseantritt
Informationsstellen 323
Kartenmaterial 324
Reisepapiere 324
Diplomatische Vertretungen 324
Reisezeit 325
Gesundheitsvorsorge 325
Zollbestimmungen 325

Anreise
. . . mit dem Flugzeug 326
. . . mit dem Schiff 326

Kurzinformationen von A–Z
Alkohol 326
Ärztliche Versorgung 326
Camping 327
Einkäufe und Souvenirs 327
Elektrizität 327
Essen und Trinken 327
Entfernungen in Grönland 328
Feste und Feiertage 329
Fotografieren 329
Geld und Geldwechsel 329
Kleidung 329
Museen und kulturelle Institutionen . 330
Öffnungszeiten 331
Post und Telefon 331
Preisniveau 331
Radio 331
Reisebüros 331
Sperrzonen 332
Sprache 332
Taxi 332
Trinkgeld 332
Unterkunft 332
Verkehrsmittel 332
Wissenschaftliche Institutionen 333
Zeit 333
Zeitungen 333

Urlaubsaktivitäten
Angeln 334
Bergsteigen 334

Expeditionen 334
Hundeschlittentouren 334
Jagen 335
Kajaktouren 335
Wanderungen 335
Wintersport 335

Südgrönland 336
Westgrönland 336
Die Disko-Bucht 336
Die Westküste 337
Die Ostküste 337

Routenvorschläge
Auf den Spuren der Nordleute 336

Register 338

Vorwort

Grönland, die Rieseninsel im hohen Norden, ist nicht mehr das ferne exotische Land in der Arktis, das mit seinem gewaltigen Inlandeis, den Gletschern, Fjorden und Bergen, mit seinen Seehunde und Eisbären jagenden Eskimo und den Hundeschlitten oft zum spannenden Lesestoff älterer Bücher gehörte.

Das Grönland von heute bietet immer noch diese grandiosen Landschaften aus alten Zeiten, während seine Menschen zu einem modernen Gemeinwesen zusammengewachsen sind, das seit 1979 über eine interne Autonomie verfügt. Dadurch konnten die Grönländer als einzige Volksgruppe der Inuit – wie sich alle Eskimo von Ostgrönland bis nach Nord-Alaska nennen – einen relativ selbständigen Staat bilden, der jedoch Teil der dänischen Reichsgemeinschaft ist.

Die Autonomie erleichtert der ehemaligen dänischen Kolonie das Bewahren ihres kulturellen Erbes. Dazu gehörte zuallererst die Wiederbelebung der eigenen Sprache. Das Grönländische wurde nach Einführung der internen Selbstverwaltung *(Hjemmestyre)* erste Sprache des Landes, womit wohl der wichtigste Schritt zur Erhaltung der Identität der Grönländer getan war. Eine ausgewogene Politik Grönlands unter der Leitung des seit 1979 amtierenden Premiers Jonathan Motzfeldt sorgte dafür, daß Grönland den Kontakt mit der Welt nicht verlor, sondern intensivierte.

Grönland hat eine überaus interessante Entwicklung genommen, die gegenwärtig von zwei Strömungen gekennzeichnet ist: Einerseits versucht man, die kulturellen Wurzeln wiederzuentdecken und neu zu beleben, um so zu einer kulturellen und sozialen Identität zu finden – ein besonders brennendes Problem nach Jahrhunderten des Kolonialstatus –, während anderseits der technische Fortschritt und der Import westlicher Wertmaßstäbe und Statussymbole eine Fülle von wirtschaftlichen, ökologischen und sozialpolitischen Problemen mit sich bringt. Trotz großer Anstrengungen der Grönländer nach ihrem Mündigwerden konnten die vielen Probleme nicht ohne weiteres gelöst werden. Zu viele Übel hatten sich in das Land eingeschlichen. Zu den drängendsten Problemen ist die zeitweise bedrohlich werdende Bevölkerungsexplosion ebenso zu zählen wie Wohnungsnot, Unterbeschäftigung, Alkoholismus und steigende Kriminalität. Der rasche Umstieg der Grönländer vom Kajak in den modernen Fischkutter und Trawler ermöglichte den Aufbau einer fisch- und garnelenverarbeitenden Industrie, die heute den Haupterwerbszweig der Bevölkerung darstellt.

Trotzdem sind die Grönländer in ihrer Grundtendenz im Hinblick auf ihre Zukunft optimistisch – eine Folge ihrer langen Tradition bei der Erarbeitung von Überlebenstechniken. Dabei ist ihnen das Nachspüren der eigenen Vergangenheit als Fundus für Selbstfindung und Selbstbewußtsein hilfreich. Und diese Vergangenheit reicht weit in die Prähistorie zurück. Man muß schon mehr als 4000 Jahre zurückdenken, um auf die ersten Einwanderungswellen der Inuit vom amerikanischen Kontinent zu stoßen. Den ersten Kontakt zu

Europa gab es vor über 1000 Jahren, als Erik der Rote sich in Südgrönland niederließ und die beiden nordischen Kolonien Eystribygd und Vestribygd entstanden.

Bis ungefähr 1500 lebten in Grönland die Normannen – wie diese nordischen Siedler meist in der deutschen Literatur bezeichnet werden –, die Hans Egede zweihundert Jahre später vergeblich zu reformieren versuchte. Als er »die alten Norweger« nicht fand, begann er die Eskimo zu christianisieren und leitete damit eine neue Entwicklung in Grönland ein, die das Leben der Eskimo weitreichend veränderte.

Nun hatten allerdings in den beiden Jahrhunderten zuvor die Bewohner Grönlands bereits Europäer kennengelernt. Walfänger waren es aus verschiedenen europäischen Ländern, darunter auch Deutsche von der nordfriesischen Küste, die zu Hunderten Jagd auf die Wale machten.

Mit den ersten Berührungen zur europäischen Welt, die in Gestalt von Missionaren, Kolonialbeamten und Abenteurern nach Grönland kam, verlor die Insel ihre Selbständigkeit, die sie – in eingeschränktem Maße – erst in unserer Zeit wiedererlangen konnte. War das 18. Jh. das Zeitalter der Christianisierung der als heidnisch und gottlos stigmatisierten Eskimo, begann mit dem 19. Jh. das Zeitalter der Expeditionen. Grönland, die größte Insel der Erde, sollte erforscht werden und lockte zahlreiche Abenteurer an, von denen viele ihr Leben im ewigen Eis ließen. Nachdem Grönland ungefähr zweihundert Jahre dänische Kolonie war und seit 1953 als integraler Bestandteil Dänemarks galt, erhielt es 1979 die interne Selbstverwaltung. Damit wurde der Weg frei für ein Volk, sich auf die Suche nach der eigenen kulturellen Identität zu begeben. So haben sich die Grönländer daran gemacht, die Zukunft mit der Vergangenheit zu verbinden.

Grönland – das heute Kalaallit Nunaat heißt – ist erst seit den 50er Jahren für den Tourismus geöffnet. Immernoch geht von dieser Insel eine besondere Faszination aus. Da ist diese einmalige arktische Natur mit ihren extremen Bedingungen, die so viele Überraschungen bereithält, und da ist eine schillernde und vitale Gesellschaft einer jungen Nation mit jahrtausendealten Wurzeln, die sich in einem atemberaubenden Entwicklungsprozeß befindet.

Ein Besuch Grönlands ist ebenswo aufregend und interessant wie lehrreich. Das möchte dieses Buch vermitteln. Es will die Entwicklung des grönländischen Volkes erkennbar machen und zugleich Einblick geben in Grönlands einmalige und zugleich faszinierende arktische Landschaft. Und es soll auch den Gästen Grönlands Hinweise geben, um sich in diesem Land umsehen zu können und dadurch bemerkenswerte Teile dieser größten Insel unserer Erde kennenzulernen.

Zur Sprachregelung: Generell richten sich in diesem Buch Ortsnamen und Regionenbezeichnungen nach der grönländischen Sprache. Zur Aufschlüsselung in die alten dänischen Kolonialnamen sei auf die Übersicht über die Ortsnamen im Gelben Teil (S. 321 f.) verwiesen. Konzessionen an den sich nur zögerlich der politischen Entwicklung anpassenden Sprachgebrauch werden gemacht in den Fällen Søndre Strømfjord (auf grönländisch Kangerlussuaq), weil es der Zielflughafen ist, Disko-Bucht und Ammassalik (auf grönländisch Qeqertarsuup Tunua und Tasiilaq) aus touristischen Gründen und beim Kap Farvel (auf

VORWORT

grönländisch Uummanarsuaq), Grönlands Südspitze, aus seefahrtechnischen Gründen. Bei der Wiedergabe altnordischer Namen im Zusammenhang mit der Darstellung der Normannensiedlungen in Grönland wurden die spezifischen altnordischen Buchstaben ð und þ (p) zu d und Th (th) transkribiert. Auch wurde bei den entsprechenden Namen auf das Akzentsystem verzichtet.

Als Konzession an den Sprachgebrauch ist hier auch in der Regel von den Eskimo bzw. Grönländern und Grönländerinnen die Rede und seltener von den Inuit, was sowohl historisch als auch ethnosoziologisch korrekt wäre. Inuit – das heißt übersetzt »Menschen« – ist auch die Selbstbezeichnung der Grönländer.

Wie die Sprachregelung, so spiegelt auch die Kartensituation die Geschichte Grönlands wieder: Die Straßennamen sind in allen Stadt- und Regionalplänen sowie im Straßenbild selbst mal auf dänisch, mal auf grönländisch ausgewiesen. Demnach ließ sich auch in der Karte dieses Reiseführers keine Vereinheitlichung ins Grönländische erreichen.

Abschließend möchte der Verfasser der Direktorin des Instituts für Eskimologie der Kopenhagener Universität, Frau Mag. art. Inge Kleivan, und Herrn Poul Bo Christensen von Grønlands Hjemmestyres Danmarkskontor für wertvolle Hinweise bei der Abfassung dieses Werks danken.

Berlin, im September 1990   Heinz Barüske

Historischer und kulturhistorischer Überblick

Die frühen Kulturen der Eskimo: Mythos und Geschichte

Die grönländische Genesis

Grönland, die größte Insel unserer Erde, ist die Heimat von Menschen, deren Ursprung sich in den dunkelsten Zeiten unseres Wissens verliert. Die Märchen und Sagen der Eskimo, die sich selbst Inuit – Menschen – nennen, die in früheren Jahrhunderten aufgezeichnet wurden, geben eine Ahnung von der Herkunft der Eskimo. Sie hatten ihre ursprüngliche Heimat wohl in Sibirien, kamen über die Bering-Straße nach Alaska, blieben zum Teil dort, wanderten aber auch weiter nach Kanada und schließlich nach Grönland.

Aufschlußreich ist die eskimoische Variante von der Entstehung der Erde, wie sie in einem alten Märchen überliefert ist:

»Unsere Vorväter haben viel vom Enstehen der Erde erzählt, damals, vor langer, langer Zeit. Sie konnten die Worte nicht in Strichen verstecken wie später die weißen Männer. Sie erzählten nur, die Menschen, die damals lebten. Sie erzählten von vielen Dingen. Und darum sind wir nicht unwissend. Alte Frauen reden nicht einfach so dahin, und wir glauben ihnen: im Alter gibt es keine Lüge. Damals, vor langer, langer Zeit, als die Erde entstehen sollte, stürzte sie von oben herab. Erde, Felsen und Steine, hoch vom Himmel hernieder. Und dann kamen die Menschen. Kleine Kinder kamen aus der Erde heraus, aus Weidenbüschen, und sie lagen darunter mit geschlossenen Augen und zappelten; denn sie konnten nicht einmal krabbeln. Ihre Nahrung bekamen sie von der Erde.

Von einem Mann und von einer Frau wird erzählt. Aber wie? Das ist rätselhaft. Wann hatten sie sich bekommen? Wann waren sie groß geworden? Man weiß es nicht. Aber die Frau näht Kinderkleider und wandert hinaus. Sie findet die Kindlein, zieht sie an und bringt sie nach Hause.

So wurden es viele Menschen.

Als es nun viele waren, wollten sie Hunde haben. Und ein Mann geht hinaus und stampft auf die Erde. Er schwenkt einen Hundezugriemen in der Hand und ruft laut: »Hok, hok, hok!« Und aus den Hügeln springen die Hunde, und sie schütteln sich ordentlich; denn sie sind voller Sand.

So bekamen die Menschen die Hunde.

Und die Menschen vermehrten sich immerfort und wurden mehr und mehr. Und sie wurden uralt; denn es gab keinen Tod. Zuletzt konnten sie nicht mehr gehen. Sie wurden blind und mußten liegen. Sie kannten auch nicht die Sonne. Sie lebten im Dunkeln. Nur im Hause hatten sie Licht. Sie brannten Wasser in den Lampen. Damals konnte Wasser noch brennen.

Aber die Menschen, die nicht zu sterben verstanden, wurden viel zu viele. Sie überfüllten die Erde. Und da kam eine Meeresflut, und es wurden weniger Menschen. Spuren dieser Meeresflut findet man noch auf hohen Felsgipfeln, auf denen man hin und wieder Muscheln sehen kann.

DIE FRÜHEN KULTUREN: ESKIMOISCHE GENESIS

»Sage vom Entstehen von Sonne und Mond«, Ölgemälde von Hans Lynge

Als es nun weniger Menschen waren, fingen zwei alte Frauen zu reden an: »Laß uns bloß ohne Tag sein, wenn wir damit auch ohne Tod sind!« sagte die eine. Sie hatte wohl Angst vor dem Tode.
»Nein«, sagte die andere, »wir wollen beides haben, Licht und Tod.«
Und als dies die alte Frau aussprach, wurde es so: das Licht kam und der Tod.
Als die Menschen nun das Licht bekommen hatten, konnten sie auf Fang fahren und brauchten nicht länger von der Erde zu essen. Und mit dem Tod kamen die Sonne, der Mond und die Sterne. Denn wenn die Menschen sterben, steigen sie hinauf zum Himmel und beginnen zu leuchten.«

Diese eskimoische Genesis wurde in den Jahren 1903–1904 von dem dänischen Grönlandforscher und Eskimologen Knud Rasmussen (1879–1933) im Kap York-Distrikt (Nordwestgrönland) aufgezeichnet, dem dieses Märchen eine 60jährige Polareskimofrau namens »Arnâluk« erzählt hatte. Zwei Dinge sind schon in dieser von Generation zu Generation mündlich überlieferten Geschichte vorhanden: die Hunde und der Fang, womit in Grönland immer der Fang von Meeressäugern und Landtieren gemeint ist. Der Fang sicherte den Eskimo ihr Leben, und ohne die Hunde hätten sie sich auf die Dauer wohl kaum in ihrer arktischen Heimat behaupten können.

Die Kosmogonie der Eskimo bestand nicht aus ausgearbeiteten Mythenzyklen, sondern in einer allgemeinen Vorstellung einer Urzeit und einer großen Anzahl ätiologischer Mythen, die die Entstehung verschiedener Naturphänomene sowie der Geisterwelt und der Lebewesen schildern.

Die Ostgrönländer hatten die Vorstellung von einer ersten Erde, die ganz flach war und von ihrem Schöpfer zerstört wurde, da er mit den Menschen nicht zufrieden war. Die in das Weltbild hineinwirkenden unermeßlichen Eismassen erscheinen als das vorläufige Endprodukt der Zerstörung der ersten Welt: in deren Folge strömte Wasser von allen Seiten herbei und gefror. Die neue Erde ist vollkommen mit Eis bedeckt, das allmählich schmilzt. Diese Gustav Holm während einer Expedition in Ostgrönland 1884 erzählte Geschichte hat allerdings schon christliche Elemente.

Independence I

Mit dieser Kultur beginnt das über viele Jahrtausende reichende Spektrum jener arktischen mit Grönland verbundenen Perioden, denen man bestimmte Namen gegeben hat. Soweit man heute Kenntnis von diesen verschiedenen Kulturen hat, kamen die ersten Menschen um 2500 v. Chr. nach Grönland. Funde, die der dänische Archäologe und Eskimologe Eigil Knuth im Nordwesten Grönlands bei Gammel Nuulliit machte, beweisen das. Eigil Knuth hat die Zeit, in der die ersten Inuit nach Grönland kamen, Independence I, nach dem gleichnamigen Fjord an der Nordküste, bezeichnet. Möglicherweise aber können die Funde von Gammel Nuulliit Zeugnis einer noch älteren Tradition sein, die ebenfalls Merkmale von Saqqaq aufweist.

Die Menschen der Independence I-Gruppe waren von Westen gekommen. Die nordamerikanischen Inseln gleichsam als Sprungbrett benutzend, hatten sie den Smith-Sund überquert und waren an Grönlands Nordküste entlanggezogen, ständig auf der Jagd nach Moschusochsen, Rentieren und Robben. Auf durch Landhebung entstandenen Strandterrassen hat man Spuren von ihnen gefunden, weiß aber nicht, ob sie sich nicht auch entlang der Ostküste in südliche Richtung begeben hatten (im Gebiet des Brønlund Fjords, auf der Prinsesse Ingeborg-Halbinsel, auf Kap Holbæk im Danmark Fjord, nördlicher an einem Fjordarm im Peary-Land und 800 km Luftlinie nach Süden an der Zackenberg-Bucht gegenüber der Clavering-Insel). Die auf den Terrassen liegenden Wohnplätze müssen von eigenartigem Gepräge gewesen sein. Die höchste Terrasse lag ca. 12 m über dem jetzigen Wasserspiegel, die niedrigste 2,5 m. Aber man entdeckte auch noch höher liegende Wohnplatzterrassen. So fand man an einigen Stellen im Peary-Land Reste von Behausungen auf Terrassen in einer Höhe zwischen 15 m und 23 m. Archäologische Untersuchungen ergaben, daß die Häuser sehr niedrig und mit der Front zum Wasser gerichtet waren. Auf den Abfallhaufen vor den Häusern ließen sich auch Reste von Gerätschaften entdecken. Während man dort aber nur ein einzelnes Stück von einem Rentiergeweih entdeckte, kamen einige Reste von Tierknochen zum Vorschein. Die Rentierherden waren vermutlich weiter nach Süden gezogen.

Analysen von Holzkohleresten haben bewiesen, daß diese Gegend im Zeitraum von 2600–2000 v. Chr. von Menschen bewohnt war. In dieser Zeit kam es zu Wärmeperioden, die ein Bewohnen dieses nordöstlichen arktischen Gebiets möglich machten, wie aus den Dansgaardschen Klimakurven hervorgeht. Der dänische Professor Willi Dansgaard hat sich speziell mit naturwissenschaftlich-physikalischen Problemen in Grönland befaßt. Klimaveränderungen können mit einiger Genauigkeit in Grönland durch Analysen von Bohrker-

DIE FRÜHEN KULTUREN: SAQQAQ

nen des Inlandeises festgestellt werden. Die Resultate solcher Untersuchungen wurden in den Dansgaardschen Klimakurven zusammengefaßt, die ein genaues Bild von den klimatischen Veränderungen vermitteln.

Da im äußersten Norden Grönlands zur Zeit der Independence I-Kulturperiode die Fjorde weniger vereist waren als heute, konnte man leichter an Treibholz gelangen. Und an der Küste waren Robbenfang und Fischerei möglich. Man hat sogar im Peary-Land auf einer Wohnterrasse an einem Seitenarm eines Fjordes Reste von zwei Walen gefunden, die aus jener Zeit stammen könnten, in der auch Walfang an der Küste betrieben wurde. Die Menschen der Independence I-Zeit waren Jäger und Fischer und wechselten deshalb die Wohnplätze öfter. Bis heute gibt es noch keine gültigen Angaben über die Bevölkerungsgröße. Darüber gibt auch die Zahl der aufgefundenen Wohnplätze keine Auskunft. Doch ist mit Sicherheit anzunehmen, daß es sich immer nur um kleine Gruppen handelte, die in dieses Gebiet eindrangen und es als ihren Lebensraum in Besitz nahmen.

Grundsätzlich – und das kennzeichnet die weitere Entwicklung der Eskimo-Kulturen – kann von einer schrittweisen Anpassung an die Umwelt ausgegangen werden, die v. a. anhand der Jagdgewohnheiten sichtbar wird. Waren die ersten Eskimo Inlandjäger und Fischer, also auf die Küstenstreifen orientiert, erfolgte mit der Robbenjagd der Saqqaq- und Dorset-Leute eine weitere Anpassung an das Meer, die mit der Waljagd ausgebaut wurde (Thule und Inussuk).

Die Saqqaq-Kultur

Ungefähr zeitgleich mit dem Eindringen der Inuit der Independence I-Periode erreichen ab 2400 v. Chr. Mitglieder einer anderen Gruppe Grönland, die man nach einem Wohnplatz der Westküste die Saqqaq-Gruppe nennt. Sie besiedelten offenbar vornehmlich die Westküste. Die Fundorte dort liegen bei Saqqaq, bei Itinnera im Gebiet des Nuuk Fjords und bei Sermermiut in der Disko-Bucht sowie auf der Insel Qeqertasussuk. Aber auch an der Ostküste sind bei archäologischen Grabungen bei Ammassalik und Ittoqqortoormiit aussagekräftige Funde gemacht worden, die auf Menschen dieser Kulturgruppe hindeuten.

Die Funde bei *Itinnera* geben vor allem Aufschluß über eine Jagdart der Saqqaq-Mitglieder: die Rentierjagd, die mit Pfeil und Bogen betrieben wurde. 90 % aller dort aufgefundenen Knochen stammen von Rentieren. Andere Funde aber deuten darauf hin, daß die Rentierjagd nicht die einzige Existenzgrundlage dieser Menschen war, sondern daß auch die Robbenjagd in ebenso starkem Maß zur Ernährung beitrug wie wohl auch das Fangen von Lachsen und Forellen im Hochsommer.

Mit den Saqqaq-Gruppen kamen auch erstmalig Hunde nach Grönland. Ob die Tiere jedoch da schon zum Schlittenziehen, als Jagd- oder Lasttiere eingesetzt wurden, ist unbekannt. Die Ausgrabungen auf Qeqertasussuk von 1984 ließen nur Schlüsse auf die Größe der Tiere zu, die mit der der heutigen grönländischen Hunde zu vergleichen ist.

1960 hatte man im Gebiet des Nuuk Fjords die Überbleibsel eines Hauses ausgegraben, dessen Grundriß die Maße 8 × 8 m aufwies. In der Mitte war die Feuerstelle, die auf drei

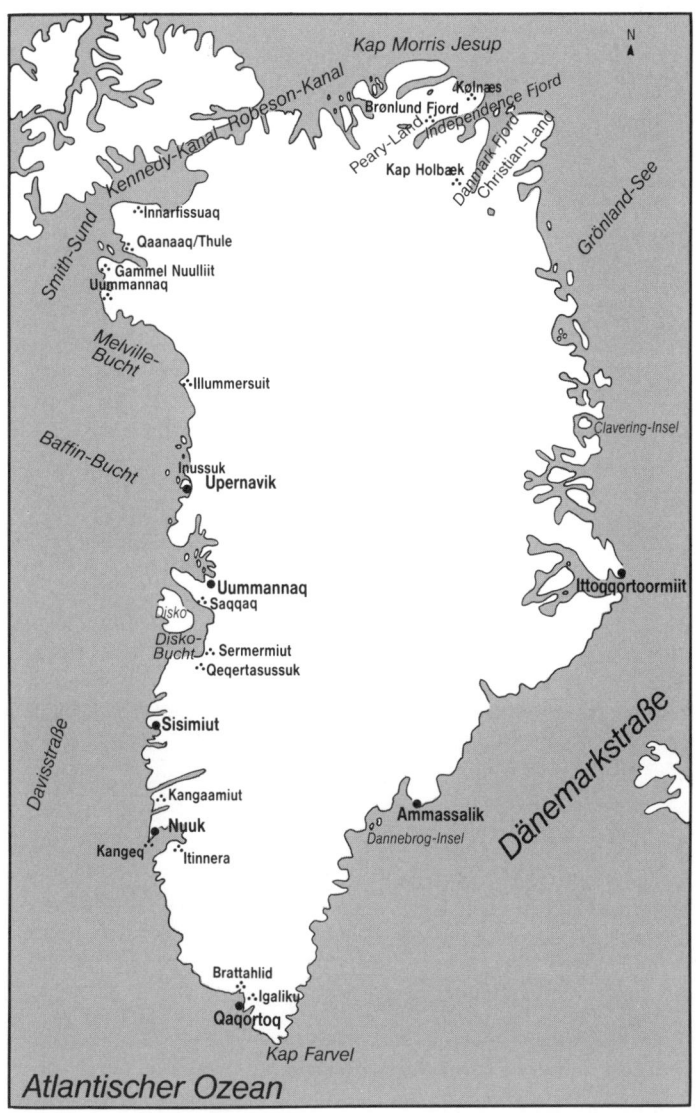

Archäologische Fundstätten

Seiten mit flachen Steinen abgegrenzt war und in der man faustgroße Steine fand, die deutliche Feuerspuren trugen. Man kann annehmen, daß diese Steine zum Glühen gebracht wurden, um damit das Haus zu erwärmen, da die Lampen der Saqqaq-Leute nur sehr klein waren und – im Gegensatz zu den Lampen späterer Bewohner Grönlands – ausschließlich

DIE FRÜHEN KULTUREN: SAQQAQ

der Beleuchtung dienten. Um die Feuerstelle herum waren die Schlafstellen gruppiert, die aus Steinschichten und Weidengestrüpp bestanden, worüber Felle gebreitet waren. Zur Herstellung der Fellbekleidung benutzte man Nadeln, die aus Vogelknochen gespalten wurden.

Bei den Ausgrabungen bei *Sermermiut* und *Qaajaa* nahe Ilulissat an der Disko-Bucht waren Archäologen auf die Schichten verschiedener Kulturen gestoßen. Die von Helge Larsen und Jørgen Meldgaard ab 1953 durchgeführten Grabungen legten wahrscheinlich eine der größten prähistorischen Niederlassungen Grönlands frei mit einer deutlich erkennbaren Abfolge von Saqqaq, Dorset und Thule neben jüngeren Ablagerungen. Direkt auf dem Urgestein lag eine Schicht ohne Spuren menschlicher Behausungen – die sogenannte kultursterile Schicht. Ihr folgten eine Schicht mit Relikten aus der Saqqaq-Kultur, darüber wieder eine kultursterile Schicht sowie u. a. eine dünne Sandschicht. Die über der Saqqaq-Schicht liegende kultursterile Schicht zeigte Merkmale eines feuchten Klimas. Da die Dansgaardschen Klimakurven für die Zeit, auf die diese Funde datiert wurden (1500–790 v. Chr.), mehrere wechselnde Wärmeperioden angeben, wird angenommen, daß mit der steigenden Feuchtigkeit am Ende einer dieser Wärmeperioden die Saqqaq-Leute ihre Wohnplätze verließen. Ob sie eventuell Grönland verlassen haben oder dort ausgestorben sind, weiß man nicht genau.

Ausgrabungen dänischer und grönländischer Archäologen auf der Insel *Qeqertasussuk* in der Disko-Bucht, die zwischen 1984 und 1987 vorgenommen wurden, förderten erstmals menschliche Überreste zutage. Dort hatten Forscher einen Saqqaq-Wohnplatz entdeckt und die ältesten aus der Arktis bekannten Menschenknochen sowie Kleidungsreste identifizieren können. Dazu gehören u.a. zwei Wadenbeine und ein Schienbein. Erst die Ergebnisse genauer Untersuchungen dieser menschlichen Überbleibsel durch Anthropologen können neue Erkenntnisse über die Saqqaq-Gruppen erbringen. Auch liegen zur Zeit noch keine zusammenfassenden Ergebnisse über die Wohnstätten, von denen es aufgrund der gefundenen Reste zwei oder drei an dieser Stelle gegeben haben muß, vor.

Wie war es nun zu dieser Entdeckung gekommen? In dem Forschungsbericht »Palæoeskimoisk Forskning i Grønland« (Århus 1988) beschreibt der Leiter der dortigen Untersuchungen, Bjarne Grønnow, wie er zusammen mit zwei Kollegen im Sommer 1983 bei einer Fahrt in der Disko-Bucht in der Nähe der Insel Qeqertasussuk an der Nordostseite eine kleine, mit Kies bedeckte Landzunge sah:

> »Als wir an Land sprangen, sollte es sich zeigen, daß wir auch 4000 Jahre zurück in die Zeit sprangen. Auf der Spitze der Landzunge lagen die charakteristischen Kochstellen der Saqqaq-Kultur und eine Menge Steingerätschaften völlig frei da. Und zu allem guten zeigte es sich noch, daß auf der Nordseite der Landzunge völlig intakte Kulturschichten unter dem Torf verborgen waren.«
>
> (Tina Møbjerg, Bjarne Grønnow, Helge Schultz-Lorentzen (Hrsg.): Palæoeskimoisk forskning i Grønland. Århus 1988, S. 21).

Das ansonsten bei paläoeskimoischen Funden nur äußerst selten nachgewiesene organische Material, wozu hier Knochen, Holzrelikte, Federn und Streifen aus Walbarten gehörten, macht die besondere Bedeutung dieser Ausgrabungsstätte aus. Aufgrund des Permafrostes war alles gut erhalten. Angelegt auf einer Reihe fossiler Strandterrassen, war dieser Wohnplatz sehr typisch für paläoeskimoische Lokalitäten. Auch ist die Aussicht von dieser Landspitze über die Wasserstraße (2 km breit) zum Festland hinüber nahezu ideal, da die Saqqaq-Leute so einen optimalen Überblick über ihr Fang- und Jagdgebiet hatten. Diese Wasserstraße zwischen Insel und Festland ist ein natürliches Durchzugsgebiet für Grönlandrobben und Wale. Und entlang der Küste gibt es große Vogelfelsen, während die gegenüberliegende Festlandseite gute Zugangsmöglichkeiten in die Rentiergebiete aufweist.

Das gefundene Knochenmaterial ließ Schlüsse auf die Existenzgrundlage der Saqqaq-Gruppen zu, wozu vor allem die Sattelrobbe (Pagophilus groenlandicus) und die Ringelrobbe (Phoca hispida) zu zählen sind. Ergänzt wurde die Ernährung durch Vögel, andere Robbenarten, Fische und Landwild wie Ren und Fuchs sowie den inzwischen ausgestorbenen Riesenalk (Pinguinus impennis). Auch fand man Reste von verschiedenen Walarten, darunter vom Grönlandwal. Allerdings können die Tiere als Kadaver angeschwemmt worden sein, so daß aus den Walfunden nicht auf den praktizierten Walfang geschlossen werden kann.

Ein breites Feld nehmen die Fanggeräte und Werkzeuge ein sowie Hausratsgegenstände. Auffallend ist, daß Bogen und Pfeile wie auch alle anderen Gerätschaften sehr sorgfältig gearbeitet sind. So haben die Bogen beispielsweise Rückenverstärkung und sind aus mehreren Stücken zusammengesetzt. Neben Harpunenspitzen aus Zahn und Geweihzacken fand man auch solche aus Holz, die über Feuer gehärtet worden waren. Besonders zahlreich waren die Messer, deren Steinblätter in hölzernen Schäften steckten. Viele Hausgeräte bestanden aus Holz – vermutlich Treibholz aus den sibirischen Wäldern. Schlanke Löffel sind häufig aus den Zacken von Rentiergeweihen gefertigt, wobei ein Löffel aus dem großen Zahn eines Pottwals geschnitzt war. Kleidungsreste lassen auf eine Fellbekleidung schließen, die sich fast mit der grönländischen Fellbekleidung neuerer Zeit messen kann. Von besonderer Bedeutung ist, daß die Träger der Saqqaq-Kultur bereits eine Art Kajak kannten. Man fand Bruchstücke eines Kajakspants sowie ein Teilstück vom Blatt eines Doppelpaddels. Heute wird vermutet, daß zu dem damaligen Zeitpunkt schon fellbespannte Boote in Kajakform in Gebrauch waren.

Insgesamt zeugen die Funde von Qeqertasussuk von einem zuvor nicht vermuteten hohen Standard handwerklichen Könnens. Daraus ergibt sich eine Neubewertung der Entwicklungsstufen der prähistorischen Kulturen in Grönland. Die damaligen Kulturträger verfügten bereits über denselben hohen Grad an Anpassungsvermögen an die arktische Natur und dasselbe technische Können und künstlerische Vermögen (Verzierungen an Gerätschaften, Ornamentik auf Rentiergeweihstücken), wie das bei den Trägern späterer Kulturen beobachtet worden ist. Daraus hat man geschlossen, daß die Unterschiede zu den Independence-Kulturen Nordgrönlands geringer als ursprünglich angenommen waren, ja, daß dieser geringe Unterschied die Bezeichnung »Independence« überflüssig machen könnte und daß man daher eigentlich von drei eskimoischen Einwanderungswellen sprechen müßte, die die Geschichte Grönlands gestalteten: Saqqaq, Dorset und Thule, wobei die Thule-Kultur als

DIE FRÜHEN KULTUREN: DORSET

Tabelle 1: Versuch einer schematischen Darstellung der kulturellen Entwicklungen in Grönland (Vereinfachte Wiedergabe nach Hans-Georg Bandi: Urgeschichte der Eskimo. Stuttgart 1965, S. 153)

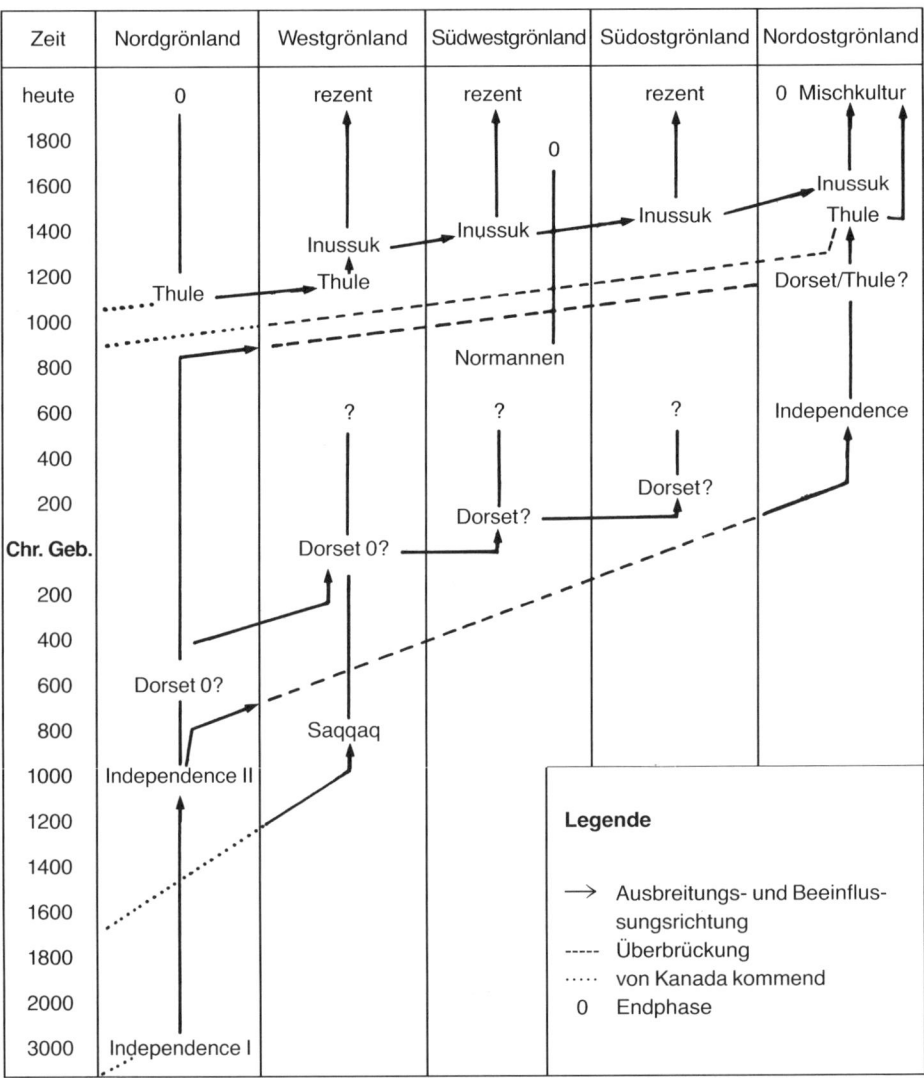

Vorläufer der modernen Inussuk-Kultur angesehen werden muß. Dennoch werden im folgenden die Träger der anderen Kulturen nach dem bisher üblichen Muster skizziert.

Die Jäger der Dorset-Kultur

Etwa um 1300 v. Chr. dringt eine neue Welle eskimoischer Menschen ins Peary-Land, die eine besondere Jagdwaffe kennzeichnet: Es ist die Klauenfußlanze. Sie trägt eine Knochenspitze, deren Mittelstück mit Seitenblättern aus Flint besetzt ist und als ideale Waffe für die Jagd auf Moschusochsen und Rentiere gilt. Auch wenn das Verhältnis der einzelnen prähistorischen Kulturen zueinander weiterhin unklar ist, nimmt man heute an, daß es sich bei der Independence I-Kultur um eine der Saqqaq-Kultur in vielen Dingen ähnliche Phase handelt und die neuen Einwanderer, die man als Independence II-Gruppe bezeichnet, Vorläufer der Dorset-Kultur sind. Charakteristisch für die Independence II-Gruppe ist neben der Klauenfußlanze auch die Anlage ihrer Feuerstellen. Sie waren langgestreckt und mit flachen Steinen abgesetzt, um Schlafstellen und Inventar vor dem Feuer zu schützen.

Jahrhundertelang hüllte eisige Kälte die grönländische Rieseninsel ein. Für Menschen schien dort das Wohnen nicht mehr möglich. Aber wie bereits in früheren Zeiten, bedeutete auch diesmal das eisige Wetter nicht das Ende der Besiedlung. Es folgten wieder wärmere Zeiten, und um 600 v. Chr. zeigten sich neue Menschen an Grönlands Küsten. Wie schon in früheren Zeiten waren sie wieder vom amerikanischen Festland gekommen. Im nördlichen Kanada hatte sich zwischen 900 v. Chr. und 1300 n. Chr. eine Kultur entwickelt, die der kanadische Archäologe Diamond Jenness als Dorset-Kultur bezeichnete, da die 1925 auf der Südwestseite von Baffin Island, am südlichsten Punkt der Foxe-Halbinsel, dem Kap Dorset, gemachten Funde von der Existenz einer älteren Kultur zeugten. Die nach ihrem Fundort benannte Eskimo-Kultur teilte Meldgaard analog der bei Forschungen auf der Melville-Halbinsel 1954 und 1957 entdeckten Stufen in fünf Phasen ein.

Diese Kultur breitete sich in der Hudson Bay aus und gelangte bis zur Westküste Labradors und Nordspitze von Neufundland. Und schließlich – in den Zeiträumen von 600 v. Chr. bis 100 n. Chr. sowie 700 n. Chr. bis 900 n. Chr. – findet man sie in Grönland. Die Dorset-Kultur hatte sich zwar in Kanada nördlich der Waldgrenze entwickelt, roch aber, wie Jørgen Meldgaard es ausdrückte, trotzdem nach Wald. Die frühere These von indianischen Einflüßen bei der Dorset-Kultur hat sich inzwischen als falsch erwiesen.

Das Eindringen der Dorset-Gruppen in grönländisches Gebiet geschah in verschiedenen Perioden. Vermutlich sind die Reste jener Kultur, die Eigil Knuth an den Ufern eines Fjords im Peary-Land fand und die er die Independence II-Kultur nannte, Überbleibsel der ersten Einwanderungswelle der Dorset (Phase 1 nach Meldgaard). Später haben sich die Dorset-Gruppen dann sowohl an der West- als auch an der Ostküste niedergelassen, nachdem sie um das Kap Farvel herum bis hinauf nach Ammassalik gelangt waren. Auch haben sie sich weiter nach oben in den Regionen, die nicht so stark der wechselnden Witterung ausgesetzt

DIE FRÜHEN KULTUREN: DORSET/THULE

Dorset-Mann und Dorset-Frau

waren, niedergelassen. Diese Verbreitung geschah in dem Abschnitt der Kultur, die Meldgaard Dorset II nannte.

Die Gerätschaften entsprechen denen, die man in Kanada fand, so daß man annehmen muß, daß sich das Leben dieser Menschen ähnlich gestaltete wie in Kanada. Der Grundriß ihrer Häuser war immer rechteckig, während die Hausergröße in den verschiedenen Perioden bzw. Phasen wechselte. Die Wände bestanden aus Steinen und Torf, das Dach war vermutlich aus Fellen mit einem Loch für den Rauchabzug. Wie die Saqqaq- besaßen die Dorset-Leute nur kleine Lampen, die ausschließlich der Beleuchtung dienten. Wärme wurde durch eine offene Feuerstelle erzeugt, in der man Holz und Strauchwerk ebenso verbrannte wie Knochen und Speck.

Im Gegensatz zu den Menschen früherer Kulturen gehen die Kenntnisse über die Dorset-Leute über das hinaus, was sich auf archäologische Funde gründet, da die alten eskimoischen Sagen so manches von diesen Menschen zu berichten wissen. Dabei handelt es sich vor allem um die Dorset-Leute der letzten Kultur-Phase. In diesen alten Geschichten hört man von den *Tunit (tunerssuit* oder *torngit)*, die in ihren langen Mänteln mit den hohen Kragen auf dem Eis standen, um Seehunde zu fangen, die zum Luftholen durch ins Eis geschlagene Löcher an die Oberfläche kamen. Unter ihrem Mantel hatten die Tunit eine kleine Lampe, die sie vor der Kälte schützen sollte. Wenn aber schließlich ein Seehund auftauchte, vergaßen sie in ihrem Jagdeifer diese kleine Lampe. Und so geschah es oft, daß sie sich den Leib verbrannten. Darum hatten viele Tunit – wie die alten Sagen zu berichten wissen – Brandnarben auf dem Bauch. Auch erzählen die Sagen, daß sie Walrosse auf sehr strapaziöse Art von der Eiskante her jagten. Den Sagen zufolge waren ihre Kinder ihr ein und alles. Und oft wird betont, daß sie ihre Frauen sehr liebten. Für die Rentierjagd hatten die Tunit weder Pfeil noch Bogen. Sie jagten die Tiere an den Wasserstellen, wo diese dann mit Lanzen getötet wurden. Sie müssen auch im Besitz des Schneemessers gewesen sein – das geht aus den

Funden hervor –, was wiederum darauf deutet, daß sie die Erfinder der Schneehütte, des Iglus, waren. Hingegen hatten sie weder Kajaks noch Hunde, was aus den Sagen hervorgeht und von der Archäologie bestätigt wird.

Doch nicht nur die alten Sagen haben ein relativ genaues Bild der Dorset überliefert. Im Kopenhagener Nationalmuseum gibt es ein einzigartiges Selbstbildnis eines Dorset-Mannes, eines Tuneq, geschnitzt aus Walroßzahn vor mehr als 1000 Jahren, ganze 6 cm groß und trotzdem äußerst eindrucksvoll mit dem hohen Pelzkragen.

Die Thule-Kultur

Im Lauf der verschiedenen Phasen der Dorset-Kultur muß es auch eine gewisse Mischkultur zwischen den Dorset-Gruppen und einer späteren neoeskimoischen Kultur gegeben haben, nämlich der Thule-Kultur. An der ostgrönländischen Küste, nördlich der Clavering-Insel, hat man Relikte einer solchen Kultur, datiert auf die Zeit von 900–1000, gefunden. Schließlich sind auch die Menschen der Dorset-Kultur aus Grönland verschwunden, worüber sich

David Cranz: Mann mit Kajak und Robbe, Stich aus dem Jahr 1770

DIE FRÜHEN KULTUREN: THULE/INUSSUK

aufgrund mangelnder Erkenntnis nur spekulieren läßt. Klimaverschlechterung und das Ausbleiben der Rentiere sind nur zwei Vermutungen im Zusammenhang mit solchen Fragen. Nun wissen wir aber, daß sich um 900 über die Arktis von Alaska bis nach Thule im Norden Grönlands ein anderes Volk ausbreitete – energische, streitlustige eskimoische Jäger, die besonders dem Wal nachstellten. Es ist möglich, daß diese Menschen die Dorset-Leute vertrieben oder sich mit ihnen vermischten. Gelernt haben sie von den Dorset-Leuten jedenfalls die Eisfangtechnik an den Atemlöchern der Robben, das Festmachen harpunierter Walrosse und den Bau von Schneehäusern (Iglus). Vermutlich sind die Thule-Gruppen, die ihren Namen von Funden bei Thule im Norden Grönlands, dem heutigen Qaanaaq, bekamen, zwischen 1000 und 1100 eingewandert. Fest steht nur, daß es, was die Westküste betrifft, vor 1150 gewesen sein muß; denn in den bereits erwähnten Torfschichten von Sermermiut gibt es für diese Zeit archäologische Beweise.

Mit der Zeit breiteten sich die Thule-Eskimo an den Küsten aus, von wo sie mit ihren Kajaks und Umiaks (Frauenbooten) auf Robben- und Walfang fuhren. Aber sie jagten auch zu Lande mit Pfeil und Bogen, Messer und Lanzen. Da sie für ihre Bogen kaum geschmeidiges Holz hatten, stellten sie sie aus den Barten der Wale her, die sie zu kleinen Bündeln zusammenpackten, alles dann zu einem Bogen verbanden und verschnürten. Die Pfeilspitzen wurden aus Knochen hergestellt, hatten eine lange Schaftzunge und waren entweder am Ende spitz oder hatten an den Seiten eine Art Widerhaken. Man kannte auch schon den Drillbohrer, mit denen die Jäger kleine Löcher in ihre Geräte bohren konnten und der auch zur Erzeugung von Feuer diente. Die Frauen hatten zur Bearbeitung der Felle besondere Messer, *ulo* in der eskimoischen Sprache genannt, die ursprünglich verschiedene Formen hatten und auch heute noch verwendet werden.

Die ältesten Haustypen der Thule-Kultur hatten oft eine Kleeblattform, wobei man beim Stengel an den Hauseingang denken kann. An der Rückwand, die ausgebuchtet war, befand sich die Schlafpritsche, und davor stand die große Tranlampe, die sowohl Licht als auch Wärme spendete. Über der Lampe wurde das Essen in einem Steingefäß gekocht. Unter den Fellen auf der Pritsche lagen aus Barten gefertigte Matten. Die Barten der Wale, von denen schon bei der Anfertigung der Bogen gesprochen wurde, dienten auch zur Herstellung verschiedener Hausgeräte. Ferner machte man daraus Angelschnüre und Gleitflächen für die Schlittenkufen.

Da der Walfang nur kollektiv betrieben werden konnte – einzelne Jäger wären gegenüber den riesigen Walen machtlos gewesen –, entstanden allmählich größere Wohnplätze mit einem Wortführer an der Spitze.

Die Inussuk-Kultur

Im Zuge der weiteren Entwicklung, als vor allem die Jagd auf Robben und kleine Wale vom Kajak aus an der Westküste zunahm, entstand eine neue Kultur, die nach der westgrönländischen Insel Inussuk im Upernavik-Distrikt benannt wurde: die Inussuk-Kultur.

Auf Inussuk hatte der dänische Eskimologe Therkel Mathiassen Spuren einer Kultur entdeckt, die eine Weiterentwicklung der Thule-Kultur auswiesen. Nun hatten sich ja die Fang- und Jagdmethoden der Thule-Gruppen verbessert, und man war von der ursprünglichen Landungsstelle im Gebiet des späteren Thule weiter nach Süden an der Westküste entlang zur Disko-Bucht gezogen. Dort, wo es günstig schien, gründeten einzelne Gruppen neue Wohnplätze. Damit aber die Fänger und Jäger besser den Anforderungen der Meeresjagd gerecht werden konnten, hatten findige Köpfe den sogenannten Ganzpelz erfunden, ein Kleidungsstück, das den Jägern im Kajak besseren Schutz vor den Wellen und zusammen mit einer Abdichtung des Sitzloches – ähnlich der heutigen Spritzdecke der modernen Kajaksportler – den Mann im Kajak fast unabhängig von Wind und Wetter machte. Diese Abdichtung war eine wasserdichte Haut, die durch Zusammennähen Ganzpelz und Boot fest verband, so daß kein Wasser ins Boot eindringen konnte.

Zur Jagd auf die großen Meeressäuger, die Wale, war der sogenannte Springpelz entwickelt worden: ein wasserdichtes, aus Häuten gefertigtes Kleidungsstück, das nur das Gesicht freigab und unter dem sich eine Luftschicht befand. War das Frauenboot (Umiak) dicht an das zu jagende Tier gekommen, versuchte man es durch Lanzenstiche zu verwunden. Dann sprang oft der Jäger im Springpelz (daher der Name) auf das gewaltige Tier, um ihm den Todesstoß zu versetzen. Fiel er dabei von dem schlüpfrig-glatten Rücken des Wals herunter, konnte er sich dank des Springpelzes über der Wasseroberfläche halten und ins Boot gezogen werden, wohingegen zuvor ein ins Wasser gefallener Jäger aufgrund der extrem niedrigen Wassertemperaturen (meist kaum über 0°) rettungslos verloren war. Zudem konnten diese Jäger gar nicht schwimmen, da sie es wegen dieser Temperaturen nicht lernen konnten. Viele der Inussuk-Leute zogen weiter nach Süden, um das Kap Farvel herum und die Ostküste hinauf, wo sie auf Reste des Dorset-Volkes stießen, mit denen sie sich vermischten. Andere Gruppen gelangten noch weiter nach Norden bis in das Gebiet von Ittoqqortoormiit, wo sie auf Gruppen derjenigen stießen, die nördlich um Grönland herumgezogen waren. Diese vermischten sich ebenfalls und wurden zu den Nordostgrönländern, die in dem großen Gebiet von Ittoqqortoormiit bis Peary-Land bis zum Ende des 19. Jh. lebten. Daß diese Menschen in jenem strengen Klima, so wie es dort heute herrscht, überhaupt leben konnten, kann nur damit erklärt werden, daß die klimatischen Verhältnisse dort oben im äußersten Nordosten der arktischen Rieseninsel damals milder gewesen sind. Die Träger der Thule- und Inussuk-Kultur, die den Bedingungen in Grönland in hohem Maße angepaßt waren, werden allgemein als Vorfahren der grönländischen Population gesehen. Die zu der Zeit gelegten Grundsteine eskimoischer Kultur wirken bis heute nach.

Beginn des europäischen Einflußes

Die Normannenzeit: Erik der Rote

Als Therkel Mathiassen 1929 auf der Insel Inussuk nördlich von Upernavik bei den Harpunenspitzen neue Formen der Thule-Kultur entdeckte, kam bei den Ausgrabungen eine kleine Schüssel aus Holz ans Tageslicht, die mit Walbarten zusammengehalten war. Dieser Fund wies auf nordische Herkunft oder nordischen Einfluß hin. Auch eine Reihe nordischer Gegenstände wurde an die Oberfläche befördert und schließlich eine kleine Holzfigur, die einen nordischen Mann in Kapuzentracht darstellt, der in die Zeit nach 1350 zu datieren ist. Bis hierhin, an die nördliche Westküste, sind nordische Seefahrer also gekommen. Als diese kleine Holzfigur, die sich heute im Nationalmuseum in Kopenhagen befindet, von einem Eskimo geschnitzt wurde, waren nordische Siedler, die aus Island gekommen waren, seit mehreren Jahrhunderten in diesem Land ansässig geworden.

Die Geschichte dieser Siedler hängt eng zusammen mit der Geschichte jener subpolaren Insel, deren Namen eigentlich die benachbarte arktische Rieseninsel hätte bekommen müssen. Island war das Ziel norwegischer Emigranten gewesen, deren Motive für die Emigration auf Überbevölkerung, schlechte Ernährungslage und ähnliches zurückgeführt wird. Fest steht aber, daß in dem Zeitraum von 872–930 ca. 30 000 Norweger in ihren Schiffen über das Meer gen Westen zogen, um neues Land zu nehmen. Ingólfr Arnarson war der erste bekannte Norweger, der 874 dort an Land ging, wo sich jetzt Islands Hauptstadt Reykjavik befindet.

Die Isländer waren in alter Zeit alle Bauern. Und es ist nur zu natürlich, daß die ersten Siedler das beste Land in Besitz nehmen konnten, während sich die Nachzügler mit dem übriggebliebenen, oft öde und karg daliegenden Boden begnügen mußten. Zu diesen Nachzüglern gehörte auch der Vater des Mannes, der als erster Europäer Fuß auf den grönländischen Boden setzte: der Norweger Thorwald. »Thorwald und sein Sohn – Erik der Rote – reisten von Jädern nach Island, da sie in einige Totschläge verwickelt waren«, heißt es kurz und bündig in der »Groenlendinga Saga«. Die beiden mußten nun an der entlegenen Nordwestküste des Landes eine kümmerliche Existenz fristen. Nach dem Tod des Vaters verheiratete sich Erik, der seinen Beinamen »der Rote« wegen seines brandroten Vollbarts trug, mit Thjodhild, einem Mädchen aus reichem und angesehenem Geschlecht, und baute sich am Ende des Breidafjords im Högadal einen Hof.

Aber bald geriet der für seinen Jähzorn bekannte Erik mit seinem Nachbarn in Streit, in dessen Verlauf er einige seiner Gegner tötete. Er kam mit einer milden Strafe davon. Ungefähr um 980 wurde er auf dem Thing von Thornes zu dreijähriger Friedlosigkeit verurteilt und beschloß daher, Island zu verlassen und nach jenen Küsten zu fahren, die Gunnbjörn, Ulf Krages Sohn, wahrscheinlich bereits im Jahre 875 gesichtet hatte, als er westlich von Island durch einen Sturm dorthin verschlagen wurde. Und nun berichtet die Saga weiter:

»Erik fuhr beim Snaefellsjökull los. Er fand Land und machte sein Schiff an einer Stelle fest, die er Midjökull nannte und die jetzt Blaasaerk heißt. Darauf fuhr er nach Süden, am Land entlang, um herauszufinden, ob man dort wohnen könne.«

Knapp drei Jahre hielt sich Erik in Grönland auf und erforschte die Westküste vermutlich bis hinauf zur Disko-Bucht. Man konnte tatsächlich in vielen Gebieten des Landes wohnen. Er entdeckte grüne, fruchtbare Fjordufer, die sich viel besser für das Halten von Haustieren eigneten als das ziemlich öde Land, das er in Island besaß. In den isländischen Sagas wird erzählt, daß er vielen Gegenden und Orten Namen gab und daß er sich auch darüber klar war, daß dort früher andere Menschen gewesen sein mußten.

Nach seiner Rückkehr nach Island begann der alte Streit mit seinem Widersacher von neuem. Und nun beschloß er, endgültig Island zu verlassen und dort Land zu nehmen und eine neue Siedlung zu gründen, wo er fast drei Jahre herumgefahren war. Er schlug jetzt die Werbetrommel für das Land, dem er nun den Namen Grönland gab, weil, wie die alten Sagas zu berichten wissen, »es sicher genügend Menschen anlocken werde, wenn es einen so schönen Namen hat.« Viele folgten seinem Ruf. Und schließlich fuhren 25 Schiffe los, schwer beladen mit Menschen, Pferden, Rindern, Schafen, Ziegen und Hunden und allem Hausgerät. Aber nur 14 Schiffe erreichten ihr Ziel. Die anderen gerieten in Stürme, mußten umkehren oder gingen unter. Wahrscheinlich scheiterten die meisten dieser Schiffe in den eisgefüllten und sturmgepeitschten Gewässern um Kap Farvel, diesem auch heute noch gefürchtetsten aller grönländischen Seegebiete.

Die Schiffe aber, die ihr Ziel erreichten, fanden schließlich Hafen und Heimat in den Fjorden Südgrönlands, und die Menschen machten sich bald daran, das Land untereinander aufzuteilen. Erik selbst nahm sich eines der schönsten Gebiete an einem Fjord. Den Ort, den er sich zum Wohnen aussuchte, nannte er Brattahlid (Steilhang). Dort war er das Oberhaupt für beide Siedlungsgebiete, die sich nun langsam um das heutige Qaqortoq und Nuuk herum entwickelten: Eystribygd und Vestribygd, die Ost- und die Westsiedlung.

Die Besiedlung Grönlands, die 985 begonnen hatte, setzte sich im Lauf der nächsten Jahre weiter fort. Hof auf Hof schoß im grünen Teil Grönlands aus dem Boden. Die Grönländer, wie sich die eingewanderten Isländer nun nannten, waren Bauern, Seefahrer, Tierzüchter, Fischer und Jäger. Denn sehr bald hatten sie entdeckt, daß ihnen diese neue, eigenartige Heimat seltene Jagdtiere bot, die für sie nicht nur eine willkommene Abwechslung des Mittagtisches darstellte, sondern auch allmählich eine begehrte Handelsware wurden.

So verkauften sie die wertvollen Zähne von Narwal und Walroß an die Kirchen Europas, die daraus kunstvolles Kultgerät schnitzen ließen. Diese Zähne waren so lange das bevorzugte Handelsgut, bis die Europäer in den Besitz des indischen und afrikanischen Elfenbeins kamen. Außer mit Zähnen handelten die Grönländer mit Fellen von Seehunden, Rentieren, Eisbären, Polarfüchsen und brachten auch wohl lebende Falken nach Europa und für den Königshof in Norwegen – lebende Eisbären!

Die Bindungen an Norwegen wurden stärker, und nachdem Eriks Sohn Leif im Jahre 1000, von einer Fahrt aus Norwegen kommend, während der er – durch einen Sturm ver-

EUROPÄISCHER EINFLUSS: NORMANNENZEIT

schlagen – die Ostküste Amerikas (Vinland) entdeckte, einen christlichen Geistlichen nach Grönland mitgebracht hatte, wurden die Siedlungen der nordischen Grönländer christlich.

Ein Bistum in Grönland

Die grönländische Kirche gehörte in den ersten Jahren ihres Bestehens – wie die Kirchen des gesamten Nordens – unter das deutsche Erzbistum Bremen. Später kam sie unter das Erzbistum Lund und im Jahre 1152 zusammen mit der isländischen Kirche zum Erzbistum Nidaros (Trondheim). Aber bald forderten die Grönländer ihren eigenen Bischof und schickten deshalb Einar Sokkesson zum norwegischen König Sigurd Jorsalfar, um um die Ernennung eines Bischofs für die Grönländer zu bitten. 1124 wurde dann auch der Norweger Arnald zum Bischof von Grönland durch Erzbischof Asser in Lund geweiht. Allerdings brauchte Arnald zwei Jahre, um nach Grönland zu kommen.

Die Grönländer hatten den Ort Gardar – das heutige Igaliku – zum Bischofssitz auserwählt: ein grünes, saftiges Tal zwischen dem Eriksfjord und Einarsfjord im Gebiet des jetzigen Narsaq gelegen.

Dieser Bischofssitz wurde nun mit einer Domkirche ausgestattet, die nach damaligen Verhältnissen sehr stattlich war. Sie besaß eine Länge von 27 m bei einer maximalen Breite von 16 m. Drei Mauern waren aus Stein, während der Westgiebel wahrscheinlich aus Holz bestand. Funde kleiner grüner Scherben lassen vermuten, daß die Kirche grüne Glasfenster gehabt haben muß – eine Seltenheit im Grönland des Mittelalters! Die Kirche wurde dem heiligen Nikolaus, dem Schutzpatron aller Seefahrer, geweiht.

Wer heute an diesen Ort kommt, sieht zwischen den Häusern der grönländischen Schafzüchter, die es dort jetzt gibt, umwuchert von saftig-grünem Gras schon aus der Ferne die roten Igaliku-Sandsteine der Ruinen dieses alten Bischofssitzes leuchten. Besonders auffallend ist eine Art Portal aus mächtigen roten Steinen – der alte Verbindungsgang zwischen dem Haus des Bischofs und seinem Kuhstall (vgl. Abb. 40).

Der Block, der auf den beiden seitlichen Torsteinen liegt, der sogenannte Deckstein, wiegt etwa 5 t. In der Nähe dieser roten Steinblöcke wurde von Wissenschaftlern des dänischen Nationalmuseums auch ein Bischofsgrab entdeckt, in dem sich ein gut erhaltener Bischofsstab befand, dessen Knauf kunstvoll aus Walroßzahn geschnitzt war.

Ein Metallschild des Nationalmuseums dicht neben diesen Ruinen berichtet in grönländischer und dänischer Sprache von der Geschichte dieses Ortes und weist gleichzeitig darauf hin, daß alle diese Ruinen unter Denkmalschutz stehen und daß dieses Gebiet daher landwirtschaftlich nicht genutzt werden darf. Nur das üppig wachsende Gras dürfen die grönländischen Bauern mähen.

Im damaligen Gardar etablierte sich die kirchliche Macht in Grönland, die allmählich auch die weltliche Führung des grönländischen Freistaats stark beeinflußte, der sich im Jahre 1261 dem norwegischen König unterwarf, weil man sich davon Vorteile versprach. Fortan entrichtete Grönland an den norwegischen König Steuern, während dieser seinerseits dafür sorgte, daß die Seeverbindung zwischen seinem Land und der fernen Insel stets aufrechterhalten wurde. Auch nach Rom flossen zeitweise Steuern. Aber das waren keine Gold- und Silbermünzen. Der Papst erhielt von seinen geistlichen Untertanen »am Ende der Welt« (so bezeichnete ein römischer Papst den Standort der Grönländer) Kreuzzugszehnten und Peterspfennig in Form von Walroßzähnen.

Das Leben auf den Höfen

Das Gemeinwesen der nordischen Grönländer war bis zur Aufgabe seiner Selbständigkeit ein blühender Staat. Seine Bewohner waren Bauern und Seefahrer, die, nachdem Eriks Sohn Leif der Glückliche (diesen Beinamen erhielt er für die Rettung Schiffbrüchiger) erst einmal die Küste Amerikas betreten hatte, vermutlich noch eine Reihe von Fahrten in die Neue Welt unternahmen. Sie befuhren aber auch die Westküste Grönlands, wovon der berühmte Runenstein von Kingittorsuaq zeugt, den der Fänger Pellmut 1824 in einer der drei Warten gefunden hatte, die auf der Spitze der Berge 300 m über dem Meeresspiegel standen. Heute befindet er sich im Nationalmuseum Kopenhagen.

Er ist gut 10 cm lang, über 3 cm breit und etwas über 1 cm dick. Die Inschrift wird so gedeutet: »Erling Sigvardsson und Bjarne Thordarson und Endridi Oddson bauten am Sonnabend vor dem *Gangtag* diese Warte und ritzten die Runen ein.« Dann folgten einige Runen, die der Jahreszahl 1333 entsprechen könnten. Sollte diese Zahl stimmen, müßte es sich um den 24. April oder 8. Mai handeln. Denn die sogenannten Gangtage waren bestimmte Frühlingstage, an denen man mit der Bitte um Fruchtbarkeit über die Felder ging – eine nichtchristliche und christliche Sitte. Das bedeutet wiederum, daß die nordischen Seefahrer dort oben an der Westküste im Winterquartier gelegen haben müssen, auf 72° 55′ 20″ nördlicher Breite.

In Grönland selbst lebten die Bauern zufrieden auf ihren Höfen, betrieben ihre Viehzucht, gingen der Jagd und Fischerei nach und schickten ihre Schiffe aus den sicheren Fjorden hinaus auf die See. In den 500 Jahren des von Erik dem Roten gegründeten nordischen Gemeinwesens in den südlichen Teilen Grönlands sollen nach zeitgenössischen Quellen in Eystribygd etwa 190 Höfe, 12 Kirchen und 2 Klöster existiert haben, während in Vestribygd 90 Höfe und 4 Kirchen waren. Damals zählte die dortige Gesamtbevölkerung um die 3000–4000 Seelen. Um 1300 herum lebten auf 280 Höfen ungefähr 4500 ›Normannen‹. Ihre Höfe glichen zuerst wohl ganz und gar den Haus- und Hofanlagen ihrer ursprünglichen isländischen Heimat. Erst später paßte man sich den neuen klimatischen Verhältnissen an.

Die Archäologie hat uns für dieses grönländische Gebiet zusammen mit der umfangreichen alten Sagaliteratur ein relativ vollständiges Bild von solchen Hofanlagen und dem Leben der Menschen darin entworfen. Inmitten eines solchen Hofes stand als größtes Gebäude das Wohnhaus, errichtet aus Steinen aus der Umgebung. Auch Torf wurde beim Bau verwendet, hingegen kein Holz, das ein äußerst rarer Artikel in Grönland war.

EUROPÄISCHER EINFLUSS: NORMANNENZEIT

Man betrat das Wohnhaus durch einen engen Gang, der an der einzigen Außentür des Hauses begann und durch das ganze Gebäude führte. Dieser Gang hatte eine durchschnittliche Länge von 14 m. Zu beiden Seiten des Ganges befanden sich fünf niedrige Türen zu den Räumen des Hauses. Gleich hinter der Außentür, zur rechten Seite, lag der Schlafraum. Er war nicht sehr groß, maß ungefähr 4,5 × 3 m. Den Raum vor der Rückwand füllte eine mächtige Schlafstatt aus, die ungefähr 6–7 Familienmitgliedern Platz bot. Allerdings lag man nicht dicht nebeneinander. Trennende Bretterwände teilten die Schlafstatt in mehrere Kojen ein, die, gut mit Heu gefüllt, jeweils zwei oder mitunter auch drei Personen molligen Aufenthalt boten. In diesen Kojen lag der Bauer mit seiner Frau oder auch der Sohn mit der Schwiegertochter. So gut es ging, versuchte man auch hier seine Intimsphäre zu wahren, schöne selbstgewebte Vorhänge schützten die Paare vor den Blicken der anderen.

Vorhänge und Wandteppiche befanden sich auch oft in der großen Wohnstube, wo man sie besonders bei festlichen Gelegenheiten an die oft aus Holz getäfelten Wände hängte. Sie waren alle von den Frauen des Hauses auf Webstühlen gewirkt und wiesen meist kunstvolle Muster auf, deren Motive man der Welt der Sagas und der Bibel entnahm.

In allen größeren Höfen stand der Webstuhl in einer besonderen Ecke des Wohnraums, und er diente nicht nur dem Hausgebrauch. Die Frauen und Mädchen des Hofes waren eigentlich ständig damit beschäftigt, aus der Schafwolle Stoffe zu weben, die als Handelsware in Europa sehr gefragt waren; denn die Wolle der Schafe in Grönland hatte – bedingt durch das Klima – die beste Qualität.

Gegenüber dem Schlafraum der Familie lag die Unterkunft der Hausmädchen, die aber auch in einem Außenhaus zusammen mit den Knechten ihre Schlafstatt haben konnten. Neben diesen Räumen gab es im Haus eines grönländischen Großbauern noch eine Speisekammer, in der man in Fässern besonders Milch, Dickmilch und saure Milch aufbewahrte; denn diese Milchspeisen stellten das Leibgericht aller isländischen und grönländischen Menschen dar, ohne das sie kaum auskommen konnten. Küche und Badezimmer bildeten die anderen Räume, wobei es sich bei dem Badezimmer um eine Art Sauna handelte, in deren Wärme und Dampf sich die Hofbewohner gemeinschaftlich nach anstrengendem Tagewerk in den Bergen, im Fjord oder am Webstuhl, in Küche oder Stall entspannen konnten. Oft wurde ein kleiner Bach durch das Wohnhaus geleitet, so daß man stets fließendes Wasser im Haus hatte.

Charakteristisch für den Bauernhof der Grönländer war die Vielzahl der Häuser und Gebäude, die um das Wohnhaus herum lagen und hauptsächlich dem Vieh Unterkunft gaben. Selbstverständlich waren Schafe, Kühe und Ziegen zumindest in den kurzen Sommermonaten im Freien. Die Grundmauern und auch die Trennwände zwischen den einzelnen Tieren – meist aus schmalen, aufrecht stehenden Steinen, mitunter auch aus den Schulterblättern großer Meerestiere bestehend – sind jetzt in Südgrönland dort überall zu sehen, wo die alten nordischen Siedler ihre Höfe hatten.

Neben den großen Höfen mit Hauptgebäude und Ställen und oft mit einer kleinen Schmiede vor dem Haus gab es im Verlauf des grönländischen Mittelalters auch kleine, ärmliche Anwesen, die irgendwo in den Bergen lagen, ohne besondere Ställe und bestenfalls mit notdürftigen Unterkünften für die Tiere im Winter. Auch in Grönland entwickelte sich allmählich eine Klassengesellschaft, wo unter den Bauern bald eine gewisse Rangordnung entstand, in der es Gutsbesitzer, Bauern und Häusler gab. Die größten Höfe standen immer in den schönsten und grünsten Tälern des Landes, stets umgeben von einer Hauswiese, *Tun* genannt, und von mehreren Wirtschaftsgebäuden. Als die Verbindung mit Europa noch im Fluß war, fehlte es diesen Großbauern wohl an nichts. Sie führten ein freies Leben, wie sie es in diesem Ausmaß wohl nie in ihrer alten Heimat hätten tun können.

Besonders wichtig war für die Grönländer natürlich der Besitz von Eisen, das sie für ihre Hausgeräte und Waffen dringend benötigten. Als die Schiffe später ausblieben, versuchten sie das Eisen in Grönland selbst herzustellen. Die notwendigen Raseneisenerzlager fehlten in Grönland nicht. Der dänische Wissenschaftler Niels Nielsen, der die Geschichte der Eisengewinnung in Grönland und in Island erforscht hat, hat auch mikroskopische Analysen der bei den ausgegrabenen nordischen Siedlungsruinen gefundenen Schlacken vorgenommen. Er wies nach, daß sich unter ihnen auch Abfall von Eisengewinnung aus Sumpferz befindet, nach dem gleichen, von Nordeuropa her bekannten Verfahren. Eine derartige Eisengewinnung wurde dann für vier verschiedene Orte, darunter Bischofssitz und Wohnort Eriks des Roten, festgestellt.

Neben den Historikern, die sich mit diesen Quellen beschäftigten, untersuchen auch Vertreter anderer Wissenschaften die Überbleibsel der alten nordischen Gemeinwesen in Grönland. So beschäftigten sich u. a. Botaniker mit dem Blütenstaub alter Ablagerungen und versuchten durch Pollenanalysen nähere Hinweise auf Klima und Vegetation der ca. 500jährigen Siedlungszeit zu bekommen.

Die Anthropologen unterzogen das reichhaltige Skelettmaterial umfangreichen Untersuchungen, die Aufschluß darüber geben sollten, ob in der letzten Zeit starke Degenerationsanzeichen zu erkennen sind oder ob Mischungen zwischen Normannen und den später mit ihnen in Berührung gekommenen Eskimo stattgefunden haben. Die letzte Frage scheint verneint werden zu müssen. Hingegen ist die Degenerationsfrage noch nicht restlos geklärt.

Aber auch Zoologen traten auf den Plan und untersuchten die Knochen von Fang- und Haustieren, um sich dadurch endgültige Klarheit über die Existenzgrundlagen der nordischen Menschen in Grönland zu verschaffen.

Diese Forschungen hatte man schon seit Ende des 19. Jh. betrieben. Aber bis in die jüngste Zeit war man immer vergebens um Funde bemüht, die die Knochen der ersten Landnahmemänner und ihrer Familien bloßlegten und die erste christliche Kirche im Lande, die nach der Beschreibung der Saga um 1000 in Brattahlid errichtet worden sein mußte.

Da betrat am 30. August 1961 ein Mann das dänische Nationalmuseum in Kopenhagen, der ein Paket unter dem Arm trug. »Erik des Roten Schädel« stand auf dem Etikett. Nun setzten fieberhafte Untersuchungen ein, um dem Wahrheitsgehalt dieser Behauptung auf die Spur zu kommen.

Man hatte in Südgrönland, im Schafzuchtgebiet von Qassiarsuk, ein Schulheim für die Kinder der weit verstreut lebenden grönländischen Schafzüchter zu bauen begonnen und war bei den Ausschachtungsarbeiten auf Schädel und Skelette gestoßen, die sofort dem örtlichen Katecheten Lars Motzfeldt vorgeführt wurden. Dieser grönländische Religionslehrer hatte viel über die alten nordischen Siedlungen gelesen und wußte natürlich, daß bereits 1932 Poul Nørlund, einer der führenden dänischen Archäologen, durch Ausgrabungen bewiesen hatte, daß es sich bei diesem Ort um das alte Brattahlid, den Wohnort Eriks des Roten, handelte. Kurzentschlossen ließ er einigen Dänen auf der anderen Seite des Fjords in Narsarsuaq mitteilen, daß er eine wichtige Entdeckung gemacht habe, die er ihnen auch wenige Stunden später bereits vorführen konnte. Nach gründlichen Untersuchungen kam man zu einer ersten Feststellung, die Voraussetzung war für alle weiteren Analysen: der Schädel gehörte tatsächlich einem nordischen Menschen, also keinem Eskimo.

Jetzt interessierte man sich weiter für den Fundort und begann vorsichtig Ausgrabungen zu machen, die immer mehr Skelettmaterial an den Tag förderten und schließlich die Grundrisse einer kleinen Kirche erkennen ließen, bei der es sich nur um die aus der Saga bekannte kleine Kirche handeln konnte, die Eriks Frau Thjodhild in einiger Entfernung von ihrem Hof im Jahre 1001 hatte bauen lassen. Eine Kirche, die, wie die Saga weiter berichtet, ihrem immer noch an Thor glaubenden Mann Erik ein ständiger Dorn im Auge war, bis er sie schließlich auf Druck seiner Frau tolerierte. Wirkliche Kenntnis von einer Taufe Eriks des Roten besitzen wir allerdings nicht.

Die Kirche war kein imponierendes Bauwerk, sondern eher eine kleine Kapelle, ungefähr 4 m lang und 2 m breit. Sie war aus Grassoden und ein paar Steinen und Brettern erbaut und hatte wohl nur in ihrem Holzgiebel mit der Eingangstür etwas Schmuck in Form von Farben und Schnitzereien. Innen war der Raum mit Brettern verkleidet. Die kleine Kirche, die aufgrund ihres Baumaterials verfallen und jahrhundertelang überwachsen war, glich wohl am ehesten den wenigen, noch heute in Island stehenden sogenannten Torfkirchen.

Die Leichen aber, die auf dem Friedhof um diese kleine Kirche bestattet wurden – man fand im ganzen 144 Skelette –, geben den Anthropologen ein gutes Bild von den Menschen, die wohl zu den kühnsten ihrer Zeit gehörten und sich in weite, unbekannte und gefährliche Gegenden wagten.

Man stellte also auf diesem Friedhof die Gräber von 65 Männern, 39 Frauen, 24 Kindern und 16 Erwachsenen fest, deren Geschlecht sich nicht genau bestimmen ließ. Von den 24 Kindern waren nur 15 im Säuglingsalter. Das paßt eigentlich nicht zu dem Bild, das man sonst von der relativ hohen Säuglingssterblichkeit im alten Norden hatte. Selbst im Jahre 1850 hätte es nicht überrascht, wenn man auf einem isländischen Friedhof entdeckt hätte, daß die Hälfte aller Bestatteten Säuglinge waren. Hier, auf dem grönländischen Friedhof, hatte die geringe Zahl der bestatteten Säuglinge sicher einen anderen Grund.

In dieser Zeit war bei allen germanischen Völkern – also auch bei den nordischen – das Aussetzen von Säuglingen üblich. Das war eine Methode der Geburtenbeschränkung, die auf Grund des Mißverhältnisses zwischen Bevölkerungswachstum und den begrenzten Nahrungsmittelressourcen durchgeführt wurde. Von Verhütungsmitteln oder Verhütungsmethoden, die es erst gar nicht zur Geburt eines Kindes kommen lassen, wird in den schriftlichen Überlieferungen nichts berichtet. Diese Praxis, die auch in Mitteleuropa bis in die frühe Neuzeit üblich war, blieb in Island und Grönland ebenso gängig.

Die Größe der Männer betrug nach Untersuchung der Skelette im Durchschnitt 171 cm. Man fand aber auch Skelette von Männern, die 184–185 cm groß gewesen sein mußten. Die Frauen der grönländischen Landnahmezeit maßen im Durchschnitt 156 cm. Die Männer der damaligen Zeit müssen also relativ groß und kräftig gewesen sein; denn man hat auf den Knochen auch Anzeichen für eine kräftige Muskulatur gefunden.

Auch das Lebensalter der erwachsenen Menschen hat man durch Skelettanalysen zu ermitteln versucht. Von den vorgefundenen 65 männlichen Skeletten lagen 12 in einem Gemeinschaftsgrab. Läßt man diese bei einer Untersuchung nun aus, da sie vielleicht durch einen jähen Tod ums Leben kamen, etwa einen Schiffsuntergang, verteilt sich das Alter bei den übrigen 53 Männern folgendermaßen: 14 waren nicht älter als 30 Jahre, 23 nicht älter als 50 Jahre, 15 wurden älter als 20 Jahre und einer starb im Alter von 18–22 Jahren. Die durchschnittliche Lebenserwartung lag bei den Frauen höher als bei den Männern. 15 Frauen waren nicht älter als 20 Jahre, 10 erreichten höchstens 30 Jahre, weitere 10 starben im Alter zwischen 30 und 50 Jahren, und 2 Frauen wurden immerhin älter als 50 Jahre, während zwei im Alter von 18–22 Jahren starben.

Auffallend ist noch, daß die Rangordnung, die unter den nordischen Bauern in Grönland zu ihren Lebzeiten herrschte, sich auch im Tode wiederholt, d. h. je vornehmer ein Mann oder eine Frau waren, desto dichter an der Kirche wurden sie bestattet. Auch müssen die der Kirche am nächsten liegenden Leichen Särge gehabt haben, was man bei den anderen nicht feststellen konnte. Sicher ist, daß Erik der Rote und seine Familie dicht an der Kirche bestattet gewesen sein mußten. Ob allerdings der Schädel, den ein Eilbote ins dänische Nationalmuseum brachte, wirklich Erik dem Roten gehörte, ist nicht mit Sicherheit nachzuweisen. Schulter- und Rippenverletzungen, die er laut Sagatexten gehabt haben soll, reichen heute nicht aus, um ihn tatsächlich nach über 900 Jahren identifizieren zu können.

Anläßlich einer Ausstellung über die alten Normannen in Grönland im dänischen Nationalmuseum in Brede bei Kopenhagen 1967 konnte erstmals die Rekonstruktion der ältesten Kirche Grönlands besichtigt werden. Aus Holz und Pappe in ihren originalen Maßen nachgebildet, vermittelte das Modell so einen Eindruck von den Anfängen des Christentums in Grönland. Auch konnte der Öffentlichkeit damals zum erstenmal in einem Glaskasten das braune Skelettmaterial, das man vor der kleinen Kirche gefunden hatte, gezeigt werden. Daß sich unter den Knochen die sterblichen Überreste des Grönlandentdeckers Erik des Roten und des Amerikaentdeckers Leif Eriksson befanden, ist wahrscheinlich.

Nirgendwo anders in der Welt – und das ist dem grönländischen Klima zuzuschreiben – hat man auch so umfangreiche Kleiderfunde von den mittelalterlichen nordischen Grönländern gemacht wie auf dem Friedhof von Herjolfsnes. Dort hat man besonderen Einblick bekommen in die Kleidungsstücke, mit denen sich einfache Menschen umgaben. Und es ist erstaunlich, wie man hier auf Modeformen gestoßen ist, die in Europa erst zum Ende des 15. Jh. üblich waren, so daß der Schluß gezogen werden kann, daß noch kurz vor ihrem endgültigen Verschwinden Grönländer Besuch von europäischen Schiffen bekamen und sie auch noch für solche Modeneuigkeiten Interesse zeigten.

EUROPÄISCHER EINFLUSS: NORMANNENZEIT/QUELLEN

In ihren besten Zeiten waren die nordischen Grönländer freie und gut lebende Bauern, die aber auch geistig sehr rege und schöpferisch waren. Das äußerte sich nicht nur in aufgefundenen künstlerischen Schnitzereien, sondern auch in literarischer Tätigkeit. Wenn es in Grönland auch keine so große literarische Entfaltung wie auf Island geben konnte, so stammen doch aus den südgrönländischen Bezirken Sagas und auf jeden Fall ein Eddagedicht, nämlich das *Atlamál inn groenlenzku*, das Grönländische Atlilied. Für das Entstehungsland zeugt – neben einigen anderen Kriterien – nicht nur der Titel, sondern auch die Erwähnung eines Eisbären in der 18. Strophe (nach der Thule-Ausgabe, Bd. 1. 3. Aufl. 1972, S. 76). Dort läßt der Dichter Högni sagen:

> Ein Wetter wird wachsen,
> wild wird es rasen;
> vom Eisbären träumtest du:
> das wird Oststurm geben.

Aber auch die *Atlakvida*, das Ältere Atlilied, hat der altnordischen Forschung Argumente erbracht, denen zufolge die überarbeitete Fassung dieses Liedes ebenfalls in Grönland entstanden ist.

Da die Verbindung der nordischen Grönländer mit Island eng war – hatte man doch auch in Grönland eine Verfassung, die der isländischen entsprach –, gibt es in der alten isländischen Literatur natürlich eine Reihe von Werken, die grönländische Motive enthalten: so in der *Eyrbyggjassaga*, der *Flóamanna-* und der *Fóstbroedrasaga*. Neben den dokumentarischen Berichten isländischer Sagas zur Entdeckung und Besiedlung Grönlands und dem Auffinden von Vinland (Amerika) gab es auch märchenhafte Geschichten in der altnordischen Literatur, die in Grönland spielten, wie z. B. die Geschichte von Halli geit, der *Páttr af Halli geit*. Er ist leider verlorengegangen, seinen Inhalt aber kennen wir aus den Grönländischen Annalen des Björn Jónsson. Danach durchwanderte ein Mann namens Hallr mit seiner Ziege, die ihn durch ihre Milch am Leben erhielt, ganz Grönland und kam schließlich nach Gandavik in Norwegen, das – wie die Isländer meinten – mit Grönland zusammenhing. Die Geschichte der nordischen Siedler in Grönland, die sich über ein halbes Jahrtausend spannt, läßt erkennen, warum man dieses riesige arktische Land, das geographisch Amerika zugerechnet wird, traditionell zu Europa zählt.

Die letzte schriftliche Quelle vom Leben der nordischen Siedler in Grönland ist ein Bericht über eine Hochzeit. Was diese Überlieferungen besonders interessant macht, ist das Zusammentreffen von zwei Quellen: der schriftlichen bzw. literarischen und der archäologischen. Denn an dem Ort, der im Bericht im Mittelpunkt steht, ist heute die besterhaltene Kirchenruine, die von einem sakralen Bau der Normannen oder Wikinger übriggeblieben ist, zu sehen. Es handelt sich um die Kirche von Hvalsey (Qaqortukulooq) im Gebiet des heutigen Qaqortoq, eingetragen in das Register der Ruinen von Eystribygd unter der Nummer 83 (vgl. S. 267f.).

Diese Kirche weist deutliche Ähnlichkeiten mit den westnorwegischen Steinkirchen um 1250 auf. Ihre äußeren Maße sind 16 × 8 m, die Mauern haben eine Dicke von 1,5 m, und die höchste der erhaltenen Mauern ist ca. 5,5 m hoch. Dort, wo der Altar gestanden hat, im östlichen Giebel, kann man auch heute noch sehr genau eine Fensternische studieren, in der sich vermutlich kein Glas befand, das aber mit Fensterläden abgeschlossen werden konnte. In dieses Fenster fielen von Südosten schräg die Sonnenstrahlen eines Septembertages ein und mischten sich mit dem Schein der Kerzen auf dem Altar, vor dem ein junges Paar getraut wurde – Thorsteinn Olavsson aus Island und Sigrid Björnsdatter aus Grönland. Das war im Jahr 1408, in dem die letzte christliche Hochzeit im alten Grönland stattfand, die uns aus jener Zeit schriftlich überliefert ist.

Das Ende der nordischen Siedler

Ungefähr 500 Jahre lebten die skandinavischen Einwanderer – nordische Siedler, Nordmänner oder Normannen, wie sie genannt werden – in Grönland. Sie bauten Kirchen und Klöster und hätten sicher einen Staat gegründet, der – ähnlich wie Island – heute einen Platz in der Familie unserer Völker gehabt hätte, wenn sie nicht um 1500 plötzlich verschwunden wären.

Es gibt eine ganze Reihe von Theorien über das Verschwinden der Normannen aus ihrem Gebiet. Mangelnde Verbindung mit Norwegen, die schließlich ganz abbrach, Epidemien, Klimaverschlechterung und Vernichtung durch die allmählich in diese Siedlungsgebiete einsickernden Eskimogruppen, sind einige der mutmaßlichen Ursachen.

Erste Kunde vom Aussterben der grönländischen Normannen aber brachte der Bericht eines Mannes, der um 1500 mehrmals nach Grönland verschlagen wurde und immer viel davon zu erzählen verstand. Jón Grönländer berichtet 1625 über einen Landgang u. a.:

> »Sie gingen in einem der Schiffsboote auf einer kleinen öden Insel an Land, bei der sie ankerten. Dort waren Bootsplätze, Fischlagerhäuser und viele Trockengestelle für Fische (…) Dort fanden sie einen toten Mann auf der Nase liegen; er trug auf dem Kopf eine gut genähte Kapuze; seine übrigen Kleider waren teils aus Fries, teils aus Fellen von Seehunden. Bei ihm lag ein verbogenes Messer, sehr abgenutzt und verbraucht vom häufigen Wetzen. Dieses Messer nahmen sie als Erinnerungsstück mit.«

Wäre die Geschichte wahr, würde der tote Mann gleichsam das letzte Glied der Geschlechter von Europäern repräsentieren, die ca. ein halbes Jahrtausend in ihren Siedlungen »am Ende der Welt« lebten. Und das abgewetzte Messer bekommt fast symbolische Bedeutung für das Ende des Lebenskampfes eines Volkes, das einst blühende Höfe in dem grünen Teil der ansonsten mit soviel Eis und Schnee bepackten Rieseninsel besaß.

Das Interesse der Europäer an Grönland blieb aber erhalten, und im mobilen Zeitalter eines Christoph Kolumbus gab es zunehmend Versuche, die unbekannte Insel in der Arktis zu erreichen, wurden immer neue Expeditionen ins Eismeer gestartet.

Das Zeitalter der Entdeckungsreisen

Erste Expeditionen

Zwar war im 15. Jh. die Verbindung zwischen den skandinavischen Staaten und Grönland abgebrochen, aber aus dem Südwesten Europas schien jetzt Interesse für Grönland zu kommen. Seit 1419 hatte der portugiesische Infant Heinrich der Seefahrer (1394–1460) versucht, den Seeweg nach Indien zu finden. An diesen Fahrten hatten einige nordische Abenteurer teilgenommen. Von ihnen kam 1461 ein dänischer Adelsmann aus portugiesischem Dienst in Marokko wieder nach Hause.

Einem späteren Bericht zufolge hatte er einen Brief des portugiesischen Königs Alfons V. (reg. 1438–81) an den dänischen König Christian I. (reg. in Dänemark 1448–81) mitgebracht. In ihm soll König Alfons den Dänen aufgefordert haben, eine Expedition auszurüsten, um den nordwestlichen Seeweg nach Indien zu finden.

Es heißt weiter, daß eine solche Expedition sich auch auf die Reise begab, aber erst 1472 oder 1473. Sie soll aus mehreren Schiffen bestanden haben, die unter dem Kommando von Didrik Pining aus Hildesheim und dem Norddeutschen Hans Potthorst in See stachen. Es wird berichtet, daß die Schiffe von dort abfuhren, von wo auch Erik der Rote seine Reise nach Grönland gestartet hatte. Auf ihrem Kurs nach Westen wurden sie von Seeräubern angegriffen, und auf Grund archäologischer Funde muß man annehmen, daß sie an die ostgrönländische Küste gekommen sind und zwar in das Gebiet von Ammassalik.

Mehr haben diese Seefahrer aber vermutlich von Grönland nicht kennengelernt. Starke Stürme trieben sie über das Meer an die Küsten von Labrador und nach Neufundland. 1500 und 1501 war dann Gaspar Corte-Real dort oben auf Reisen. Er kam in die Nähe von Kap Farvel oder die südliche Ostküste, konnte aber nicht an Land kommen.

Nun hatte man vermutlich in Rom schon seit längerer Zeit über die Kirche »am Ende der Welt« diskutiert und sich Gedanken über das lange Ausbleiben von Nachrichten und »Steuern« gemacht. Das Amt des Bischofs in Gardar wurde seit 1389 (brieflich bezeugt seit 1401) vom Papst in Rom besetzt, bezog aber aus dem Kirchenstaat keine Zuwendungen, da ja auch nichts mehr aus dem nördlichsten Bistum nach Rom floß.

1492 änderten sich die Verhältnisse. Papst Alexander VI. Borgia ernannte einen neuen Bischof für Grönland und verfügte seine Reise dorthin. 80 Jahre lang hatte man nichts mehr von dort gehört, und dem Papst waren allerlei Gerüchte über das ferne, ihm kirchlich unterstehende Gebiet zu Ohren gekommen. Man mußte schließlich annehmen, daß das ganze kirchliche Leben dort aufgehört hatte, daß es keine geweihten Priester mehr gab und keinen Stellvertreter eines Bischofs. Daß Papst Alexander nun plötzlich aktiv wurde, kann sicherlich auch in Verbindung mit der Reise von Kolumbus gesehen werden. Der Kirchenstaat wollte wohl einen Repräsentanten in dem bereits bekannten westlichen Teil der Erde haben, um so seine Ansprüche auf weitere westliche, neuentdeckte Gebiete deutlich zu machen.

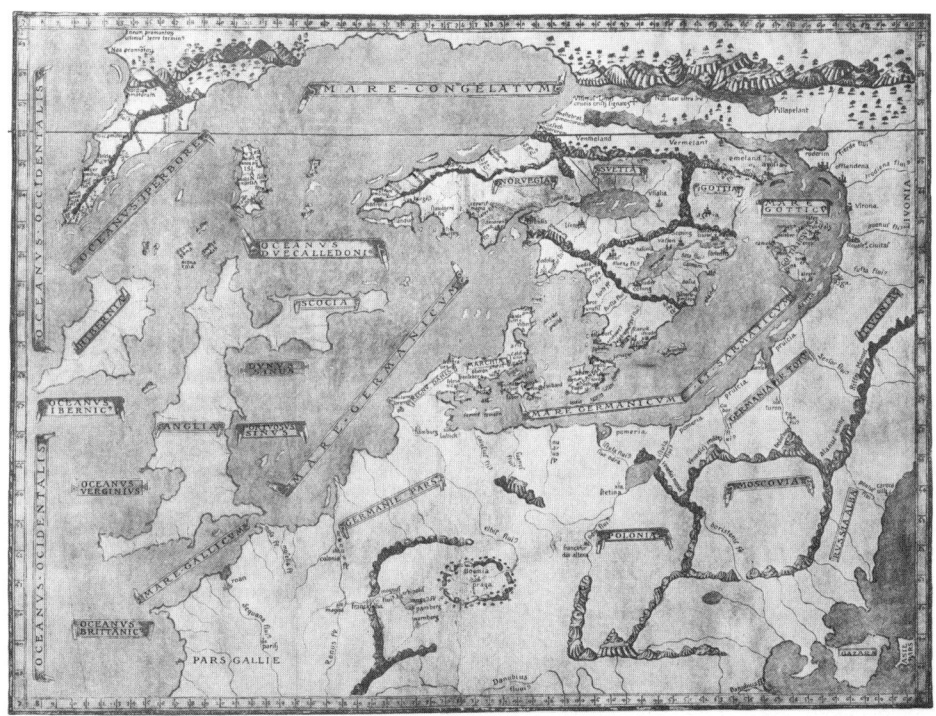

Nordlandkarte des Kartographen Claudius Clavus aus dem Jahr 1428

Der von Papst Alexander VI. ernannte und nach Grönland beorderte Bischof kam nie an seine für ihn vorgesehene Wirkungsstätte. 1519 war der von Alexander ernannte Bischof von Gardar vergessen und von dem jetzigen dänischen König Christian II. (reg. 1513–23) mit Einverständnis des Papstes der Beichtvater des Königs zum Bischof in Grönland ernannt und dorthin beordert. Aber auch er betrat niemals grönländischen Boden.

Die dänisch-norwegischen Aktivitäten müssen im Zusammenhang mit mutmaßlichen Berichten gesehen werden, die Christian, der in Bergen residierte, über die Unternehmungen von Basken, Engländern und Niederländern in den westlichen Gebieten des Nordmeers erhalten hatte, an denen man auch in Bergen traditionsgemäß Interesse hatte. Er hatte bereits 1514 Pläne über Seefahrten gen Westen.

In der Welt waren jetzt sowohl im Osten als auch im Westen große Entdeckungen gemacht worden, und für den Norden galt es, an diesen neuen Ereignissen zu partizipieren. Um die sagenhaften Reichtümer des Orients mit nach Hause holen zu können, war es ja gut möglich, daß der Weg dorthin über Grönland führte. Schon hatte Magalhães (Magellan) dem späteren Kaiser Karl V. seinen Plan für eine Weltumseglung vorgelegt, die er auch 1519 begann. Es war also Eile geboten. Auch hatte bereits König Christians Agent in Rom darauf aufmerksam gemacht, daß die Spanier in die nördlichen Gewässer eingedrungen seien, wobei er wohl an die Reisen der Portugiesen und französischen Basken gedacht hatte und an die von Corte-Real. Auch die Engländer waren schon im nordwestlichen Meer aktiv geworden. Aus den Kolonialisierungsplänen wurde zunächst jedoch nichts, da Christian II. aufgrund innenpolitischer Probleme vom dänischen Adel außer Landes gezwungen wurde und ins Exil ging.

Nun hatte aber im Lauf der Zeit bei Seefahrern und Gelehrten immer mehr die Vorstellung von Grönland an Raum gewonnen, die ein dänischer Kartograph namens Claus Claussön Svart, besser bekannt unter seinem lateinischen Namen Claudius Clavus (geb. 1388), durch seine Grönlandkarte verbreitet hatte. Diese Karte war die erste dänische Grönlandkarte. In sie war eine Reihe von Ortsnamen eingezeichnet, die lange Zeit Rätsel aufgaben, bis schließlich 1904 zwei dänische Wissenschaftler, Carl S. Petersen und A. A. Bjørnbo, der Sache auf den Grund kamen: Die Ortsnamen waren alle der Phantasie entsprungen, die jedoch einen methodischen Hintergrund hatte. Claudius Clavus hatte die Strophe einer Volksballade genommen und die einzelnen Wörter nacheinander von der Ostküste um die Südspitze bis nach oben an die Westküste als Ortsnamen eingeschrieben. Diese Namen sind in alter dänischer Sprache abgefaßt, während andere Bezeichnungen wie beispielsweise »Ultimus locus visibilis« (letzter sichtbarer Ort) in lateinischer Sprache eingetragen wurden.

Was nun die Kartographie betraf, so hatte bereits 1558 Nicolo Zeno eine ganz neue Karte vom Norden herausgegeben, die zwar der Wirklichkeit etwas näher kam als die des Claudius Clavus, da Grönlands langgestreckte Form besser zum Vorschein kam. Aber immer noch war die landfeste Verbindung nach Nordwesten – wenn auch weiter nach Osten verschoben – beibehalten worden. Diese landfeste Verbindung erhielt den Namen »Grønlandia«, während das langgestreckte Halbinselland den Namen »Engroneland« bekam. Viel Phantasie war da mit im Spiel bei Formen und Lage verschiedener Inseln, östlich und südlich von Grönland. Sie wurden mit »Islanda«, »Estland«, »Frisland« u. ä. bezeichnet.

Europäer in der Arktis

Ab Mitte des 16. Jh. werden immer mehr Versuche unternommen, Grönland zu erreichen. Geglückt ist es nach zuvor gescheiterten Versuchen 1578 dem Engländer Martin Frobisher. Er landete an der Westküste, wußte aber nicht, daß es sich um Grönland handelt und berichtete von Menschen, die über Metallgeräte verfügten. Daraus schloß er, daß sie Verbindung zu Fremden gehabt haben müssen.

Frobisher hatte eine Karte von Zeno bei seinen Fahrten in die nordwestatlantischen Gebiete für seine Kursbestimmungen benutzt. Er gelangte an die Westküste in die Gegend des heutigen Paamiut.

Mit Frobishers Reisen wurde Grönland für Europa wiederentdeckt. Doch sie dienten primär nicht der Erforschung der arktischen Rieseninsel, sondern der Auffindung des Nordwestweges nach Indien. Doch Englands Aktivitäten in den nordischen Gewässern kollidierten mit den Interessen der Anrainerstaaten.

Älteste Darstellung eines Eskimo bei Frobisher (1580)

Um unliebsamen Zwischenfällen aus dem Weg zu gehen, kam es zwischen dem Norden und der englischen Moskovitischen Kompanie zu einem Übereinkommen, demzufolge die englische Gesellschaft gegen einen jährlichen Zoll diese Strecke befahren durfte. Damit war von englischer Seite die Oberherrschaft der dänisch-norwegischen Könige über das Nordmeer anerkannt. Nun konzentrierten sich die englischen Aktivitäten, den Seeweg zum Orient zu finden, auch auf den westlichen Teil des Nordmeers. Und dabei interessierten sie sich auch für Grönland.

Allerdings kamen die nächsten Grönlandfahrten der Engländer nicht auf Befehl der englischen Majestät zustande, sondern auf privatwirtschaftliche Initiative hin. John Davis (1550–1605) erreichte dreimal Grönlands Küsten. Auf der ersten Reise (1585) näherte er sich vermutlich dem südlichsten Teil der Ostküste, an die er jedoch wegen des Großeises nicht herankommen konnte. Er nahm nun Kurs auf Süden, begünstigt durch die Strömungen, konnte aber wiederum wegen des Eises nirgends an Land kommen. Dann fuhr er nach Norden und traf nördlich der Mündung des Nuuk Fjordes Menschen, glaubte aber – aufgrund von Zenos Karte – nach Grønlandia gefahren zu sein und nahm deshalb Kurs auf Westen, nach Baffin Island. Die hier durchsegelten Gewässer erhielten später den Namen Davisstraße. Diese erste Reise hatte keine direkten praktischen Ergebnisse zur Folge. Seine zweite Reise führte ihn 1586 dort an die grönländische Küste, wo er ein Jahr vorher gewesen war. Bei diesem Unternehmen kamen Davis und seine Leute in Streit mit den Einwohnern, wobei sie einen Eskimo entführten, der aber dann an Bord starb.

Die Praxis, Eskimo zu entführen und als »Ausstellungsstücke« nach Europa zu bringen, setzte sich fort, so daß von 30 Entführten in den Jahren von 1605–1660 berichtet wird.

David Cranz: Eskimo im Kajak auf der Robbenjagd, Stich von 1770

1587 unternahm Davis die dritte Reise mit zwei Schiffen, die auf Fischfang gehen sollten. Davis sollte dabei mit einem kleineren Schiff weiter den Norden erforschen und soll dabei bis zum Kap Sanderson, südlich von Upernavik, gekommen sein, wo er von Eskimo erfuhr, daß noch weiter nach Norden hin das Wasser offen sei.

Von seinen Reisen brachte Davis erste Erkenntnisse über Lebensweise und Sprache der Eskimo mit. Er berichtete von ihrer bewundernswerten Geschicklichkeit im Umgang mit dem Kajak und ihrer ausgefeilten Technik im Umgang mit Schlitten und Hunden. Er stellte ein Verzeichnis von ca. 40 Begriffen aus der Eskimosprache zusammen.

Immer mehr Expeditionen machen sich im anbrechenden 17. Jh. auf den Weg nach Grönland. Der junge, stark der Nordmeerpolitik zugewandte dänisch-norwegische König Christian IV. (reg. 1588–1648) läßt 1605 drei Schiffe für eine Fahrt nach Grönland ausrüsten. Die beiden ersten stehen unter dem Kommando der Engländer John Cunningham und James Hall, das dritte unter dem Kommando des Dänen Godske Lindenov.

Die drei Schiffe fuhren im Mai 1605 südlich um Island herum und kamen in die Gewässer vor Kap Farvel. Dort trieb sie der Sturm auseinander. Sie kamen aber wieder zusammen und konnten sich über den weiteren Kurs nicht einig werden. Lindenov löste sich von den anderen und nahm Kurs auf die Westküste, wo er im Gebiet des späteren Fiskenæsset

David Cranz: Umiak-Boot, Stich von 1770

zwischen dem späteren Paamiut und Nuuk an Land ging. Dort kaufte er Felle und einige Narwalzähne, raubte zwei Eskimomänner und nahm dann wieder Kurs auf Kopenhagen. Auch Cunningham und Hall entführten vier Eskimo.

Außer den geraubten Eskimo brachten sie noch Gesteinsproben von einem Felsen mit, die Silbererz enthalten sollten. Davon wollte man mehr haben, und im Mai 1606 ließ König Christian daher eine neue Expedition nach Grönland starten, die aus fünf Schiffen bestand, alle unter dem Oberkommando von Godske Lindenov, während Cunningham und Hall ihm unterstellt wurden. In den Augen der Europäer war die Oberherrschaft der dänisch-norwegischen Könige nun anerkannt, und daher erschien es dem König wohl selbstverständlich, daß die neue Flotte unter dem Befehl eines Dänen stand.

Die Flotte umfuhr nun das Großeis und nahm direkt Kurs auf die Westküste, wo man beim »Malmberg«, ungefähr gelegen auf 67°4′ nördlicher Breite, an Land ging, die Schiffe mit dem gewünschten »Silbererz« belud, fünf Eskimo raubte, von denen der eine über Bord sprang, und dann wieder Kurs auf Dänemark nahm.

Obwohl sich die heimgebrachte Schiffsladung als wertlos erwies, ließ der König eine dritte Expedition 1607 in See stechen. Sie sollte die alte Normannensiedlung Eystribygd ausfindig machen. Da alle inzwischen gezeichneten Karten – falls sie dieses Gemeinwesen überhaupt

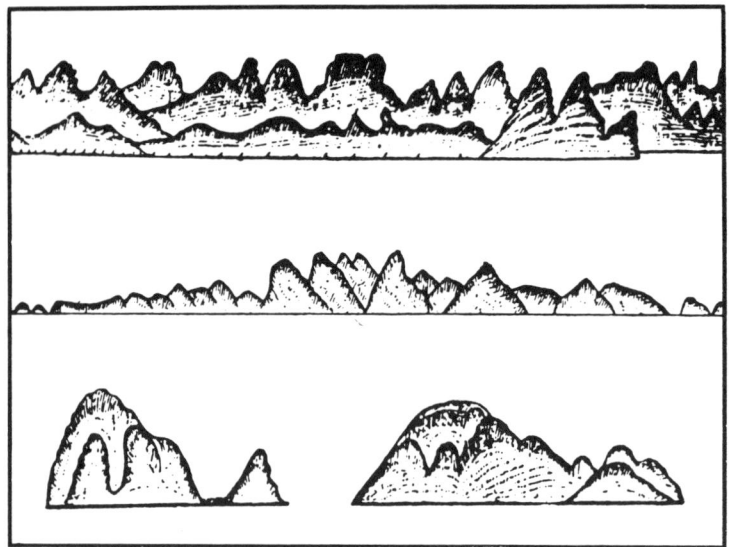

Die von James Hall auf seinen Grönlandfahrten skizzierten Landansichten von Kap Farvel, Kap Christian und Kap Desolation

berücksichtigten – diese alte nordische Siedlung an die Ostküste verlegten, nahmen die Schiffe natürlich Kurs auf diese Küstenstrecke. Aber auch sie konnten den schweren, panzerartigen Eisgürtel nicht durchdringen, obwohl sie es anhaltend versuchten, und mußten umkehren.

Die Vorstellungen von Grönlands Geographie konkretisierten sich allmählich. 1590 hatte Sigurd Stefánsson eine Karte angefertigt, auf der die Lage und äußere Form Grönlands relativ genau angegeben waren, wenn auch noch immer der nördliche Teil eine Festlandverbindung mit Nordeuropa einging und die Neigung des Landes von Nordwesten nach Südosten beibehalten wurde. Diese Karte hatte Stefánsson für die »Beschreibung Grönlands« gezeichnet, die sein Landsmann Bjørn Jónsson um 1590 ausgearbeitet hatte.

Die Expedition zur Auffindung von Eystribygd im Jahre 1607 hatte sich wohl nach der Karte des Bischofs von Seeland, Hans Poulsen Resen, gerichtet, die damals relativ neu war und deshalb den richtigen Kurs zu versprechen schien. Diese Karte war ziemlich groß und stellte eine teilweise Kopie von Sigurd Stefánssons Karte dar. Aber während diese, was Grönland betrifft, nur drei Namen trug, nämlich Grönlandia, Hvidserk und Herjolfsnes – letzteres richtig an der Westküste eingezeichnet –, zeigte Resens Karte zwei längere lateinische Texte, von denen der eine von Eystribygd handelte, das Resen auf der Ostseite Grönlands angebracht hatte. Und auch die Karte des isländischen Bischofs Gudbrand Thorlaksson (Thorlacius), dem das Bistum Hólar im Norden Islands unterstand, hatte Eystribygd wohl auf die Ostseite Grönlands plaziert.

Während sich der Walfang um Spitzbergen immer weiter entwickelte, schlossen sich englische Kaufleute zusammen, um eine Expedition in die nach John Davis benannten grönländischen Gewässer auszurüsten. Als Oberkommandierenden bestimmten sie James Hall, der zu jener Zeit als »Seiner Dänischen Majestät Lotse« in Helsingör wohnte und sich dort wohl ziemlich langweilte. Hall akzeptierte den Wunsch der englischen Kaufleute, und Mitte Mai 1612 sichtete er bereits Kap Farvel. Mit seinen zwei Schiffen fuhr er nun die Westküste hinauf, gab einigen Orten und Gebieten englische Namen und taufte u. a. das Fjord-Revier nördlich des heutigen Nuuk auf den Namen Ball's River – nach dem Hauptfinancier der Expedition Richard Ball. Später wurde dieser Name verballhornt und zu Baalsrevier, in welcher Schreibweise er auch in den Schriften von Hans Egede erscheint und zu Mißverständnissen führte.

Hall segelte nun weiter die Westküste hinauf, ging bei Itilleq an Land, wo man noch einmal den »Malmberg« untersuchte, in der stillen Hoffnung, schließlich doch noch Silbererz zu finden, mußte aber enttäuscht umkehren. Man fand weiter nichts als Kaliglimmer. Nun ruderte Hall mit seinen Leuten in den Amerloq Fjord, wo den alten Seefahrer sein Schicksal ereilte. Man erkannte ihn dort als einen der Männer, der zusammen mit Cunningham bei einer früheren Expedition vier Grönländer entführt und nach Dänemark verschleppt hatte. Ein Eskimo sichtete Hall auf dem Achterdeck seines Schiffes und harpunierte ihn. Man erfüllte ihm seinen letzten Wunsch und begrub ihn auf einer der umliegenden Inseln.

Walfänger und Tauschhandel

Die sich zuspitzende Konkurrenz zwischen England und Holland in bezug auf den einträglichen Walfang in den Gewässern um Spitzbergen hatte 1614 die Gründung der »Noordse Companie« in Amsterdam zu Folge, die von holländischen Kaufleuten betrieben worden war. Im gleichen Jahr schickte die Gesellschaft ein Schiff in die Davisstraße, das unter dem Kommando von Joris Carolus stand. Er kam auf dieser Reise bis zum 73° nördlicher Breite und beschrieb später das Land, dessen Küsten er befahren hatte. Nach 1614 fuhren die Niederländer wiederholt in die Davisstraße und gaben dort, wo sie an Land gingen, den Landschaften holländische Namen.

In dieser Zeit war der Walfang um Spitzbergen auf seinem höchsten Stand. Dort hatten die Holländer Trankochereien und Mannschaftsunterkünfte für die starken Schiffsbesatzungen während der Jagdsaison gebaut. Auch hatten sie in verschiedenen Schiffen schwimmende Trankochereien eingerichtet. Tran war für die Menschen in Europa das, was heutzutage das Öl ist. Die Wale mußten ihr Leben lassen, damit Europas Lampen brennen konnten.

Diesen Aktivitäten der Niederländer hatte das dänisch-norwegische Königreich nichts entgegenzustellen. Obwohl die Könige der Doppelmonarchie die Herrschaft über den nördlichen Erdkreis für sich beanspruchten, wollte man es sich nicht mit den Niederländern verderben. Zwar hatte man isländische, spitzbergensche und nordländische Kompanien gegründet, die auch Walfang betreiben sollten, aber ihre Unternehmungen spielten sich doch in einem recht bescheidenen Rahmen ab.

WALFÄNGER

Hans Egede: Robbenfang auf dem Eis. Durch ein Loch, in dem das Tier zum Luftholen auftaucht, wird das Tier erlegt. Stich aus Egedes Werk »Det gamle Grønlands nye Perlustration«, 1741

Da sich die Wale, deren Bestände bereits dezimiert waren, langsam aus den Gewässern um Spitzbergen zurückzogen, hatte man keine Verwendung mehr für die zahlreichen Trankochereien. Das war der Grund, weshalb die dänisch-norwegische Regierung die fremden Walfänger von Spitzbergen vertreiben und ihre Hoheitsrechte über die gesamten Gebiete der nördlichen Meere erklären konnte. Dagegen protestierten weder die Engländer noch die Niederländer. So beantragte der dänische Generalzollverwalter Henrik Müller 1652 Privilegien zum Zweck des Anfahrens von Grönland und des Handels mit grönländischen Produkten, die er auch bekam.

Drei Jahre lang fuhren nun Müllers Schiffe unter dem Kommando des früheren holländischen Kapitäns David Urbanus Dannel nach Grönland. Auch Dannel hatte – wie viele andere seiner Zeit – keine Bedenken, ansässige Eskimo nach Europa zu entführen. Überliefert ist das Bild von vier Eskimo, die er von der grönländischen Westküste nach Bergen verschleppte, wo sie – vermutlich von Salomon van Hauen – gemalt wurden. In deutscher Sprache brachte der Künstler in der oberen linken Ecke des Bildes eine kleine Schrifttafel an, auf der gereimt zu lesen ist, daß die Grönländer mit ihren Lederschifflein auf dem Meer hin und her fahren und ihre Kleidung von Tieren und Vögeln haben. Und der Maler hat auch Ort und Zeit genau angegeben: Bergen, den 28. September Anno 1654. Dieses Gemälde ist die erste Porträtierung von Eskimo und befindet sich heute im Nationalmuseum in Kopenhagen. Auch die Namen dieser ersten porträtierten Eskimo sind überliefert. Der Mann hieß Hiob und war Vater der neben ihm stehenden 25jährigen Cabelau, neben der die 45jährige Kunelik (oder Kuneling, Gunneling), Mutter von zwei Kindern in Grönland, steht, an deren Seite sich die 13 Jahre alte Sigokou (oder Sigoko, Siogo) befindet. Hiob starb bei der Überfahrt nach Kopenhagen. Die drei Frauen wurden nach Gottorp in Schleswig geschickt, wo der Bibliothekar des Herzogs, Adam Olearius (1599–1671), grönländische Glossen aufzeichnete, die in seiner Beschreibung der »Reyse nach Muscow und Persien«, Schleswig 1663, gedruckt wurden.

Die große Walfängerzeit bei Grönland hatte begonnen. Und sie war nicht nur die Ursache dafür, daß Europas Lampen nicht verloschen, sie beeinflußte auch die Entwicklung der eskimoischen Bevölkerung auf entscheidende Weise.

In jedem Frühjahr fuhr eine Riesenflotte gen Grönland. Man konzentrierte sich nun, nachdem die Wale bei Spitzbergen bereits ausgerottet waren, mit ganzer Kraft auf die neuen Jagdgründe und kartierte bald die Westküste bis nördlich von Upernavik und auch die Nordostküste bis nördlich über Danmarks Havn hinaus (78,5° nördlicher Breite). Das Meer an Grönlands Küste geriet nun in Bewegung, bevölkert von oft bis zu mehreren hundert

Das älteste existierende Bildnis von Grönländern, gemalt von Salomon van Hauen 1654 in Bergen. Heute im Nationalmuseum Kopenhagen

WALFÄNGER

Schiffen mit über 10000 Mann an Bord: das waren Engländer, Deutsche, Franzosen (Basken), Dänen und Norweger, aber vor allem Holländer und Friesen.

Auf den Friesischen Inseln erinnern heute noch viele Mitbringsel an die alten Zeiten, von denen besonders die zu Toren aufgerichteten Walkiefer vor den roten Häuschen der alten Grönlandfahrer ins Auge fallen.

Bis zu 1000 Wale mußten in einer Saison, die von April bis August oder September dauerte, ihr Leben lassen. Man hatte es vor allem auf die Barten und den Tran abgesehen. Und hatte man den Speck für die spätere Trangewinnung in Tonnen verpackt, entledigte man sich der Fleisch- und Hautmassen an der Küste.

Die Jagd wurde von zwei verschiedenen Schiffstypen betrieben, von Hukern (größeres Fischereifahrzeug) und Galeoten (kleineres Küstenfahrzeug). Während die Huker den sogenannten pelagischen Walfang betrieben, d. h. auf dem offenen Meer den Tieren nachstellten, fuhren die Galeoten in den Schärengürtel hinein und kamen auf diese Weise auch als erste mit Land und Leuten in Kontakt. Die Besatzungen hatten eine Stärke von 10–15 Mann. Der eigentliche Fang wurde von Schaluppen betrieben. Diese ruderten an den Wal heran, der Harpunierer warf seine Waffe mit der Leine in den Wal, und der begann nun die Schaluppe zu ziehen. Oft wurden die Schaluppen dabei von angreifenden Walen förmlich zersplittert, und es wird berichtet, daß damals der Tod in der Davisstraße reiche Ernte hielt.

Pôk und Kiperok. Gemalt von Bernhard Grodtschilling 1724

Natürlich wollten die Walfänger von ihren so gefährlichen Reisen Felle, Narwalzähne und andere in Europa stark gefragte grönländische Naturalien mit nach Hause bringen, und so begann der Tauschhandel mit den Eskimo. Nachdem diese dadurch in den Besitz nützlicher Gerätschaften kamen, warteten sie im Frühling schon immer auf die Ankunft der Schiffe. Und wenn von ihren auf den Bergen postierten Spähern der Ruf »Umiarsuaq, umiarsuaq« (Schiff, Schiff!) erscholl, herrschte auf den Wohnplätzen große Aufregung. Man packte alle Sachen zusammen und wartete auf die Männer aus dem fernen Europa. Manche Eskimo vernachlässigten es über der Jagd nach Beutetieren, deren Fell zum Handel mit den Europäern nutzte, genügend Nahrungsvorräte für den Winter zu schaffen, so daß sie trotz der modernen, eingehandelten Waren Hunger leiden mußten.

Die Orte, an denen die Walfänger an Land gingen, lagen alle nördlich von Paamiut. Um die ganze Südspitze machten sie einen großen Bogen, um nicht in das Großeis, das von der Strömung an der Ostküste nach Süden getrieben wird, zu geraten.

Zuerst wurden die Eskimo bei den Tauschgeschäften wohl öfter übers Ohr gehauen. Eine kleine Nähnadel erbrachte häufig ein paar kostbare Felle als Gegenleistung. Allmählich im Handeln geübt, erhielten sie später Töpfe, Blechkessel, Angelhaken, Messer, Bauholz, Holzwaren, Glasperlen, Büchsen, Flinten, Pulver und Kugeln sowie Tabak, Schnupftabak und Genever. So hielten in die autarke Lebenswelt der Eskimo auch viele unnütze Gegenstände Einzug.

Die sprachlichen Schwierigkeiten verschwanden bald, da im Lauf der Zeit sich eine besondere Handelssprache zwischen den Walfängern – meist Holländern – und den Eskimo entwickelte. Diese Handelssprache war ein Gemisch von Holländisch und Grönländisch, das offenbar eine nahezu reibungslose Verständigung ermöglichte.

War der Handel abgeschlossen, begann das Feiern sowohl an Land als auch an Deck der Schiffe. Die Geneverflaschen gingen herum, und der Tanz nahm seinen Anfang. Die Eskimo lernten viele neue Tänze von den Walfängern, die heute noch unter dem Namen alter grönländischer Tänze lebendig sind. So stammte auch das frühere Pausenzeichen des grönländischen Rundfunks von solch einer Melodie.

Der Kontakt zwischen den europäischen Walfängern und grönländischen Eskimo hatte den Beginn einer neuen Generation zur Folge und damit den der als Grönländer bekannten Menschen als eine Mischung aus Eskimo und Europäern. Die Nachkommen aus den Verbindungen jener Zeit erhielten mitunter europäische Vornamen.

Aber nicht immer verliefen die Begegnungen der Walfänger mit den Eskimo so harmonisch. Später kam es oft zu regelrechten Überfällen auf Eskimo. Schuld an diesen Zuständen war teilweise auch der seit 1700 immer schlechter werdende Fang. Durch die riesigen Fangzüge der vorangegangenen Jahrzehnte waren die Wale inzwischen stark dezimiert worden. 1720 versuchte die holländische Regierung durch ein Dekret den schlimmsten Übergriffen der Seeleute Einhalt zu gebieten, indem sie für besonders schwere Fälle die Todesstrafe androhte. Ob das viel genutzt hat, ist nicht bekannt. Fest steht nur, daß die Eskimo bald zwischen ›guten‹ und ›bösen‹ Schiffen zu unterscheiden verstanden und sich selbst zu schützen versuchten.

TRADITIONELLE ESKIMOKULTUR: SCHAMANISMUS

1777 fand schließlich die große Walfängerzeit durch eine Katastrophe ihr Ende, als ungefähr 100 Walfangschiffe bei Kap Farvel in das schwere, von der Ostküste kommende Eis gerieten und in die Tiefe gedrückt wurden. Nur wenige konnten sich befreien, deren Fangerträge zudem kaum befriedigend waren, so daß inzwischen die ökonomische Ausbeute die Risiken nicht mehr rechtfertigen konnte.

Grönland vor der Kolonialisierung

Die traditionelle Eskimokultur: Weltanschauung und soziales Leben

Die grönländischen Eskimo, die in der Walfängerzeit mit den Europäern in Kontakt kamen, waren Nachkommen jener Menschen, die als Träger der Inussuk-Kultur gelten. Sie hatten in ihren Häusern auch einen besonderen Lampentyp. Da um 1250 das Klima in Grönland kälter geworden sein muß – ein Zustand, der bis ungefähr 1850 währte –, dienten die Lampen der Inussuk-Kultur nicht allein zum Leuchten, sondern auch zum Wärmen. Außerdem ersetzten sie das Herdfeuer. Eine solche Speck- oder Tranlampe war aus Stein gehauen, hatte eine Halbmondform, die ungefähr 50 × 25 cm groß war und häufig auf einem Gestell stand. Mit diesem Lampentyp als Mittelpunkt schufen sich die Eskimo eine Heimstatt, in der sie gut leben konnten. Wo diese Lampe ausging, war die Jagdbeute ausgeblieben, Hunger zog in die Häuser ein, und die Menschen starben dahin.

Aber oft löschten die Menschen diese sonst ewig brennenden Lampen freiwillig aus. Dann war die Zeit der Feste und Spiele da, die eine besondere soziale Funktion in dieser in unwirtlichen Regionen lebenden Gesellschaft hatten. Feste und Feiern kannten die Grönländer schon aus ältesten eskimoischen Zeiten. Da gab es ganz früher die sogenannten Lampenlöschspiele, bei denen der Frauentausch praktiziert wurde, der möglicherweise der Inzucht vorbeugen sollte. Dann kamen später die Tanzvergnügungen – von den Dänen in einer Verbindung von eigener und grönländischer Sprache *dansemik* genannt.

Die Menschen dieser arktischen Gefilde, in denen täglich ein oft grausamer Kampf gegen die Naturgewalten durchfochten werden mußte, hätten sicher nicht als Volk ihre Existenz bewahren können, würden sie diese Feste und Feiern nicht gehabt haben. Schon geraume Zeit, bevor Anthropologen, Biologen und Vertreter anderer verwandter Wissenschaften die Frage nach dem Wie und Warum des Überlebens – besonders bei den vielen Monaten völliger Dunkelheit, eisiger Stürme und unmenschlicher Kälte, die speziell die Polareskimo heimsuchten – stellten, und 1968 zum erstenmal wissenschaftliche Expeditionen zur Erforschung dieses Phänomens ausrüsteten, hatte die moderne Eskimologie bereits diese Ansicht vertreten. Diese Feste und Feiern gaben den Menschen den seelischen Beistand und förderten zugleich das lebensnotwendige Zusammengehörigkeitsgefühl der Eskimo.

Von besonderer Bedeutung in der traditionellen Eskimokultur war die Rolle des Angakkoq – das David Cranz mit »großer, weiser Mann« erklärt hat –, des zu jedem Wohnplatz gehörenden Schamanen.

1 Portrait eines Eskimo von KAP YORK (um die Jahrhundertwende)

2 Thule-Mädchen (um die Jahrhundertwende)

3 Eskimo aus Ammassalik (1906)

4 Junge Grönländerinnen aus AMMASSALIK (1906)

5 Grönländer von der OSTKÜSTE (1905)

6 Bevölkerungsgruppe aus AMMASSALIK (1904)

7 OSTKÜSTE Grönländische Familie vor ihrem Winterhaus (um die Jahrhundertwende)

8 OSTKÜSTE   Ein Angakkoq mit Trommel (1906)
9 Eskimo der OSTKÜSTE (1908)
10 AMMASSALIK   Eskimofamilie vor ihrem Haus (1919) ▷

11 Paar aus AMMASSALIK vor seinem Sommerzelt (um die Jahrhundertwende)

12 Ansicht von Ammassalik von 1908

13 Sommerlager an der Ostküste (1904)

14 Kajaks vor AMMASSALIK (1908)

15 AMMASSALIK Eskimo beim Trommeltanz (1906)

16 Grönländer beim Reparieren seiner Harpune (1908)

17 OSTKÜSTE Grönländische Familie vor ihrem Zelt (1906)

18 Grönländerin mit Hunden an der Ostküste (1906)

19 Sommerlager bei Ammassalik (1929)

20 und 21 Grönländerinnen (1919)

22 Dänischer Kolonialist in Grönland
23 Dänisch-grönländische Familie
25 Dänische Kyrolitharbeiter in Ivittuut ▷
24 Dänische Kolonialfrau mit Sohn auf einem erlegten Eisbär (um 1908)

Der eskimoische Schamanismus weist phänomenologisch wichtige typische Wesensmerkmale des in der Literatur häufig auf verschiedene Gesellschaften Nordasiens bezogenen historisch-geographischen Phänomens auf. Vieles deutet darauf hin, daß der Schamanismus der Eskimo mit dem sibirischen in Verbindung stand. Wie Evelin Haase angibt, gehört der Schamanismus vor allem zu weniger komplex organisierten Gesellschaften mit verhältnismäßig kleinen sozialen Einheiten. In der Forschungsliteratur begegnet man häufig der Einschätzung, daß Schamanen mit Heilern, Medizinmännern, Wetterpropheten u. ä. zu vergleichen seien. Auf der Grundlage der spezifischen Weltanschauung der Gesellschaft – die in bezug auf die grönländischen Eskimo auch oftmals ungenau und mißverständlich als Animismus bezeichnet wird – hat der Schamanismus zunächst die Funktion der Problemlösung. Dem Schamanen werden außergewöhnliche Fähigkeiten zugesprochen, die ihn in die Lage versetzen, mit dem Übernatürlichen in direkten Kontakt zu treten. Zu den Methoden, den Kontakt herzustellen, gehören Ekstase, Trance wie auch andere erweiterte Bewußtseinszustände.

Die schamanistischen Praktiken sind folgerichtige Handlungen aufgrund spezifischer Vorstellungen von der Welt und ihrem Funktionieren und werden immer zum Wohl der Gemeinschaft und oft sogar in deren Auftrag eingesetzt.

Die traditionelle Glaubenswelt der Eskimo war geprägt durch ihren engen Bezug zur umgebenden Natur. Die Vorstellungen von der Beschaffenheit der Welt waren für die Kontakte des Angakkoq mit den verschiedenen Geistern von wesentlicher Bedeutung. Er war der Vermittler zwischen immaterieller und materieller Welt. Zuständig auch für die Überwachung der Einhaltung der Lebensregeln – ein Hinweis auf die spirituelle Autorität ähnlich der Stellung der Priester in christlichen Religionen –, hatte er die Möglichkeit, neue Regelungen einzuführen und Anweisungen zu erteilen. Das galt auch in bezug auf Adoptionen, Frauentausch oder Scheidungen (E. Haase: »Der Schamanismus der Eskimos«. Aachen 1987).

Offenbar war es auch Frauen möglich, die Funktion des Angakkoq zu übernehmen. Vilhjalmur Stefánsson berichtet in seinem 1922 erschienenen »My Life with the Eskimo« (New York), daß einige der bedeutendsten, ihm bekannten Angakkut Frauen waren. Doch schien sich die Schamanenaufgabe nicht sehr gut mit der traditionellen Frauenrolle vereinbaren zu lassen. So schildert z. B. Thalbitzer 1930 den Versuch einer jungen Frau in Ostgrönland, Angakkoq zu werden, der von ihrem Schwiegervater vereitelt wurde.

Zu den Aufgabenbereichen des Angakkoq gehörten, Krankheiten zu heilen, für das Jagdwild zu sorgen, Wetterbeeinflussung und Wahrsagen. In Grönland fand die Beschwörung zumeist bei Dunkelheit statt. Dann saß der Schamane am Eingang. Die auftretenden Geister machten sich durch Stimmen und Geräusche bemerkbar, und die Gemeinde konnte dem Gespräch zwischen ihnen und dem Angakkoq folgen.

Er war auch bei den vielen Festen der Eskimo zugegen, stand ihnen zum Teil vor und regelte ihren Ablauf wie z. B. bei den sogenannten Lampenlöschspielen, die in den eskimoi-

◁ 26 Grönländer in AMMASSALIK (1906)

TRADITIONELLE ESKIMOKULTUR: SOZIALES LEBEN

Eskimolager

Das Innere eines grönländischen Hauses in Nuuk um 1860. Grönländischer Holzschnitt (E. Bluhme)

schen Sagen eine gewisse Rolle spielen. Demnach wurden sie dann abgehalten, wenn Besuch von einem benachbarten Wohnplatz eintraf. Dann sang man, führte Trommeltänze und mitunter auch Kampfspiele auf und löschte schließlich das Licht. Im Dunkeln paarten sich nun die Bewohner des Ortes mit ihren Gästen, bis der Angakkoq das Zeichen zum Aufhören gab und die Specklampen wieder angezündet wurden.

Über diese Lampenlöschspiele ist viel berichtet worden. Oft – besonders von christlichen Missionaren – wurden sie als Sittenverfall und ›urheidnische‹ Bräuche gewertet. Sicher dienten sie auch kultischen Zwecken, z. B. dem Verwirren böser Geister. In Grönland kam diesen Kollektivpaarungen, die es u. a. auch bei verschiedenen afrikanischen Ethnien gegeben hat, eine besondere Bedeutung zu, da sie unter Aufsicht des Angakkoq – also dem geistig-religiösen Oberhaupt des Wohnplatzes – stattfanden. Auch wird vermutet, daß die Kollektivpaarungen Inzest vorbeugen und widerstandsfähige Nachkommen sichern sollten, die für das Überleben in der rauhen Natur mit ihren extremen Temperaturverhältnissen notwendig waren. Da die Wohnplätze in der Regel weit voneinander entfernt lagen, lag die Gefahr inzestbedingter Degenerationserscheinungen nahe. Daß die von christlichen Missionaren als unsittlich diffamierten Sexualgebräuche einen praktischen und überlebensnotwendigen Nutzen hatten, der aus den spezifischen Existenzbedingungen der Arktis resultierte, war ihnen – deren Wertesysteme auf ganz anderen Lebensumständen beruhten – nicht einsichtig.

Die eheliche Gemeinschaft war von den Fortpflanzungsgewohnheiten nicht beeinflußt. Die meisten Quellen berichten übereinstimmend von harmonisch wirkenden Ehen. Auch

Trommeltanz im Haus von Wilhelm August Graah (1793–1863)

TRADITIONELLE ESKIMOKULTUR: SOZIALES LEBEN

Grönländer beim Tanz. Stich aus Egedes Werk »Det gamle Grønlands nye Perlustration«, 1741

galten die Eskimo als sehr kinderlieb und stets um großen Kinderreichtum bemüht, da hier – wie auch anderswo – eine zahlreiche Nachkommenschaft die elterliche Altersversorgung bedeutete. Dabei wurden Jungen den Mädchen vorgezogen. Die vom Fischfang und der Jagd lebenden Eskimo dachten ja nur an ihr eigenes, später durch Alter geschwächtes Leben und kannten keine bevölkerungspolitischen Aspekte in dieser Hinsicht. Nur Jungen konnten tüchtige Jäger und Ernährer ihrer altgewordenen Eltern werden. Wurden Mädchen geboren, konnte es geschehen, daß die Eskimo sie aussetzten. Die Aufzucht von Mädchen bedeutete eine ökonomische Belastung und blockierte – da sich die Frauen in der Stillzeit in der Regel dem Sexualverkehr entzogen – die Möglichkeit der baldigen Geburt eines Jungen.

Neben der monogamen Ehe gab es auch Polygamie und Polyandrie. Das richtete sich nach der Struktur der Bevölkerung. Gab es in einem Gemeinwesen einen starken Frauenüberschuß, nahm sich ein Eskimo mitunter mehrere Frauen. Im umgekehrten Fall waren auch zwei, mitunter sogar mehrere Männer mit einer Frau verheiratet, wobei die Frage nach dem Vater der jeweils geborenen Kinder bei den Eskimo von untergeordneter Bedeutung war; denn das, was man in der europäischen Welt unter Vaterstolz versteht, war ihnen fremd.

Große Hochzeitszeremonien gab es nicht. Die Ehe galt als geschlossen, wenn sich das Paar einig war, die Pritsche bestieg und den Beischlaf vollzog. Blieb die Frau kinderlos, ging die Ehe meist ohne viele Erklärungen wieder auseinander, und beide Partner versuchten es in einer neuen Verbindung. Oft blieben sie aber auch zusammen und holten den Angakkoq als Zeugungshelfer. Kinder, die mit Hilfe eines Angakkoq entstanden, sollten nach Meinung der Eskimo besonders klug und schön werden. Gewöhnlich aber führte der Partnerwechsel mit Nachbarn zum gewünschten Ziel.

Wollte ein Nachbar oder guter Freund eine längere Jagdreise unternehmen und konnte dabei nicht seine eigene Frau mitnehmen – Frauen mußten auf solch einem Jagdzug immer dabei sein, um gewisse Arbeiten zu verrichten –, weil diese vielleicht krank oder hochschwanger war, wurde er häufig durch die Frau eines anderen begleitet. Auch der Brauch, einem Gast die eigene Frau anzubieten, war weit verbreitet. Grönlandreisende, die sich an der Ostküste des Landes aufhielten, wo ja die Konfrontation mit der europäischen Welt erst sehr spät erfolgte, berichteten noch in jüngerer Zeit darüber.

Aber auch die Frauen selbst waren interessiert, daß ihre Männer immer gut in sexueller Hinsicht versorgt waren. Knud Rasmussen berichtet von einem solchen Fall, wonach die Frau eines Eskimo, der ihn auf einer längeren Reise begleiten wollte, an ihn mit der Bitte herantrat, dafür zu sorgen, daß ihr Mann beim nächsten Aufenthalt Kontakt zu einem Mädchen erhielte, den herzustellen er selbst zu schüchtern sei.

Welche weitgehenden Folgen der sogenannte Frauentausch hatte, wies der Eskimologe Bent Jensen an Sexualgebräuchen in Nordalaska nach, die auch für das alte Grönland Gültigkeit haben.

War ein Frauentausch erst einmal vollzogen worden, bezeichnete man alle Kinder der beiden Familien als Geschwister, als *qatanngutigiit*, wie es im Eskimoischen heißt. Wohnten die betreffenden Familien auf verschiedenen Wohnplätzen, so wurde den Kindern klargemacht, daß sie sich jederzeit um Hilfe an die andere Familie wenden könnten, in der ihre Geschwister lebten. Das förderte das soziale Zusammengehörigkeitsgefühl und half Konflikte aus der Welt zu schaffen. Bei verschiedenen eskimoischen Gruppen galt zuvor das Prinzip der Blutrache, demnach die Kinder den Totschläger ihrer Eltern ebenfalls zu töten hatten. Wünschte man auf einem Wohnplatz Ruhe und Frieden, versuchten die Männer, einen Sexualkontakt zwischen den verfeindeten Gruppen zu arrangieren. Das aus einer solchen Verbindung eventuell hervorgehende Kind war mit beiden Gruppen verwandt, womit die Feindschaft beendet war – ein Verfahren, das in ähnlicher Form als Heiratspolitik an den europäischen Fürstenhöfen praktiziert wurde.

Hier wie dort versuchte man jegliches Auflehnen der Frauen gegen diese Praxis im Keim zu ersticken. Weigerte sich eine Eskimo-Frau, den von ihrem Mann ausgewählten Tauschpartner zu akzeptieren, riskierte sie Prügel zu beziehen. Die ›eheliche Pflicht‹ der Frauen erstreckte sich hier nicht nur auf den eigenen Ehemann, sondern ›auch auf alle von diesem ausgewählten anderen Männer. Inwieweit die Frauen bei der ›Vorauswahl‹ ein gewisses Mitspracherecht hatten, ist nicht bekannt.

Kolonialisierung und Missionierung

Die Mission von Hans Egede

Noch während der Walfang der Europäer an Grönlands Westküste florierte, zerbrach sich im nördlichen Norwegen ein Pastor den Kopf darüber, wie man wohl am besten nach Grönland kommen und die – wie er meinte – dort lebenden »alten Norweger« dem rechten Glauben zuführen könnte. Es war der 1686 in Harstad auf der nordöstlichen Seite von Norwegens größter Insel Hinnøy (Lofoten) geborene Hans Egede.

Das Interesse für Grönland war ihm durch die Lektüre einer Schrift mit dem Titel »Norriges... Bescriffuelse« gekommen, einem 1632 erschienenen Buch des norwegischen Geistlichen Peder Claussön Friis (1545–1614). Darin hatte der Autor auch über Grönland geschrieben, eine Darstellung, die er dem »Königsspiegel« (Konungs skuggsjá, 1. Hälfte 13. Jh.) entnommen hatte.

In »Norriges... Bescriffuelse« stand zu lesen, daß es in Grönland Christen und Kirchen gebe und im Sommer meist gutes Wetter und Sonnenschein. Das gefiel dem jungen Geistlichen, der im nördlichen Norwegen in einem rauhen Klima lebte und den es nach Veränderung seines Lebens drängte, da er mit seinen Oberen nicht gerade auf bestem Fuß stand. Hinzu kam noch, daß Egede bereits während seiner kurzen Studienzeit in Kopenhagen mit Missionsgedanken konfrontiert worden war. Damals war die evangelische Mission, die ihren Ausgang in England (Methodisten) und Deutschland (Pietisten) genommen hatte, auf großes Verständnis des dänischen Königs Frederik IV. (reg. 1699–1730) gestoßen, der bereits 1705 die ersten protestantischen Missionare nach Indien geschickt hatte.

Die dänisch-norwegische Doppelmonarchie befand sich in wirtschaftlichen Schwierigkeiten. Der große Nordische Krieg (1700–1721) hatte Unsummen verschlungen, und erst nach dem Tod des schwedischen Königs Carl XII. 1718 zeichnete sich eine Wende ab.

In Bergen hatte man auf Betreiben Egedes und mit ausdrücklicher Förderung des Königs die »Bergen-Kompagnie« gegründet, die die neue Mission durch den Handel mit Grönlandprodukten finanzieren sollte. Im Mai 1721 verließ die »Håbet« (Hoffnung), ein dreimastiges Vollschiff im Dienst der »Bergen-Kompagnie«, den Hafen von Bergen und erreichte nach vier Wochen das Kap Farvel. An Bord befanden sich Hans Egede mit seiner Frau Gertrud Rask und seinen vier Kindern, den beiden Söhnen Poul und Niels sowie den Töchtern Kirsten und Petronelle. Neben der elfköpfigen Schiffsbesatzung, dem Kapitän und einem Steuermann waren noch eine Reihe von Handwerkern an Bord, ein Schiffschirurg und ein Buchhalter sowie drei Frauen. Bis zum Kap Farvel, das allerdings erst später diesen Namen bekam, war die Fahrt gutgegangen. Aber nun gerieten sie in Treibeis, und ein starker Sturm kam auf. Hans Egede schrieb darüber:

> »Am Sankt-Hans-Abend waren wir in großer Lebensgefahr und vom Eis eingeklemmt, so daß auch die uns begleitende Galeote einen kleinen Schaden von einer Eisscholle bekam. Doch der allmächtige,

Portrait von Hans Egede (1686–1758)   Portrait von Gertrud Rask (1673–1735)

gütige Gott befreite uns aus dieser Gefahr. Am 2. Juli trafen wir ein holländisches Schiff, das vom Handeln kam. Der Schiffer überließ uns seinen Bootsmann, auf daß er uns an Land in einen guten Hafen lotse, zu welchem wir auch glücklich am 3. Juli, ungefähr auf dem 64. Grad nördlicher Breite, an der Westseite von Grönland, sc: Davis-Straße, arrivierten.«

Egede hatte sein Ziel erreicht. Die Landung verlief glatt, und die Insel, die, im Schärenhof vor dem Nuuk Fjord gelegen, ihm als erste Niederlassung diente, wurde »Håbets Ø«, Insel der Hoffnung, genannt.

Nun beginnt Egede seine Niederlassung einzurichten und versucht Kontakt mit den in der Umgebung lebenden Eskimo zu bekommen. Da ihm klar wird, daß es dort keine »alten Norweger« gibt, macht er sich 1723 auf die Suche nach ihnen und startet mit mehreren Leuten eine Erkundungsfahrt zur See, bei der er tief in die gesuchte Ostsiedlung eindringt, eine Reihe von Ruinen entdeckt, darunter auch die berühmte Kirchenruine von Hvalsey, die er genau beschreibt, erkennt aber nicht, daß er sein Ziel erreicht hat. Zu tief war in ihm der Gedanke verwurzelt, daß die Ostsiedlung – so wie es auch die damals vorhandenen Karten auswiesen und er es selbst auf seiner Grönlandkarte eingetragen hatte – auf der Ostseite der arktischen Rieseninsel lag. Und dorthin konnte er mit seiner Schaluppe wegen des Eispanzers und des Wetters nicht kommen, so daß er – wie er meinte – unverrichteter Dinge umkehren und die »Insel der Hoffnung« wieder anlaufen mußte.

Da Egede die alten nordischen Siedler nicht finden konnte, begann er die Eskimo zu missionieren – zuerst die in seiner Nachbarschaft, später auch die, welche er auf seinen Erkundungsfahrten im Lande traf. Zäh und verbissen und in der Überzeugung, daß sein

KOLONIALISIERUNG UND MISSIONIERUNG: HANS EGEDE

Glaube der bessere sei, versuchte er auf die Eskimo einzuwirken. Er führte sogar das nordische Wort für Gott *(Gud)* in die Sprache der grönländischen Eskimo ein, in eine Sprache, die zu studieren und aufzuzeichnen er nicht müde wurde.

Besonderen Widerstand vermutete er bei den Angakkut, die er sogar verprügelte. Mit Stock und Bibel versuchte er den Eskimo das Christentum einzubläuen – ein Mittel, mit dem er sich Respekt verschaffte. Egede klagte oft darüber, daß die scheinbar Bekehrten seine Worte nur äußerlich angenommen hatten. Aber mit der Zeit bekamen doch viele vor dem *palasi*, dem Priester, wie sie ihn nannten, Achtung und sahen ihn wie einen Schamanen aus einer anderen Welt an.

Egede aber hatte bei diesem Bemühen nicht nur gegen die Schamanen zu kämpfen, auch Krankheit und andere Nöte setzten ihm und seinen Angehörigen oft hart zu. Außerdem stagnierte der Handel mit den Grönländern, so daß 1727 die »Bergen-Kompagnie« ihre Tätigkeit einstellte, die ja Egedes Missionsarbeit finanzieren sollte. Nun übernahm der König selbst den Grönlandhandel. 1728 zog Egede an einen anderen Platz und gründete dort eine neue Niederlassung, die er Godthåb nannte – Grönlands spätere Hauptstadt Nuuk.

1727 schickte der dänisch-norwegische König den Major Claus Enevold Paars als Gouverneur nach Godthåb, womit der dänische Koloniestatus feste Formen erhielt. In Paars Begleitung befanden sich der Hauptmann Landorph, eine Abteilung Soldaten sowie zwölf Strafgefangene, die mit zwölf Mädchen einer dänischen Besserungsanstalt verheiratet wurden. Mit dieser Zwangspaarung sollte die Kolonie und das umliegende Land langsam bevölkert werden, ein Versuch, der fehlschlug.

Egede bestreicht die Augen eines blinden Eskimo, um ihn zu bekehren (alte grönländische Darstellung)

Portrait des Gouverneurs Claus Enevold Paars

1729 scheiterte ein Versuch von Paars, über das Inlandeis zu marschieren, um die Ostsiedlung zu suchen. Ursprünglich hatte man daran gedacht, zu reiten, aber die mitgebrachten Pferde waren vorher eingegangen. Alles das war so wenig zukunftverheißend, daß der neue König Christian VI. (reg. 1730–46) 1731 die Grönlandmission und den damit verbundenen Handel einzustellen befahl und die gesamte Mannschaft nach Hause beordert. Hans Egede aber blieb mit Familie und einigen Getreuen in Grönland zurück, womit sich der König einverstanden erklärte und ihm zur Unterstützung 1733 drei Herrnhuter Brüder schickte. Aber die machten sich bald selbständig und gründeten eine eigene Niederlassung, nicht weit von Egedes Kolonie, die sie Neu-Herrnhut nannten. Viel Ärger hatte Egede mit diesen deutschen Abgesandten der Brüdergemeine. Aber der bedeutete nichts gegenüber einer großen Gefahr, die ebenfalls aus Europa kam. Ein Schiff brachte die Pocken nach Grönland. Sie entwickelten sich zu einer Epidemie, an der in Egedes Gegend wohl zweitausend Menschen starben!

Ein Jahr später übernahm dann der dänische Großkaufmann Jacob Severin den gesamten Grönlandhandel, der nun – ein neuer Versuch des dänisch-norwegischen Staates, um die Kolonie zu halten – privatisiert wurde. Das gab Hans Egede wieder etwas Hoffnung, obwohl er von solcher Privatisierung nichts hielt; denn hinter einem derartigen Projekt mußte seiner Meinung nach die Macht des Staates stehen. Große Hoffnung setzte er in seinen Sohn Poul, der in Grönland aufgewachsen und somit der Landessprache mächtig war und außerdem in Kopenhagen sein Theologiestudium abgeschlossen hatte. Der Tod seiner Frau 1735 veranlaßte Egede schließlich zur Rückkehr nach Dänemark. Dort wurde er Leiter der Grönlandmission und erhielt 1740 den Rang eines Bischofs. 1737 erschienen seine

KOLONIALISIERUNG UND MISSIONIERUNG: KRITIK

»Relationer fra Grønland«, in denen er in tagebuchähnlicher Form seinen 15jährigen Aufenthalt in Grönland nachzeichnet. Dort hatte Egede die Herausgabe einer »Naturgeschichte Grönlands« (»Det gamle Grønlands nye Perlustration«) angekündigt, die dann auch bereits 1741 erschien. Beide Bücher erhielten bald nach ihrem Erscheinen auch deutsche Ausgaben und solche in anderen Sprachen. 1747 gab Egede seine Stellung als Missionschef und Lehrer des Grönländischen für Missionare und Katecheten auf und zog zu seiner in Stubbekøbing auf Falster verheirateten Tochter Kirsten, wo er 1758 starb. Aufgrund verschiedener Umbettungen sind heute die Grabstellen von Egede und seiner Frau nicht bekannt.

Hans Egedes Tätigkeit wurde seit dem vergangenen Jahrhundert mehrfach starker Kritik unterzogen. Man meinte, daß er den grönländischen Eskimo alle Übel europäischer Zivilisation ins Land gebracht, dort den Grundstein für einen entwürdigenden Kolonialstatus gelegt und sie aller kulturellen Werte und Eigenarten beraubt habe. Tatsache ist, daß Egedes Tätigkeit eine starke Zäsur in der Geschichte der Grönländer darstellt. Tatsache ist auch, daß seine Methoden oft herrisch und anmaßend waren. Doch läßt sich auch hier eine gewisse Menschlichkeit feststellen, die Fridtjof Nansen (1861–1930) zu einem zwiespältigem Urteil

Grönlandkarte von Hans Egede. 1723

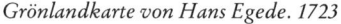

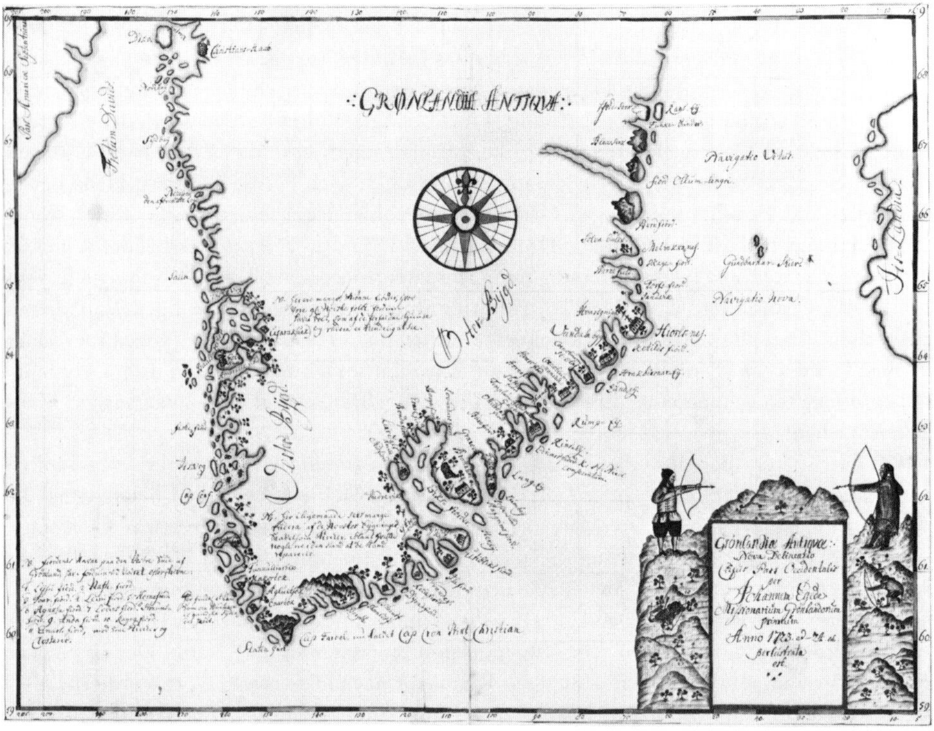

Portrait von Jacob Severin, dem Namenspatron von Jakobshavn

über dieses Kapitel grönländischer Geschichte kommen ließ. In seinem Buch »Eskimoliv« (dt. »Eskimoleben«, 1921) schreibt er einerseits:

»Wenn wir diese Mission und die ganze Behandlung Grönlands mit dem Auftreten der zivilisierten Völker in gleichen Situationen an anderen Stellen vergleichen, dann kommen wir zu dem Ergebnis, daß durch das Ganze ein selten humaner Geist geht, und dafür kann der, welcher die Geschichte der grönländischen Verwaltung verfolgt, ständig neue und tröstliche Beweise finden.«

Hingegen heißt es an anderer Stelle: »Niedergang und Verfall in jeder Hinsicht, das ist es also, worauf die Europäer als Resultat ihres Wirkens in Grönland zurückblicken können.«

Egedes Schriften aber brachten die erste verläßliche Kunde von der fernen arktischen Rieseninsel und trugen dazu bei, das Weltbild im 18. Jh. zu erweitern. Hierin vor allem gründet sich seine Bedeutung für Grönland.

Grönland als dänische Kolonie

Mit den drei Missionaren der Brüdergemeine war 1733 eine neue Missionspraxis ins Land gezogen, die in vielem den Grönländern durch ihre mehr gefühlsvollen Praktiken besser gefiel als die Verkündigung des dogmatischen Luthertums, wie sie die dänischen Missionare ausübten. Zudem blieben die Herrnhuter zeit ihres Lebens in Grönland, während die dänischen Missionare ihre grönländische Tätigkeit mit einigen Jahren nur ›abdienten‹. Durch den langen Aufenthalt der deutschen Herrnhuter war es ihnen auch möglich, sich in der grönländischen Sprache so sehr zu vervollkommen, daß sie sogar Choräle in Grönländisch schrieben, von denen heute noch ein großer Teil im offiziellen grönländischen Gesangbuch von Carl Julius Spindler stammt.

Musik war überhaupt bei den Herrnhutern sehr beliebt. Und sie hatten ja auch nach dem Vorbild ihrer Gemeinden in Deutschland nicht nur das Chorsingen, sondern auch die Blasmusik bei ihren Gottesdiensten eingeführt. Noch heute kann man in ihrer alten Kirche in Nuuk – die inzwischen zu Grönlands erster Universität umgestaltet wurde – eine kleine Sammlung alter und teilweise verbeulter Blechmusikinstrumente sehen. Mit Musik und Gesang stießen die Herrnhuter bei den Grönländern auf große Gegenliebe. Dagegen vertrug sich das von den Grönländern geliebte Tanzen nicht mit den Moralvorstellungen der Herrnhuter, weshalb sie es untersagten. Hinzu kam noch, daß die Herrnhuter versuchten, die in dem Bereich ihrer Missionsstation wohnenden Eskimo in einer geschlossenen ›Bruderschaft‹ zu sammeln, in einem Gemeinwesen, das auf diese Weise dem Einfluß der Missionare leichter zugänglich war. Das hatte gewisse Vorteile für die Eskimo im Hinblick auf Kleidung und Ausbildung. Und bei Krankheit und ähnlichen Übeln war der Missionar schnell zur Stelle. Andererseits wiederum wurden die Eskimo dadurch abhängig von den Missionaren, was in einem Gemeinwesen, das von Jägern und Fängern getragen wurde, nur negative Konsequenzen haben konnte.

Während aber in Südgrönland – vom damaligen Godthåb bis zur Südspitze – die Herrnhuter-Brüder ihre Missionsarbeit verrichteten, wirkten oben im Norden an der Disko-Bucht die Dänen weiter. Allen voran Poul Egede, der durch seine intimen Kenntnisse von Volk und Sprache besonders erfolgreich in seiner Arbeit war, die ihm später den Ehrennamen »Nordgrönlands Apostel« eintrug.

Allmählich wurden neue Siedlungen an Grönlands Westküste gegründet, die sich langsam zu den späteren Ortschaften entwickelten, die zum Teil heute einen bekannten Namen haben. 1741 wird Jakobshavn – das heutige Ilulissat – gegründet und nach dem Kopenhagener Jacob Severin benannt, der von 1734–49 den Grönlandhandel leitete. 1774 tritt der »Königliche Grönländische Handel« (Den Kongelige Grønlandske Handel; KGH) als staatliche Organisation in die Nachfolge der früheren Handelsorganisationen und hatte bis in die neueste Zeit das Monopol für den Grönlandhandel und später die Verpflichtung zur Versorgung der grönländischen Bevölkerung inne. Nach Einführung der Selbstverwaltung 1979 wurde der KGH von den Grönländern mit der neuen Bezeichnung KNI übernommen.

Zufrieden war man in Kopenhagen mit den Handels- und Verwaltungsmodalitäten in Grönland nicht so recht. Der Walfang erbrachte keine nennenswerten Überschüsse, und durch private Ankäufe ging dem Staat so mancher Speziestaler verloren. Man schickte daher 1779 zwei Männer nach Grönland, Schwabe und Olrik, die an Ort und Stelle die Verhältnisse untersuchen sollten. Sie reisten in Grönland auch zu allen wichtigen Niederlassungen und lieferten dem Direktorat in Kopenhagen einen ausführlichen Bericht. Nach dessen Studium und Prüfung wurden am 19. April 1782 Instruktionen für alle in Grönland tätigen Personen erlassen. Sie trugen folgenden umfangreichen Titel:

> »Instruktionen, nach denen sich die Kaufleute oder die, welche entweder den ›Handel‹ verwalten oder besonders den Walfänger-Anlagen vorstehen und alle die, welche ganz allgemein im Dienst des ›Handels‹ stehen, in Zukunft zu richten und zu verhalten haben.«
> (Instrux, hvorefter Kiøbmændene eller de som enten bestyre Handelen eller forestaae Hvalfanger-Anlæggene i Grønland, i Særdeleshed, saavelsom og alle de der staae i Handelens Tieneste i Almindelighed, sig for Fremtiden have at rette og forholde.)

Diese Vorschriften waren gleichsam das erste Gesetz, in dem Dänemark sein Verhältnis zu seiner grönländischen Kolonie vor- und festschrieb. Zugleich wurde damit der Versuch unternommen, eine gewisse Ordnung in das grönländische Gemeinwesen zu bringen, das aus einer Reihe von weit verstreut liegenden Wohnplätzen der Grönländer und einigen kolonialen Niederlassungen und Missionsstationen bestand, die insgesamt eine Bevölkerung von ungefähr achttausend Menschen aufwiesen.

Den Kern dieses »Grönländergesetzes« findet man in der sogenannten »Vierten Post. Über die Grönländer« (Fierde Post. Om Grønlænderne). Dort lautet § 1:

> »Die Bediensteten des Handels, die Mannschaft und überhaupt alle Europäer im Lande sollen mit Liebe und Geduld mit den Eingeborenen umgehen, ihnen überall, so gut es geht, zur Hilfe sein, ihnen mit gutem Beispiel vorangehen und genau darauf achten, daß ihnen kein Unrecht oder Leid in irgendeiner Form geschehe.
> Sollte von den Grönländern etwas Unziemliches begangen werden, wie etwa Diebstahl oder andere große Laster, müssen die Kaufleute sie mit aller Behutsamkeit ermahnen, solches zu lassen. Wenn das nicht fruchtet oder sollte das Vergehen besonders grob sein, sollen sie dafür den Umständen entsprechend oder nach der Art des Verbrechens bestraft werden.«

Und § 2 im selben Abschnitt bestimmt:

> »Die Kaufleute sollen einen nicht weniger vorsichtigen als redlichen Handel mit den Grönländern betreiben und dabei alle nur mögliche Klugheit und Eifer anwenden, um sie zu gebührender Tätigkeit zu bringen, ihren Fleiß zu beleben und ihre Entwicklung zu fördern.«

Dieses »Grönländergesetz« wurde in Dänemark zu einer Zeit formuliert, als dort die Aufklärung mit ihren humanen Tendenzen und humanistischen Idealen einen Höhepunkt erreicht hatte. In dieser Zeit war die dänische Politik im allgemeinen darum bemüht, einige Elemente dessen, was heute unter Grund- bzw. Menschenrechten verstanden wird, in die politischen Belange zu integrieren. Dazu gehörte z. B. auch das Verbot des Sklavenhandels 1792, als Dänemark durch seine Kolonien an der afrikanischen Westküste und in Westindien in den von den europäischen Kolonialländern schwungvoll betriebenen Sklavenhandel involviert war. Und so wurde auch die Unversehrtheit der Grönländer in diesem Gesetz in gewissem Maße geachtet – eine Haltung, die sich Dänemark als eine der ersten Kolonialmächte zu eigen machte.

Die wirtschaftliche Grundlage des KGH basierte in den ersten 100 Jahren vornehmlich auf dem Walfang. Dessen Schwerpunkte lagen bei den inzwischen gegründeten Siedlungen Godhavn und Holsteinsborg. Zeitweise betrug die jährliche Ausbeute aus diesen Fängen um die 2200 t Tran und ca. 18 000 Stück Walbarten. Die Leitung des KGH lag von Anfang an in

GRÖNLAND ALS DÄNISCHE KOLONIE: VERWALTUNG

Kopenhagen. Natürlich hatte der ›Handel‹ auch in Grönland selbst leitende Männer. Das waren zwei Inspekteure, die jeweils ein Gebiet an der Westküste administrierten: das Gebiet Nordgrönland mit dem Verwaltungssitz in Godhavn und das Gebiet Südgrönland, das von Godthåb geleitet wurde.

Von diesen Verwaltungssitzen mußten die Inspekteure ihre regelmäßigen Inspektionsreisen unternehmen. Und da man in Grönland ja nicht auf Straßen größere Entfernungen zurücklegen kann – die vielen Fjorde und Berge verbieten das –, reiste man im sogenannten Frauenboot oder Umiak (vgl. Farbt. 29), wie dieses Reiseboot von den Grönländern genannt wird. Meist saß dann der Inspekteur hinten im Boot und ließ sich von einigen grönländischen Frauen rudern, während ein Grönländer hinter ihm saß und ein kleines Steuerruder betätigte. Selbstverständlich empfingen die Grönländer den ›hohen Herrn‹ mit der geforderten Ehrfurcht, oft auch mit Salutschüssen, die der örtliche Vertreter des Inspekteurs aus den Salutkanonen abfeuern ließ, die man heute noch mancherorts sehen kann. Aus einem Rechnungsbeleg des Jahres 1829 geht hervor, daß man in jenem Jahr 64 Pfund Pulver verbrauchte, um für den Inspekteur Fasting Salut zu schießen. Dafür zeigte sich der hohe Herr dann auch erkenntlich und spendierte Schnaps und Bier. Das wurde natürlich alles sorgfältig verbucht. Und aus den Belegen geht hervor, daß man dafür 1829 240 Liter Branntwein, 9¾ Scheffel Malz und 3½ Pfund Hopfen, letzteres fürs Bierbrauen, benötigte. Das Bier wurde für die Grönländer am Geburtstag des Königs, zu Weihnachten und nach dem Walabspecken ausgeschenkt.

Grönland – d. h. der im 18. und 19. Jh. bekannte Teil der West- und Südküste – war nun dänische Kolonie, und die Hoheitsgewalt lag bei den Inspekteuren. Daher waren sie auch Polizei und Richter in einer Person. Und die Bestraften konnten nur bei der Direktion in Kopenhagen appellieren, wenn sie zu mehr als 15 Schlägen mit dem Tauende oder zu einer Geldstrafe, die 10 Reichstaler überstieg, verurteilt worden waren. Die Vertreter des jeweiligen Inspekteurs in den verschiedenen Siedlungen, die auch Kolonien genannt wurden, nannten sich Verwalter *(bestyrer)*, denen ein Assistent zur Seite stand und noch weiteres Personal.

Die Zusammensetzung des aus Dänemark stammenden Personals war nicht die beste. Man schickte gern Trunkenbolde und Leute mit sozialen Problemen nach Grönland; die Kopenhagener Direktion meinte, daß die Möglichkeit zu Lastern in Grönland erheblich eingeschränkt sei. In der Logik des Erziehungsgedankens, der dem europäischen Überlegenheitsgefühl gegenüber den Bewohnern anderer Erdteile zugrundeliegt, waren solche Leute für die Grönländer schlechte Vorbilder.

Selbstverständlich gab es in solchen kolonialen Gemeinwesen auch sexuelle Probleme. Die Direktion in Kopenhagen hatte verfügt, daß niemand die Ehe ohne ihre Genehmigung eingehen durfte. Danach konnten sich Oberbedienstete gern mit europäischen Frauen oder auch mit Mischlingen verheiraten, wohingegen sogenannte Unterbedienstete die Ehe nur mit Mischlingen eingehen durften. Als Gegenleistung mußten diese Unterbediensteten sich dann verpflichten, Grönland nicht zu verlassen. Damit meinte die Direktion in Kopenhagen eine gute Personalpolitik zu betreiben; denn sie gab nur solchen Leuten Heiratserlaubnis, die sie gern behalten wollte. Aber neben der in geregelte Bahnen gelenkten Sexualität gab es ja noch die unverheirateten Männer. Und die suchten ihre sexuellen Bedürfnisse bei den ortsansässigen Mädchen zu befriedigen. Nur zu oft klagten die Missionare über die Sittenlosigkeit in den einzelnen kolonialen Niederlassungen. Aber die Direktion in Kopenhagen war der Meinung, daß die Schuld für sogenannte sittliche Verfehlungen bei den Grönländern – in dem Fall den Grönländerinnen – selbst lag, da »diese Naturmenschen Unsittlichkeit nicht als Laster ansehen und damit auch nicht die Scham verbinden, die ein kultiviertes Volk dabei fühlt. Sie folgen gleichsam ohne Scheu ihren tierischen Gelüsten...« Und auch William Parry (1790–1855), der englische Polarforscher, sagt in seinen Reisebeschreibungen (Four voyages to the North Pole, 1833) von den Eskimo, daß »Polygamie nicht immer wegen des Wunsches nach Nachkommen praktiziert wird, sondern aus lauter Lust. Ihre Frauen sind in der Augensprache genau so tüchtig wie türkische Kurtisanen.«

In dieser Zeit kam es zu einer zweiten ›Vermischungsphase‹ an der Westküste, die weit größere Ausmaße annahm als die erste zur Zeit der Walfänger. Während sich damals die Kindesväter aus verschiedenen Nationen zusammensetzten, waren es nun vornehmlich Dänen, wie bis zum Kieler Frieden im Jahr 1814 auch Norweger und Isländer genannt wurden, da Norwegen bis dahin zu Dänemark gehörte und Island dänische Kolonie war. Aber während die Isländer und Norweger meist mehr untergeordnete Arbeit verrichteten, waren generell den Dänen die Führungsposten vorbehalten. Aus den ehemals als Inuit bzw. Eskimo zu bezeichnenden Grönländern wurde über die Generationen allmählich die eskimo-europäische Mischung des 20. Jh.

Die religiöse Situation

Die Mehrzahl der Grönländer ging, wie vor alter Zeit, immer noch dem traditionellen Beruf des Jägers und Fängers nach. Aber die Missionsunternehmen der Dänen und Deutschen bewirkten eine allmähliche soziokulturelle Veränderung.

Einige traditionelle Bräuche wie das Töten neugeborener Kinder (meist Mädchen), die Blutrache und das Ermorden von sogenannten Hexen, worüber Hans Egede ausführlich berichtete, mußten mit der Zeit der durch die Missionare ins Land getragenen christlichen Ethik weichen und gingen aufgrund der Verbote durch die Missionare zurück, was als Missionserfolg gewertet wurde. Dennoch kam es immer noch vor, daß alte Frauen umgebracht wurden, nachdem man sie vorher oft mißhandelt hatte. Manche dieser alten Grönländerinnen, die sich auf diese Weise bedroht fühlten, flüchteten in die Niederlassungen der Missionen, wo sie dann Schutz fanden.

Die Entwicklung der grönländischen Mission hatte allerdings auch – aus Sicht der Missionare – manche Rückschläge zu verzeichnen gehabt. In den Distrikten, in die die Missionare nicht kamen, konnten die Eskimo ihre tradierte Vorstellungswelt teilweise erhalten. In der ersten Periode der dänischen Kolonialisierung gelang ihnen mancherorts die Wiederbelebung tradierter Lebensformen mit dem Schamanen als spirituellem Führer.

AUSWIRKUNGEN DER MISSIONIERUNG

Habakuk und seine Frauen. Aquarell von Kristoffer Kreutzmann

1787 war im Gebiet des damaligen Sukkertoppen, am Ewigkeitsfjord, eine Bewegung entstanden, deren Kern Maria Magdalena und ihr Mann Habakuk bildeten. Die Bewegung – von örtlichen Handelsvertretern als erste Stufe einer Rebellion betrachtet – entwickelte auf Grundlage einiger christlicher Elemente eine eigene Kongregation und selbständige Rituale.

Die Anfänge dieser Bewegung hingen mit Traumgesichten zusammen, die Maria Magdalena hatte. Sie spiegelten den religiösen Widerstreit der Grönländer wider, denen ein neuer Gott und eine neue Religion angesonnen wurde, die in sehr starkem Widerspruch zu ihren Glaubensvorstellungen und Lebenszusammenhängen stand. Ein überliefertes Traumgesicht – in dem Maria Magdalena zu dem Zeitpunkt, zu dem ihr Mann Habakuk auf der glücklosen Jagd alte Jagdmagie anwendet, von einem weißgekleideten Mann träumt, der ihr die Frage stellt, ob sie an solche Magie glaube – zeigt die Spannung zwischen der alten und neuen Religion. Dabei kann der weißgekleidete Mann als der Gott der neuen Religion gedeutet werden und zugleich als Repräsentant des schlechten Gewissens; Magie war von den Missionaren verboten, hatte im Fall von Habakuk aber das gewünschte Resultat erbracht: mit reicher Beute kehrte er heim.

In seiner Abhandlung »Die Propheten im Ewigkeitsfjord« meint der dänische Eskimologe Mads Lidegaard u. a. zu dem Beginn der sogenannten Offenbarungen von Maria Magdalena:

»Es kann kaum ein Zweifel darüber bestehen, daß die Grönländer Marias erstes Traumgesicht als ein himmlisches Eingreifen gegen ihren Ungehorsam in den Bergen (die Jagdmagie) aufgefaßt haben und das schwärzeste Gewissen hatten, obwohl sie in ihren Herzen zerspalten waren, da die Zauberei ja offenkundig gewirkt hatte. Die Situation ist typisch für die Begegnung mit der Religion. Wenn man einen neuen Gott annahm, bedeutete das nicht automatisch, daß man die alten verwarf, die ständig ihre Kraft besaßen. Der neue Gott hatte ihnen nur diese Kraft zu benutzen verboten, aber sie zweifelten an und für sich nicht daran.«

(in: »Grønland«. 1986, Nr. 6–7, S. 195)

Der Einfluß, den Maria Magdalena durch ihre Prophetien auf die Menschen ihrer Umgebung bekam, nahm immer mehr zu und lockte auch ganze Familien aus der weiteren Umgebung an. Sie wurde bald zum Oberhaupt einer großen Gemeinde und hielt sogenannte Gottesdienste ab. Und auch Habakuk, ihr Mann, erklärte sich zum Propheten. Und als eine seiner Frauen schwanger wurde, behauptete er, der heilige Geist hätte sie befruchtet, und nun würde ein neuer Christus geboren. Daß daraus nichts wurde, weil das neugeborene Kind ein Mädchen war, schien die Gemeinde nicht übel zu nehmen.

Offenbar kam es auch zu Tötungen, wie aus manchen Berichten hervorgeht. Die Bewegung hielt sich nicht lange, der Einfluß von Maria Magdalena und Habakuk ließ nach – möglicherweise in Zusammenhang mit falschen Prophezeiungen, die die Glaubwürdigkeit erschütterten. 1792 zogen beide in eine andere Gegend, wo sie zu Beginn des 19. Jh. starben. Habakuks Grab liegt heute im Gebiet des Ewigkeitsfjords bei seinem alten Wohnplatz, das der Maria Magdalena ist unbekannt.

Die Gründe für die Entstehung und Popularität dieser Bewegung, die in neueren Untersuchungen als Protestbewegung betrachtet wird, lassen sich nicht eindeutig feststellen. Denkbar wäre neben anderem die Rückkehr zu den tradierten sexuellen Gewohnheiten, wie Finn Gad vermutet. Die Teilnahme an der Bewegung bedeutete auch eine Befreiung der Eskimo von den Restriktionen in der Ehe- und Familienstruktur, die die Missonare massiv durchgesetzt hatten. Eine andere Auffassung deutet auf die Möglichkeit hin, daß man in der Bewegung wieder Zugang zur Extase bekommen konnte. Denn, wie Mads Lidegaard schreibt, war die Extase im alten grönländischen Gemeinwesen ein fester Bestandteil der damaligen Religion (»Grønland«, a. a. O., S. 231).

Die Erinnerung an die beiden ›Propheten‹ ist in Grönland nicht gestorben. Die ›Schwärmerei‹ am Ewigkeitsfjord hat viele Künstler bis in die Neuzeit inspiriert. Die ersten Zeichnungen von Habakuk und seinen Anhängern machte Kristoffer Kreutzmann, ein Grönländer aus Kangaamiut, von denen wohl die berühmteste die ist, die Habakuk und seine Frauen bei einem Tanz um ein Grab zeigt.

Der Umbruch im 19. Jahrhundert

Der dänisch-englische Krieg und seine Folgen

Mit dem Namen von Hinrich Rink (1819–1893), dem dänischen Inspekteur im damaligen Godthåb, und Kristoffer Kreutzmann, dem grönländischen Fänger aus Kangaamiut, sind bereits gewisse Höhepunkte des 19. Jh. genannt worden, eines Jahrhunderts, in dem in Grönland eine Reihe von Männern für eine wesentliche Veränderung des Weltbildes der Grönländer sorgte. Die dänische Kolonialpolitik nahm nun konkrete Formen an.

AUSWIRKUNGEN DER KOLONIALISIERUNG

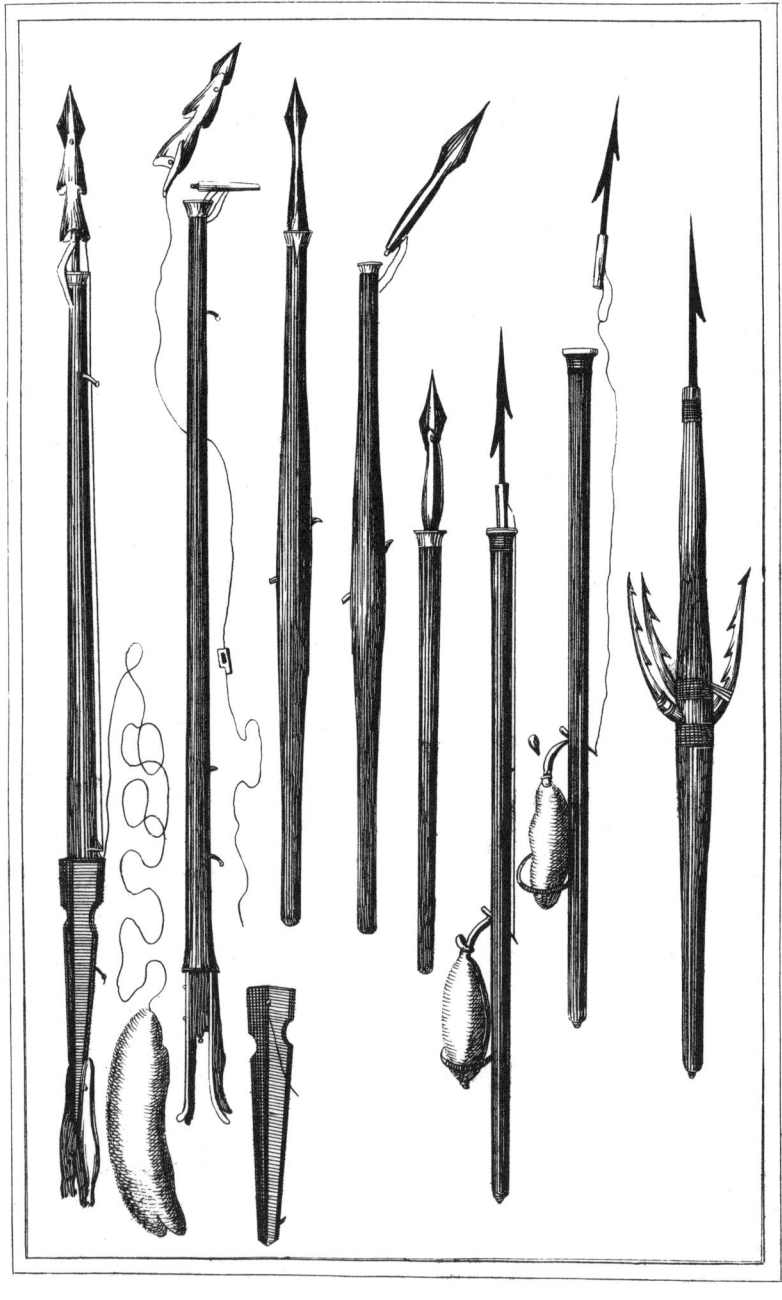

Zunächst brachte der Beginn des 19. Jh. wieder einmal Unheil über viele Grönländer. 1800 breitete sich eine Epidemie von Pocken von der Disko-Bucht bis nach Sisimiut aus, die die Einführung der Schutzimpfung durch die dänischen Behörden zwei Jahre später zur Folge hatte. 1803 wurden in Dänemark Schulpläne für Grönland ausgearbeitet, die die Einrichtung von zwei Seminaren zur Ausbildung grönländischer Lehrer in Dänemark vorsahen. Im gleichen Jahr ergab eine Volkszählung in Grönland 6046 Bewohner an der Westküste.

In dieser Zeit hatte man auch bereits einen Versuch gemacht, die Subsistenzwirtschaft durch Geldwirtschaft zu ersetzen. 1802 führte man im Bereich des nördlichen Inspektorats »eine Art Kreditscheine für verschiedene Geldbeträge, von 10 Reichstalern bis hinunter zu 6 Schillingen« ein. Diese Scheine wurden in Godhavn (Qeqertarsuaq) verrechnet. Damit war Grönland das einzige Land in der Welt, in dem Geldscheine lange vor der Einführung von Münzen in Umlauf gebracht wurden. Von diesen Scheinen ist keiner erhalten geblieben. Aber man kann sich ungefähr ihr Aussehen vorstellen, wenn man Gelegenheit hat, einen ähnlichen, 1803 vom Kgl. Grönländischen Handel in Kopenhagen ausgestellten Schein auf Einen Reichstaler *dansk Courant* zu sehen, der für die Kolonie Julianehåb bestimmt war. Dieser Schein, der die Nr. 27 trägt, ist der einzige bisher bekannte grönländische Geldschein aus jener Zeit.

Erst im 20. Jh. bekamen die Grönländer eigene Münzen, die vom Kgl. Grönländischen Handel ausgegeben wurden. Allerdings währte diese Zeit nicht lange, die 1926 begonnen hatte. Am 1. Juli 1967 wurden alle grönländischen Münzen eingezogen und durch dänisches Geld ersetzt. Auch besondere grönländische Geldscheine, die in dieser Zeit vom KGH herausgegeben worden waren, hatten eine kurze Lebenszeit und wurden ebenfalls 1967 ungültig und ersetzt.

Als im April 1808 ein englischer Walfänger Maniitsoq anlief und die Kunde vom dänischenglischen Krieg nach Grönland brachte, war das natürlich ein Schock für die dortige Kolonie. Man schickte die Nachricht sofort mit Kajakpost nach Nord und Süd, und überall wurden strenge Rationierungen eingeführt. Die englischen Walfänger, die ja jedes Jahr vor der grönländischen Küste erschienen, waren von der neuen Situation durchaus nicht begeistert, und viele schimpften auf ihre Regierung. In Grönland wußte man nicht, ob sich die in den grönländischen Gewässern auftauchenden Engländer auch in Zukunft loyal gegenüber Dänen und Grönländern verhalten würden. Doch alle Befürchtungen erwiesen sich als unbegründet. Zwar raubte ein englischer Kapitän im Upernavik-Distrikt ein Speckhaus aus, doch blieb das ein Einzelfall, der auch offiziell von den Engländern verurteilt wurde. Allerdings bekamen die englischen Walfänger jetzt Erlaubnis, mit den Grönländern zu handeln, was diese auch gern taten, da die Dänen allmählich keine Waren zum Tauschen mehr hatten. Aus der Heimat kam kein Nachschub, und die Lager leerten sich.

◁ *David Cranz: Traditionelle Jagdwaffen. Stich von 1770*

DÄNISCH-ENGLISCHER KRIEG

Besonders Südgrönland litt stark unter diesen Umständen. Es gab keine Butter, kein Fleisch, keinen Kaffee, keinen Tee, keine Kleidung mehr. Die damaligen Grundnahrungsmittel wie Grütze und Brot wurden in winzigen Portionen an die Dänen verteilt. Die Häuser verfielen, weil man keine Baustoffe zum Ausbessern mehr bekam, und besonders schlimm war es, daß auch das Pulver und Blei ausging, so daß das Jagen eingestellt werden mußte. Die bei den dänischen Kolonien beschäftigten Grönländer verloren ihre Einkommensquellen. Aber auch die Fischfänger und Jäger litten Not, die sonst die Nahrung der Wohnplätze besorgten. Nun zeigten sich nachhaltig negative Konsequenzen der Kolonialisierung, da sich im Laufe der Zeit die Jagdgewohnheiten der Grönländer verändert hatten, die jetzt europäische Waffen und Geräte benutzten. Das machte sie abhängig von Gewehren und Munition. Aber für ihre Gewehre gab es nun kein Pulver und Blei mehr. Daß das dem Ansehen der Dänen schweren Schaden zufügte, lag auf der Hand und bewirkte, daß sich die koloniale Ordnung zwischen Dänen und Grönländern auflöste. Das begann schon mit kleinen Dingen: Wollten sich Dänen bei Grönländern Fleisch kaufen oder borgen, wurde das meist abgelehnt. So war das Jahr 1813 ein reiches ›Schneehuhnjahr‹. Aber die Dänen konnten sie mangels Blei und Pulver nicht jagen. Dagegen waren viele Grönländer wieder zu ihren alten Jagdmethoden zurückgekehrt und jagten und erlegten die Schneehühner mit Steinwürfen und Schlingen. Während die Grönländer sich ihrer Tradition besannen und zu ihren alten Jagdgewohnheiten zurückkehrten, gingen die Dänen dazu über, alles verwertbare Blei von Gebäuden und Anlagen zu entfernen, um daraus Kugeln zu gießen. Auf diese Weise verlor die Zion-Kirche in Ilulissat ihr wertvolles Bleidach und ihre bleigefaßten Fenster.

Alles das veranlaßte natürlich viele Menschen, nach anderen und besseren Orten Ausschau zu halten und die Stätten des Elends zu verlassen. So begannen die Grönländer wieder einmal zu wandern. 1812 machten sich von Nuuk aus 16 große und vollbesetzte Frauenboote – Umiaks – auf den Weg nach Norden. Die Regierung in Kopenhagen stellte es den in Grönland lebenden Dänen frei, das Land zu verlassen. Bei Kriegsende lebten noch 5800 Menschen in dem unter dänisch-norwegischer Verwaltung stehenden Grönland.

Der Kieler Frieden von 1814 regelte die kolonialen Verhältnisse in diesem Teil der nördlichen Hemisphäre neu. Dänemark mußte Norwegen an Schweden abtreten, behielt aber Island, Grönland und die Färöer. Norwegen hatte wohl genau so viele Rechte an Grönland wie Dänemark, und es sah auch eine Zeitlang so aus, als wenn man diese geltend machen wollte; denn in der der endgültigen staatlichen Regelung vorangegangenen kurzen norwegischen Unabhängigkeitsperiode wurden Wünsche laut, die alten norwegischen Schatzlande und Kolonien, die zusammen mit dem Mutterland Norwegen nach dem Tod des norwegischen Königs Hákon VI. 1380 unter dänische Krone gekommen waren, zu behalten. Aber während der darauf folgenden Verhandlungen gab Norwegen diese Wünsche wieder auf, wohl auch deshalb, weil Dänemark von seinen großen ökonomischen Forderungen zurücktrat. Dies wurde in den zwischen den nordischen Staaten 1819 geschlossenen Vertrag aufgenommen und bildete die Grundlage dafür, daß Dänemark im Haager Schiedsgerichtsspruch von 1933 die Oberhoheit über ganz Grönland zugesprochen bekam. Zu diesem Urteilsspruch war es gekommen, weil Norwegen 1932 ein Gebiet in Südostgrönland okkupiert hatte, nachdem 1930 zwei norwegische Fänger eine ostgrönländische Strecke zwischen dem 71° und 75° nördlicher Breite bereits auf eigene Faust in Besitz genommen hatten, worauf dieses Gebiet genau wie das 1932 okkupierte auf Druck einzelner norwegischer Blätter und nationalistischer Gruppen von der Regierung in Oslo als norwegischer Hoheitsbereich deklariert worden war.

Erneute Missionierungen

Grönland war nun nach dem Kieler Frieden endgültig dänisch geworden, und der Krieg hatte dieses Land um mindestens ein halbes Jahrhundert zurückgeworfen. Aus Sicht der Kolonialherren und Missionare, von denen auch fast alle während des Kriegs Grönland verlassen hatten, zeigten viele grönländische Wohnstätten Auflösungserscheinungen, und so schickte man bald nach Kriegsende wieder mehrere Missionare nach Grönland.

Da während des Kriegs nur zwei Missionare geblieben waren, denen es unmöglich war, das ganze Land zu kontrollieren, gab es für die Grönländer nach langer Zeit wieder Freiraum, zu ihren tradierten Sitten und religiösen Riten zurückzukehren. Dagegen kämpften jedoch die deutschen Herrnhuter an, die zeitweise auch Hilfe von ihren Glaubensbrüdern in England und Amerika in Form von Verpflegung und anderen Zuwendungen erhielten. Neue Missionare sollten nun in Grönland wieder für die avisierte koloniale Ordnung sorgen. Aus Geldmangel konnte man jedoch nicht überall eingreifen, und so überließen die Dänen den Süden des Landes den Herrnhutern, die 1824 Friedrichstal – das heutige Narsaq Kujalleq – gründeten.

Daneben versuchte man auch den Unterricht wieder zu aktivieren. In der Folgezeit stieg die Alphabetisierung der Grönländer rasch. 1825 konnte ein großer Teil lesen, allerdings nur die wenigsten schreiben und rechnen. Die Dänen etablierten ein Erziehungssystem und Schulwesen, für dessen Unterhalt die Grönländer aufkommen sollten. Diese jedoch fühlten sich für die dänischen Einrichtungen weder verantwortlich noch zuständig. Als die erste Schule in Frederikshåb – das ist Paamiut – öffnete, sollte die ortsansässige Bevölkerung durch Specklieferungen für Licht und Wärme sorgen, was nicht so ganz nach Vorstellung der Dänen funktionierte.

Die Erforschung Grönlands

Nachdem die englischen Kriegshandlungen eingestellt waren, konnten sich die Seefahrer wieder friedlichen Zwecken widmen und neue Forschungen in Angriff nehmen.

So fuhr 1818 der Engländer John Ross (1777–1856) ins Baffinmeer, um zu untersuchen, ob es sich dabei um eine geschlossene Bucht handelte. Das Ziel dieses Unternehmens war es, die Nordwestpassage zu finden, nach der schon vor ihm fünfzig andere Seefahrer gesucht hatten. Aber auch er hatte damit kein Glück. Dafür aber war er der erste Europäer – soweit

Die mineralogischen Forschungen von Giesecke

Zu Beginn des 19. Jh. war der deutsche Mineraloge Karl Ludwig Giesecke (1761–1833) in Grönland tätig. Infolge des 1807 zwischen Dänemark und England ausgebrochenen Krieges länger in Grönland festgehalten als geplant, nutzte er die Zeit zu intensiven Nachforschungen nach Mineralvorkommen, die sich auszubeuten lohnten. Giesecke beginnt seine Tagebucheintragungen am 1. Juni 1806 und beendet sie am 19. September 1813. Sie vermitteln ein genaues Bild über seine Tätigkeiten und seine Eindrücke von Land und Leuten, die er bei seinen Reisen durch Grönland gewonnen hat.

Giesecke brachte große Sammlungen nach Europa, die außer Mineralien auch Pflanzen und Tiere und allerlei ethnographische Gegenstände umfaßten. Sein größtes Verdienst war zweifellos die Entdeckung des Kryoliths, die Auswirkungen auf Grönlands Wirtschaft in der Folgezeit hatte. Man hatte schon vor Hans Egedes Zeit immer Ausschau nach Mineralvorkommen in Grönland gehalten, um dadurch die klassischen Einnahme-

Karl Ludwig Giesecke-Medaille (1817)

das bekannt ist –, der zu den Thule-Eskimo gelangte. Daß es zu einem wirklichen und schließlich freundschaftlichen Treffen mit diesen Eskimo kam, ist dem Dolmetscher des englischen Kapitäns zu verdanken. Das war ein junger Eskimo namens Hans Zakæus, der eine Missionsstation an der Disko-Bucht verlassen hatte und mit einem Schiff nach Schottland gekommen war, wo er neben der Sprache auch das Malen lernte. Die Begegnung mit den Polareskimo fand auf dem Eis der Prince Regent-Bucht statt. John Ross glaubte zuerst, Schiffbrüchigen begegnet zu sein, bis er erkannte, daß es Eskimo waren und er seinen Dolmetscher zu ihnen schickte. Später kamen die Eskimo mit an Bord, wo die Engländer feststellten, daß sie weder Branntwein noch englischen Plumpudding vertragen konnten. Am nächsten Tag fuhren die Eskimo mit ihren Schlitten wieder fort, und die Expedition lichtete die Anker. Über diese Begegnung hat John Ross selbst in seinem Buch »Voyage of discovery for the purpose of exploring Baffin's Bay« (London 1819, dt. Leipzig 1820) berichtet, und Hans Zakæus hat die erste Begegnung mit dem Pinsel festgehalten.

quellen einer Kolonie zu komplettieren. Später hatte der Kgl. Grönländische Handel immer wieder Interesse an solchen zusätzlichen Einnahmequellen gezeigt.

Ab 1853 versuchte man in der sogenannten Josuamine Kupfererz zu gewinnen, gab das aber wieder aufgrund von Schiffsverlusten auf. In den Jahren 1851–52 untersuchte dann der Chemiker Julius Thomsen die Kryolith-Proben, die Giesecke nach Kopenhagen geschickt hatte, und stellte fest, daß das Mineral zur Herstellung von Soda, zur Weißmattierung von Glas und später zur Herstellung von Aluminium gebraucht werden konnte. So wurde dann 1865 zur Gewinnung des Kryoliths und zu seiner industriellen Verwendung die »Kryolith Mine- og Handels-Selskabet« (Kryolith-Minen-und-Handelsgesellschaft) gegründet.

Schon 1864 hatte man bei Ivittuut Kryolith gefördert, und seit 1940 hatte die »Kryolitselskabet Øresund A/S« (Kryolithgesellschaft Öresund AG) die Schürfrechte erworben. Sie konnte die Förderungen so steigern, daß 1962 41 000 t Kryolith verschifft werden konnten, 1966 61 500 t, 1967 68 000 t und 1972 61 500 t. Ca. ¼ des gewonnenen Kryoliths wurden in die USA exportiert, während der Rest in Kopenhagen verarbeitet wurde (vgl. Abb. 25).

Zu Beginn der 60er Jahre versiegte dann die Mine, so daß man nur noch eine Reihe von Jahren kryolithhaltigen Abfall verschiffen und verwerten konnte, den man bis dahin liegengelassen hatte.

So trugen die Forschungsarbeiten Gieseckes in einem nicht geringen Maß zur Förderung der grönländischen Wirtschaft bei. Noch zu seinen Lebzeiten erfuhr er hohe Ehrungen und wurde unter anderem 1813 zum Professor in Dublin bei der »Royal Dublin Society« ernannt, wo er 1816 die ersten Vorlesungen über die Naturgeschichte Grönlands gehalten haben soll. Außerdem wurde er Mitglied der Kgl. Dänischen Gesellschaft der Wissenschaften (De kgl. Videnskabernes Selskab), nachdem man ihm schon vorher eine goldene Ehrenmedaille in Dublin verliehen hatte. Und Freunde ließen für ihn eine Medaille prägen, deren Avers seine klassisch ausgeführte Büste en profil mit nach rechts gerichtetem Kopf zeigt, während auf dem Revers ein Eisbär vor einer stilisierten grönländischen Landschaft zu sehen ist.

In den Jahren 1829–33 ging John Ross dann mit der »Victory« auf seine zweite große Expeditionsreise in die nordgrönländischen Gewässer, die zur Auffindung und Benennung von Boothia Felix (Halbinsel der Nordküste von Nordamerika) und King Williams-Insel führte sowie zur Entdeckung des magnetischen Nordpols (auf der Westküste bei Kap Adelaide, 70° 5' 17" nördl. Br. u. 96° 46' 45" westl. L.). Heute liegt der magnetische Nordpol, der wandert, bei 76° nördlicher Breite und 102° westlicher Länge. Auch bei dieser Expedition, über die er in seinem Buch »Narrative of a Second Voyage in Search of a North-West Passage« (London 1834; dt. Berlin 1835–36) berichtet hat, kam Ross mit Polareskimo, wie früher die Thule-Eskimo genannt wurden, zusammen. Einer von ihnen wird ihm sein Leben lang dankbar gewesen sein. John Ross ließ ihm nämlich von seinem Schiffszimmermann ein Holzbein anfertigen, da er sein linkes natürliches Bein verloren hatte. Von diesem Eskimo existiert ein altes Bild, auf dem auf seinem neuen Holzbein zu lesen ist: »Victory. June 1831«.

EXPEDITIONEN: ROSS / SCORESBY

Bild von Eskimo mit Holzbein

Bei den Thule-Eskimo lebte die Erinnerung an John Ross lange fort. Das erfuhr auch Knud Rasmussen, als er zu Beginn des 20. Jh. auf seinen Forschungsreisen zu den Polareskimo kam, wo er 1910 die private Handelsstation Thule gründete. In seinem Buch »Myter og Sagn fra Grønland« (Mythen und Sagen aus Grönland. Kopenhagen 1925, Bd. III, S. 127 ff.) berichtet er darüber folgendes:

»Dort lebt im Stamm noch eine alte Frau namens Kulapak, die vermutlich um 1850 geboren wurde. Mit ihrer Großmutter, die Naujalik hieß, verbindet sie eine ferne Erinnerung an den Besuch weißer Männer. Es wird erzählt, daß sie bereits als Kind die ungewöhnliche Eigenschaft besaß, in verborgene Dinge zu sehen, und daß sie vorausgesagt hatte, daß ein großes Boot mit Masten vom Meer her erscheinen würde. An einem Sommertag, als das Wintereis aufgebrochen und nur das steile Kap York vom offenen Meer durch einen Streifen Eis getrennt war, der sich über die Bucht bei der Bushman-Insel hinzog, kam das Schiff, das Naujalik prophezeit hatte, und legte sich draußen an der Eiskante hin. (...)
Das Schiff wurde von den Alten als wahres Wunder an Erfindungsgeist geschildert. Eine ganze Insel aus Holz, die sich mit Flügeln über das Meer bewegte und viele Häuser und Räume, gefüllt mit lärmenden Menschen, in ihrer Tiefe barg. Kleine Boote hingen längs des Randes. Und wenn diese, besetzt mit Männern, ins Wasser hinuntergelassen, es umschwärmten, war es, wie wenn ein Ungeheuer lebende Junge gebar. Das erweckte zuerst Angst und Schrecken, dann aber viel Freude.«

Ein Jahr nach der ersten Nordgrönlandexpedition von John Ross steuerte ein anderer Engländer Grönland an. Das war William Scoresby d. Ältere (1760–1829). Der erfahrene Walfängerkapitän aus Whitby hatte den Eisgürtel vor Grönlands Ostküste durchbrochen und ein mächtiges Fjordgebiet befahren, zu dem allerdings schon, ohne daß er es wußte, um

1762 der Nordfriese Volquard Boom vorgestoßen war. Später erforschte Scoresby d. Jüngere (1789–1857) dieses Gebiet, kartierte es und nannte es nach seinem Vater: Scoresbysund. 1823 kamen zwei andere Engländer hoch hinauf an die nördliche Ostküste Grönlands, wo heute zwei Inseln ihre Namen tragen: Edward Sabine (1788–1883) und Douglas Clavering. Auf der Insel (74° nördl. Breite), die heute seinen Namen trägt, stieß Clavering auf einige Eskimo, die dort ihre Zelte aufgeschlagen hatten. Zwei Tage lang konnte er sie beobachten und kam auch etwas in Kontakt mit ihnen. Daraus geht hervor, daß es sich bei diesen Eskimo um eine besondere ethnische Gruppe gehandelt haben muß. Zu Claverings Kummer verschwanden diese Menschen aber plötzlich. Die Engländer hatten nämlich ihre Gewehre vorführen wollen und sie aus Spaß in die Luft abgefeuert. Am nächsten Tag waren die Eskimo verschwunden. Und als neue Expeditionen am Ende des Jahrhunderts wieder in diese Gegend kamen, fanden sie nur noch Überbleibsel ihrer Behausungen. Die Menschen waren verschwunden. Man hat auch später keine Angehörigen dieser scheinbar einzigen, nördlich von Ammassalik lebenden Eskimogruppe entdecken können.

Immer noch lebte in den Vorstellungen nordischer Forscher der Gedanke, die alte Normannensiedlung Eystribygd auffinden zu müssen. Und immer noch glaubte man sie an der Ostküste der arktischen Rieseninsel entdecken zu können. Hans Egede war daran gescheitert und auch Peter Olsen Walløe, der 1751 mit einem Frauenboot das jetzige Qaqortoq erreichte, dort überwintern mußte und im folgenden Jahr bis zum Lindenovs Fjord vordrang, dann aber vom Großeis behindert wurde. Er mußte umkehren, noch einmal überwintern und konnte 1753 Frederikshåb – das ist Paamiut – erreichen.

Die Ostküste, die Walløe später ansteuern wollte, war auch das Ziel von W. A. Graah (1794–1832), der dort im Auftrag der dänischen Regierung nach Relikten der alten nordischen Siedlungen forschen sollte. Sein Auftrag lautete, mit Frauenbooten bis zum südlichsten Teil des 1822 von Scoresby gesichteten Landes auf 69¼° nördlicher Breite vorzudringen und nicht vor 1830 umzukehren – es sei denn, er würde zwischen dem 62° und 66° nördlicher Breite deutliche Spuren alter Bauten finden, die dann zu untersuchen seine Aufgabe sei.

Am 25. März 1829 brach die Expedition mit Graah und dem Botaniker Jens Vahl (1796–1854) von Nanortalik im südlichen Grönland zusammen mit zwei weiteren Dänen, fünf Grönländern und zehn Grönländerinnen als Ruderinnen mit zwei Frauenbooten auf. Während in den Frauenbooten Proviant für die vier Europäer für einen Zeitraum von einem Jahr verstaut war, führte ein begleitendes Transportboot für die Grönländer nur einen Proviant für 3–4 Wochen mit; denn wegen des begrenzten Laderaums sollten sich die Grönländer unterwegs durch Jagd, Fang und Handel die weitere Verpflegung verschaffen. Am 1. April erreicht die Expedition eine kleine Insel am Ostende des Sundes Ikerasassuaq wo sie 25 Tage vom Eis eingeschlossen war und von wo das Transportboot und einige Kajakmänner zurückgeschickt wurden. Später wurden sie bei Nanuseq und Serketnoua ebenfalls vom Eisgang aufgehalten.

Weder der Fang, die Jagd noch der Handel mit den unterwegs angetroffenen Eskimo hatte für die an der Expedition teilnehmenden Grönländer die erforderliche Verpflegung herbeischaffen können. Nur der Ostgrönländer Erneneq, den Graah in Nanortalik kennengelernt und angeheuert hatte, war auf der Reise von Jagdglück begleitet. Aber das half auch nicht viel. Erneneq, in dessen Begleitung sich zwei Frauen befanden, war aber auch sonst für Graah sehr wichtig, hatte er doch ungemein gute Ortskenntnisse von dem südostgrönländischen Gebiet, in dem sich die Expedition bewegte. Aber ein einzelner Mann konnte nicht die Verpflegung der Grönländer sicherstellen. Und so mußte man von dem für die vier Europäer bestimmten Proviant abgeben. Da die Grönländer aber immer mehr die Lust verloren, Graah zu begleiten, und man zudem noch an dem gefährlichen Gletscher Puissortoq vorbei mußte, beschloß man, die Expedition zu teilen, und Graah fuhr nun mit zwei Frauen aus Nanortalik, einem jungen Ostgrönländer sowie Erneneq und seiner Begleitung in einem mit Proviant voll beladenen Boot nach Norden weiter.

Als Graah bei Illuluarssuk hörte, daß weiter nördlich der Eisgang eine Landung an der Küste verhinderte, zudem im vergangenen Jahr dort fünf Boote vom Eis zerquetscht worden seien, wollte die Besatzung nicht weiter. Es gelang Graah jedoch, drei ganz junge Mädchen anzuheuern, die nun zusammen mit den beiden anderen Grönländerinnen das Boot weiter rudern konnten. Mit viel Mühe kam man durch gewaltige Massen gekalbten Eises, fuhr an einem mächtigen Gletscher vorbei, den Graah Colberger Heide nannte (so bezeichnet nach einer Bucht zwischen Fehmarn und Kiel, in der mehrere Seeschlachten zwischen Dänemark und Schweden stattgefunden haben) und traf schließlich bei Umiivik Eskimo, die Graah für die am nördlichsten wohnenden Grönländer der Ostküste hielt. Diese Menschen hatten noch nie Europäer gesehen und lehnten Graahs Angebot zur Mitreise ab.

Am 24. Juli erreichte Graah die kleine Insel, die sein nördlichster Zeltplatz werden sollte und die er deshalb »Vend om« (Kehr um) nannte. Von dort als auch von zwei weiteren, eine Meile entfernt in nordöstlicher Richtung liegenden Inseln konnte er in der Ferne Land sehen, das er für die von David Urbanus Dannel entdeckten Inseln hielt. Und er notiert damals in seinem Tagebuch:

> »Da ich einsah, daß es bald notwendig würde, ein Winterquartier aufzusuchen, fuhr ich am 18. August zu einer der zuletzt genannten Inseln, wo ich auf dem höchsten Punkt, ungefähr 500 Fuß über dem Meeresspiegel, eine drei Ellen (ca. 188 cm) hohe Steinwarte aufschichtete und darauf die dänische Flagge pflanzte. Und ich legte auch in die Warte eine mir von Seiner Majestät, dem König, geschenkte Silbermedaille, versehen mit Allerhöchstdesselben Brustbild, hinein, die ich eigens zu solchem Zweck mitgenommen hatte. Im Namen Seiner Majestät nahm ich das Land in Besitz und nannte es ›Kong Frederik den sjettes Kyst‹ (König Frederik VI. Land). Die Insel, auf die ich die Flagge gepflanzt hatte, wurde ›Dannebrogs Ø‹ genannt.

Graah kehrte am 21. August um, nachdem er einen der schönsten Fjorde der dortigen Gegend besucht hatte, wo man eigentlich das alte Eystribygd, falls es an der Ostküste gelegen hätte, vermuten konnte. Die alte nordische Siedlung hatte nirgendwo Spuren hinterlassen. Und nun ging Graah – man war allmählich in den Oktober hineingekommen – bei Imaarsivik ins Winterquartier (63° 22′ nördl. Breite), wo er mit seiner Begleitung in ein notdürftig hergerichtetes Haus, zusammengesetzt aus Torf und Steinen, zog. Die schon ohnehin knappe Verpflegung ging zu Ende, die dort lebenden Eskimo verkauften der Expedition so gut wie nichts, und im Lauf des Februar brach in der Gegend sogar eine Hungersnot aus. Aber Graah überstand alles, brach am 5. April 1830 von seinem Winterquartier auf und gab schließlich nach vielen vergeblichen Versuchen, wesentlich über den 63. Breitengrad hinauszugelangen, auf und kehrte schließlich 1831 nach Dänemark zurück, wo er ein Jahr später starb.

Graah hatte auf seinen unter schwersten Strapazen durchgeführten Expeditionen keinerlei Spuren der alten Normannensiedlung Eystribygd finden können. Und damit stand wohl endgültig fest, daß Eystribygd nicht an der Ostküste lag und H. P. Eggers recht hatte, der bereits 1794 in den Ruinen um Julianehåb, dem heutigen Qaqortoq, die alte nordische Siedlung vermutete, die auf die Gründung des aus Norwegen stammenden Isländers Erik des Roten zurückging. Und weiter stellte Graah fest, daß die gesamte, von ihm befahrene Strecke der Ostküste öder und mehr von Eis und Schnee bedeckt war als die ihm auch bekannte Westküste der arktischen Rieseninsel. Um Klarheit in diese Dinge zu bringen, hatte Die »Kgl. Nordische Gesellschaft für alte Schriften« (Det Kgl. Nordiske Oldskriftsselskab von 1825) nun beschlossen, alles von den alten Handschriften zu sammeln, was auf Grönland deutete. Dieses Material wurde dann zusammen mit den neueren Untersuchungen in dem großangelegten Werk »Grønlands historiske Mindesmærker. Bd. I–III«, Kopenhagen 1838–45 (Grönlands historische Sprachdenkmäler), herausgegeben.

Wilhelm August Graah hatte mit seiner Expedition wohl Klarheit über die Nichtexistenz von Eystribygd an Grönlands Ostküste erbracht, eine Reihe geographischer und ethnologischer Beobachtungen und Untersuchungen anstellen und die Besitznahme weiter ostgrönländischer Landstrecken und Landteile für sein Vaterland deklarieren und dokumentieren können, so wie das damals Brauch war, aber er war nur bis zur Dannebrog-Insel gekommen. Seinen Expeditionsbericht machte er 1832 in seinem Buch »Undersøgelses-Reise til Østkysten af Grønland« der Öffentlichkeit zugänglich.

Als nächster Grönland-Forscher trat Gustav Holm (1849–1940) hervor. Der Kapitän der dänischen Marine war 1883–1885 mit den Vorbereitungen und der Durchführung der sogenannten »Frauenbootexpedition« nach Ostgrönland beschäftigt, die er zusammen mit V. Garde und einigen Grönländern durchführte. Als Holm nach kurzem Aufenthalt in Godthåb (Nuuk) mit seinem Schiff nach Qaqortoq in See stach, traf er unterwegs – man schrieb den 24. Juni 1883 – den Schweden Adolf Erik Nordenskiöld (1832–1901), der sich auf seiner letzten arktischen Expedition befand. Noch im selben Jahr drang er, zusammen mit lappländischen Skiläufern, weit auf dem Inlandeis südlich der Disko-Bucht vor.

Eine Überquerung aber gelang erst dem norwegischen Polarforscher Fridtjof Nansen (1861–1930), der als erster Mensch zusammen mit Otto Neumann Sverdrup (1854–1930) sowie vier Begleitern, darunter zwei Lappen, vom 22. August 1888 bis zum 3. Oktober desselben Jahres auf Skiern über das Inlandeis zog. Gestartet waren die Norweger bei Ammassalik und beendeten das Unternehmen am Nuuk Fjord, wo die Männer vom Eis stiegen, ein Fahrzeug zusammenflickten und darin bis nach Godthåb (Nuuk) fuhren. Nach einer Überwinterung schrieb Nansen ein Buch (dt. »Auf Schneeschuhen durch Grönland«, Hamburg 1890), in dem er davor warnte, die im Lande herrschende Kolonialpolitik fortzusetzen. »Sonst wird einmal niemand mehr da sein, um dieses Land zu bevölkern«, heißt es darin. Und Nansen fährt fort: »Des Inlandeises erstarrende Leblosigkeit wird sich bis zum Meer ausbreiten, wo an den entvölkerten Stränden dann nur noch der wehmütige Schrei der Möwen zu hören sein wird.«

Nansens Marsch über das Eis hatte die endgültige Erkenntnis erbracht, daß Grönlands Inlandeis eine riesige zusammenhängende Fläche ist. 1751 hatte Lars Dalager (1715–72) bei Frederikshåb (Paamiut) das Inlandeis bestiegen und eine erste Beschreibung von dessen Charakter gegeben. Auch hatte er die Nunataks gesehen, die er als solche allerdings nicht erkannte und die erst Jensen 1878 als eisfreie Berggipfel identifizierte. Aber es gab in dem riesigen Grönland noch viel zu erforschen.

Scharfe Kritik an der dänischen Kolonialisierung

Mehrere Jahrzehnte hindurch gab es keine größeren Forschungsvorhaben an Grönlands Küsten. Ein Jahr nachdem Graah aufgebrochen war, um das sagenumwitterte Eystribygd ausfindig zu machen, erlitten die ausländischen Walfänger einen schweren Verlust: 22 Schiffe wurden Opfer des grönländischen Eises. In dem sich langsam entwickelnden grönländischen Gemeinwesen kamen wohl hier und da Reformen zum Zuge, doch wurden auch manche schwere Rückschläge verzeichnet.

1863 bereiste ein dänischer Seeoffizier Grönlands Küsten, um Kartierungen, Messungen und andere Untersuchungen vorzunehmen. Das war Emil Bluhme (1833–1926), und sein Forschungsgebiet war die Westküste, wo er auch überwintern mußte. Er studierte sehr genau die grönländischen Verhältnisse und war tief erschüttert über den Zustand so mancher Wohnplätze. Nun hatten bestimmte Reformen der dänischen Kolonialmacht den Grönländern wohl mehr Schaden als Gewinn gebracht. 1844 zeigte es sich, daß sie ihren Verbrauch an Zucker, Kaffee und Tabak mächtig gesteigert hatten. Und um alle diese Dinge zu erwerben, waren sie an die letzten Reserven von Speck, Fellen und Häuten herangegangen. Die Folge war, daß es immer weniger Kajaks, Frauenboote und Zelte gab, wodurch die Existenzgrundlage der Grönländer zerstört zu werden drohte. An vielen Stellen breitete sich Not aus.

Bluhme beobachtete das alles sehr genau und kam zu dem Schluß, daß der KGH zusammen mit der Mission, also die beiden Faktoren der Kolonisation, diese Übel verursacht hätten. Dem »Handel« warf Bluhme besonders vor, daß er die Bevölkerung dazu verführte, ihre lebensnotwendigen Sachen für unnötige Luxuswaren einzutauschen. Aber auch die Herrnhuter kritisierte er stark. Nach seiner Heimkehr gab Bluhme ein Buch heraus (»Fra et Ophold i Grønland 1863–64.« Kopenhagen 1865), in dem er schreibt: »Was haben wir ihnen für all das, was wir ihnen nahmen, gebracht? Die Zivilisation? Nein, Pulver und Luxus, Branntwein und Laster, Flüche, Verwünschungen, Beschmutzungen, Übergriffe, Lügen und Betrug, Tod und Vernichtung.«

Natürlich nahm Bluhme auch scharf Stellung gegen den Mißbrauch von Alkohol und Kaffee – Genußmittel, die den Eskimo durch den »Handel« im Umtausch gegen die Produkte des Landes zugeführt wurden. Er schreibt dazu:

> »Jeden Tag wird in ganz Grönland Branntwein ausgeschenkt. Und im Godthåb-Distrikt wurden beispielsweise in diesem Jahr (1863) Waren für einen ungefähren Wert von 1000 Taler eingehandelt und im selben Zeitraum Kaffee für 1200 Taler verkauft. Auf unserer Reise im Sommer 1863 längs der Küste trafen wir unter allen unseren Ruderinnen nur ein junges Mädchen, das keinen Branntwein trank, wenn es ihn bekommen konnte.«
> Am schlimmsten erschien ihm das Kaffeetrinken. Und er meinte, daß man die Bevölkerung mit Kaffee ausgebeutet habe. Er erwähnte als Beispiel einen Besuch in einer Erdhütte, in der der Regen von der Decke floß und die halbnackten, mit Lumpen bekleideten, hungrigen Menschen nur ein einziges Fell hatten, um sich damit ein wenig zu schützen. Aber selbst dieses letzte Fell versuchten sie ihm gegen Kaffee zu verkaufen. Bluhmes Kritik war wohl die bisher schärfste, die die dänische Kolonisation erfahren hatte. Der dänische Seeoffizier, der in Grönland geblieben war und die Zeit für Forschungen und Erkundungen genutzt hatte, zollte aber auch dem Südgrönland-Inspekteur Hinrich Rink allerlei Anerkennung und unterstützte ihn damit bei dessen Reformplänen, die bei dänischen konservativen Kreisen auf heftigen Widerstand gestoßen waren (vgl. S. 104 ff.).
> Von Bluhmes kritischem Bericht über die soziale Situation der grönländischen Bevölkerung in den 60er Jahren des 19. Jh. läuft gleichsam ein roter Faden äußerst kritischer Äußerungen über das dänisch-grönländische Verhältnis bis tief in die zweite Hälfte des 20. Jh. Sie sind aufgetreten in verschiedenen Bereichen, u. a. auch in der Literatur durch das Bühnenstück »Hans Egede« des dänischen Schriftstellers Sven Holm.

Germania in Grönland

Deutschland hatte um die Mitte des 19. Jh. kaum Interesse gezeigt, die arktischen Gebiete wissenschaftlich zu erforschen. Das änderte sich erst mit den Aktivitäten des deutschen Karthographen August Petermann (1822–78), der eine Expedition nach Ostgrönland zu unternehmen empfahl. Eine Vorexpedition mit dem Dampfer »Germania« unter der Leitung von Karl Koldewey (1837–1908) konnte allerdings nicht die grönländische Ostküste erreichen. Diese erste deutsche Polarexpedition, durchgeführt im Jahr 1868, mußte sich mit der Erforschung des Meeres zwischen Grönland und Spitzbergen begnügen. Erst die zweite Expedition gelangte mit der »Germania« und dem Schoner »Hansa« 1869 an die Ostküste, geleitet von Paul Hegemann und Karl Koldewey.

Diese Polarexpediton war wohl die bis dahin bestausgerüstete der Welt. Für zwei Jahre führten die Schiffe Proviant mit. Das Forschungsziel war die Erkundung und Untersuchung der nördlichsten Gebiete der grönländischen Ostküste. Und man hoffte wohl auch auf eine Erforschung des engeren Nordpolgebiets, wenn nicht gar auf das Vordringen zum Nordpol selbst. Doch Unwetter, Eisgang und auch Mißverständnisse bei den Signalen zwischen den Schiffen trieben sie mehrmals auseinander. Die »Germania« gelangte schließlich nach Norden, wo die Forscher gründliche Untersuchungen bis hinauf in das Gebiet des heutigen

Die zweite deutsche Nordpolarfahrt. Stich von 1875

Danmarks Havn durchführten. Die Besatzung überwinterte im Eis, unternahm große Schlittenexpeditionen nach Norden und erforschte das ganze Gebiet, dem sie den Namen *Germania* gab. Ihre Operationen waren oft von dramatischen Umständen begleitet, von denen Kälte und angriffslustige Eisbären am schlimmsten waren. Doch ihr Ziel hatten sie erreicht. Ein gutes Jahr nach ihrer Abreise landeten sie wieder in Bremerhaven.

Wesentlich dramatischer verlief die Reise der »Hansa«-Besatzung. Nachdem ihr Schiff im Eis eingeklemmt war und Gefahr lief, zerdrückt zu werden, räumte es die Besatzung und schleppte alles herunter, was irgendwie gebraucht werden konnte. Das geschah auf 73° 25′ nördlicher Breite. Als alles, was nur ging, ausgeräumt war, verließen die Ratten das Schiff, gingen aber augenblicklich auf dem Eis ein. Die Kälte hatte sie getötet. Am 21. Oktober sank das Schiff, das 5 m über dem festen Eis gelegen hatte und von mächtigen Eisblöcken festgehalten wurde. Die Besatzung hatte sich auf einer riesigen Eisscholle ein Eishaus gebaut, in dem sie überwinterte. Vor der Unterkunft waren die drei Rettungsboote der »Hansa« abgesetzt worden, damit man bei einem eventuellen Bruch der Eisscholle sofort in die Boote kommen konnte. Die Eisinsel trieb südwärts – eine Seefahrt voller Bewegung; sie dauerte 200 Tage und Nächte, bis die Scholle nördlich von Ammassalik zerbrach. Jetzt stand die Eishütte nur noch 70 m von der Schollenkante entfernt, aber man konnte noch nicht in die Boote steigen. Doch der Schrecken war den kühnen Eisfahrern so in die Glieder gefahren, daß sie die Bucht, wo das geschah, *Schreckens-Bucht* tauften.

Allmählich wurde die Scholle immer kleiner, so daß sie schließlich nur noch einen Durchmesser von 50 m hatte. Anfang März platzte das Eis quer durch das Haus. Aber man wagte noch immer nicht, in die Boote zu gehen. Endlich konnten die Eisfahrer aufatmen: am 29. März erkannten sie die Küstenlinie, die Graah beschrieben hatte. Und als es am 7. Mai in Strömen goß, beschlossen die Expeditionsteilnehmer durch Abstimmung, in die Boote zu gehen. Und am 4. Juni, ein Jahr nach ihrer Abreise, bekamen sie zum erstenmal auf der Insel Iluilek festen Boden unter die Füße. Bald darauf segelten sie bei günstigem Wind mit ihren kleinen Booten den südlichsten bewohnten Ort in Grönland an: die deutsche Missionsstation der Herrnhuter, Friedrichstal, wo sie vom Missionsleiter in ihrer Muttersprache begrüßt wurden. Die Berichte über diese »Germania-Expedition« wurden der Öffentlichkeit in den zwei Bänden »Die zweite deutsche Nordpolexpedition« zugänglich gemacht, die 1873–74 in Leipzig erschienen.

›Germania in Grönland‹ erhielt noch einen späteren, nicht so friedlichen Nachklang. Im Zweiten Weltkrieg waren in dem von Koldeweys Expedition getauften Gebiet deutsche Wehrmachtsangehörige an Land gegangen, um eine Wetterstation zu etablieren, die die deutschen Operationen im Nordmeer unterstützen sollte. Das Unternehmen scheiterte jedoch (vgl. S. 141f.).

Die Frauenbootexpedition von Gustav Holm

Von besonderer Bedeutung für die Erforschung Grönlands ist die sogenannte Frauenbootexpedition von Gustav Holm, die ihn 1884 die Ostküste hinauf bis nach Ammassalik führte, wo er im August auf grönländische Bewohner traf. Er schreibt darüber:

»Die Fjorde Sermilik, Angmagsalik und Sermiligak sind im ganzen von etwas mehr als vierhundert Menschen bewohnt, die auf zwölf Winterwohnplätzen verteilt sind, wovon sich sieben im Gebiet des Angmagsalikfjords befinden. Auf jedem Winterwohnplatz gibt es nur ein bewohntes Haus. Diesen kleinen Eskimostamm habe ich Angmagsaliker genannt. Sie sind mittelgroß, schlank gewachsen und gut proportioniert, haben markante Gesichtszüge mit vorspringenden, nicht selten krummen Nasen. Aber viele haben doch ein wenig schräge Augen und hervorstehende Wangenknochen. Ihre Augen und Haare sind schwarzbraun und die Hautfarbe bläulich weiß. Nicht wenige haben Bärte. Doch zupfen sich die jüngeren Männer meist den Bart aus. Alle Frauenzimmer sind zwischen den Augenbrauen tätowiert, unter der Nasenwurzel und auf dem Kinn, und viele obendrein an Armen, Händen, Beinen und Brüsten. Allgemein wird gesagt, daß es zum Verschönern und zum Vergnügen geschieht, wenn man sich tätowieren läßt, aber trotzdem verbindet man damit den Gedanken, daß man dadurch tüchtig bei der Arbeit wird. Die Männer sind nur ausnahmsweise tätowiert, und dann nur mit einzelnen kleineren Strichen an Armen und Handgelenken, ›um gut harpunieren zu können‹ (...) Im großen und ganzen waren sie durch unseren Anblick gar nicht so sehr verwundert, wie man eigentlich von Leuten hätte erwarten können, die noch nie andere Menschen gesehen hatten als die, aus denen ihr eigenes kleines Gemeinwesen bestand. Aber die Schamanen erzählen so viele unwahre Geschichten darüber, wie sie im Inneren des Landes Erkilliker und Timerseter (sagenhafte Bewohner des Inneren von Grönland, d. Verf.) angetroffen haben, und wie sie tagtäglich mit allen Arten merkwürdiger Geister verkehren, daß die Leute nicht besonders erstaunt darüber waren, daß es jetzt auch ihnen bestimmt war, ein wenig Seltsames zu sehen.«

(G. Holm, V. Garde: »Den danske Konebaads-Expedition til Grønlands Østkyst«. Kopenhagen 1887, S. 227ff.)

EXPEDITIONEN: OSTGRÖNLAND

Gustav Holm mußte nun mit seinen Leuten dort überwintern. Aber bevor sie ein festes Quartier bezogen, erforschten sie noch Land und Leute. So gingen sie nordöstlich von Ammassalik, bei Sermiligaq, in die Berge, um neues Land zu entdecken. Holm kennzeichnete das Land als Dänemark zugehörig und nannte es Christian IX.-Land und die vorgelagerte Insel Erik des Roten-Insel.

Zehn Jahre nach Gustav Holms Frauenbootexpedition wurde dann die Kolonie Angmagssalik am alten Ort Tasiilaq (neue Schreibweise Ammassalik) gegründet, um so den dort lebenden Grönländern bessere Überlebensmöglichkeiten zu sichern. Denn der kleine Stamm – er bestand wohl nur noch aus ungefähr 350 Menschen – war durch Naturkatastrophen, Jagdunfälle, Hungersnöte, immer noch herrschende Blutrache und manche anderen Übel stark dezimiert worden. Man versorgte nun die Ostgrönländer mit zeitgemäßen Jagdwaffen, so daß sie nicht mehr so stark den oft tödlichen Angriffen von Walrossen und Eisbären bei der Jagd ausgesetzt waren. Eine Schule sorgte jetzt für die Grundausbildung, ein Geschäft für die notwendigen Waren. Und mit dem neuen Koloniestatus nahm auch die ärztliche Betreuung und die christliche Missionsarbeit ihren Anfang.

Die oft gestellte Frage, ob die Entdeckung des kleinen Stammes ihn vor dem endgültigen Untergang bewahrt hat, kann wohl nur bejaht werden, worauf auch das Anwachsen der Bevölkerung hindeutet. Sie war ein halbes Jahrhundert nach der Gründung der Kolonie auf 1470 Menschen angestiegen. Daß sie in ihrem kleinen Gemeinwesen noch manchen Mißständen ausgesetzt waren, ist unbestritten. Und auch die Christianisierung ging nicht so schnell voran, wie es sich die ersten missionierenden Geistlichen erhofft hatten. So wurde beispielsweise der letzte Ostgrönländer erst 1922 getauft. Und in der Gefühlswelt der Ostgrönländer lebte und lebt noch manches aus alter Zeit. In den überlieferten Mythen und Sagen findet man noch viel von der alten Glaubenswelt wieder. Einen eindrucksvollen Einblick in diese alte Welt vermittelt die große Anthologie ostgrönländischer Mythen und Sagen, die der Grönländer Jens Rosing herausgab (»Sagn og Saga fra Angmagssalik«, Kopen-

Frauenboot, Umiak, gezeichnet von H. G. F. Holm

hagen 1963) und die Sven Havsteen-Mikkelsen illustrierte, jener dänische Künstler, der auch die Metalldarstellungen der Normannenzeit auf einem mächtigen Felsblock in Qassiarsuk, dem alten Brattahlid, symbolisch gestaltete (vgl. Abb. 39).

Seit Graah und Holm wurde in regelmäßigen Abständen die ostgrönländische Küste kartiert, so daß man schließlich ein sehr genaues Bild von diesem eisbepackten und schwer zugänglichen Teil der arktischen Rieseninsel bekam. Wie schwierig die Verkehrsverbindungen dorthin waren und z. T. noch sind, zeigt auch die Tatsache, daß erst 1974 ein Heliport in Ammassalik angelegt wurde. Verwaltungsmäßig fand Ostgrönland 1961 seinen Anschluß an die bis dahin dominierende Westküste; denn in diesem Jahr konnte Ammassalik zusammen mit Qaanaaq und Ittoqqortoormiit je einen Vertreter in den grönländischen Landesrat nach Nuuk schicken. Damit war jetzt ganz Grönland im Landesrat vertreten (vgl. S. 304).

Kulturelle Blütezeit in Nuuk

Zeitgleich mit den dänischen Bemühungen an der Ostküste forcierten die Kolonialbeamten an der Westküste die Errichtung und Festigung einer dem Heimatland ähnlichen Gesellschaft. Im 19. Jh. kam es zu einer Reihe von Reformen. 1838 wurde die erste Distriktarztstelle in Godthåb (Nuuk) und Jakobshavn (Ilulissat) eingeführt. 1840 schlug eine Kommission vor, den Lebensstandard der Grönländer zu heben, die Zivilisation des Landes durch größere Einnahmen zu fördern, Unterstützung für den Bau besserer Häuser zu gewähren, das Gesundheitswesen und die Schule auszubauen und eine allgemeine Aufklärungskampagne zu starten. Jedoch zeigte es sich schon nach wenigen Jahren, daß man bei der Forderung nach Anhebung des Lebensstandards von falschen Voraussetzungen – nämlich europäischen – ausgegangen war. Die zunehmende Abhängigkeit der Grönländer von dänischen Importprodukten zusammen mit dem Schwinden gewachsener Methoden der Nahrungsmittelbeschaffung hatte mehrere Notsituationen zur Folge, derer die Dänen nicht Herr werden konnten.

Das Hauptaugenmerk lag bei der Missionsarbeit. Jede Kolonie erhielt einen Missionar, und 1847 wurden zwei Seminare eingerichtet – in Godthåb (Nuuk) und Jakobshavn (Ilulissat) – für je acht Schüler. In Nuuk wurde der junge Rasmus Berthelsen (1827–1901) als Lehrer eingestellt, der zugleich Prädikant und Oberkatechet für den Distrikt war. Und als Hinrich Johannes Rink (1819–93), Südgrönlands Inspekteur, eine Druckpresse in Godthåb (Nuuk) etablierte, war Berthelsen von Anfang an dabei und arbeitete als Buchdrucker und Xylograph sowie als Redakteur der von Rink ins Leben gerufenen ersten Zeitung Grönlands »Atuagagdliutit«. Berthelsen half Rink beim Aufzeichnen eskimoischer Märchen. Und sein berühmtes Bild einer jungen grönländischen Mutter mit ihrem kleinen Kind im *Amaat*, dem Frauenpelz mit Platz für ein Kleinkind, gehörte noch lange Zeit zu den beliebtesten Bildern in den Häusern grönländischer Familien.

Berthelsen schrieb auch Kirchenlieder, die in das grönländische Gesangbuch aufgenommen wurden. Er gilt als der erste grönländische Dichter neuerer Zeit. Daß sich seine Dich-

Grönländerinnen in Festtracht. Holzschnitte von Rasmus Berthelsen um 1860

tung auf dem geistlichen Gebiet bewegte, hängt mit Grönlands kultureller Situation der damaligen Zeit zusammen. Durch die Einführung des Christentums war der alte traditionelle grönländische Gesang verstummt. Er wurde zur Trommel gesungen, die bei verschiedenen Zusammenkünften geschlagen wurde – bei der Beschwörung von Geistern, beim Frauentausch, beim Wortduell – einem Wettkampf, der Logik, Rhethorik und Argumentation schulte (vgl. Abb. 15). Nachdem die Missionare alle diese alten Bräuche durch ihre christliche Botschaft verdrängt hatten, blieb den musikliebenden Grönländern nur noch das Liedgut der Christen. Und so war es nur zu natürlich, daß sich die ersten neuen dichterischen Äußerungen nach diesem Vorbild richteten. Neben Rasmus Berthelsen, der auch Grönlands bekanntestes Weihnachtslied *(Guuterput)* schrieb, war lange Zeit hindurch Lars Møller (1842–1926) Grönlands führender Illustrator, Buchdrucker und Artikelschreiber. Auch er, der im Gegensatz zu Berthelsen ein tüchtiger Kajakmann und Fänger war, wurde von Rink entdeckt und sollte zunächst nur dessen Druckpresse bedienen. Dabei zeigte er sich aber so geschickt, daß ihn Rink mit nach Dänemark nahm, wo er ein halbes Jahr lang Unterricht in Typographie und Lithographie bekam. Nach seiner Rückkehr arbeitete er nun auf diesem Gebiet weiter und publizierte in der neuen Zeitung »Atuagagdliutit«, deren Redakteur er seit 1873 war, viele seiner Bilder. Aber aus seiner Feder stammt auch eine Reihe von Berichten über Fang, Jagd und Fischerei, Artikel informierenden und belehrenden Charakters über die Ereignisse in aller Welt. Møller trug durch seine Tätigkeit wesentlich dazu bei, daß ein bedeutendes Material zur Geschichte seines Landes und Volkes und die Rezeption auswärtiger Geschehnisse noch zu seinen Lebzeiten zusammenkam und damit für die Nachwelt umfassende Erkenntnisse zur Kultur der Grönländer im 19. Jh. bekannt wurden. Daneben begleitete er u. a. Nordenskiöld 1883 auf dessen Inlandeisexpedition, von der er eine Reihe großartiger Zeichnungen und Skizzen mitbrachte.

Die Sagen- und Märchenanthologie von Hinrich Rink von 1866 ist mit Lithographien Møllers sowie mit Zeichnungen des grönländischen Künstlers Aron von Kangeq illustriert. Aron (1822–69) lebte auf dem kleinen Wohnplatz Kangeq an der Mündung des Nuuk Fjords, unweit der Stelle, an der Egedes erstes Wohnhaus stand. Wie viele seiner Landsleute war Aron als Dreißigjähriger von der Tuberkulose, der grönländischen Geißel jener Zeit, angegriffen. Die Krankheit zwang ihn, seinen Erwerb als Seehundfänger und Jäger aufzugeben. Da begann er zu zeichnen. Und wieder war es Rink, der auf einen Menschen aufmerksam wurde, der zu einer der großen Kulturpersönlichkeiten seines Landes werden sollte. Rink hörte von dem kranken Aron und spornte ihn zum Weitermachen an. Er schickte ihm Papier und Malutensilien, und Aron begann zu zeichnen und Aquarelle zu malen. Die grönländischen Sagen vom Leben der Eskimo und ihren Begegnungen mit den »alten Norwegern«, den Normannen, wurden sein Thema. Seine Aquarelle machten ihn zum Vater der grönländischen Malerei. Der dänische Forscher Eigil Knuth nannte seine mythologische Bildergalerie die »Sixtinische Kapelle der Eskimokultur«. Arons Bilder zeichnen sich vor allem durch einen interessanten expressionistischen Stil aus. Seine Holzschnitte wurden besonders durch die Zeitung »Atuagagdliutit« verbreitet und machten seine Kunst in den fernsten Siedlungen der Grönländer bekannt. Heute werden Arons Zeichnungen im dänischen Nationalmuseum aufbewahrt. Aber die Platten seiner Holzschnitte liegen in Nuuk, wo man sie erst um 1960 wiederentdeckt hatte.

Farblithographie von Lars Møller

HERRNHUTER: SPINDLER, KLEINSCHMIDT

Zu Rinks berühmter Sammlung eskimoischer Märchen und Sagen lieferte Aron nicht nur eine Fülle von Holzschnitten, sondern auch einige Aufzeichnungen der alten eskimoischen Sagen. Die Herrnhuter Gemeine, der Aron angehörte, setzte ihm ein kleines Denkmal mit der Eintragung seines Todes am 12. März 1869 in ihr Kirchenbuch, in der es u. a. hieß, daß er ein erfolgreicher Seehundjäger und ein tüchtiger Kunsthandwerker in Holz und Stein gewesen sei, der eine beträchtliche Anzahl von Holzschnitten für den Inspekteur Rink fertiggestellt habe.

Die Herrnhuter in Grönland

Die seit 1733 in Grönland ansässigen Herrnhuter kamen bei den Eskimo gut an. Ohne Amtstracht und besondere autoritäre Insignien, legten sie das Schwergewicht eher auf Kameradschaft, Ausgleich und Versöhnung, statt ehrfurchtsvollen Gehorsam zu erzwingen. Das auch heute noch in abgelegenen Teilen anzutreffende Katechetenwesen, das nicht auf akademischer Ausbildung, sondern auf der Einführung Freiwilliger in den Laienstand beruht, wurzelt in dieser Tradition.

Das Verdienst der Herrnhuter, die auch heute noch einen guten Leumund in Grönland genießen, bestand vor allem darin, daß sie sich bei sozialen Belangen engagierten und im Krankenwesen aktiv waren. Einige unter ihnen beschäftigten sich vor allem mit dem Erhalt grönländischer Kulturgüter. Carl Julius Spindler (1838–1918), gebürtiger Sachse, der nur widerwillig nach Grönland kam, lernte Land und Leute alsbald schätzen und lieben, lernte

Portrait von Samuel Kleinschmidt (1814–1886)

David Cranz: Ansicht von Lichtenfels. Stich von 1770

Grönländisch, baute sich einen Kajak und fuhr damit auf Jagd. Bis 1888 blieb er in Grönland und schrieb nach seiner Rückkehr nach Deutschland einen grönländischen Katechismus, eine grönländische Bibelgeschichte und ein umfangreiches deutsch-grönländisches Wörterbuch. Er übersetzte viele Kirchenlieder ins Grönländische, von denen 69 Eingang ins grönländische Gesangbuch fanden.

Im Gegensatz zu Spindler war Samuel Petrus Kleinschmidt (1814–86) gebürtiger Grönländer, erhielt allerdings seine Ausbildung in einer sächsischen Erziehungsanstalt für Missionare. Nach seiner Rückkehr nach Grönland 1841, in Alluitsoq als Helfer der Brüdergemeine tätig, beschäftigte er sich von Anfang an intensiv mit der grönländischen Sprache.

Dies beanspruchte ihn so stark, daß er dadurch oft mit seinen Vorgesetzten in Konflikt kam, weil er nach ihrer Meinung die täglichen Pflichten der Missionsstation vernachlässigte. Die bestanden in dem Einsammeln von Brennholz, der Beschaffung von Ziegenfutter, im Melken der Ziegen der Mission und anderem mehr. Auch mußte dort ein Garten versehen werden, und man braute Bier. 1846 wurde Kleinschmidt nach Akunnat, dem damaligen Lichtenfels, versetzt, in der Nähe des jetzigen Fiskenæsset, wo er zwei Jahre blieb, um dann nach Neu-Herrnhut bei Godthåb (Nuuk) zu kommen, dem 1733 gegründeten Hauptsitz der Brüdergemeine. Dort betraute man ihn mit der Einrichtung und Leitung der Gehilfenschule der Herrnhuter. Ganze 9 Jahre wirkte Samuel Kleinschmidt in Neu-Herrnhut. 1859 aber trat die große Wende in seinem Leben ein: er brach mit der Brüdergemeine und trat in den Dienst der dänischen Mission im nahen Godthåb (Nuuk). Eine ganze Reihe von Gründen gab es für diesen Wechsel. So wich seine Sprachbehandlung von der seiner Herrnhuter

Brüder ab. Entscheidender aber waren seine völlig anderen Ansichten über die Kirchenzucht. Er, der die Grönländer wie kein anderer kannte, hielt sie für allzu streng und befürchtete – in Kenntnis der grönländischen Mentalität –, daß sie eher das Gegenteil des beabsichtigten Zwecks bewirkte. Dann kamen noch kontroverse Ansichten der Brüder zu seiner Schulleitung hinzu; denn wie der Missionar Starick berichtete, wollte Kleinschmidt die Schüler ganz grönländisch weiterleben lassen, während nach Ansicht der älteren Herrnhuter Brüder sich die grönländischen Missionshelfer an europäischen Werten und Maßstäben orientieren sollten. Kleinschmidt wurde vorgeworfen, sein pädagogisches Konzept eher auf Kenntnisvermittlung denn auf Herzensbildung auszurichten.

Doch dieser Mann, der so eigenwillig, ja oft starrköpfig war, hat zeit seines Lebens nie mit der Brüdergemeine gebrochen. Er blieb ihr Mitglied bis zu seinem Ende. Sonntags wanderte er von seinem Haus in Godthåb (Nuuk) zum nahen Neu-Herrnhut und spielte beim Gottesdienst die Orgel. Oft war er Gast bei der Familie von Spindler. Und wenn er abends nach Godthåb (Nuuk) zurückwanderte, mußte immer eine gut verschlossene Sturmlampe, die er an einem von ihm errichteten Pfahl aufgehängt hatte, ihm den Heimweg erhellen.

Dieser »Kleinschmidt-Pfahl« existiert noch heute. Er ist das eigenartigste und zugleich rührendste Denkmal, das von den Beziehungen zwischen Deutschen und Dänen der damaligen Zeit in Grönland zeugt. Die Sturmlaterne wird jetzt durch elektrisches Licht erleuchtet (vgl. S. 234). Und am Fuß des Pfahls liegt ein Stein mit einer Bronzetafel, auf der in grönländischer und dänischer Sprache die Worte stehen:

>Samuel Petrus Kleinschmidt
>1814–1886
>Weltbekannter Gelehrter
>Lehrer und Freund der Grönländer
>pflegte seine Lampe
>an dieser Stelle aufzuhängen
>um seinen Weg zwischen Neu-Herrnhut
>und Godthaab zu markieren

Kleinschmidts Haus in Nuuk, das er selbst gebaut hatte, war als Blockhaus konzipiert und inwendig mit Brettern verschalt und mit Brettern gedeckt. Umgeben von einem kleinen Garten, besaß es nur einen einzigen Raum, der, wie Hinrich Rink schreibt, optimal ausgenutzt war. Erwärmt wurde der Raum durch einen kleinen eisernen Ofen, neben dem immer das nötige Brennholz zum Trocknen aufgestapelt lag. Hier stand die aus Reutlingen stammende, ihm von den Herrnhutern zur Verfügung gestellte Druckerpresse, auf der zahlreiche belehrende, religiöse und volksbildende Schriften, die Kleinschmidt verfaßte, vervielfältigt wurden, die zu einem wesentlichen Teil grönländischer Kulturgeschichte im 19. Jh. wurden. Sieben seiner Sachbücher – Lehrbücher über Zoologie, Kirchengeschichte, Physik, über biblische Geographie sowie eine Weltgeschichte – wurden zu Standardwerken. Daneben unternahm er die Herausgabe eines Wörterbuches. Das Werk, beendet nach 25jährigem Aufenthalt in Grönland und mit Hilfe des grönländischen Katecheten Vittus Steenhold, basierend auf den Arbeiten der Dänen Poul Egede und Otho Fabricius, wurde 1871 in Kopenhagen gedruckt und trägt den Titel »Den grønlandske Ordbog. Omarbeidet af Samuel Kleinschmidt«. Ebenfalls auf ältere Arbeiten stützt sich Kleinschmidts Bibelübersetzung, besonders auf die seines Vaters Konrad Kleinschmidt. Samuel Kleinschmidt übersetzte bis zu seinem Tod die Fünf Bücher Mose, die Lehrbücher und die Propheten sowie das Neue Testament mit Ausnahme der Briefe von Petrus, Jakobus und Judas ins Grönländische. Den Rest übersetzten später andere, so daß die Bibel 1900, dem Jahr, in dem die Herrnhuter Grönland verließen, ganz übersetzt vorlag. Kleinschmidt hatte dabei die größte Arbeit geleistet und vielleicht die beste; denn seine Übersetzung entsprach mehr, was das Neue Testament betrifft, dem griechischen Urtext als der deutschen Wiedergabe. Geholfen hat Kleinschmidt bei diesem gigantischen Werk besonders der dänische Theologe H. F. Jørgensen. Rink bezeichnete dieses Werk als Kleinschmidts größte Leistung.

Eingegangen in die Welt der internationalen Wissenschaft aber ist Kleinschmidt mit seiner »Grammatik der grönländischen Sprache mit theilweisem Einschluß des Labradordialekts«. 1851 in Berlin erschienen, bildet sie die Grundlage für die Entwicklung der grönländischen Schriftsprache bis auf den heutigen Tag. Sie hatte einen so großen linguistischen Wert, daß die Berliner Universität bald nach Erscheinen dieses Werkes Kleinschmidt den philosophischen Doktorgrad antrug. Eine seltene Handlung in der damaligen Zeit, in der wissenschaftliche Arbeiten von Missionaren kaum auf diese Weise von einer deutschen Universität gewürdigt wurden. Kleinschmidt aber lehnte dankend ab. »So etwas braucht man in Grönland nicht«, meinte er zu diesem akademischen Vorhaben. Nicht ablehnen konnte er den Ehrentitel, mit dem er in die Geschichte der Eskimologie eingegangen ist: der Sprachmeister Grönlands. Neben Kleinschmidts sprachwissenschaftlicher Tätigkeit bemühte er sich tatkräftig um die Errichtung sogenannter Vorsteherschaften. Auch die Beschäftigung mit der Politik hatte Kleinschmidt immer betrieben, wobei es ihm darauf ankam, den Grönländern die Achtung vor sich selbst beizubringen, die sie oft durch die Kolonialherrschaft verloren hatten. Die Grönländer sollten vor allem auch dazu gebracht werden, Verantwortung selbst zu tragen und sich an der Verwaltung ihres Gemeinwesens tatkräftig zu beteiligen.

Nach schwerer Krankheit starb Kleinschmidt 1886 im Februar, der Zeit der Stürme, die den Aufenthalt im Freien fast unmöglich machen. So mußte die Beerdigung immer wieder verschoben werden und fand schließlich in dichtem Schneetreiben unter größten Schwierigkeiten und bei hastiger Zeremonie statt. Anfang des 20. Jh. bettete man seinen Leichnam von Neu-Herrnhut nach Godthåb (Nuuk) um, wo er neben seinen langjährigen Mitarbeitern, dem Pastor Balle und dem Oberkatecheten Berthelsen, beigesetzt wurde. Dort ist sein Grab heute noch zu sehen.

Grönländische Vorsteherschaften

Die Entfremdung von der eigenen Kultur führte zu Desinteresse und Apathie gegenüber den dänisch bestimmten öffentlichen Belangen sowie zu ökonomischen Abhängigkeiten. Die Versorgung der Bevölkerung basierte inzwischen, nachdem tradierte Jagdmethoden verlorengegangen waren und die Einfuhr von Genußmitteln durch die Dänen mit dem Aufkauf der als Existenzgrundlage anzusehenden Kajaks und Umiaks finanziert wurde, zu allergrößten Teilen auf Nahrungsmitteln und Versorgungsgütern aus Europa. Die versorgungstechnische und politisch-soziale Fremdbestimmung provozierte, daß sich die einheimischen Grönländer kaum noch für das Gemeinwesen verantwortlich fühlten. Die Vorstellung von Kleinschmidt und anderen war die stärkere Einbindung der Grönländer in das gesellschaftliche und politische Leben, was zur Verfassung einer Denkschrift führte, die 1856 dem dänischen Innenministerium zugeleitet wurde.

Grundgedanke dieser Denkschrift war das Ziel, den entfremdeten Grönländern die Rückkehr zu verantwortungsbewußtem Dasein mit eigener Identität zu ermöglichen. Das sollte mit Hilfe sogenannter Vorsteherschaften geschehen, die zusammengesetzt werden sollten aus dänischen Beamten und Bediensteten und aus Grönländern. In solchen lokalen Vorsteherschaften wurde der örtliche Pastor Vorsitzender und der Kolonieverwalter Rechnungsführer. Wichtig war den Initiatoren dieses Plans die Beteiligung ortsansässiger Grönländer, die aus den tüchtigsten Fängern und Jägern ausgewählt werden sollten. Man erteilte den Vorsteherschaften eine Reihe Befugnisse und machte sie damit zu einer weiteren ›Behörde‹, die zwischen dem Inspekteur, seinen lokalen Vertretern, den lokalen Kolonieverwaltern und Vertretern der Kirche oder Mission angesiedelt war, in der aber – zum ersten Mal – Grönländer ein gewisses Mitspracherecht hatten.

Verantwortlich waren die Vorsteherschaften für die öffentliche Ordnung und Rechtspflege. Sie entschieden bei kleineren Streitereien unter den Grönländern, hielten Verhöre ab, wenn ein Verbrechen vorlag, und beantragten im gegebenen Fall eine Bestrafung beim Inspekteur. Sie entschieden ferner über Unterstützungen in Form von Armenhilfe und nach gewissen Regeln über die Verteilung eines kleinen Teils der staatlichen Einkünfte – eine Art von Rückzahlungen an Fänger und Versorger, die *Repartitionen* genannt wurden – und die u. a. zu neuen Investitionen gebraucht werden sollten. Auch mit der Ausbildung junger Fänger im Kajakfahren und Jagen hatten die Vorsteherschaften zu tun. Als Zeichen ihrer Amtswürde und Autorität mußten die Vorsteher eine rote Mütze tragen. Der Vorsteher-Plan, der in Kopenhagen anfangs auf Widerstand gestoßen war, wurde 1862 für den Süden und 1863 für den Norden gesetzlich gesichert. Jedoch hatte ihn Rink bereits Jahre vorher auf eigene Verantwortung in seinem Amtsbereich praktizieren lassen. Viel war es nicht, was man mit dieser Einrichtung erreichte. Aber sie war doch ein erster Schritt auf dem Weg zur Eigenständigkeit des grönländischen Volkes, ein Weg, der 1979 zur internen Autonomie führte – dem dänischen *Hjemmestyret*.

Wirtschaftliche Ausbeute der Kolonie

Das seit Graah vorherrschende Interesse Dänemarks an der Ausbeute mineralogischer Ressourcen in Grönland, die den wirtschaftlichen Wert der Kolonie darstellen sollten, lenkten auch das Interesse von Hinrich Rink (vgl. S. 107f.) auf Grönland, dem aus einem alten deutschen Geschlecht, früher ansässig in Holstein und Dithmarschen, stammenden späteren

Südgrönland-Inspekteur. Er kam erstmals 1848 dorthin, um geologische Untersuchungen durchzuführen. Viel kam dabei nicht heraus. Zwar entdeckte er in den Bergen bei Uummannaq eine dichte Schicht Graphit, aber weitere Untersuchungen und Marktanalysen versprachen keinen Profit. Rink beriet zwar in diesen Jahren, in denen man sich große mineralogische Gewinne in Grönland erhoffte, so wie man das von der englischen Kolonialwirtschaft wußte, die dänische Regierung in bezug auf Konzessionen, war aber nicht immer ganz im Bilde. So meinte er einmal, daß das Kryolith in Ivittuut nur noch für 20 bis 30 Schiffsladungen ausreiche. Eine Schätzung, die, wie der Abbau bis in das 20. Jh. bewies, völlig daneben gegriffen war.

1851 reiste Rink nach Dänemark zurück und wurde Mitglied der Kommission, die nach dem Junigrundgesetz von 1849, das Dänemark zu einem demokratischen Gemeinwesen mit konstitutioneller Monarchie gemacht hatte, neue Richtlinien für Grönland ausarbeiten sollte. Der Zugang zu den alten dänischen Kolonien Island und den Färöern war seit 1851 freigegeben worden. Das wollte man mit Grönland wegen der dortigen Bevölkerung allerdings nicht machen. Zu sehr wären die Grönländer ausländischer Ausbeutung preisgegeben gewesen. Stimmen waren lautgeworden, das grönländische Handelsmonopol aufzuheben. Aber es sprachen ebenso gewichtige Argumente dagegen. Auch Rink, der 1852 wieder nach Grönland beordert wurde, lehnte eine Aufhebung des Monopols ab. Aufgrund einer kleinen Schrift zur Verteidigung des Handelsmonopols, die er 1853 herausgab, beschloß Kopenhagen, diese Handelsform beizubehalten, wobei man ausdrücklich darauf verwies, daß dies zum Besten der Grönländer geschehe.

Die Kommission führte jetzt eine Reihe von Änderungen in der Verwaltung des arktischen Landes ein. So sollten von nun an alle grönländischen Angelegenheiten vom Innenministerium behandelt werden. Das Missionskollegium in Kopenhagen sollte fortan nur noch das Missions- und Schulwesen administrieren, eine Anweisung, die bis 1860 bestand, worauf diese Arbeit vom Kulturministerium übernommen wurde. Und schließlich sollte der Kgl. Grönländische Handel fortan von nur einem Direktor geleitet werden. In dem Jahrzehnt von 1840 bis 1850 hatte der ›Handel‹ einen Gesamtüberschuß von 363 901 Reichstalern gehabt. Von dieser Summe waren 189 124 Reichstaler zur Deckung der Unkosten abgegangen, u. a. an das Missionskollegium. Der restliche Überschuß wurde dem Staat angewiesen, zur Hälfte als Zinsen des Betriebskapitals, zur anderen Hälfte als Nettoüberschuß. Das bedeutete, daß der Staat durchschnittlich ca. 12 000 Reichstaler als Nettoeinnahme aus Grönland bezog. Wenn man nun bedenkt, daß von den jährlichen Steuereinnahmen des dänischen Fiskus kein einziger Schilling in das grönländische Gemeinwesen floß, kann man sich vorstellen, daß man in Kopenhagen am Fortbestand dieser Verhältnisse interessiert war.

Rink selbst war unermüdlich in seinen Bemühungen um Verbesserung der grönländischen Verhältnisse. Seine schriftstellerischen und wissenschaftlichen Arbeiten aber gingen Hand in Hand mit seinen praktischen und administrativen Aktivitäten. Aus Gründen einer geschwächten Gesundheit mußte er 1868 seinen Abschied in Grönland nehmen, wurde aber 1871 Direktor des Kgl. Grönländischen Handels in Kopenhagen, in welcher Eigenschaft er 1872 seine einzige Inspektionsreise nach Grönland machte.

KOLONIALWIRTSCHAFT: KRITIK

Was er dort zu sehen bekam, war nicht immer sehr verheißungsvoll. In seinem »Bericht über eine Inspektionsreise nach Grönland im Sommer 1872« hat Rink in detaillierter Form darüber geschrieben. So heißt es beispielsweise in dem Abschnitt »Über den Zustand der Grönländer bezüglich des Eigentums und Erwerbs«, in dem er über Nordgrönland Aussagen macht:

> »Ich bin also zu dem Ergebnis gekommen, daß in dem größeren Teil des Inspektorats, nämlich in den Distrikten Upernavik, Umanak und Egedesminde sowie z. T. in Godhavn, der Wohlstand, der bereits früher nur gering war, noch mehr im Abnehmen begriffen ist und die Armut teilweise den äußersten Grad erreicht hat, den die Bevölkerung überhaupt aushalten kann.«

Und dann geht er auf die Gründe ein und schreibt:

> »Unter anderem macht sich auch hier die Macht des Kapitals geltend, nur mit dem Unterschied, daß sie aus verschiedenen Ursachen, aber besonders, weil die Kapitalisten in Grönland nur die Fremden im Lande sind oder die durch ein Dienstverhältnis an sie geknüpften Eingeborenen, hier verderblicher wird als anderswo.«

Rink berichtet nun, wie die Grönländer auf die verschiedensten Weisen beim Verkauf ihrer Fänge übervorteilt werden. So erwerben die Aufkäufer u. a. große Mengen von Seehunden zu einem Spottpreis, nur weil die Grönländer in der reichen Fangzeit schnell zu Geld kommen möchten oder ihre Frauen nicht so schnell die Seehunde enthäuten und die Felle aufbereiten können. Auch das Verleihen von Seehundnetzen und Fischleinen zu überhöhten Gebühren gehört – wie Rink feststellt – zu diesen Ausbeutungsmethoden, die die Grönländer arm und letztlich willenlos gegenüber den Europäern machen (nach Knud Oldendow: »Grønlændervennen Hinrich Rink«. Kopenhagen 1955, S. 53–59).

Nun war zu diesen Übeln noch manches hinzugekommen, das den Zustand der grönländischen Bevölkerung äußerst bedenklich erscheinen ließ. Schon bis 1870 hatte die Zahl der Einwohner Grönlands ständig abgenommen. Krankheiten und Epidemien grassierten an vielen Orten, der Tuberkulose schien man nicht Herr werden zu können, und der Ernährungszustand der Bevölkerung war immer bedrohlicher geworden. Hinzu kam, daß seit ca. 1850 Klimaveränderungen einsetzten, die bis 1900 beobachtet wurden. Der Außenhandel ging in der Zeit von 1860–1890 um 30% gegenüber den vorangegangenen Jahrzehnten zurück.

Nach seiner Grönlandinspektionsreise versuchte Rink nun diesem drohenden Verfall der grönländischen Bevölkerung Einhalt zu gebieten. Und es glückte ihm, 1877 die sogenannte Permanente Kommission trotz des Widerstandes des Innenministeriums ins Leben zu rufen, die eine Reihe von Verbesserungsvorschlägen ausarbeitete. Aber viel Nutzen brachte das nicht. Der war eher ablesbar an der Verwirklichung einer anderen Idee von Hinrich Rink, die 1879 konkrete Form annahm. In diesem Jahr wurde nämlich ein Grönländerheim in Kopenhagen eingerichtet, das jungen Grönländern während ihrer Ausbildung in Dänemark eine feste Bleibe vermitteln sollte.

Kommissionen aber wurden damals sehr gern gebildet. 1878 rief man beispielsweise eine »Kommission zur Leitung der geologischen und geographischen Untersuchungen in Grön-

Rink in Grönland

Hinrich Rink (1819–93) hat sich in zahlreichen Publikationen mit seiner zeitweiligen Wahlheimat beschäftigt. 1853 hatte er als Ergebnis seiner geologischen Forschungen ein Buch über das Inlandeis herausgegeben »Om Isens Udbredning og Bevægelse over Nordgrønlands Fastland« (Von der Ausbreitung und Bewegung des Eises über Nordgrönlands Festland). Dieses Buch erschien zu einem Zeitpunkt, zu dem die Geologen lebhaft die Frage diskutierten, ob das nördliche Europa einmal ganz mit Eis bedeckt war oder von einem Eismeer überspült, das Platz für mehr oder weniger zusammenhängende Gletscher bot. Rinks Buch wurde zum Grundstein der modernen Glaziologie.

Hinrich Rink (1819–1893)

1853 heiratete Rink Signe Møller, die in Grönland geborene Tochter des Kolonialverwalters Jørgen Møller. Signe, die mit der grönländischen Sprache aufgewachsen war, konnte ihrem Mann viel in sprachlicher Hinsicht helfen. So wurde sie u. a. eine unentbehrliche Mitarbeiterin und Beraterin bei Rinks Arbeit und Übersetzung seiner berühmten eskimoischen Märchen- und Sagensammlung »Eskimoiske Eventyr og Sagn« 1866, zu der 1871 ein Supplementsband erschien. Und das geistige Klima des Rinkschen Hauses griff so schnell auf sie über, daß sie selbst zur Schriftstellerin wurde, die u. a. die Bücher verfaßte »Grønlændere« (Grönländer), »Danske i Grønland« (Dänen in Grönland), »Koloni-Idyller« (Kolonie-Idylle) und »Fra det Grønland, som gik« (Von dem Grönland, das verschwand). Das waren Erzählungen mit dokumentarischem Wert, die auch heute noch einen wertvollen Einblick in das alte Grönland vermitteln. Signe Rinks Erzählungen kamen auch zum Teil in deutscher Sprache heraus.

Bereits 1854 hatte Rink den ersten Band von »Grønland, geographisk og statistisk beskrevet« (Grönland, geographisch und statistisch beschrieben) fertiggestellt, dessen erste nordgrönländische Unterabteilung 1852 erschienen war. Den zweiten Band über Südgrönland

> schloß er 1857 während eines Besuchs in Dänemark ab. Obwohl dieses Werk aufgrund seiner unterschiedlichen Entstehungsorte und zeitbedingter Niederschriftsperioden nicht ganz einheitlich in seiner Darstellung erscheint, zählen es führende Eskimologen doch zu den besten grundsätzlichen Büchern über Grönland in jener Zeit. Und K. J. V. Steenstrup (1842–1913), dänischer Geologe, meinte, daß »seit Hans Egedes ›Perlustration‹ kein anderes Werk eine so vortreffliche und detaillierte Schilderung von Grönland und seiner Bevölkerung gegeben hat wie dieses.« 1877 gab Rink selbst das Werk in englischer Sprache unter dem Titel »Danish Greenland its People and Products« heraus – eine zweibändige, völlig neu bearbeitete und erweiterte Ausgabe, illustriert mit Rinks eigenen aquarellierten Zeichnungen. Schon in den 60er Jahren wurden von der Steindruckerei in Nuuk große, farbige Lithographien zum Verkauf in den Geschäften mit grönländischen Motiven hergestellt, die von Rink stammten und die der junge Grönländer Lars Møller, der nur eine achtmonatige Ausbildung in Dänemark gehabt hatte, meisterhaft gedruckt hatte.
>
> Als Rink und seine Frau später ihren Lebensabend in Kristiania (Oslo) verbrachten, wurde ihr Haus zum Mittelpunkt der Polarforscher. In ihrem Buch »Artikler og Taler fra Krigstiden«, das 1952 in Oslo erschien, hat die große norwegische Dichterin Sigrid Undset (1882–1949) in dem Kapitel »Familien Rink« einen faszinierenden Einblick in das Rinksche Heim gegeben.
>
> In Godthåb (Nuuk) wurde 1919 ein Denkmal enthüllt, auf dessen Bronzeplatte unter dem Portraitrelief in grönländischer Sprache die Worte stehen: »Er kannte die Grönländer, er beschützte sie, er liebte sie«. Nur ist das dort angegebene Todesdatum nicht korrekt: Rink starb nicht am 31. Dezember 1894, sondern am 15. Dezember 1893 (vgl. Abb. 32).

land« ins Leben, wonach die wissenschaftlichen Untersuchungen stark intensiviert wurden. Viele ihrer Ergebnisse fanden ihren Niederschlag in den periodisch erscheinenden »Meddelelser om Grønland« (Mitteilungen über Grönland). Die wissenschaftliche Forschung der damaligen Zeit bezog sich auf naturwissenschaftliche Gegenstände, topographisch-archäologische und später auch auf eskimologische. Daneben nahmen – als Folge dieser wissenschaftlichen Aktivitäten – die Grönlandexpeditionen zu, so daß man in der zweiten Hälfte des 19. Jh. ein immer klareres Bild von der arktischen Rieseninsel und ihren Bewohnern gewann.

Der Rückgang der Bevölkerung aber war inzwischen zum Stillstand gekommen und hatte sogar einem langsamen Anstieg Platz gemacht. So hatte sich die grönländische Bevölkerung von 1880–1901 um 1 470 Menschen vergrößert. Dabei war in den Jahren von 1880–1890 eine jährliche Zuwachsrate von 0,49 % zu verzeichnen gewesen, während in den Jahren von 1890–1901 die jährliche Zuwachsrate 0,84 % betrug. 1901 zählte die westgrönländische Bevölkerung 11 290 Menschen, eine Zahl, die 10 Jahre später auf 12 510 angestiegen war. Ein langsames Aussterben der Grönländer war also gebannt. Doch ihre Lebensverhältnisse besserten sich kaum.

Rink, der mit allen Mitteln die grönländische Situation zu verbessern suchte, hatte gegen allzu viele Widerstände anzukämpfen. Einer seiner erbittersten Gegner war der Departementschef im Innenministerium, Hugo Hørring. Mit ihm kam es zu langen Kompetenzstreitereien, an deren Ende Rink 1882 resignierend seine Stellung als Direktor des Kgl. Grönländischen Handels quittierte und nach Kristiania (Oslo) zog, worauf Hørring Rinks Amt übernahm. Er tat nichts zur Verbesserung der grönländischen Verhältnisse, was auch wohl im Sinn der damaligen Regierung unter Führung des konservativen J. B. S. Estrup (1825–1913) war. So ließ er u. a. die Vorsteherschaften und die von Rink begründete Permanente Kommission völlig im Stich.

Grönland im 20. Jahrhundert

Expeditionen nach der Jahrhundertwende

Das neue Jahrhundert begann mit einer Fülle von Expeditionen ausländischer Forscher in Grönland, die den unterschiedlichsten Zielen folgten. Sportlicher Ehrgeiz und internationale Konkurrenz im Wettlauf zum Nordpol gehörten ebenso dazu wie geologisch-geophysische Interessen und ethnologische Fragestellungen.

Um die Jahrhundertwende unternahm ROBERT PEARY acht Expeditionen in Grönland. 1895 gelangte er bereits vom Gebiet um Thule über das Inlandeis bis zum Independence Fjord, der das nach ihm benannte Gebiet begrenzt, nachdem er 1892 das Inlandeis schon einmal überquerte. 1909 gelangte er als erster mit einigen Eskimo in die unmittelbare Nähe des Nordpols, dem eigentlichen Ziel seiner zahlreichen Expeditionen. Allerdings wurde ihm die Pioniertat von FREDERIK COOK streitig gemacht, der bereits 1908 am Nordpol gewesen sein will. Dieser Streit ist bis heute nicht eindeutig entschieden. Pearys Expeditionen brachten aber die Erkenntnis, daß zwischen Grönland und der Arktis keine feste Verbindung besteht, wie man zuvor glaubte.

KNUD RASMUSSEN startete 1903 seine »Literarische Grönlandexpedition« gemeinsam mit LUDVIG MYLIUS-ERICHSEN, HARALD MOLTKE und JØRGEN BRØNLUND. Diese Expedition, die sowohl wissenschaftlich als auch ökonomisch sehr schlecht vorbereitet war und die Verbindung zwischen den bis dahin getrennten ethnischen Gruppen im Norden und Süden herstellen wollte, gab sich ihren Namen nach der Rollenverteilung: Erichsen und Rasmussen schrieben, Moltke zeichnete und malte. Sie wollten die Menschen dort oben kennenlernen, ihr Denken und Fühlen erfahren und dann das Erlebte niederschreiben und zeichnen oder malen. Und schließlich wollten sie diesen wohl am nördlichsten lebenden Menschen mit Rat und Tat zur Seite stehen. Das geschah auch. Und diese Literarische Grönlandexpedition bekam eine solche Bedeutung, daß der dänische Ethnograph Kaj Birket-Smith schrieb: »Selten hat eine Expedition so tiefe und unauslöschbare Spuren in der Entwicklung Grönlands hinterlassen.« Knud Rasmussen schrieb nach seiner Rückkehr von dieser Expedition, die mit Hundeschlitten über die Melville-Bucht fuhr und bei Kap York auf Thule-Eskimo stieß, in seinem Buch »Neue Menschen« (Nye Mennesker, Kopenhagen 1905):

THULE-EXPEDITIONEN: KNUD RASMUSSEN

Knud Rasmussen, Pionier der Arktis-Erforschung im 20. Jh.

»Als Junge hörte ich oft eine alte grönländische Sagenfrau erzählen, daß weit im Norden, am Ende der Welt, ein Volk lebe, daß sich in Bärenhäute kleide und von rohem Fleisch lebe. Ihr Land war immer vom Eis versperrt, und der Schimmer des Tages drang niemals über die Berge. Wer dort hinauf wollte, müsse mit dem Südwind ziehen, ganz nach oben bis zum Herrn des Nordsturms. Ehe ich noch wußte, was reisen heißt, beschloß ich, einmal zu diesen Menschen zu kommen, die ich in meiner Phantasie mir ganz anders als alle anderen vorstellte. Ich mußte ›die neuen Menschen‹ sehen, wie sie die alte Sagenerzählerin nannte.«

Rasmussen errichtete zusammen mit PETER FREUCHEN (1886–1957) 1910 die private Handelsstation Thule. Sie wurde nach eigenen Ideen der beiden Polarforscher betrieben, die damit die Fehler, die von der dänischen Verwaltung an der grönländischen Westküste gemacht worden waren, ausschalten wollten. Die Station wurde erst nach Knud Rasmussens Tod (1933) vom dänischen Staat übernommen.

Die alte grönländische Sagenerzählerin, die Knud Rasmussen als Junge gehört hatte, lebte in Jakobshavn, dem heutigen Ilulissat, an der Westküste, dicht an der Disko-Bucht gelegen. Dort war Knud Rasmussen 1879 geboren. Als Enkel einer Grönländerin lernte er schon als kleiner Junge Grönländisch und war mit dem Umgang mit Hundeschlitten ebenso vertraut wie mit den wesentlichen eskimoischen Überlebenstechniken. Gleich nach seinem Abitur, das er in Dänemark ablegen mußte, begann sein rastloses Reiseleben, das ihn zuerst (1901) nach Lappland führte, dann in das Gebiet von Kap York als Mitglied der Literarischen Grönlandexpedition, wonach die verschiedenen sogenannten Thule-Expeditionen folgten.

Von diesen Grönland-Expeditionen fand 1912 die erste statt, die Rasmussen zusammen mit Freuchen durchführte. Ziel und Zweck dieser Expedition war es, von Thule aus mit dem Schlitten über das Inlandeis zu fahren, um u. a. EJNAR MIKKELSEN (1880–1971), einen anderen dänischen Polarforscher und Schriftsteller, zu suchen, der in diesem Gebiet während einer Schlittenreise verschwunden sein sollte, und dann zum Danmarks Fjord vorzustoßen. Hier, bei dieser ersten Thule-Expedition, zeigte Knud Rasmussen seine großen Fähigkeiten als Polarexpeditionsleiter, indem er eine ganz neue Form für Expeditionsreisen in arktischen Ländern und Gebieten einführte. Er bediente sich der eskimoischen Reisetechnik, wobei sich die Expeditionsmannschaft durch Jagd ernähren mußte. Dieses Experiment war ein voller Erfolg. Mehrere ausgedehnte Expeditionen zwischen 1917 und 1920 dienten der Erforschung des nördlichen Grönland. Rasmussen stellte weitreichende geographische Untersuchungen an: 1917 fand die 2. Thule-Expedition mit LAUGE KOCH, THORILD WULFF und vier Eskimo statt, die bis zum De Longs Fjord an der Nordküste des Peary-Landes gelangte. Die 3. Thule-Expedition wurde von GODFRED HANSEN (1876–1937), der u. a. zweiter Leiter der Gjøa-Expedition von Roald Amundsen durch die Nordwestpassage in den Jahren 1903–06 gewesen war, geführt. Sie fand 1919/20 statt und ging zum Kap Columbia (auf der Ellesmere-Insel), wo ein Depot für Amundsen angelegt wurde. Bei der 4. Thule-Expedition bei Ammassalik konnte Rasmussen eine Reihe ostgrönländischer Märchen und Sagen aufzeichnen, die ein paar Jahre später zum Teil im ersten Band seiner Mythen und Sagen aus Grönland publiziert wurden (Knud Rasmussen: »Myter og Sagn fra Grønland«. Kopenhagen 1921).

Rasmussen setzte die Reihe der großen Thule-Expeditionen in den Jahren 1921–33 fort. Erwähnt sei an dieser Stelle die große Schlittenreise von der Hudson Bay entlang der Nord-

Gedenkmedaille Knud Rasmussen

küste von Kanada und Alaska zum Kotzebue-Sund 1924, die besonders erfolgreich war. Hier zeigten sich die hervorragenden Fähigkeiten, die Rasmussen als Polarforscher besaß. Er konnte sich – aufgrund der Beherrschung der eskimoischen Sprache – mit den Menschen dort unterhalten, die wiederum großes Zutrauen zu ihm faßten, da er lebte wie sie. So gelang es ihm, bedeutendes folkloristisches Material dort zu sammeln, das der eskimologischen Wissenschaft in hohem Grad zugute kam; denn die Ethnien, die Rasmussen dort oben besuchte, waren so gut wie unbekannt. Nach seiner Rückkehr von dieser erfolgreichen Expedition wurde Knud Rasmussen Ehrendoktor der Kopenhagener Universität und bekam höchste Auszeichnungen von verschiedenen geographischen Gesellschaften.

An der südostgrönländischen Küste von Ittoqqortoormiit bis Imaarsivik, dem dänischen Skjoldungen, gelang es ihm im Rahmen der 6. Thule-Expedition 1931, einen Film, »Palos Brautfahrt«, zu drehen, der einen guten Einblick in die Lebensweise der früheren ostgrönländischen Eskimo gibt und auch im deutschen Fernsehen Jahrzehnte später gezeigt wurde. Auf dieser seiner letzten Reise zog sich Rasmussen jene Krankheit zu, von der man bis heute noch nicht weiß, welcher Art sie war, und die darum zu manchen Spekulationen Anlaß gegeben hat. Krank kam er nach Kopenhagen, wo er am 21. Dezember 1933 starb. In Grönland aber ist er bis auf den heutigen Tag unvergessen geblieben. Kommt man nach Ilulissat, seinem Geburtsort, kann man auf einer Anhöhe den Gedenkstein mit seinem Relief sehen. Und in dänischer und grönländischer Sprache sind darunter die Worte zu lesen:

GRØNLANDS TROFASTE SØN
KALATDLIT NUNANUT ERNERUVDLUARTOK

(Grönlands treuem Sohn)

1912 überquerte der Schweizer ALFRED DE QUERVAIN das Inlandeis von der Disko-Bucht bis nach Ammassalik in 41 Tagen. Und im selben Jahr startet der Däne JOHANN PETER KOCH (1870–1928) zusammen mit dem deutschen Polarforscher ALFRED WEGENER (1880–1930) eine Expedition von Nordostgrönland über das Inlandeis nach Upernavik. Koch war zusammen mit Wegener Teilnehmer der Danmarks-Expedition 1906–09 gewesen, die unter Leitung von LUDVIG MYLIUS-ERICHSEN (1872–1907) gestanden hatte, und kam 1911 mit dem jungen Meteorologen Wegener in Marburg zusammen. Dort hatten sie den Plan zu einer Durchquerung Nordgrönlands von Ost nach West durchgesprochen, der, wie Wegener in dem Vorwort zur deutschen Ausgabe von Kochs Buch »Durch die weiße Wüste« sagt, »ein Vermächtnis von Mylius-Erichsen« war, der zusammen mit seinen Kameraden Niels Peter Høegh-Hagen und Jørgen Brønlund auf ihrer Danmarks-Expedition umkam.

Die Danmarks-Expedition war 1906 unter Führung von Mylius-Erichsen mit dem Expeditionsschiff »Danmark« an die Nordostküste Grönlands vorgestoßen und hatte westlich von Kap Bismarck, dem jetzigen Danmarks Havn, einen guten Ankerplatz gefunden, wo die 28 Teilnehmer mit ihren 90 Hunden und dem mitgeführten Auto überwintern konnten. Ziel und Zweck dieser Expedition war es, bisher unbekannte Gebiete des nordöstlichen Grön-

27 Blick auf NUUK mit der alten Kirche ▷

28 Nuuk vor dem Berg Sermitsiaq

29 Nuuk   Kirche der Herrnhuter, seit 1987 erste Universität

30 Nuuk   Altes Hospital und alte Kirche

31 Nuuk   Das Seminar, 1845 im Drachenstil errichtet

32 Nuuk   Hinrich Rink-Gedenkstein

33 Nuuk Hans Egede-Denkmal

34 NUUK   Kontrastive Wohnungsbauten

36   Flugplatz von SØNDRE STRØMFJORD ▷

35 Krabbenfabrik an der WESTKÜSTE

38 QASSIARSUK   Die erste normannische Siedlung Brattahlid
◁ 37 Gletschereisfluß bei SØNDRE STØMFJORD
39 Bronzesymbole von Havsteen-Mikkelsen in BRATTAHLID

40 IGALIKU   Ruinen des Bischofssitzes in Gardar

41 BRATTAHLID   Denkmal Erik des Roten

42 SÜDGRÖNLAND   Relikte der US Airbase I

43 Paamiut   Innenraum der Kirche

44 Qaqortoq   Grönlands einziger Springbrunnen

45 WESTGRÖNLAND Innenraum einer Grassodenhütte

46 QAQORTOQ Grassodenhaus

47 Grönländische Jungen am NUUK FJORD ▷

48 Saqqaq Grönländerin in Festtracht

49 WESTGRÖNLAND   Grönländer im Kajak bei der Eskimorolle

50 WESTGRÖNLAND   Umiak, das grönländische Transportboot

land zu erforschen und zu kartieren. Am 28. März starteten dann zwei Gruppen, von denen die eine aus Mylius-Erichsen, Høegh-Hagen und Jørgen Brønlund bestand, während die andere von Koch, Tobias Gabrielsen und Aage Bertelsen geführt wurde. Am 27. Mai trafen sich die bis dahin getrennt fahrenden Gruppen unerwartet am Kap Rigsdagen und man beschloß, nun gemeinsam zum Schiff zurückzufahren, da beide Gruppen ihre Aufgaben gelöst hatten. Aber am nächsten Tag entschied sich Mylius-Erichsen, noch ein paar Tage weiter nach Westen zu gehen, um neues Terrain zu erkunden. Und so zogen Mylius-Erichsen, Høegh-Hagen und Brønlund am 28. Mai weiter nach Westen im Gebiet des Independence-Sundes, während sich Koch mit seinen Kameraden zum Schiff aufmachte, das sie nach vielen Strapazen und beschwerlichen Wanderungen durch oft meterhohen Matsch, Schnee und Wasser schließlich erreichten. Von Mylius-Erichsen aber hörten sie lange Zeit nichts, so daß man sich schließlich nach ihm und seinen Kameraden auf die Suche machte. Sechs Suchtrupps wurden vom Schiff ausgeschickt. Der letzte kam am 18. Oktober zurück. Gefunden hatte keiner die verschollenen Kameraden. Weiteres Suchen hatte zu diesem Zeitpunkt keinen Zweck; denn nun begann die Polarnacht einzubrechen. Man wartete bis zum nächsten Frühling, und am 10. März begaben sich Koch und der Grönländer Tobias Gabrielsen auf eine erneute Suche. Schon wenige Tage später fanden sie Brønlund. Das war am 19. März. Seine Leiche lag in einer Felsenhöhle, und seine Füße waren mit Lappen umwickelt; denn die Kamiken, die grönländischen Stiefel – Brønlund war Grönländer – waren wohl völlig zerschlissen worden. Man fand bei der Leiche auch eine Flasche, die Brønlunds Tagebuchblätter enthielt. Sie waren in grönländischer Sprache abgefaßt, und nur die Mitteilung von Mylius-Erichsens und Høegh-Hagens Tod und seinem beginnenden Ende hatte Brønlund in dänischer Sprache aufgezeichnet. Koch gab die Suche nach den Leichen der anderen auf, da zu viel Schnee gefallen war und die von Brønlund gemachten Lokalisierungen nach Kochs Meinung zu ungenau waren. Die entscheidenden dänischen Zeilen über Brønlunds Ende und den Tod der Kameraden lauten in deutscher Übersetzung so:

»Kam im Gebiet des 79-Fjords nach versuchter Heimkehr über (?) das Inlandeis im November um. Ich komme bei abnehmendem Mond hierhin und konnte wegen Erfrierungen der Füße und wegen der Dunkelheit nicht weiter. Die anderen Leichen können mitten im Fjordgebiet, vor einem Gletscher (ca. 2 1/2 Meilen), gefunden werden. Hagen starb am 15. November und Mylius zehn Tage später. Jørgen Brønlund.«

Rasch verbreitete sich in aller Welt die Kunde von diesem arktischen Drama. Viele Fragen wurden laut. Hatte Koch wirklich alles getan, um die vermißten Kameraden zu retten? Stimmte Brønlunds Nachricht vom Tod der Kameraden wirklich? Warum hatte Koch nicht zumindest nach den Tagebüchern von Mylius und Høegh-Hagen geforscht? Fragen über Fragen. Und natürlich lauerte die internationale Presse auf irgendwelche Sensationsmeldungen. 1908 versuchte der britische Zeitungskönig Lord Northcliffe den jungen dänischen Polarforscher EJNAR MIKKELSEN zu einer Suchexpedition zu überreden. Er wollte die Tagebücher der Verschollenen haben und das Alleinrecht des Abdrucks in der »Daily Mail«. Aber das machte der dänische Polarforscher nicht mit, dem das gegen seine nationale Ehre ging. Er verzichtete auf die hohen Summen, die der Brite bot, setzte sich mit dem Komitee der Danmarks-Expedition in Verbindung, fand in Stavanger ein nach seiner Meinung für die Suchexpedition passendes Schiff, erreichte nach einer äußerst beschwerlichen Fahrt die Ostküste Grönlands, konnte aber wegen des Eises nur einige 100 km südlich der Stelle an Land kommen, von der er die Expedition starten wollte, und versuchte es nun von der jetzt erreichten Landungsstelle. Neun Tage dauerte die Schlittenreise, bis er Brønlunds Leiche gefunden hatte, zu der ihn eine Fuchsspur führte. Unter einer Steinwarte begrub man ihn. Die anderen Leichen konnte man nicht finden. Immer wieder versuchte man die letzte Nachricht von Brønlund zu deuten. Eske Brun, Grönlandexperte, meinte, daß ein Grönländer in der dänischen Sprache sich anders ausgedrückt hätte und daß die betreffende Zeile nicht »Kam... um«, sondern »kommt zum...« heißen sollte.

Von dieser Auslegung des Tagebuchtextes konnte Ejnar Mikkelsen natürlich nichts wissen. Er überwinterte nun mit seinen Leuten an Bord der »Alabama«, und im April startete er zusammen mit dem Maschinenmeister Iversen die große 1 500 km-Schlittenreise, die ihn überall dorthin bringen sollte, wo er Warten der Danmarks-Expedition vermutete. Es wurde ein gefährliches Unternehmen, aber sie hatten Erfolg. Im Gebiet des Danmark Fjord fanden sie eine Warte, die eine Patrone von Mylius-Erichsen enthielt mit der Mitteilung, daß sie 16 Tage auf dem Meereis liegen mußten, nur eine halbe Meile vom Land entfernt, aber blockiert durch das Schmelzwasser. Zu ihrer eigenen Verpflegung und der Hunde hatten sie sieben Hunde schlachten müssen, hatten aber die Hoffnung, wohlbehalten in 5–6 Wochen das Schiff zu erreichen. Weiter nach Norden hin fanden sie wieder eine Warte mit dem Bericht, daß der Peary-Kanal nicht existiere, aber weiter konnten sie nun nicht mehr. Sie waren zu erschöpft und mußten so schnell wie möglich zurück zu ihrem Schiff. Aber das war noch ein weiter Weg von ungefähr 1000 km. Man schrieb den 1. Juni, als sie umkehrten. Aber da bekam Ejnar Mikkelsen Skorbut. So schwach wurde er, daß Iversen ihn auf dem Schlitten festbinden mußte. Krankheit und Hunger setzten ihnen zu. Als es kaum noch weiterging, als sie Schlafsack und Tagebücher zurücklassen mußten und Halluzinationen bekamen, erreichten sie eine kleine, verfallene Hütte in Danmarks Havn, in der sie genügend Verpflegung fanden. Einen Monat blieben sie dort und gingen dann die letzten 200 km zu ihrem Schiff. Aber das war nur noch ein Wrack. Die anderen Expeditionsteilnehmer hatten sich aus dem Holz eine Hütte gebaut und waren mit einem anderen Schiff heimgereist.

Im Lauf des nächsten Winters machte sich Mikkelsen wieder auf, um die Tagebücher zu finden, die sie zurücklassen mußten. Als dann der Sommer kam, und sie wieder in der Hütte lebten, kam ein norwegischer Robbenfänger dicht an die Hütte heran. Als die Norweger das Schiff verlassen wollten, sahen sie plötzlich Mikkelsen und Iversen. Sie sahen so fürchterlich aus, daß sie Angst bekamen und nicht wagten, sich diesen wilden Männern zu nähern. Ejnar Mikkelsen aber überlebte die schlimmsten Gefahren. Von seiner »Alabama-Expedition« konnte er viele Erkenntnisse mitbringen, vor allem aber Aufzeichnungen von Mylius-Erichsen. 1924 kolonisierte er Scoresbysund, das heutige Ittoqqortoormiit. 1932 leitete er dann eine Expedition an die ostgrönländische Küste südlich von Scoresbysund, 1933 wurde er Inspekteur für Ostgrönland, und 1944–45 wirkte er als Ratgeber der dänischen Gesandtschaft in Washington für grönländische Fragen. Schließlich stammt aus seiner Feder eine Reihe hervorragender Grönlandbücher.

Zur Erinnerung an die drei kühnen Arktis-Pioniere Mylius-Erichsen, Høegh-Hagen und Brønlund wurde 1912 ein mächtiger Granitstein in Kopenhagen enthüllt. Gestaltet von Kai Nielsen, zeigt er in Reliefform die drei Männer mit einem Hundeschlitten in vorwärtsstürmender Haltung, während auf der anderen Seite die letzten Zeilen von Brønlunds Tagebuch eingemeißelt sind. Erst seit Mylius-Erichsen 1906 entlang der Ostküste den Independence Fjord erreichte, stand endgültig fest, das Grönland eine Insel ist.

Mylius-Erichsens Idee von der Überquerung des Inlandeises von Nordostgrönland zur Westküste wurde von Koch und Wegener in die Tat umgesetzt. Die Expedition, die unter dem Protektorat des dänischen Königs stand und den offiziellen Namen bekam »Die dänische Expedition nach Königin Luise-Land und quer über das Inlandeis Nordgrönlands 1912–13«, bestand außer KOCH und WEGENER noch aus dem Isländer VIGTUS SIGURDSSON und dem Schiffsführer LARS LARSEN. Der wissenschaftliche Hauptzweck des Unternehmens bestand in meteorologischen und glaziologischen Untersuchungen in den Randzonen des Inlandeises. Überwintern sollte die Expedition im Königin Luise-Land, weil man dort die besten Ergebnisse zu erzielen hoffte. Schwierig erschien von vornherein der Plan, die vielen Ausrüstungsgegenstände ins Land zu transportieren. Die Expedition sollte im Sommer 1912 durch dasselbe Gebiet vordringen wie zuvor die Danmarks-Expedition. Aber während die Danmarks-Expedition damals über mindestens zehn Mann und fünfzig Hunde verfügte und nur einige hundert Kilogramm Last mit sich führte, sollten jetzt 20000 kg transportiert werden, die von nur vier Mann bewältigt werden mußten. Aus diesem Grund unternahm man den Versuch, erstmals in der Geschichte der Expeditionen in der Arktis Pferde statt Hunde mitzuführen. Und welches Pferd wäre dafür wohl besser geeignet gewesen als das kleine und zähe Islandpony? Die Sache hatte allerdings einen Haken: die Islandponys brauchten Heu, viel Heu. Soviel Heu aber konnte die Expedition nicht mitnehmen. Da sprang ein Professor von der Landwirtschaftlichen Hochschule in Kopenhagen ein, der ein Kraftfutter entwickelt hatte, das aus einer Mischung von gemahlenem Mais, Erbsen, Weizenmehl, Melasse und Talg gebacken wurde. Dadurch konnte die Gesamtfurage auf 6000 kg Heu und 4000 kg Kraftfutter verringert werden.

Im Juli 1912 hatte das Expeditionsschiff »Godthaab« Island verlassen und Kurs auf die ostgrönländische Küste genommen. Ungefähr zwei Wochen nach der Abreise aus Island notiert Koch in seinem Tagebuch:

»Die erste Schlacht war gewonnen. Am 21. Juli glitt die ›Godthaab‹ an der kleinen Schäre Maroussia vorbei in die stillen ostgrönländischen Fjorde hinein. Nicht die kleinste Wolke am Himmel, nicht die geringste Kräuselung auf dem Wasser störte den stillen Frieden der Landschaft. Wegener und ich standen beide im Ausguck und verschlangen mit den Blicken das Bild, das sich vor uns entrollte. Eine Flut von Erinnerungen stürmte auf uns ein beim Wiedersehen dieser Stätte, die zwei Jahre lang unser Heim gewesen war. Jede Schlucht im Berge, jeder Stein auf dem Lande, jeder Knick in der geschwungenen Linie des Fjords grüßte uns wie liebe alte Bekannte, raunte uns betörend ein stummes, aber packendes Willkommen zu.«

ÜBERQUERUNG DES INLANDEISES

Hier erinnert Koch an das gemeinsame Überleben mit Wegener während der Danmarks-Expedition.

Während der Überwinterung versuchten sie die Forschungsarbeit fortzusetzen. Aber überall lauerten Gefahren. Koch stürzte auf dem Weg ins sogenannte Aufstiegtal, wo er zusammen mit Larsen einige Messungen durchführen wollte, in eine tiefe, mit Schnee bedeckte Spalte, überlebte aber und konnte unter Mühen gerettet werden. Verstauchungen, Prellungen und vermutlich ein Wadenbeinbruch waren die Folgen des Sturzes, der Koch, wie spätere Messungen ergaben, 12,20 m in die Tiefe gerissen hatte.

April 1913 begann schließlich der große Marsch über das Inlandeis. Die Expedition, die sich vorgenommen hatte, die breiteste Stelle des Inlandeises zu überqueren, führte die fünf Islandponys und den Hund Kamidyret mit. Man hoffte, daß die zähen, kleinen Pferde die Ausrüstung gut über das gewaltige Eis bringen würden. Jedesmal, wenn Rast gemacht wurde, baute man ihnen wetterfeste Ställe, indem man tiefe Löcher in das Eis grub, in denen die Pferde, mit einer Zeltplane zugedeckt, stehen konnten, so daß sie windgeschützt waren. Aber die kleinen Tiere waren den großen Strapazen und ungewohnten Entfernungen nicht gewachsen und mußten erschossen werden – bis auf einen Schimmel, Grauni, der dadurch einige Berühmtheit erlangt hat.

Im Juli erreichten die Expeditionsteilnehmer das Ende des Inlandeises und machten sich auf die Suche nach dem Fjord, an dessen Ufer sie auf zahlreiche Spuren von Grönländern stießen. An einem aufgefundenen Rentiergeweih brachten sie in einer Zündholzschachtel eine Nachricht an. Ein angebundenes Taschentuch sollte darauf aufmerksam machen. Die Nachricht lautete:

> »Kochs Expedition, 5. Juli 1913. An den Leiter der Kolonie Prøven. Am 8. Juli wird die Expedition mit allem Gepäck, im ganzen etwa 250 kg, Pingut erreichen. Ich bitte Sie, mir so schnell wie möglich bis zu fünfzehn Mann zu senden, die uns beim Transport des Gepäcks von Pingut nach Prøven helfen können. Ihr ergebener J. P. Koch.«

Doch diese Nachricht brachte keine Hilfe. Die vier Männer werden immer schwächer. Die Verpflegung geht langsam aus. Mit Kampfertropfen kämpfen sie gegen Ohnmachtsanfälle an. Als sie nichts mehr zu essen haben, müssen sie, um zu überleben, ihren Hund schlachten. Sie tun es schweren Herzens. Das Fleisch bringt sie wieder etwas zu Kräften. Da entdeckt an einem Vormittag um 11 Uhr Wegener ein Segelboot draußen auf dem Fjord. Mit letzter Kraft versuchen sie, auf sich aufmerksam zu machen. Das Boot dreht bei. Grönländer kommen ihnen entgegen. Man kann sich notdürftig verständigen. Da hört Koch eine dänische Stimme – Pastor Chemnitz aus Prøven. Er war mit einem Umiak auf dem Weg zu einer Konfirmation. Die vier Männer, die kurz vor Erreichung ihres Ziels fast ein tragisches Ende gefunden hätten, sind gerettet.

Der wissenschaftliche Ertrag dieser Expedition war beträchtlich. Koch und Wegener maßen die Sonnenhöhe und die Breitengrade mit dem selbstgebastelten Ersatz für den Theodoliten, den Koch bei seinem Sturz in die Eisspalte verloren hatte. Sogar Fotografien konnte die Expedition mit nach Hause bringen. Zwar war ein größerer Teil der Negative durch Witterungseinflüsse verdorben, doch blieb eine Reihe brauchbar und lieferte erstaunlich gute Bilder. Es dauerte Jahre, bis alle wissenschaftlichen Ergebnisse ausgewertet waren und ein deutlicheres Bild vom grönländischen Inlandeis erkennbar wurde.

1929/30 errichtete Wegener mitten auf dem Inlandeis die meteorologische Station »Eismitte« als die erste einer Reihe geplanter Forschungsstationen zwischen dem Uummannaq Fjord und Nordostgrönland. Als Wegener 1930 von der »Eismitte« aus einen Rückmarsch antrat, kam er bei −50 °C um. Später fand man ein paar Skier, die aufrecht im Schnee steckten. Und darunter lag – dreiviertel Meter unter der Oberfläche – Wegeners Leiche. Seine gesamte Ausrüstung war auch vorhanden, nur sein Tagebuch fehlte. Das hatte sein 22jähriger Begleiter, der Grönländer Rasmus Villumsen, an sich genommen und versucht, Uummannaq zu erreichen. Doch angekommen ist er dort nie. Eine Suchexpedition legte 3000 km zurück – vergebens.

Wegeners Hauptarbeiten galten der Thermodynamik, der Wolkenphysik, der Mechanik der Tromben (Wirbelwinde, Windhosen), der Deutung der Haloerscheinungen (Halo = Hof um eine Lichtquelle) sowie der Erklärung der Vorzeitklimate durch seine 1912 begründete Kontinentalverschiebungstheorie, Vorläufer der heute gültigen Plattentektonik. In die Geschichte der Erforschung Grönlands ging Alfred Wegener ein als einer der großen Pioniere der Arktis.

Ebenfalls im Nordosten Grönlands betrieb der Däne EIGIL KNUTH (geb. 1903) seine Forschungen. Von Hause aus Bildhauer, schuf er eine Reihe großartiger Skulpturen von Grönländern. Als Forscher war er anfangs Autodidakt, ging gleichsam beim Nationalmuseum während verschiedener Ausgrabungen in Westgrönland in die Lehre und erwarb sich dann große Verdienste durch seine verschiedenen Peary-Land-Expeditionen (1947–50, 1963–73, nachdem er schon 1938/39 Leiter einer dänischen Expedition nach Nordostgrönland gewesen war). Seine Ausgrabungen von Eskimo-Wohnplätzen im nordöstlichsten Grönland untermauerten die Theorie, daß die ersten Eskimo um Nordgrönland herum zogen und dann längs der Ostküste in südliche Richtung weiter wanderten. Knuth veröffentlichte mehrere Bücher mit grönländischer Thematik, darunter findet sich auch eine Publikation über ARON VON KANGEQ, den ›Seehundjäger‹, der der ›Vater der grönländischen Malkunst‹ wurde. Knuth gilt als Wiederentdecker dieses grönländischen Künstlers.

Bedeutend war in der Folgezeit, in der sich vor allem die Franzosen bei der Erforschung Grönlands hervortaten, der 14monatige Aufenthalt von Jean Malaurie bei den Thule-Eskimo, der darüber in seinem Buch »Die letzten Könige von Thule« (Frankfurt/M. 1977) berichtet.

Als erste Frau überquerte die Schottin Myrtle Simpson mit ihrem Mann 1965 das Inlandeis. Bei ihrer Expedition lag das Forschungsinteresse primär auf medizinischen Fragestellungen.

Die politische Entwicklung

Zu Beginn des 20. Jh. wurde die von der dänischen Kolonialregierung gewünschte Entwicklung Grönlands vor allem gehemmt von den enormen Kommunikationsschwierigkeiten, die zumeist landschaftsbedingt waren. Kulturelles, wirtschaftliches und politisches Zentrum war in jeder Hinsicht Godthåb (Nuuk). Daß von dort etwas nach außen drang – zum Teil auch in entlegenere Gebiete der Insel –, lag auch an der von Hinrich Rink begründeten Zeitung »Atuagagdliutit«. Diese Zeitung vermittelte nicht nur Berichte vom Leben der Grönländer, sie brachte auch Bilder, die von grönländischen Künstlern stammten, und konfrontierte ihre Leser permanent mit der gedruckten grönländischen Sprache. Letzteres ist ein Faktum, das für die Entwicklung der grönländischen Kultur nicht hoch genug eingeschätzt werden kann. Doch mag dieser Beginn einer aufkeimenden grönländischen Kultur der neuen Zeit noch so verheißungsvoll erscheinen, er hätte kaum Bedeutung, wenn nicht gleichzeitig damit die Festigung der Lebensverhältnisse verbunden gewesen wäre. Und damit stand es immer noch nicht zum Besten.

Um die Jahrhundertwende war die Stimmung der Grönländer auf den Nullpunkt gesunken. Sowohl in den Vorsteherschaften als auch in der Bevölkerung machte sich ein wachsender Unwille gegen die Dänen bemerkbar. Langsam aber schien sich eine Änderung anzubahnen. 1901 wurde in Kopenhagen die erste Venstre-Regierung gebildet. Die Venstre-Partei, entstanden aus den liberalen Ideen des 19. Jh. und unter Mitwirkung der »Gesellschaft der Bauernfreunde von 1846« (Bondevennernes Selskab) war 1870 als liberale Partei gegründet worden und bekam ihren Namen (Venstre = links) nach der Sitzordnung im dänischen Reichstag. Man hoffte nun auch in Grönland auf eine Änderung und Verbesserung der Verhältnisse. Aber in der Kopenhagener Zentralverwaltung herrschten immer noch die alten Ideen. Doch auch jetzt gab es in Nuuk wieder fortschrittliche Kräfte – allen voran der junge Pastor und Seminarvorsteher C. W. Schultz-Lorentzen, der zusammen mit dem Arzt Gustav Koppel eine Art Aufruhr in Godthåb (Nuuk) entfesselte. Sie versuchten – in scharfem Gegensatz zu den Inspekteuren des ›Handels‹ und der Direktion in Kopenhagen – eine Zusammenarbeit zwischen allen Vorsteherschaften des Landes zu organisieren, um dadurch ihre Befugnisse und Verantwortung zu erweitern. Dies geschah ganz im Geist von Hinrich Rink, der seine Pläne gegen die reaktionäre Einstellung in Kopenhagen nicht hatte durchsetzen können.

In Kopenhagen versuchte man diese Entwicklung zu bremsen. Aber die neuen Kräfte im Reichstag wurden hellhörig. Und es begann eine heftige Pressekampagne, die noch an Stärke zunahm, als Mylius-Erichsen von der Literarischen Grönlandexpedition zurückkam und schonungslose Angriffe gegen die Politik des Kgl. Grönländischen Handels und seines Direktors richtete. Jetzt war ein Eingreifen der Regierung unumgänglich. Und so kam es, daß zum erstenmal in der Geschichte der dänisch-grönländischen Beziehungen ein Minister nach Grönland reiste, um sich an Ort und Stelle ein Bild von der dortigen Situation zu machen. Es war dies der zuständige Innenminister Sigurd Berg, und die Reise erfolgte 1907.

Das letzte Wort bezüglich der Reformvorschläge aber hatte der damalige Inspekteur in Godhavn, dem heutigen Qeqertarsuaq, Jens Daugård-Jensen, und er hatte damit Erfolg.

1908 wurde ein neues Gesetz verabschiedet, das die Trennung von Verwaltung und ›Handel‹ vorsah, ferner die Einführung von Kommuneräten und zwei Landesräten (Nord- und Südgrönland). Die Kommuneräte, die nun die Vorsteherschaften ablösten, sollten keine Beamten mehr als Mitglieder haben, während in den beiden Landesräten die Inspekteure den Vorsitz zu führen hatten. Auch die zivile Rechtspflege wurde den Räten unterstellt, wohingegen Strafsachen von gemischten Gerichten behandelt werden sollten, in denen auch Beamte vertreten waren. Um nun die grönländische Bevölkerung mit diesen neuen, zu ihrem Vorteil bestimmten Verfügungen vertraut zu machen, wurde der junge Rasmussen auf eine Informationsreise entlang der Westküste geschickt. Und überall, wo er an Land ging, stieß er nicht nur auf Zustimmung, sondern oft auch auf große Überraschung; denn viele hatten die Hoffnung auf Änderung der Verhältnisse schon aufgegeben.

Da aber die Trennung von ›Handel‹ und Verwaltung vielerorts zu einem ziemlichen Durcheinander geführt hatte, wurde durch ein neues Gesetz von 1912 die Trennung von ›Handel‹ und Verwaltung wieder rückgängig gemacht und beides unter einen Direktor gestellt, dem ein besonderer Handelschef untergeordnet wurde. Zum ersten Grönlanddirektor dieses neuen Amtes ernannte man Jens Daugård-Jensen, den Mann, der das Gesetz von 1908 initiiert hatte.

Die notwendig gewordenen strukturellen Veränderungen zur Verbesserung der allgemeinen Lebensbedingungen der anwachsenden Bevölkerung konnten nur durch eine neue dänische Administration geschehen, die den speziellen grönländischen Verhältnissen Rechnung trug. Das Jahr 1921 brach an und damit die Erinnerung an die Landung des Grönlandapostels Hans Egede vor 200 Jahren. Das war ein Anlaß, sich wieder intensiv mit Grönland zu beschäftigen. Jubiläen haben ja manchmal positive Konsequenzen für den Jubilar – sei es nun ein Land, eine Stadt oder eine Persönlichkeit. Es wurde also beschlossen, in würdigen Feiern dieses Mannes zu gedenken und damit natürlich auch des Landes, dem sein Wirken galt. Das war umso erforderlicher, weil man das 100jährige Jubiläum von Egedes Eintreten in die grönländische Geschichte nur in aller Stille begehen konnte. Zu sehr lasteten damals, im Jahr 1821, noch die Folgen des Englandkrieges und des Staatsbankrotts auf dem dänischen Reich. Im Rahmen der 200-Jahr-Feier besuchte erstmals in der Geschichte Grönlands der dänische König seine ›Untertanen am Ende der Welt‹. Christian X. (reg. 1912–47) reiste mit seiner ganzen Familie an. Zur Erinnerung an diesen Besuch stiftete das Königspaar eine größere Geldsumme, die für einen Fonds bestimmt wurde, der jedes Jahr in Not geratene grönländische Familien unterstützte, Belohnungen an Grönländer zahlte, die sich durch Mut und Tüchtigkeit ausgezeichnet und Prämien für Grönländer, die auf irgendeine Weise Vorbildliches geleistet hatten. Noch heute kann man in Nuuk einen Gedenkstein sehen, geschmückt mit den Initialen des Königspaares und den Daten des Besuchs. Anläßlich der Feierlichkeiten erschienen, herausgegeben von der Kommission für wissenschaftliche Untersuchungen in Grönland, zwei Bände über Grönland sowie eine Geschichte Grönlands der letzten 200 Jahre. Diese Bände sollten Rinks Werk über Grönland ablösen, das man als veraltet ansah.

POLITIK: STREBEN NACH SELBSTÄNDIGKEIT

Illustration von 1921 anläßlich des Besuchs von Christian X. in Grönland

Auch Rinks englische Fassung wurde von einer modernen dreibändigen Ausgabe abgelöst mit einer breiten, populär geschriebenen Darstellung Grönlands, seiner Natur, seiner Geschichte und Ökonomie und natürlich seiner Menschen.

Grönland war durch den Ersten Weltkrieg relativ gut hindurchgekommen. Schaden hatte das Land kaum erlitten. Der Schiffsverkehr zwischen dem Mutterland und der Rieseninsel hatte einigermaßen funktioniert, und KGH und Grönland hatten von den hohen Preisen, die die grönländischen Produkte im Lauf der Kriegsjahre erzielten, profitiert. Im dänischen Verwaltungsgesetz von 1908 und 1912 mußte nach Kriegsende nun der Revisionsparagraph realisiert werden. Und zu diesem Zweck bildete man eine Kommission, bestehend aus 24 Mitgliedern, von denen 3 Grönländer waren. Diese Kommission setzte sich aus Beamten und Experten zusammen. Zu letzteren gehörte u. a. Knud Rasmussen. Bereits am 17. Mai 1921 legte die Kommission einen Gesetzesvorschlag vor, der schließlich nach mehreren Lesungen in den beiden Kammern des dänischen Parlaments 1925 verabschiedet und für das Leben in Grönland in den folgenden 25 Jahren bestimmend wurde.

Dieses Gesetz bedeutete einen Bruch mit der früheren dänischen Politik in Grönland. Man wollte die Grönländer jetzt zu Bürgern in einem modernen Gemeinwesen machen, basierend auf den neuen Erwerbszweigen wie der Fischerei. Da man sich aber darüber klar war, daß eine solche Idee in nächster Zeit noch nicht voll realisierbar war, wurde das neue Gesetz von vornherein als eine Übergangslösung angesehen. Und das kam auch im Gutachten der Kommission zum Ausdruck, in dem es u. a. heißt:

»Das Hauptanliegen ist die Entwicklung der Grönländer zur Selbständigkeit, das heißt zu einer solchen Reife in moralischer und ökonomischer Hinsicht, daß sie fähig werden können, in freier Verbindung mit der übrigen Welt zu leben, wenn einmal der augenblickliche Absonderungszustand in Zukunft aufhört.«

Das Gutachten betonte auch, daß noch keine sofortige Reform durchgeführt werden könne und daß die Entwicklung zu einem solchen Ziel auf vielen verschiedenen Faktoren beruhe. In der Praxis strebte man wirtschaftliche Autonomie an, denn man befürchtete, daß die Aussicht auf längerfristige große staatliche Zuschüsse die Volksmeinung der Dänen gegen Grönland beeinflussen könnte, so wie es mit der dänischen Kolonie der westindischen Inseln geschehen war, die Dänemark 1917 an die USA verkaufen mußte. Das neue Gesetz bestimmte, daß die Leitung der Grönlandverwaltung weiterhin in den Händen eines einzigen Direktors bleiben sollte. Auch die Landes- und Kommuneräte wurden beibehalten, jedoch bekamen nun Dänen ab zweijährigem Aufenthalt in Grönland aktives und passives Wahlrecht. Ferner wurde für jeden Koloniedistrikt ein Gemeinderat *(sysselråd)* eingesetzt, der sich aus den Vorstehern der Kommuneräte und den Beamten zusammensetzte. Diese Räte übernahmen einen Teil der früheren Wirtschaftsaufgaben der Kommuneräte. Die Stellung der Inspekteure wurde nicht geändert. Jedoch tauschten sie ihre Titel gegen die Bezeichnung Landesvögte *(landsfogeder)* ein.

Von grundsätzlicher Bedeutung war für das neue Gesetz die Stellung zur Sprache. Man war der Auffassung, daß fortan das Dänische Hauptsprache der Grönländer sein sollte. Und selbst ein so großer Grönlandkenner wie Rasmussen, der zudem noch mit den grönländischen Menschen eng verbunden war, setzte sich heftig für die dänische Sprache ein, damit sich die Grönländer genauso weiterentwickeln könnten wie die Eskimo in Alaska, die englischsprachig geworden waren. Der Unterricht in der dänischen Sprache wurde von nun an stark gefördert, und man versuchte auch den Schülern eine vielseitigere Ausbildung zu geben, als das bisher geschehen war. So wurden beispielsweise Fortbildungsschulen mit neuen Lehrkräften eingerichtet, die den Unterricht zeitgemäßer gestalten sollten. Mehr und mehr junge Grönländer reisten nach Dänemark, um sich dort weiter ausbilden zu lassen, und 1928 sah man sich deshalb genötigt, das vor Jahren stillgelegte Grönländerheim wieder zu eröffnen. Nun verließen auch die ersten jungen Grönländer mit dänischem Lehrerexamen Kopenhagen, um an den Schulen und in der Verwaltung Grönlands tätig zu werden.

Starke Kräfte unter den Grönländern sahen aber in der Vorrangstellung der dänischen Sprache die Gefahr des allmählichen Verlustes der Identität der Inuit. Und auch ein bestimmter Kreis der in Grönland arbeitenden Dänen teilte diese Auffassung: die Pastoren und Missionare. Es war Tradition der in Grönland missionierenden Theologen, der Sprache größte Aufmerksamkeit zu widmen, sie wissenschaftlich zu erforschen und die Ergebnisse zu Papier zu bringen. Es kann nicht ausgeschlossen werden, daß die im Verwaltungsgesetz von 1925 geforderte Vorrangstellung des Dänischen mit dazu beitrug, das Verhältnis zwischen Dänen und Grönländern zu stören.

Problematisch wurde außerdem der Anspruch Norwegens auf verschiedene Gebiete Grönlands. Denn dieses Land – seit 1905 wieder souverän – reklamierte alte Rechte auf

POLITIK: NORWEGISCHE BESITZANSPRÜCHE

Grönland. Waren es doch zu Isländern gewordene Norweger, die mit Erik dem Roten die ersten europäischen Siedlungen auf der arktischen Rieseninsel begründeten und diese ca. 500 Jahre (985 – ca. 1500) lebendig hielten. Auch war der erste christliche Bischof in Grönland, Arnald (geweiht 1124), norwegischer Herkunft.

Durch die Personalunion mit Dänemark war Norwegen von 1388–1814 fast ein halbes Jahrtausend mit Grönland verbunden. In dieser Zeit waren Norweger stark an der Kolonisation Grönlands beteiligt, und in diese Zeit fiel auch die Tätigkeit von Hans Egede. Nachdem Norwegen jahrzehntelang Jagd und Fang an der ostgrönländischen Küste betrieben hatte, beanspruchte Dänemark 1920 das Recht der Oberhoheit über ganz Grönland. Dagegen opponierten die Norweger und erklärten, wenn Dänemark überhaupt Rechte auf Grönland geltend mache, dann könne dies höchstens für die von Dänemark kolonialisierten Teile des Landes anerkannt werden. Das übrige sei Niemandsland, besonders die gesamte Ostküste mit Ausnahme von Ammassalik.

1924 kam es zu einer Vereinbarung zwischen den beiden Ländern, die Norwegen größere Rechte für Jagd und Fang in Ost- und Nordostgrönland zugestand. Jedoch konnten Norwegens ursprüngliche Forderungen nicht völlig ausgeräumt werden. Um die Ostküste (mit Ausnahme von Ammassalik) nicht ganz den Norwegern zu überlassen, legte man 1925 die Kolonie Scoresbysund (Ittoqqortoormiit) an, wohin Bewohner von Ammassalik übersiedelten. Die Kolonie begann mit 80 Menschen und zählte 1986 ca. 500 Einwohner. Als Dänemark nun seine Hoheitsrechte zu demonstrieren begann und England und Frankreich die gleichen Rechte in den gleichen Gebieten einräumte, wollten die Norweger die gesamten nichtkolonisierten Teile Ostgrönlands für norwegisch erklären. Norwegische Fänger okkupierten die betreffenden ostgrönländischen Gebiete. Die norwegische Regierung hieß die Annektion gut und stattete eine Reihe von norwegischen Jägern und Fängern mit Polizeirechten aus.

Dies war für Dänemark nun der sichtbare Beweis für die Annektion Ostgrönlands durch das Norwegische Reich. Und nun ging die dänische Regierung mit starker grönländischer Unterstützung vor den Internationalen Gerichtshof in Den Haag, der 1933 mit 12:2 Stimmen Dänemark das Hoheitsrecht über ganz Grönland zusprach. Grundlage für diesen Spruch war der Kieler Friedensvertrag von 1814, der nach der Trennung Norwegens von Dänemark Grönland, Island und die Färöer beim Dänischen Reich beließ. Die norwegische Regierung erkannte dieses Urteil an, und damit war der Streit beendet. Allerdings versuchten verschiedene norwegische Grönlandinteressenten noch eine Zeitlang durch gewisse Aktionen den Beschluß ihrer Regierung zunichte zu machen. Doch allmählich hörte auch das auf.

Komplizierter war die Sache mit den Färingern. Sie beanspruchten größere Fanggebiete vor der westgrönländischen Küste, da sie in ihren heimischen Fanggebieten von britischen und deutschen Trawlern stark zurückgedrängt worden waren. Für die Färinger war der Haupterwerbszweig der Fischfang. Und so mußten sie notgedrungen nach Auswegen suchen. Die führten sie nach Grönland, das genau wie die Färöer unter dänischer Krone stand. Aber Grönland war auch für sie als dänische Staatsbürger ein geschlossenes Land. Sie wandten sich also an die dänische Regierung und verlangten Fischereirechte an Grönlands Küsten und in seinen Fjorden sowie die Errichtung von Landstützpunkten. Gleichzeitig wiesen die Färinger darauf hin, daß die reichen Fischbestände von den Grönländern nicht ausgenutzt würden und daß sie mit ihren Unternehmungen den grönländischen Arbeitern und Fischern Beschäftigung bieten könnten.

Die grönländischen Landesräte waren von Anfang an gegen eine färöische Fischerei in grönländischen Gewässern, konnten die dänische Regierung aber nicht davon abbringen, den Färingern dort Fischereirechte sowie die Errichtung von Stützpunkten zuzugestehen. 1925 erhielten die Färinger das Recht, den Naturhafen auf Ravns Storø im Distrikt Paamiut zu benutzen. Zwei Jahre später bekamen sie die Erlaubnis, im Seegebiet bis zu den äußersten Schären zu fischen und zwar innerhalb einer bestimmten Grenze im Süden und Norden, und gleichzeitig wurde südlich von Nuuk der Stützpunkt Færingehavn eröffnet. Obwohl diese dänischen Zugeständnisse unter der Bedingung, keine neuen Forderungen mehr zu stellen, gemacht wurden, richteten sich die Färinger nicht danach und konnten ihre Rechte weiter ausbauen. 1931 gestattete man die Fischerei bis zu einer Grenze südlich von Sukkertoppen (Maniitsoq), 1934 bekamen sie den Basishafen Toqqussaq zwischen Godthåb (Nuuk) und Maniitsoq und stellten dann weitere Forderungen.

Natürlich hatten andere Fischereinationen diese Entwicklung seit längerer Zeit beobachtet und wollten jetzt Zugang zu den Basishäfen haben. Nachdem in Færingehavn einige Einrichtungen fertiggestellt waren, wie Reparaturwerkstätten, ein kleineres Krankenhaus, ein Verwaltungsraum, ein kleinerer Speicher und schließlich eine Reihe von Leuchtbaken zur Hafeneinfahrt, die auf Anforderung bei der Ein- und Ausfahrt angezündet werden konnten – übrigens die ersten Seeleuchtzeichen in Grönland –, wurde dieser Hafen internationalisiert. Auch eine kleine Funkstation erhielt Færingehavn schließlich. Aber die Färinger wollten noch mehr. Und so erweiterte die dänische Regierung 1939 ihr Fischereigebiet nach Norden und Süden und richtete für die Färinger zwischen Holsteinsborg (Sisimiut) und Egesminde (Aasiaat) den Hafen Færinger Nordhavn ein. Viel genützt hat das den Färingern allerdings nicht; denn sie mußten die gesamte Fischerei an den grönländischen Küsten aufgrund des 1939 ausgebrochenen Krieges einstellen.

Grönland und der Zweite Weltkrieg

Als man sich Ende der 30er Jahre darüber klar war, daß das Verwaltungsgesetz von 1925 seine Aufgabe erfüllt hatte, beschloß man, neue Richtlinien für die Verwaltung Grönlands auszuarbeiten. Man bildete zu diesem Zweck eine Kommission, in die auch vier Grönländer delegiert wurden. Es waren dies die Politiker und späteren Mitglieder des dänischen Parlaments Avgo und Frederik Lynge sowie die Pastoren Gerhard Egede und Jens Olsen. Die Kommission nahm 1939 ihre Arbeit auf, mußte sie aber kurz darauf nach Ausbruch des Zweiten Weltkrieges wieder einstellen.

ZWEITER WELTKRIEG: US-MILITÄRBASEN IN GRÖNLAND

Der 9. April 1940 kam und damit die Besetzung Dänemarks durch deutsche Truppen. Grönland war vom Mutterland abgeschnitten, und es sah nicht so aus, als wenn sich das in absehbarer Zeit ändern würde. Da übernahmen die beiden Landesvögte Eske Brun (Nordgrönland) und Aksel Svane (Südgrönland) im Namen der dänischen Regierung die Verwaltung, wozu sie auch das Gesetz von 1925 berechtigte. Denn in einem der Paragraphen dieses Gesetzes hieß es, daß die Landesvögte in Grönland die Staatsmacht repräsentieren für den Fall, daß diese nicht von der dänischen Regierung ausgeübt werden könne. Sofort wurden die Landesräte zusammengerufen, die Grönlands Zusammengehörigkeit mit Dänemark erneut bestätigten. Das größte Problem war nun die Versorgung des Landes, die bisher ja Dänemark vorgenommen hatte. Zwar hatte man 1939 außer den normalen Verpflegungslieferungen 1000 t haltbare Proviantarten nach Grönland entsandt und damit ein Notdepot eingerichtet, aber ein Ersatz für frische Lebensmittel war das nicht. Dieser Lebensmittelvorrat war bereits nach anderthalb Jahren aufgebraucht. Auch die noch vor dem 9. April 1940 ausgelaufenen Schiffe »Hans Egede« und »Gertrud Rask«, die Grönland erreichten, konnten die Versorgungssituation des Landes auf längere Zeit nicht positiv beeinflussen. Ein drittes Schiff, die »Julius Thomsen« der Kryolithgesellschaft, wurde allerdings in Schottland angehalten, konnte später aber doch Ivittuut erreichen.

Da man aber in Grönland die künftige Versorgung sicherstellen wollte, nahmen die Landesvögte bald Kontakt mit dem dänischen Gesandten in Washington, Henrik Kauffmann, auf, der wiederum die US-Regierung bat, die grönländische Versorgung und den Schutz des Landes zu übernehmen. Das taten die USA auch, forderten dafür aber weitgehende Rechte. Diese wurden in einem Vertrag vom 9. 4. 1941 zwischen Kauffmann und der Regierung der USA fixiert, in dem die USA zwar Dänemarks Souveränität über Grönland anerkannten, gleichzeitig aber auch das Recht erhielten, militärische Basen auf Grönland einzurichten. Daraufhin erklärte die Kopenhagener Regierung diesen Vertrag für ungesetzlich und entließ Kauffmann aus ihren Diensten. Die USA erkannten jedoch die Kopenhagener Reaktion wegen der besonderen politischen Verhältnisse nicht an und bauten größere Basen in Grönland, von denen Søndre Strømfjord, nahe der mittelgrönländischen Westküste, und Narsarsuaq in Südgrönland eine immense Bedeutung bekamen. Von dort gingen die Luftbrücken über das Inlandeis, über die Kriegsmaterial nach England geschafft wurde, während die Kriegslieferungen der USA an die UdSSR über Alaska erfolgten (vgl. S. 316ff.).

Begonnen hatte dieser gigantische Lufteinsatz der Amerikaner am Nachmittag des 12. April 1942, als eine amerikanische Bombermaschine mit der Typenbezeichnung B-24 auf einem primitiven südgrönländischen Feldflugplatz landete, der unter dem Code-Namen Blue West One eine Zeitlang ein geheimes Dasein führte. Heute ist dieser Flugplatz – es ist der von Narsarsuaq – der zweitwichtigste Zivilflughafen, auf dem Maschinen nicht nur für den innergrönländischen Flugverkehr starten und landen, sondern auf dem auch der Flugverkehr nach Dänemark (neben Søndre Strømfjord) und Island abgewickelt wird. Im Cockpit der am 12. April 1942 in Narsarsuaq gelandeten B-24 saß damals als Beobachter ein amerikanischer Offizier, der spätere Oberst William S. Carlson, der bereits 1924 zum erstenmal in Grönland war und sich als promovierter Geologe mit grönländischen Verhältnissen gut auskannte. Carlson schrieb 1962 ein Buch über diese US-Luftbrücke, aus dem schon damals die große strategische Bedeutung der arktischen Rieseninsel für die damalige Zeit und die Nachkriegsjahre hervorgeht. William S. Carlson war auch maßgeblich an dem Bau des größten und bedeutendsten grönländischen Flugplatzes Søndre Strømfjord/Kangerlussuaq beteiligt und nahm an vielen Rettungsaktionen auf dem Inlandeis teil. Ein Jahr, bevor die Luftbrücke über das Inlandeis voll in Betrieb kam, waren auch die drei nach Grönland zurückgekehrten Schiffe in den Liniendienst nach den USA eingesetzt worden.

Aber bereits 1942 gingen die »Gertrud Rask« und die »Hans Egede« verloren. Letztere wurde vermutlich torpediert, während die »Gertrud Rask« auf Grund lief.

Grönland verstärkte jetzt seine Kryolithproduktion, wodurch ein Teil seiner Käufe in den USA abgedeckt werden konnte. Nachdem die USA einen Konsul nach Grönland geschickt hatten, tat Kanada das gleiche, obwohl es über keinen eigenen Auswärtigen Dienst verfügte. Aber man wollte auf jeden Fall die amerikanischen Aktivitäten dort »vor Ort« beobachten. Als Konsuln hatte man Wissenschaftler gewählt, die sich mit Grönland beschäftigt hatten.

Grönland war nun völlig von Dänemark abgeschnitten, und um die dort lebenden Dänen laufend mit Nachrichten versorgen zu können, etablierte Eske Brun in Godthåb (Nuuk) den ersten grönländischen Nachrichtendienst. Speziell für die Grönlanddänen gründete man auch eine Zeitung und gab ihr den Namen »Grønlandsposten«. Sie schmolz nach dem Krieg mit der alten, traditionsreichen grönländischen Zeitung »Atuagagdliutit« zusammen, die so zu einem zweisprachigen Blatt wurde. Aus dem ersten primitiven Rundfunksender entstand 1958 »Grønlands Radio«. Der Sender unterstand der dänischen Regierung.

Um die weiten Küsten Ostgrönlands von Scoresbysund (Ittoqqortoormiit) und weiter nach Norden hin einigermaßen unter Kontrolle zu bekommen, rief Eske Brun im Sommer 1941 die Grönländische Schlittenpatrouille ins Leben, die ab August desselben Jahres ihren Dienst begann, indem sie die Strecke von Kap Brewster bis Kap Bourbon abfuhr. Zusammengesetzt war sie aus Dänen der Stationen, einigen Grönländern und einem Norweger, der erklärt hatte, nichts mit der Quisling-Partei (den norwegischen Nationalsozialisten) und den Deutschen zu tun zu haben. Zwar war die Hauptaufgabe dieser Patrouille die Beobachtung eventueller deutscher Landungen und deren Bekämpfung, jedoch galt ihre Aufmerksamkeit auch gewissen norwegischen Aktivitäten. Die Quisling-Regierung hatte nämlich das Meer zwischen Norwegen und Grönland zu ihrem Interessengebiet erklärt, was sofort vom dänischen Staatsminister unter Hinweis auf das Haager Urteil zurückgewiesen wurde. Natürlich zielte die Quisling-Erklärung darauf ab, eventuellen deutschen Operationen an der grönländischen Ostküste eine Rechtsgrundlage zu geben.

Im Winter 1941/42 entdeckte die Patrouille eine deutsche Station und rief die Amerikaner zur Hilfe, die die Deutschen gefangennahmen. Im Frühling 1943 landeten die Deutschen auf der Sabine-Insel. Im selben Jahr gelang es einem deutschen Kommandounternehmen, die dänische Station Eskimonæs zu überrumpeln, wo sich die Schlittenpatrouille befand, die jedoch fliehen konnte. Die Schlittenpatrouille war anfangs nicht auf Kampfhandlungen eingestellt. Keiner der Männer hatte vorher Militärdienste geleistet. Das wurde 1943 anders. Die Leute wurden ausgebildet und die Patrouille militärisch formiert. Die Deutschen ver-

NACHKRIEGSZEIT: ERNEUERUNG DES GEMEINWESENS

Die dänische Sirius-Medaille

folgten mit ihren Stationen an Grönlands Ostküste kriegswichtige, meteorologische Aufgaben und hätten möglicherweise die Materiallieferungen der USA an England und die UdSSR stoppen können. Doch die Versuche der nationalsozialistischen Kriegsführung waren von vornherein zum Scheitern verurteilt, da die US Airforce bereits ihre Basen in Grönland etabliert hatte.

Als am 4. Mai 1945, 15.30 Uhr grönländischer Zeit die Meldung von der Kapitulation der deutschen Truppen in Dänemark über BBC London auch in Grönland empfangen wurde, war der Jubel groß. Gleich am nächsten Tag verkündete Landesvogt Eske Brun die Wiederherstellung der alten Ordnung. Die unterbrochene Zugehörigkeit des Landes zu Dänemark war wiederhergestellt.

Die Schlittenpatrouille aber wurde später offiziell in die dänische Landesverteidigung eingegliedert und erhielt 1953 die Bezeichnung »Schlittenpatrouille Sirius« nach dem klarsten und größten Fixstern am nächtlichen Himmel, des Sirius im Sternbild des Großen Hundes (Canis Maior).

Erneuerung des Gemeinwesens

Die Situation nach Kriegsende war verhältnismäßig gut in Grönland. Immerhin war die Bevölkerungszahl von 18 257 im Jahr 1939 auf 20 940 Seelen bei Kriegsende angewachsen. Rationiert waren Zucker, Weizenmehl, Graupen, hartes Brot, Bohnen und Erbsen, Rosinen und Backpflaumen. Die Rationierung von Zucker war besonders streng, da man die Herstellung von heimgebrautem Bier dämpfen wollte, die zum Problem geworden war. Gestiegen war der Umsatz der grönländischen Geschäfte von 3 Mio. Kronen im Jahr 1939 auf 5 Mio. Kronen 1944. Das lag u. a. an dem höheren Einkommen verschiedener grönländischer

Berufsgruppen, bedingt durch größere Erträge. Vor allem das Kryolithbergwerk in Ivittuut, dessen Produktion gesteigert wurde und das zeitweise bis zu 200 Arbeiter beschäftigte, trug viel zur Erhöhung des Lebensstandards bei. Zudem half es wesentlich dabei, Grönlands Kriegsschulden gegenüber den USA zu vermindern. Ferner konnte die Dorschfischerei ihre Erträge in den Kriegsjahren verdoppeln. Und auch die Schafzucht in Südgrönland, die 1906 der grönländische Pastor Jens Chemnitz mit neun Schafen und zwei Widdern in Frederiksdal (Narsaq Kujalleq) begründete und die sich erfolgreich entwickelt hatte, konnte in den Kriegsjahren ihre Produktion fast um das Doppelte steigern.

Der Krieg hatte die grönländische Situation verändert. Das bis dahin abgeschlossene Land war durch die Stationierung amerikanischer Soldaten mit einer neuen Welt konfrontiert worden. Obwohl die amerikanischen Basen streng isoliert von der einheimischen Bevölkerung ihre Aufgaben erfüllen sollten, ließ sich ein Zusammenkommen mit den grönländischen Menschen nicht immer vermeiden. Und schon gar nicht in Ostgrönland, wo die US-Stützpunkte oft in unmittelbarer Umgebung der Wohnorte lagen. Alles dies weckte bei den Bewohnern Grönlands große Erwartungen. Man wollte das Land neu gestalten. Reformen mußten neues, zeitgemäßes Leben in die alte Ordnung bringen. Und so kam am 21. Dezember 1945 eine Delegation nach Kopenhagen, bestehend aus vier Landesratsmitgliedern sowie Avgo Lynge und Frederik Lynge, die mit dem Grönlandausschuß des dänischen Reichstages verhandeln sollten. Die Verhandlungen – das war vorher bestimmt worden – sollten nur vorläufigen Charakter haben und das Resultat den Vereinigten Landesräten vorgelegt werden.

Das Ergebnis dieser Verhandlungen enttäuschte viele. Man war sich zwar darüber einig geworden, daß eine Verbesserung verschiedener Einrichtungen nötig sei, so u. a. des Gesundheitswesens, des Schulwesens und verschiedener Wirtschaftszweige. Aber das Hauptproblem, die Beseitigung der grönländischen Abgeschlossenheit, war geblieben. Man meinte, daß der Zeitpunkt einer Öffnung des Landes immer noch nicht gekommen sei. Als die Kritik an dieser grönländischen Lösung immer heftiger wurde, reiste der dänische Regierungschef Hans Hedtoft kurzerhand nach Grönland, um sich vor Ort mit der Situation vertraut zu machen. Das war im Sommer 1948. Dort erfuhr er, daß die Landesräte durchgreifende Änderungen wünschten, da »der Wunsch der Bevölkerung, wirtschaftlich und kulturell auf die gleiche Höhe mit anderen Nationen zu kommen, so stark ist, daß der Landesrat dies nicht überhören kann.« Weiter versicherte der Landesrat, daß private dänische Initiativen unter Staatskontrolle in Grönland seine volle Unterstützung finden würden.

Das Ergebnis dieses Staatsbesuches war eine neue Kommission mit dem Staatssekretär Koch als Vorsitzenden und Eske Brun, der inzwischen nach Dänemark versetzt war, dort 1948 Knud Oldendow als Direktor der Grönlandverwaltung abgelöst hatte und 1950 Chef des Grönlanddepartementes im Staatsministerium war, als oberster Beamter der Grönlandverwaltung. Die Kommission arbeitete ein Gutachten aus, das rasch in entsprechende Gesetze umgewandelt wurde, die vom Sommer 1950 an Grönlands Neuordnung einleiteten.

Die Reformen sahen die Auflösung der kleinen Kommuneräte von 1911 und Gemeinderäte von 1925 vor und ersetzten sie durch Kommunalverwaltungen für jeden der größeren

Distrikte. Ferner wurden die beiden Landesräte zu einem mit Sitz in Godthåb (Nuuk) vereinigt mit dem dänischen Landeshauptmann als Vorsitzenden. Der Kgl. Grönländische Handel (KGH) wurde zu einer Handelsgesellschaft umgebildet, die unabhängig von der Grönlandverwaltung arbeitete, das Monopol aufgehoben und die Versorgungspflicht des KGH der grönländischen Bevölkerung gegenüber gesetzlich verankert. Auch das Schulwesen erfuhr Veränderungen. So wurde es jetzt von der Kirche getrennt und durch dänischsprachige Kleinkinderschulen in den Städten komplettiert. Außerdem wurde die Möglichkeit geschaffen, in Grönland das Realexamen nach dänischem Muster abzulegen. Auch bekamen die Grönländer jetzt die Möglichkeit, Kredite für neue Wohnungen und wirtschaftliche Anschaffungen aufzunehmen. Schließlich wurde das Rechtswesen neu geordnet, indem man Kreisgerichte als Erste Instanz und ein Landgericht als Zweite Instanz einrichtete.

Als dann 1951 der neue Landesrat seine erste Sitzung in Godthåb (Nuuk) unter Vorsitz des neuen Landeshauptmanns P. H. Lundsteen abhielt, wurde die Grundlage für eine neue Sozialgesetzgebung geschaffen, die Armenhilfe, Invalidenunterstützung und Altersrente vorsah.

Grönland wird dänische Provinz

Mit dem Jahr 1952 begann Grönlands wirklicher Einzug in die neue Zeit. Einstimmig heißt der Landesrat den Entwurf einer neuen dänischen Verfassung gut. In ihr wird festgeschrieben, daß Grönland in Zukunft ein gleichberechtigter Teil des dänischen Reiches wird, womit Grönland den Status eines dänischen Amtes (Provinz) erhält und die Grönländer de jure dänische Staatsbürger werden. Fortan entsendet Grönland zwei Abgeordnete in den dänischen Reichstag.

Viel tut sich in diesem Jahr. Das dänische Königspaar besucht Grönland – der zweite Königsbesuch in der Geschichte des Landes. In Julianehåb (Qaqortoq) und Godthåb (Nuuk) werden die ersten Atlantik-Kais in Betrieb genommen. In fünf Städten werden Polizeistationen mit einem dänischen Leiter und grönländischen Polizisten eingerichtet. Jens Rosing führt die Rentierzucht in Grönland ein, indem er Rentiere aus Finnmarken in das Gebiet des Nuuk Fjords bringt. Nun nutzt auch die skandinavische Fluggesellschaft SAS die neue Zeit aus und schickt ihre Passagiermaschinen über Thule nach Kalifornien, die dafür 24 Stunden brauchen. Und in den folgenden Jahren richtet die SAS dann eine regelmäßige Flugverbindung von Kopenhagen nach Søndre Strømfjord, der amerikanischen Luftbasis BW 8, ein.

Am 5. Juni 1953 tritt das neue dänische Grundgesetz in Kraft. Zwei Grönländer, Frederik Lynge (Nordgrönland) und Avgo Lynge (Südgrönland) ziehen als Vertreter ihres Volkes ins dänische Parlament ein, und in Grönland beginnen neue wirtschaftliche und soziale Aktivitäten.

Doch die US-Basen blieben. Eine verdrängte sogar die einheimische Bevölkerung. In Thule mußte die kleine Gemeinde ihren Wohnplatz verlassen. Die Fangergebnisse waren wegen der amerikanischen Betriebsamkeit radikal zurückgegangen. Auf Schlitten zogen die Polareskimo in das nördlicher gelegene Gebiet von Qaanaaq, wo ihnen der Staat einen neuen Wohnort aufbaute, teilweise finanziert von den USA, die die Umsiedlung verlangten.

Die Industrialisierung begann. Viele kleine Wohnplätze wurden verlassen. 1954 lebte bereits die Hälfte der grönländischen Bevölkerung in Städten. Nicht immer siedelten die Grönländer freiwillig um, denn manche kleinen Wohnorte hatten seit altersher gute Fanggebiete. Aber die Behörden drängten auf eine Bevölkerungskonzentration unter Verweis auf die Größe des Landes. Die Versorgung der Bevölkerung könne bei der weit gestreuten Lage der kleinen Wohnplätze große Probleme bereiten. Und ärztliche Hilfe bei Epidemien – und es traten wieder einige auf, so 1953 eine Polioepidemie mit 22 Todesopfern und 1954 eine Masernepidemie, die aber effektiv bekämpft wurde – konnte die kleinen Siedlungen nur schwer erreichen.

Die umgesiedelten Grönländer kamen in den größeren Orten oft in regelrechte Mietskasernen. In Godthåb (Nuuk) hatte man mit dem Bau sogenannter Etagenhäuser begonnen: langgestreckte Wohnblocks aus Beton (vgl. Abb. 34, Farbt. 20), die zwar gegenüber herkömmlichen Wohnbauten ein Mehr an Komfort boten, das jedoch den Verlust tradierten sozialen Lebens nicht wettmachen konnte. Da war kein Platz mehr für Hunde und Schlitten, für Fanggeräte und andere Utensilien, die seit Jahrhunderten zu einem echten Grönländer gehörten. Für Arbeiter hingegen und andere, nicht mehr vom Jagen und Fischfang abhängige Grönländer mochten diese Etagenhäuser akzeptabel sein.

Da man dänischerseits der Meinung war, daß die Etagenhäuser die einzige reelle Möglichkeit boten, hygienischen Anforderungen gerecht zu werden, baute man diesen Haustyp bis in die siebziger Jahre weiter. So wurden beispielsweise auf dem Areal des Radiofjeld in Nuuk bis 1977 ca. 500 Wohnungen in Etagenhäusern fertiggestellt.

Schließlich verlangten die grönländischen Kommuneverwaltungen und Frauenverbände aufgrund der drängenden sozialen Probleme eine andere Lösung des Wohnungsproblems. Schließlich wurden die Etagenhausbauten im großen Umfang von Ketten- und Reihenhausbauten abgelöst. Und auch der Bau von privaten Einfamilienhäusern wurde nun vom Staat gefördert. Für die Durchführung aller dieser Pläne war die Grönländische Technische Organisation (Den Grønlandske Tekniske Organisation, GTO) verantwortlich, eine dänische Organisation wie der KGH, mit dem sie auch zusammenarbeitete. Ein exzellentes Beispiel für die neue Bauweise bilden die Wohnanlagen der neuen Satellitenstadt Nuussuaq in Nuuk.

Bei Beginn der Reformperiode waren mehr als 55 % der arbeitenden grönländischen Bevölkerung in den primären Berufsgruppen beschäftigt: dazu zählen Fischerei, Fang- und Jagdwesen sowie Schafzucht. Nur 13 % arbeiteten bei öffentlichen Einrichtungen und in freien, wirtschaftlichen Unternehmungen sowie in Dienstleistungsbetrieben, knapp 27 % in den Herstellungsbetrieben (einschließlich der Veredelung von Fischereiprodukten), im Bau-, Handels- und Transportwesen.

Eine Volkszählung im Jahr 1965 zeigte bereits, daß die Zahl der in den primären Erwerbsgruppen arbeitenden Grönländer halbiert war (27%), während sich die Zahl derer in den öffentlichen Institutionen und in den Dienstleistungsbetrieben verdoppelt hatte (25,2%). Auch der Anteil an den übrigen Berufsgruppen vergrößerte sich erheblich. In derselben Periode hatte sich die gesamte Zahl der arbeitenden Menschen verdoppelt. Aber diese Entwicklung betraf besonders stark die aus Dänemark kommenden Arbeitskräfte, deren Zahl 1965 fast viermal so groß war wie 1951, während der grönländische Arbeitskräfteanteil nur um 75% gewachsen war.

Auch die Volkszählung von 1970 zeigte ein weiteres Sinken in der primären Erwerbsgruppe. Ihre Zahl sank auf 19,1%, während die Zahl der bei öffentlichen Institutionen und in Dienstleistungsbetrieben Beschäftigten auf 27,3% stieg. Das stärkste Anwachsen verbuchte die Herstellungsindustrie, bedingt durch den Ausbau der Fischindustrie sowie die Bauindustrie aufgrund steigender Investitionen.

Grönland war also auf dem besten Weg, ein Industriestaat zu werden. Dies bedeutete für das Land und seine Menschen einen Umbruchprozeß, wie er in der über zweitausendjährigen Geschichte dieses Volkes noch nie zu beobachten war. Die Grönländer stiegen sozusagen von einem Tag zum anderen aus dem Kajak in die modernen, motorisierten Kutter und Trawler. Daß dies nicht im gleichen Tempo weiterging, ist nur zu natürlich. Rückschläge in der Fischindustrie, bedingt durch Naturveränderungen, ein Abklingen des Baubooms, ein damit beginnendes Einsetzen von Arbeitslosigkeit und ähnliches traten in der weiteren Entwicklung auf.

Hinzu kam eine immer stärker werdende ablehnende Haltung gegenüber den Dänen. Hatten bei Kriegsende grönländische Politiker immer wieder das enge Zusammengehörigkeitsgefühl ihres Volkes mit dem dänischen Reich betont und das zu einer Zeit, in der sich andere Kolonialvölker mit aller Macht von ihren früheren Kolonialherren zu befreien suchten und das auch konnten, so begann es jetzt in breiten Kreisen des grönländischen Volkes zu gären.

Das Geburtsortkriterium und die Folgen

Nachdem Grönland dänische Provinz geworden war und man sich darüber klar wurde, daß die Öffnung des Landes und seine Entwicklung zu einer gleichberechtigten Provinz Dänemarks nur durch die Industrialisierung Grönlands erreicht werden konnte, mußte man sich auch mit den Menschen beschäftigen, die dies alles mit ihrer Hand- und Kopfarbeit zustande bringen sollten. Dabei spielte natürlich das Geld eine dominierende Rolle. Sollten die aus Grönland stammenden Arbeiter weniger Lohn bei gleicher Arbeit erhalten als die Dänen?

1960 hatte man wieder einmal eine Kommission eingesetzt auf Wunsch des grönländischen Landesrats, der eine Debatte über die Ziele der Grönlandpolitik in die Wege leiten wollte auf der Grundlage, daß Grönland nun ein gleichberechtigter Teil des Dänischen

Reiches war. Die Mitglieder des Ausschusses setzten sich aus Dänen und Grönländern zusammen.

Das Gutachten von 1964 war, wie der frühere Grönlandminister grönländischer Herkunft, Knud Hertling, einmal schrieb, »ein Schock für die Anhänger der Gleichberechtigung.« Man hatte gehofft, daß das Jahr 1953 auch die Gleichstellung der Grönländer mit den Dänen in Lohnfragen bringen würde, denn schließlich waren die Grönländer nach 1953 de jure Dänen. Dem war aber nicht so. Nur Grönländer, die 10 Jahre in Dänemark gelebt hatten, konnten diese Gleichstellung erlangen. Man hatte dies *Hjemmestavnskriteriet* (Heimatkriterium) genannt, das nun abgelöst wurde durch das sogenannte *Fødestedskriteriet* (Geburtsortkriterium). Und das empfanden viele Grönländer als eine Art Rassendiskriminierung. Die Emotionen wuchsen verständlicherweise, denn von nun an sollten alle, die außerhalb Grönlands geboren waren, höheren Lohn erhalten als die in Grönland geborenen Menschen, was auch Dänen betraf, worauf die Befürworter dieser neuen Ordnung verwiesen. Nur stimmte dabei die Relation nicht, denn das Verhältnis der in Grönland geborenen Dänen zu den »echten« Grönländern war mehr als schief: den wenigen, in Grönland geborenen Dänen stand die Masse der grönländischen Bevölkerung gegenüber.

Obwohl der grönländische Landesrat dieser neuen Lohnordnung zustimmte, wuchs in der Bevölkerung – besonders unter den jungen Menschen – die Unruhe. Und bald folgte auch eine politische Reaktion. Zum erstenmal in der Geschichte des Landes beschlossen junge Grönländer in Nuuk, eine Partei zu bilden – als Bewegung gegen die nicht durchgeführte Gleichstellung. Diese erste politische Partei Grönlands war die *Inuit*-Partei, ein Name, der in sich schon ein Programm darstellte; denn *Inuit* (Menschen) nannten sich ja alle Eskimo von der Bering-Straße bis hin zur ostgrönländischen Küste. Da die Beseitigung des Geburtsortkriteriums eine der Hauptforderungen der Partei war, wurde sie von verschiedenen Berufsgruppen als eine Art Lohnempfängerpartei betrachtet, so u. a. von den Fischern und Seeleuten.

Eine zweite Partei entstand 1969. Sie war von dem grönländischen Juristen und zeitweiligen Grönlandminister Knud Hertling unter dem Namen *Sukaq* (Stützpfeiler in einem Grönländerhaus) gegründet worden und sollte für ein größeres Selbstbestimmungsrecht der Grönländer arbeiten und war im übrigen sozialdemokratisch. Aber auch dieser Partei war kein großer Erfolg beschert. Es mußten radikalere Bewegungen entstehen, um die grönländischen Menschen wachzurütteln. Dies begann mit einer neuen Partei, die den Namen *Siumut* (»Vorwärts«) erhielt. Sie hatte sich aus einem Kreis entwickelt, der sich um die Politiker Jonathan Motzfeldt und Moses Olsen geschart hatte. Die eigentliche Parteibildung war jedoch erst im Zusammenhang mit der Wahl zum dänischen *Folketing* 1977 erfolgt. Einen Teil der Programmpunkte hatte man sich von den beiden erstgenannten Parteien geholt und radikalisiert. Doch auch die neue Schulverordnung, durch die mehr dänische Lehrer nach Grönland gekommen waren und durch die der dänischen Sprache der Vorrang gegeben wurde, sollte reformiert werden. Außerdem befürchtete man, daß im Hinblick auf die vielen, nach Grönland geschickten Facharbeiter, Handwerker und Funktionäre Grönland vor einer totalen Danisierung stand.

Auf der Suche nach Bodenschätzen

Ende der dreißiger Jahre, die eine ökonomische Wende brachten, suchte man in Grönland an immer mehr Stellen nach verwertbaren Bodenschätzen. Der Kryolithabbau in Ivittuut warf inzwischen auch für Grönland Gewinn ab, nachdem sich die Wirtschaftsmodalitäten der dort tätigen Kryolithgesellschaft geändert hatten und nun Gewinngelder in den grönländischen Haushalt flossen.

Auf der Halbinsel Nuussuaq förderte man Kohle, verlegte aber später den Minenbetrieb auf die Disko-Insel, wo er 1972 endgültig stillgelegt wurde. Und die Bewohner der Bergbaustadt – fast 2000 Menschen – verteilte man auf verschiedene Orte der Westküste, wodurch große soziale Probleme entstanden, da diese westgrönländischen Ortschaften schon von vornherein unter Arbeitslosigkeit zu leiden hatten. Auch bei Uummannaq förderte man Bodenschätze ans Tageslicht. Dort bohrte 1967 eine dänisch-kanadische Gesellschaft im Berg »Schwarzer Engel«. Bei diesen Bohrungen, die bis in eine Tiefe von 500 m hinuntergingen, wurden Zink, Blei und Silber von solcher Qualität gefunden, daß sich nach Meinung von Fachleuten der Abbau lohnte. Die Gesellschaft, die den Namen »Greenex« bekam, begann dann auch 1972 mit dem Abbau von Erz und erzielte dabei Überschüsse. 1986 produzierte die Gesellschaft 106000 t Zinkkonzentrat und 23000 t Bleikonzentrat, das ca. 10,5 t Silber enthielt. 1986 waren dort 256 Arbeiter und Angestellte tätig, von denen 101 Personen Grönländer waren. Die Greenex AS erhielt auch Konzessionen zum Ermitteln von Bodenschätzen im westlichen und östlichen Teil der Disko-Insel sowie für ein Gebiet auf Nuussuaq. Diese Konzessionen liefen am 31.12.1988 aus.

Der Ort, in dem im Bezirk von Uummannaq der Schwarze Engel liegt, heißt Maarmorilik. Dort wurde bis zum Zweiten Weltkrieg Marmor gebrochen, aus dem man u.a. die sehr schöne Fassade des Rathauses in Lyngby bei Kopenhagen herstellte. Ferner wurde der grönländische Marmor auch beim Bau der neuen Regierungsgebäude von Hjemmestyret in Nuuk verwandt. Jedoch lohnte sich später der Abbruch von Marmor nicht mehr, und 1987 wurden nur noch Zink und Blei in Maarmorilik gebrochen. Die Gesellschaft war zuletzt in schwedischem Besitz.

Am 1. Januar 1985 wurde einem Konsortium verschiedener Gesellschaften die Konzession zur Untersuchung des Untergrundes in einem Gebiet des Jameson-Landes in Ostgrön-

---

In Dänemark selbst verfocht die äußere Linke die radikalen Gedanken bezüglich einer grönländischen Neuordnung. Am radikalsten aber wurde eine Gruppe in Grönland, die sich *Inuit Ataqatigiit* nannte, zuerst in Dänemark gebildet wurde, sich 1977 in Grönland etablierte und später als Partei entstand. Ihr Ziel war die völlige Lösung von Dänemark und eine enge Zusammenarbeit mit den Menschen der Nordkalotte der Erdkugel – also allen Inuit – und anderen ethnischen Minderheiten und Volksgruppen wie Samen und Färinger. Eine dritte Partei entstand 1981 vornehmlich als Gegenpartei zu den anderen. Es waren ältere Politiker, die sie gründeten. Sie verfochten mehr bürgerliche Gedanken, schlossen sich aber

land auf Öl und dessen eventuelle Gewinnung gegeben. Diese Konzession gilt bis zum 31. Dezember 1996. Das Konsortium besteht aus den Gesellschaften A/S Arco Greenland (USA), Arktisk Minekompagni A/S (Tochtergesellschaft der Nordisk Mineselskab A/S) und Nunaoil A/S (dänisch-grönländische Gesellschaft im Besitz des dänischen Staates und Grønlands Hjemmestyret). Bisher ist man weder im grönländischen Gebiet noch vor der grönländischen Westküste fündig geworden.

Ein weiterer Versuch der Energiegewinnung gilt der Ausnutzung der grönländischen Wasserkraft. An verschiedenen Orten bietet nämlich das Wasser des Inlandeises gute Möglichkeiten für die Einrichtung von Wasserkraftwerken. Untersuchungen dieser Art wurden bereits 1974 von der GGU (Grønlands Geologiske Undersøgelse) und der GTO (Grønlands Teknisk Organisation) vorgenommen und sind in den Jahren 1980–86 intensiviert worden, u. a. aufgrund erheblicher Zuschüsse des Regionalfonds der EG.

Da man nach wie vor der Meinung ist, daß sich in und um Grönland ausnutzungsfähige Rohstoffe befinden – das sind Öl, Gas und andere Mineralien, sowie Wasserkraft –, hat man bei Einführung der Selbstverwaltung 1979 eine besondere Rohstoffverordnung erlassen, deren nähere Ausführungsbestimmungen teils im Hjemmestyregesetz und teils im revidierten Gesetz über mineralische Rohstoffe in Grönland niedergeschrieben sind. Grundsätzlich gehören alle Rohstoffe in und um Grönland dem grönländischen Volk. Aufgrund des besonderen Status des Landes (Zugehörigkeit zum dänischen Reich) aber hat man einen Gemeinschaftsrat gebildet, dem fünf Grönländer und fünf Dänen angehören. Dieser Rat hat entscheidenden Einfluß auf die Vergabe von Konzessionen. Im Oktober 1987 kündigte der damalige dänische Ministerpräsident Poul Schlüter eine neue Verordnung an. Bis zum 31. Dezember 1987 sollten nach seiner Meinung die Verhandlungen zwischen Grönland und Dänemark über das Verwaltungsrecht von Grönlands Untergrund und den Rohstoffen des Landes beendet sein, wonach dann der Verteilungsschlüssel zwischen Grönland und Dänemark geändert würde. »Ich hoffe und glaube an ein Abkommen«, so führte Schlüter aus, der sich aus Anlaß der Eröffnung des grönländischen Parlaments in Nuuk aufhielt, »mit dem sowohl Dänemark wie Grönland zufrieden sein können. Es soll ein Verteilungsschlüssel werden, der hält.« Nachdem nach den Folketingswahlen 1987 das dänische Grönlandministerium zu bestehen aufgehört hatte, wurde die dänische Zuständigkeit für Grönland dem Staatsministerium übergeben.

nicht den konservativen oder liberalen Parteien in Dänemark an und standen der dänischen Sozialdemokratie wohl am nächsten, die für eine grönländische Reformpolitik eintrat. Der Name dieser Partei war *Atassut* (atassut = Verbindung, Kontakt).

Zuletzt bildete sich noch die *Sulisartut Partiiat* (Arbeiterpartei). Sie stützte sich vor allem auf den grönländischen Gewerkschaftsbund S.I.V. und ging nach ihrer Auflösung mehrheitlich in der marxistisch orientierten *Inuit Ataqatigiit* auf. Schließlich wurde 1987 in Nuuk die *Issittup Partii-a* gegründet, deren Ziel es war, sich für private Erwerbstreibende, Fischer u. a. einzusetzen.

SELBSTVERWALTUNG

Das dänische Königspaar in Grönland anläßlich der Einführung der Selbstverwaltung 1979

Einführung der Selbstverwaltung

Die politischen Enttäuschungen nach 1953, als Grönland dänische Provinz wurde, hatten Aktivitäten zur Folge, die auf eine Änderung des Provinz-Status hinausliefen. Deutlich lautete die Forderung verschiedener politischer Gruppierungen: tatsächliche Gleichberechtigung mit Dänemark. Und immer erklang der Ruf nach Selbständigkeit. Es war also an der Zeit, an eine neue Ordnung zu denken. 1972 schlug der Landesrat dem Grönlandminister in Kopenhagen die Bildung einer Kommission vor, die die Möglichkeiten zur Erweiterung der Kompetenzen und Verantwortung des Landesrats prüfen sollte.

Vor diesem Hintergrund berief der damalige Grönlandminister Hertling im Januar 1973 einen Ausschuß, der untersuchen sollte, wie eine Selbstverwaltung in Grönland etabliert werden könnte. Dieser Ausschuß bestand ausschließlich aus grönländischen Politikern. Das waren fünf Mitglieder des Landesrats sowie die beiden grönländischen *Folketings*-Abgeordneten. Später kam noch ein Vertreter des »Landesverbandes der grönländischen Kommunen« hinzu. Ein von diesem Ausschuß erarbeitetes Gutachten nennt verschiedene Gründe für den Wunsch der grönländischen Bevölkerung nach Selbstverwaltung. Es sind dies die folgenden:

1. Grönland und seine ursprünglich eskimoische Bevölkerung unterscheidet sich stark von Dänemark und den Dänen, so daß das Verhältnis nie so werden kann wie z. B. zwischen Jüten und Seeländern (dänische Regionen).
2. Der große Abstand zwischen beiden Ländern erschwert die gegenseitige Kommunikation.
3. Alle wichtigen Beschlüsse werden in Kopenhagen getroffen. Daher fühlen sich die grönländischen Politiker ohne Einflußmöglichkeiten.
4. Da der Landesrat nur beratende Funktion hat, ist seine Möglichkeit, grönländische Politik zu prägen, sehr gering.
5. Nur durch Bewahrung und Stärkung der grönländischen Sprache können die Grönländer ihre Identität behalten.
6. Der mehr als 200jährige Kolonialstatus hat die Grönländer daran gewöhnt, daß die Dänen alles bestimmen.
7. Das führt dazu, daß sich eine Mentalität gebildet hat, wonach sich die Grönländer für das fremdbestimmte Gemeinwesen und die fremdbestimmten Fehler nicht verantwortlich fühlen.

Im Oktober 1975 wurde nun vom damaligen Grönlandminister Jørgen Peder Hansen die »Kommission für die Selbstverwaltung Grönlands« (Kommissionen om hjemmestyre i Grønland) eingesetzt. Sie bestand aus fünf Mitgliedern, die dem Landesrat angehörten, den beiden grönländischen Abgeordneten im *Folketing*, sieben Mitgliedern aus dem gesamten dänischen Parlament sowie einem vom Grönlandminister vorgeschlagenen Vorsitzenden. Außerdem entsandte der »Landesverband der Grönländischen Kommunen« einen Beobachter der Kommission. 1978 war der Vorschlag zur Einführung der Selbstverwaltung fertig,

Lars Chemnitz, grönländischer Parlamentspräsident

151

der noch im selben Jahr eine solide Mehrheit im dänischen Parlament fand. Am 17. Januar 1979 wurde daraufhin eine Volksabstimmung über die Einführung der Selbstverwaltung in Grönland durchgeführt. Bei einer Wahlbeteiligung von 63 % stimmten 70 % mit Ja ab. Am 4. April fand die Wahl zum neuen grönländischen Parlament statt, bei der die *Siumut*-Partei 13 der insgesamt 21 Mandate erhielt. Sie stellte den neuen Regierungschef, Jonathan Motzfeldt. Parlamentspräsident wurde Lars Chemnitz, Vorsitzender der zweitstärksten Partei, der *Atassuut*. Am 1. Mai 1979 erfolgte die feierliche Einführung der Selbstverwaltung in Grönland.

Damit war Grönland jetzt Teil der dänischen Reichsgemeinschaft, die nun aus dem dänischen, färöischen und grönländischen Gemeinwesen bestand. Die verfassungsrechtliche Grundlage für die Selbstverwaltung ist das Selbstverwaltungsgesetz (dän. *Hjemmestyreloven*). Danach liegt die Souveränität weiterhin bei den dänischen Reichsbehörden, so daß Dänemark auch künftig die Landesverteidigung sowie die Auswärtigen Angelegenheiten bestimmt. In Kopenhagen erhielt die interne grönländische Regierung ein Kontaktbüro – *Hjemmestyres Danmarkskontor* –, während Dänemark in Grönland durch einen *Rigsombudsmand* vertreten wird.

Die Selbstverwaltung des Landes wird ausgeübt durch die Legislative und Exekutive, also durch das Parlament und die Regierung (*Landsting* und *Landsstyre*). Das Parlament wird alle vier Jahre gewählt. Es trifft sich zweimal im Jahr, im Frühjahr und Herbst. Die gesetzgebenden Arbeiten werden teils im Plenum, teils in Ausschüssen durchgeführt. Zur Zeit der Etablierung hatte die Regierung fünf vom Parlament gewählte Mitglieder. Dem Vorsitzenden der Regierung untersteht die gesamte Innenadministration. Die anderen Ressorts der übrigen vier Regierungsmitglieder betreffen die Sozialverwaltung, Kultur- und Schulwesen, Wirtschaft sowie die Angelegenheiten der Wohnorte und Siedlungen in den Regionen.

Die Zahl der Ressorts der internen grönländischen Regierung änderte sich nach der Wahl von 1987 wie folgt: Außer dem Regierungschef, der wieder Jonathan Motzfeldt *(Siumut)* wurde, bildeten nun 6 Minister die Regierung mit den Ressorts Wirtschaft, Fischerei und Industrie, Unterricht, Ausbildung und Arbeitsmarkt, kleine Siedlungen, Außendistrikte und Landwirtschaft, soziale Angelegenheiten, Wohnungen und Milieu und Handel, Verkehr und Jugend.

Der grönländische Rundfunksender unterstand bis 1980 dänischer Kontrolle. Am 1.1. 1980 ging er in die Kompetenz der grönländischen Selbstverwaltung über aufgrund des Gesetztes über Grönlands Selbstverwaltung vom 29. November 1978 (Lov om Grønlands hjemmestyre). Das Gesetz schreibt u. a. vor, daß die selbstverwaltete Regierung das Monopol für alle Rundfunk- und Fernsehunternehmen hat und daß dieses Monopol von Grønlands Radio administriert wird. Hjemmestyrets Monopol kann auf lokaler Basis an private oder öffentliche Unternehmen weitergegeben werden. An der Spitze von Grønlands Radio, dessen offizieller Name *Kalaallit Nunaata Radioa* (KNR) ist, steht der Verwaltungsrat. Dann gibt es außerdem den Programmausschuß und die verschiedenen Angestellten für die praktische Arbeit. KNR hat seinen Sitz in Nuuk mit Studios in Ilulissat, Qaqortoq und Kopenhagen. Das örtliche Fernsehen wird von sogenannten TV-Vereinen betrieben.

*Der grönländische Regierungschef
Jonathan Motzfeldt*

Das Land hatte 1979 seine eigene Regierung bekommen, seine Menschen mußten sich nun ihrer Verantwortung bewußt werden. Aber was fand die grönländische Regierung in ihrem Lande vor?

Bereits unter dänischer Verwaltung hatte ein gewaltiger Umbruchprozeß begonnen. Eine völlig neue Industrie war förmlich aus dem Boden gestampft worden, es gab einen vorübergehenden Bauboom, das Gesundheitswesen wurde ausgebaut, Krankenhäuser gebaut, allen voran das Dronning Ingrids-Hospital, das hauptsächlich als Tbc-Sanatorium im Herbst 1954 in Nuuk in Betrieb genommen wurde, das Bildungswesen baute man aus, mit neuen Schulen, weiterführenden Unterrichtszweigen, Erwachsenenbildung durch Volkshochschulen (Arbeitervolkshochschule in Qaqortoq), Bibliotheken und andere Institutionen. Auch die Infrastruktur versuchte man zu verbessern, indem u. a. neben dem Schiffsverkehr zwischen den Ortschaften 1965 ein Helikopterdienst (Grønlandsfly) eingerichtet wurde.

Zu manchem Unbehagen in den Jahren nach 1953 kam noch eine Bevölkerungsexplosion hinzu. Grönland, die größte Insel der Erde, hatte auch den größten Geburtenüberschuß in der Welt. Nach amtlichen Untersuchungen im Jahr 1967 betrug das Geburtenpromille 50, während die entsprechende Zahl in Dänemark 17 betrug. Die Sterblichkeitsziffer lag bei ungefähr 10 auf 1000. Die Differenz zwischen Geburten und Todesfällen, die das Anwachsen der Bevölkerung bestimmt, belief sich auf ca. 40 zu 100. Maßgeblich für diese Entwicklung war v. a. die Erhöhung der durchschnittlichen Lebenserwartung in den letzten 100 Jahren. Noch 1865 berichtete der dänische Seeoffizier Emil Bluhme in seinem Buch »Von einem Aufenthalt in Grönland«, daß dort die Männer nur ein Durchschnittsalter von 28

SELBSTVERWALTUNG/SOZIALE UND WIRTSCHAFTLICHE PROBLEME

Jahren erreichen und die Frauen im Durchschnitt sogar schon mit 23 Jahren sterben. Es war damals vor allem die Tbc, die das kleine Volk so stark dezimierte. Achtzig Jahre später erreichten die Männer bereits ein Durchschnittsalter von 32 Jahren, während die Frauen im Durchschnitt 38 Jahre wurden. 1975 lagen die entsprechenden Zahlen für Männer bei 59 Jahren und für Frauen bei 65,4 Jahren.

Daneben ist in der fraglichen Zeit ein Ansteigen der Geburtenrate zu konstatieren. Statistische Untersuchungen zeigten, daß 1967 eine grönländische Frau zwischen 15 und 49 Jahren durchschnittlich 7,4 Kinder zur Welt brachte. Die entsprechende Zahl für Dänemark lag zu jenem Zeitpunkt bei 2,6. Die gleiche Statistik berichtet auch über den Anteil nichtehelicher Geburten an der Gesamtgeburtenzahl, die ungefähr 50% ausmachten.

Programme zur Geburtenregelung und die Bereitstellung von Kontrazeptiva – besonders der Spirale – sorgten allmählich für ein Sinken der Geburtenrate, bis 1984 der europäische Durchschnitt von zwei Kindern pro Familie erreicht war.

Im Zuge der wirtschaftlichen Umbrüche nach 1953 und vor allem als Folge der forcierten Umsiedlung der Bevölkerung in städtische Zentren entstanden zahlreiche soziale Probleme, die der traditionellen grönländischen Gesellschaft zuvor unbekannt waren. Arbeitslosigkeit, Alkoholismus und steigende Kriminalität neben weit verbreiteten Geschlechtskrankheiten sind die wichtigsten. Die Bevölkerungskonzentration führte zu Wohnungsnot, die durch das frühere hohe Bevölkerungswachstum zusätzlich verschärft wurde. Grönlands Einwohnerzahl war sieben Jahre nach Einführung der internen Selbstverwaltung auf insgesamt 53 406 (1. Januar 1986) Menschen angestiegen, von denen 44 053 in Grönland geboren waren.

Neben wirtschaftlichen und sozialen Problemen ist das selbstverwaltete Grönland ganz besonders auch mit Problemen ethisch-ethnischer Art konfrontiert. So gilt es, aus dem vom kolonialen Erbe geprägten Bevölkerungsgemisch eine Nation mit eigener, in der Tradition wurzelnden Identität wachsen zu lassen. Grönland, das KALAALLIT NUNAAT heißt, gab sich – wie es in den allermeisten Ländern bereits in der Verfassung verankert ist – Symbole wie Flagge, Gedenktage, Wappen und Orden als Ausdruck nationaler Identität und Integrität. Im Gegensatz zu den anderen nordischen Staaten wurde keine Kreuzflagge eingeführt, sondern eine neue, die die Eigenständigkeit dokumentieren soll. Sie ist weiß und rot mit einer zur Flaggenstange vorgeschobenen Kugel in den entgegengesetzten Farben. Die weiße obere Hälfte der Flagge soll das Inlandeis, die Eisberge und Eisschollen symbolisieren, die rote untere Hälfte die auf- und untergehende Sonne. Die Flagge wurde 1985 am grönländischen Nationalfeiertag, dem 21. Juni, eingeweiht. Die grönländische Flagge kann ohne Genehmigung in Dänemark gezeigt werden, wie auch die dänische ohne Genehmigung der grönländischen Behörden jederzeit in Grönland gehißt werden kann.

Das grönländische Wappen stellt einen sitzenden Eisbären in Weiß oder Silber, mit offenem Maul und roter Zunge, vor einem blauen Hintergrund dar. Im Gegensatz zu den früheren grönländischen Wappen ist es die linke Tatze, die er erhebt, während es auf den alten Wappen immer die rechte war. Aber die Grönländer wissen es seit uralten Zeiten: der Eisbär schlägt immer mit der linken Tatze zu. Das wurde allerdings im Grönlandwappen des dänischen Reiches, das in Dänemark aufgrund der Reichsgemeinschaft, verbunden mit der Personalunion, gezeigt wird, nicht zur Kenntnis genommen. Dort sieht man einen Eisbären, der getreu der dänischen Tradition die rechte Tatze erhebt. Zudem wird dieses Wappen von einer Krone bedeckt.

Die wirtschaftliche Situation

Grönlands Wirtschaft befand sich zur Zeit der Einführung der Selbstverwaltung in einem bedenklichen Zustand. Die Bauwirtschaft unterstand bis 1986 dänischer Regie und ging erst 1987 in den Kompetenzbereich der grönländischen Regierung über, die ebenfalls das Gesundheitswesen 1989 übernahm. Heute basiert die grönländische Wirtschaft fast völlig auf der Fischerei. Sie war bereits stark modernisiert worden, benötigte aber weiter große ökonomische Hilfe. Grönland muß also zusehen, daß Dänemark weiterhin wirtschaftliche Hilfe leistet. Das wird jedoch nicht reichen, so daß die interne grönländische Regierung Ende der 80er Jahre den ersten Auslandskredit (Japan) aufgenommen hat.

Schon seit 1920 hatte die Fischerei eine ständig steigende Bedeutung gewonnen. Aber diese Entwicklung zum Haupterwerbszweig der Grönländer war auch durch manche Rückschläge und Hemmnisse gekennzeichnet. Bis 1965 war die Dorschfischerei der dominierende Erwerbszweig der Grönländer. Von Jahr zu Jahr aber nahmen die ausländischen Fischereifahrzeuge in den südwestgrönländischen Fischgebieten zu. Und während diese mit modernen Schiffen und Fanggeräten riesige Fischmengen in ihre Netze bekamen, mußten sich die Grönländer in ihren kleinen Booten, relativ dicht unter der Küste, mit kleinen Fängen begnügen. Hinzu kam noch, daß der Dorschbestand seit 1965 aufgrund sinkender Wassertemperaturen stark zurückging und nun der Garnelenfang zum wichtigsten Fischereierwerb wurde.

Die allgemeine Situation aber verbesserte sich mit der Einführung der 200 Sm-Wirtschaftsgrenze im Jahr 1977. Als dann noch die grönländische Selbstverwaltung etabliert wurde und Grönland sich von der EG lösen konnte, war man endlich soweit, die Fischereiangelegenheiten selbst zu ordnen. Und nun begann ein neuer Aufschwung im grönländischen Fischereiwesen, das sich jetzt endgültig zum Haupterwerbszweig des Landes entwickeln konnte.

Die grönländische Regierung versucht mit allen Mitteln diesen wichtigsten grönländischen Erwerbszweig zu schützen und ihm eine sichere Zukunft zu schaffen. So wurden für bestimmte Fischarten Schonzeiten und eine Quotenregelung eingeführt. Die verschiedenen Quoten werden von der Regierung zwischen den staatseigenen Schiffen und den privaten grönländischen Schiffen verteilt. Für die ausländischen Fischereiflotten wurde durch Abkommen mit der EG der Fang der meisten Fischarten so reguliert, daß die Gefahr einer Überfischung im grönländischen See-Territorium ausgeschaltet werden konnte.

Die staatliche Flotte, die 1987 13 große Trawler umfaßte, wird komplettiert von 30 privaten Trawlern verschiedener Größe samt Kuttern. Hinzu kommt noch eine große

Grönland und die EG

Am 1. Februar 1985 trat Grönland aus der Europäischen Gemeinschaft (EG) aus. Seit der Aufnahme Dänemarks in die EG nach vorangegangener Volksabstimmung, die am 2. Oktober 1972 für den Beitritt eine Zweidrittel-Mehrheit brachte, war Grönland als dänische Provinz automatisch Mitglied der EG.

Nachdem die eigene politische Meinungsbildung immer mehr Grönländer erfaßt hatte, wurde die Forderung nach Austritt aus der EG immer stärker. Auch hatte die regierende *Siumut*-Partei diese Forderung zu einem ihrer wichtigsten Programmpunkte gemacht, was ihr Vorsitzender Motzfeldt begründete:

> »Wenn sich im Augenblick Grönland und die EG so schwer vereinen lassen, hängt das zum ersten damit zusammen, daß die Fischerei in Grönland eine alles entscheidende Bedeutung hat. Grönland kann aber keinen entscheidenden Einfluß auf die Ausnutzung der Fischresourcen bekommen, weil die Fischerei, zusammen mit der Landwirtschaft, eine Sache der EG ist.«
>
> »Begyndelsen er gjort«. In: Foreningen Nordens Jahrbuch Grønland 1981.

Motzfeldt spricht dann davon, daß es für die grönländische Selbstverwaltung von äußerster Wichtigkeit war und ist, daß sie die Verantwortung für Grönlands Wirtschaft und deren Entwicklung selbst bestimmt. Und er fährt dann fort:

> »Zum zweiten haben wir in Grönland mit der Zeit genügend Selbstvertrauen dafür bekommen, daß wir das grönländische Gemeinwesen so administrieren und mit Gesetzen versehen, daß ihm damit gedient ist. Aber wir haben knappe Ressourcen. Deshalb müssen wir uns mit einem kleinen Verwaltungsapparat begnügen, der im Vergleich mit den Bürokratien der großen westlichen Länder, um schon gar nicht von dem der EG zu reden, fast mikroskopisch klein ist. Dem Strom der Verordnungen und Regeln, der von der EG kommt, kann Grönland überhaupt nicht folgen. Das würde in der grönländischen Legislative eine enorme Unsicherheit erzeugen; denn es wäre schwer zu entscheiden, ob man nun in Übereinstimmung mit dem EG-Recht ist oder nicht.«

Weiter betonte Motzfeldt, daß Grönland der EG nicht den Rücken zuwenden will, sondern daß es eine vernünftige Zusammenarbeit im gegenseitigen Interesse wünscht. Und in bezug auf Grönlands strategische Lage sagte Motzfeldt im selben Aufsatz:

> »Wir sind uns auch vollständig klar über Grönlands strategische Lage im Nordwestatlantik. Und wir verstehen die dadurch entstandene Notwendigkeit, daß in diesem Gebiet Stabilität herrscht. Wir wünschen nicht mit dieser Situation zu experimentieren und möchten es uns sehr verbeten haben, daß das andere tun.«

Mit diesen Worten gab Motzfeldt radikalen grönländischen Gruppen eine klare Antwort auf deren Forderungen nach Auflösung der amerikanischen Basen auf grönländischem Territorium.

Dem definitiven Austritt Grönlands aus der EG waren eine Reihe politischer Aktivitäten innerhalb und außerhalb des dänischen Reiches vorausgegangen, die zeitweise äußerst kompliziert waren. Dänemark war mit dem Ausscheiden Grönlands einverstanden. Doch bevor die Verhandlungen mit der EG begannen, wurden erst einmal die Grönländer zu einer Volksabstimmung aufgefordert, die am 23. Februar 1982 stattfand und bei der sich eine knappe Mehrheit gegen einen Verbleib in der EG aussprach.

Bei den folgenden Verhandlungen in Brüssel kam es Ende Februar 1984 zu einem Abkommen, das in Grönland eine innenpolitische Krise auslöste, die zu vorgezogenen Parlamentswahlen führte. Das Ergebnis war eine Patt-Situation zwischen den beiden großen Parteien *Siumut* und *Atassut* (je 11 Mandate), die durch die Regierungsbildung der Siumut mit der kleineren *Inuit Ataqatigiit* beendet wurde. Nachdem nun am 1. Februar 1985 die Mitgliedschaft Grönlands in der EG beendet war, blieb das Land doch weiter mit der EG verbunden, weil man ihm den Status „Überseeisches Land und Gebiet" (ÜLG) zugebilligt hatte, den auch einige andere frühere europäische Kolonien erhalten hatten. Dieser Sonderstatus gestattet die zollfreie Einfuhr grönländischer Produkte in die EG.

Anzahl kleinerer Boote, deren Eigentümer den Fischfang oft als Nebenerwerb betreiben. Die grönländische Fischerei findet hauptsächlich an der Westküste des Landes statt. Garnelen werden bald nach dem Fang an Bord der großen Trawler eingefroren. Jedoch wird ein Teil des Fanges zu den 15 staatlichen Fabriken gebracht, um dort weiterverarbeitet zu werden. Dasselbe geschieht auch mit dem Dorsch.

Zeittafel zur Geschichte

um 2500	Erste Einwanderung von Inuit; belegt durch Funde von Eigil Knuth bei Gammel Nuulliit (evtl. Beweis der ersten Einwanderungswelle **Independence I,** evtl. einer anderen, älteren Tradition zuzurechnen)
um 2400	**Saqqaq**-Kultur; belegt durch Funde auf Qeqertasussuk
um 1300	neue Einwanderungswelle vom amerikanischen Kontinent, **Independence II**
um 600	Einwanderungswelle von Kanada, **Dorset I**
ZEITENWENDE	
um 700	**Dorset II** in Nordwestgrönland
um 875	Der Norweger Gunnbjörn sichtet die grönländische Küste
900–1100	**Thule**-Kultur
982	Erik der Rote entdeckt Grönland
985	Die isländische Kolonisierung Grönlands unter Erik dem Roten beginnt
1000	Die Normannen in Grönland werden Christen. Die grönländische Kirche wird dem Erzbistum Bremen unterstellt
1103	Die grönländische Kirche kommt unter das Erzbistum Lund
1124	Der Norweger Arnald wird Bischof von Grönland
um 1300	Übergang der Thule-Kultur zur **Inussuk**-Kultur

ZEITTAFEL

um 1500	Ende der normannischen Besiedlung
1578	Frobisher kommt nach Grönland
1650	Beginn der großen Walfängerzeit
1721	Hans Egede landet in Grönland. Beginn der Christianisierung der grönländischen Bevölkerung und zweiten Kolonisierung
1727	Claus Enevold Paars war erster und einziger Militärgouverneur in Grönland
1729	Paars scheitert beim Versuch der Inlandeisüberquerung
1733	König Christian VI. entsendet drei Herrnhuter Missionare nach Grönland
1758	Hans Egede stirbt
1774	Gründung des Königlichen Grönländischen Handels
1777	Ende der Walfängerzeit
1806–13	Giesecke bereist Grönland
1814	Kieler Frieden; Grönland bleibt bei Dänemark
1819	William Scoresby erreicht den Scoresbysund
1822	Aron von Kangeq, grönländischer Künstler, geboren († 1869)
1851	Samuel Kleinschmidts Grammatik der grönländischen Sprache erscheint in Berlin
1859	Die erste grönländische Sagenbuchausgabe kommt in Godthåb (Nuuk) mit dänischen Übersetzungen heraus
1861	Gründung der Zeitung Atuagagdliutit
1863–64	Emil Bluhme in Grönland
1866	Hinrich Rink gibt eine Sammlung eskimoischer Märchen und Sagen heraus
1879	Geburt von Knud Rasmussen
1884–85	Gustav Holms »Frauenbootexpedition«
1886	Tod von Samuel Kleinschmidt
1888	Fridtjof Nansen überquert das Inlandeis von Ammassalik bis zum Nuuk Fjord
1892	Robert Peary überquert das Inlandeis
1900	Ende der Herrnhuter Mission in Grönland
1903–04	Die literarische Grönlandexpedition mit Mylius-Erichsen, Rasmussen, Moltke und Brønlund über die Melvillebucht nach Thule
1906	Pastor Jens Chemnitz begründet die Schafzucht in Südgrönland (Frederiksdal)
1907	In Nordostgrönland kommen die Mitglieder der Danmarks-Expedition (Mylius-Erichsen) um
1909	Peary in Nordpol-Nähe
1910	Knud Rasmussen und Peter Freuchen errichten die Thule-Station
1912	J. P. Koch und Alfred Wegener überqueren das Inlandeis von Nordostgrönland nach Upernavik
1917	2. Thule-Expedition von Rasmussen
1921–24	5. Thule-Expedition von Rasmussen mit Hundeschlitten quer durch Kanada zu den Eskimo Alaskas
1925	Verwaltungsreform
1930–31	Georgi, Loewe und Sorge überwintern auf dem Inlandeis (Eismitte)

1930	Wegener stirbt auf dem Inlandeis. Norweger okkupieren ostgrönländisches Gebiet zwischen dem 71° und 75° nördlicher Breite
1931	Wolfgang von Gronau überfliegt das Inlandeis von Ost nach West
1932	Norweger okkupieren ein Gebiet in Südostgrönland
1933	Der Internationale Schiedsgerichtshof in Den Haag erkennt Dänemarks Oberhoheit über ganz Grönland an
	Tod von Knud Rasmussen
1941	Erster US-Stützpunkt in Grönland
1943	Deutsche Wehrmachtseinheit in Nordostgrönland
1944	In den USA wird eine grönländische 5-Kronen-Münze in Messing geprägt
1950	Das Monopol des Königlichen Grönländischen Handels wird aufgehoben. Der Ausbau der Industrie beginnt
1951	Verträge zwischen den USA und Dänemark über die Verpachtung der grönländischen Stützpunkte
1952	SAS führt die ersten Passagierflüge nach Kalifornien via Thule von Kopenhagen in 24 Stunden durch
1953	Das neue dänische Grundgesetz macht Grönland zur dänischen Provinz
1954	SAS eröffnet Flugverbindung mit Søndre Strømfjord
	Das grönländische Strafgesetzbuch tritt in Kraft
1956	In Nuuk verlassen die ersten Absolventen der Realschule die neue Schule
	Errichtung der Landesbibliothek
1957	Am 1. Juli beginnt das Internationale Geophysische Jahr. Drei dänische glaziologische Stationen werden für Gletscheruntersuchungen in Grönland errichtet
	Die Internationale Glaziologische Expedition beginnt den Zugang zum Inlandeis von Søndre Strømfjord aus zu erkunden
1959	Die »Hans Hedtoft« wird von einem Eisberg gerammt und geht vor Kap Farvel mit 95 Menschen unter
	Errichtung des Eiswarndienstes in Narsarsuaq
1960	Errichtung von Camp Century
1961	Die Knud Rasmussen-Volkshochschule wird in Sisimiut erbaut
1965	Myrtle Simpson überquert als erste Frau das Inlandeis
	Der neue innergrönländische Luftverkehr startet mit drei Helikoptern
1966	Die amerikanische Tiefenbohrung bei Camp Century, das ein Jahr vorher demontiert wurde, dringt durch das 1371 m dicke Eis in die Moräne
	Eine amerikanische Fliegerexpedition mißt die Dicke des Inlandeises mit Hilfe von Radiowellen aus der Luft und registriert im zentralen Grönland eine Eisdicke von 3170 m
	Grönlands Landesmuseum wird in Godthåb (Nuuk) eröffnet
	Der grönländische Landesrat wählt erstmals einen Grönländer zum Vorsitzenden, Pastor Erling Høegh
	Anschluß an das dänische Telefonnetz
	Bevölkerungsexplosion

ZEITTAFEL

1967	Der grönländische Landesrat befürwortet Maßnahmen zur Geburtenbeschränkung
1968	Am 21. Januar stürzt in der Bucht vor Thule eine B-52 des Strategischen Bomberkommandos mit vier Wasserstoffbomben an Bord ab
	Am 9. Februar brennt die Grönländische Landesbibliothek in Nuuk ab
1970	Knud Hertling, grönländischer Abgeordneter im dänischen Reichstag, gründet neue Partei *(Sukaq)*
1971	Gutachten empfiehlt schrittweisen Abbau der Funktionen des KGH. Die Greenex AG erhält Konzession für Abbau von Erz im »Schwarzen Engel« bei Maarmorilik. Knud Hertling wird als erster Grönländer Grönlandminister in der neuen sozialdemokratischen Regierung in Kopenhagen. Wahlalter wird auf 20 Jahre herabgesetzt. 250-Jahr-Feier der Ankunft Hans Egedes in Grönland; Einweihung der neuen Hans Egede-Kirche in Godthåb (Nuuk). Archäologische Untersuchungen von Hans Egedes erstem Wohnplatz auf Håbets Ø. Der Amateurarchäologe Ove Bak macht den Fund einer Reihe bisher unbekannter Normannen-Ruinen, darunter von mehreren Kirchen, bekannt
1972	Der grönländische Reichstagsabgeordnete Moses Olsen erhebt im Reichstag die Forderung nach einer Volksabstimmung über die Zugehörigkeit Grönlands zu Dänemark
1973	Der Landesrat beschließt die Änderung aller dänischen Ortsnamen in Grönland in grönländische – falls solche gefunden werden können. Das erste grönländische Steuergesetz wird mit Wirkung vom 1. Januar 1975 verabschiedet. Bei der dänischen Reichstagswahl stimmen Dreiviertel aller grönländischen Wähler für die beiden grönländischen Kandidaten, die für Selbstverwaltung eintreten
	Rechtschreibereform
	Ausbau des Tourismus. Eröffnung des Knud-Rasmussen-Museums in Ilulissat
1974	Naturschutzgesetz für Grönland im dänischen Parlament. Abbau des KGH
1975	Erstes Teilgutachten über die grönländische Selbstverwaltung durch den dänischen Parlamentsausschuß. Einberufung einer Selbstverwaltungskommission. Neue Steuerverordnung. Wirtschaftskrise. Einrichtung der ersten Professur für Eskimologie in Kopenhagen
1976	Inkrafttreten der Bestimmung über den Nationalpark
1977	Gründung der *Siumut*-Partei
1978	Gründung der *Atassut*-Partei und *Inuit Ataqatigiit*
1979	17. 1. Volksabstimmung über die Selbstverwaltung (70 % mit Ja)
	4. 4. Wahl zum grönländischen Parlament; Regierungschef wird Jonathan Motzfeldt *(Siumut)*
	1. 5. Einführung der Selbstverwaltung
1980	Zweite Zusammenkunft der Inuit Circumpolar Conference in Nuuk
1982	Volksabstimmung über den Verbleib in der EG (Ergebnis: Austritt)
1983	Motzfeldt in Europa, um den Boykott grönländischer Seehundfelle zu verhindern

1984	Ausgrabungen auf Qeqertasussuk bringen neue Erkenntnis über die Ur- und Frühgeschichte
	Nach innenpolitischer Krise vorgezogene Parlamentswahlen (Koalition aus *Siumut* und *Inuit Ataqatigiit;* Regierungschef: Motzfeldt)
1985	1. 2. Ende der EG-Mitgliedschaft; Sonderstatus als »Überseeisches Land und Gebiet«. Grönland erhält eigene Flagge und Wappen
1987	Eröffnung der ersten Universität in Nuuk
1988	Grönland wählt seine erste »Miss Grönland«
	Fischereikrise führt zur Umbildung des Fischereiressorts in der Regierung
1989	Große Feiern zur 10jährigen Selbstverwaltung
	Gesetz zur Aufhebung des Lohnunterschieds zwischen Dänen und Grönländern
	Vierte Zusammenkunft der Inuit Circumpolar Conference in Sisimiut
1990	Übergabe von 399 Exponaten, die grönländischen Ursprungs sind, vom dänischen Nationalmuseum an das grönländische Landesmuseum in Nuuk
	Erste große Ausstellung über die Tätigkeit der Sirius-Patrouille im Kopenhagener Zeughaus
	Der grönländische Schriftsteller Hans Anthon Lynge (geb. 1945) wurde als erster Grönländer Kandidat des Literaturpreises des Nordischen Rats. Lynges Kandidatur begründet sich auf seinem Roman »Nunanni avani« (In meinem Land, oben im Norden). Jedes nordische Land kann für diesen bedeutenden nordischen Literaturpreis 2 Kandidaten vorschlagen. Die kleinen Sprachgemeinschaften, wie die samische, färöische und grönländische jedoch nur je einen. Der Preis wird Anfang 1991 verliehen
1991	Zu erwartender Beschluß des Landstings über offizielle grönländische Nationalhymne
1992	Die US-Airforce will von 1992 an alle ihre Stützpunkte – mit Ausnahme von Thule – verlassen

Die grönländischen Kulturträger

Die Literatur

Die schriftliche Überlieferung der sehr alten oralen Literatur Grönlands ist verhältnismäßig jung. Von Generation zu Generation wurden die Geschichten, Sagen und Märchen, die Lieder dieses arktischen Volks mündlich tradiert, bis sie dann zum erstenmal in der Zeit Hans Egedes aufgezeichnet wurden. Bereits Egede gab in seinen Schriften Erzählungen der Eskimo wieder. Und in der folgenden Zeit vervollständigte sich allmählich durch Aufzeichnungen späterer Forscher das Bild von dem dichterischen und erzählerischen Vermögen der Grönländer. So sammelte Hinrich Rink eine große Zahl eskimoischer Märchen und Sagen, die er ins Dänische übertrug und unter dem Titel »Eskimoiske Eventyr og Sagn« 1866 und 1871 herausgab. In den Jahren 1921–1925 erschien dann das große Werk von Knud Rasmussen, das den Titel trägt »Myter og Sagn fra Grønland, I–III« und später durch die dreibändige Ausgabe von Regitze Sæby »Inuit fortæller« (Die Inuit erzählen, 1981) ergänzt wurde. Genannt werden muß auch die große repräsentative Sammlung, die Jens Rosing mit ostgrönländischen Märchen und Sagen unter dem Titel »Sagn og saga fra Angmagssalik« 1963 mit Illustrationen von Sven Havsteen-Mikkelsen herausgab. Von den Liedern der Eskimo erfuhr die alte eskimoische Dichtung mit dem Band »Snehyttens Sange« (Lieder der Schneehütte, 2. Aufl. 1961) von Knud Rasmussen eine großartige Übertragung in dänische Sprache. Diese zum Teil sehr alten Lieder sammelte Rasmussen nicht nur in Grönland, sondern auch in Kanada und Alaska.

Die Lieder, die meist zur Trommel gesungen wurden, können – zusammen mit den Märchen und Sagen – als das präliterarische Dichtungsgut der Eskimo bezeichnet werden. Sie bilden zugleich die wesentlichsten Überlieferungen der geistigen Kultur der Eskimo. Überblickt man die gesamte Dichtung der Eskimo – und damit auch die der Grönländer –, kann man sie in folgende Abschnitte einteilen:

1. Archaische Dichtung der Eskimo
   a) die Lieder
   b) die Sagen und Märchen (in größerem Umfang erst im 19. Jh. gedruckt)
2. Christlich-religiöse Äußerungen in Lied und Prosa (gedruckt seit dem 19. Jh.)
3. Grönländische Lyrik neuerer Zeit (gedruckt seit dem 19. Jh.)
4. Neue Prosa (20. Jh.)

Archaische Dichtung

Die alte eskimoische Lyrik war vielfältig zweckgebunden. So gab es beschwörende Lieder, zu Trommelschlägen gesungen. Man dichtete auch ›Duellieder‹, die im Austausch rhethorischer und logischer Figuren bestanden und deren Ziel es war, als argumentativer Sieger aus dem dialektischen Wettkampf hervorzugehen. Auch bei diesen ›Duelliedern‹, zumeist vor einer großen Menschenmenge ausgetragen, wurden die Trommeln benutzt. Daneben gab es das ›Unterhaltungslied‹, vorgetragen in den großen Gemeinschaftshäusern zur Unterhaltung und Zerstreuung. Dabei konnten auch Jagdlieder gesungen werden, Schlummerlieder für die Kinder und Liebeslieder. Das folgende Liebeslied stammt aus Westgrönland und wurde von Knud Rasmussen ins Dänische übertragen:

> **Liebe**
> Ajaija-ja,
> mein Spielkamerad,
> ja-ja-jai-ja,
> streicht mir über den Schoß,
> hajaijaja,
> nimmt mich und gibt mir seinen Leib,
> hajaija-ja-ja-jaija,
> und reißt mir die Fellarmbänder ab.

Die alten Sagen und Märchen der Eskimo umfassen Schöpfungsgeschichten und die verschiedenartigsten religiösen Erzählungen. Sie erzählen in großer Vielfalt von der Tierwelt, von Meeres- und Landtieren und allerkleinsten Tieren. Mit Vorliebe erzählte man auch von Waisenkindern, wie dem armen Kaassassuk, der übernatürliche Kräfte bekam und sich dadurch an seinen Quälgeistern rächen konnte. Mord, Rache, Frauentausch und Frauenraub, Geschwisterliebe und noch vieles andere gehörten zu dem breit gefächerten Bild der Sagen- und Märchengattung.

Alle diese Geschichten bildeten einen wesentlichen Faktor, der zum Überleben beitrug; denn sie hielten an den langen Winterabenden und Nächten die Menschen wach und ließen ihre Psyche nicht verkümmern, sondern gaben ihr und dem Gehirn ständigen Reizstoff, der ihre Lebensflamme weiter nährte.

Christlich-religiöse Literatur

Die Periode der religiösen grönländischen Literatur, die nach der Christianisierung einsetzte, brachte die ersten Bücher in grönländischer Sprache hervor. Aber ihre Urheber waren natürlich nicht die eskimoischen Grönländer, sondern Missionare. Gedruckt wurden diese Bücher in Dänemark und in Deutschland, woher die Missionare der Herrnhuter Brüdergemeine kamen.

So wurde 1739 das erste grönländische Alphabet gedruckt, 1744 bereits die vier Evangelisten, Ende des 18. Jh. lag das Neue Testament vollständig in grönländischer Sprache vor und Ende des 19. Jh. das gesamte Alte Testament. Und auch grönländische Gesangbücher erschienen im 18. Jh.

LITERATUR: MODERNE LYRIK

Der Inhalt dieser Bücher bestand zunächst aus Übersetzungen dänischer und deutscher Kirchenlieder, während spätere Ausgaben auch neuere Kirchenliederdichtung enthielten, deren Autoren meist dänische und deutsche Missionare waren. So hat beispielsweise der deutsche Herrnhuter Carl Julius Spindler allein für das letzte grönländische Gesangbuch 69 Kirchenlieder ins Grönländische übertragen oder selbst gedichtet. Spindler gab auch ein größeres grönländisches Liederbuch mit 150 Liedern und Noten heraus, das sich großer Beliebtheit erfreute. Aber nun kamen auch grönländische Kirchenliederdichter zu Wort. Es begann mit Rasmus Berthelsen (1827–1901), dessen Vita bereits in einem der vorangegangenen Kapitel (s. S. 97f.) behandelt wurde. Er redigierte einige kleinere Gesangbücher, u. a. »Tussiaatit« (Kirchenlieder), gedruckt 1877 in Kopenhagen. Von den 62 Kirchenliedern des Buches hatte er 50 geschrieben, von denen – wie er selbst erklärte – sechs übersetzt waren. Und noch im letzten grönländischen Gesangbuch findet man 13 Kirchenlieder, die aus seiner Feder stammen (»Tussiutit« 2. Aufl. 1984). In seine Nachfolge als Kirchenliederdichter traten die Grönländer Henrik Lund (1875–1948) und Jonathan Petersen (1881–1961). Aber diese beiden grönländischen Dichter schrieben auch weltliche Lyrik.

Grönländische Lyrik neuerer Zeit

Der erste Band grönländischer Dichter kam 1956 unter dem Titel »Kalâtdlit Taigdliortue Tatdlimat« (Fünf grönländische Dichter) heraus. Und zwar mit den Autoren Henrik Lund, Rasmus Berthelsen, Carl Julius Spindler, Pavia Petersen und Kristen Poulsen – mit Ausnahme von Spindler alles Grönländer.

In diesem Bändchen findet man auch ein elegisches Gedicht von Kristen Poulsen, der während einer Masernepidemie im südgrönländischem Narsaq starb.

Das Gedicht ist schon von Todesahnungen gezeichnet und zeigt auch den Umbruchprozeß, in dem sich die damalige Lyrik vom rein religiösen Lied zur freien lyrischen Äußerung befand. Das Gedicht trägt den Titel *Ukiaq*, was soviel wie »Herbst« bedeutet:

> **Herbst**
> Unser Land will jetzt welken
> und wird immer kälter.
> Es gleicht einem Mann,
> entkräftet und schwach.
> Der Blumen Säfte verrinnen
> allüberall.
>
> Es ist nicht genug Nahrung
> zum Sattwerden da.
> Und der Tod zeigt sein Antlitz
> jetzt in meinem Land.
> Seht die Gipfel der Berge
> vom Schnee bald bedeckt.

Unser Land wird erstarren
vor beißender Kälte,
dem Greise gleich,
der in seiner Schwäche
nur noch die Decke ersehnt.

Von den folgenden Lyrikern muß vor allem Frederik Nielsen (geb. 1905) genannt werden, der viele Jahre dem grönländischen Rundfunk vorstand und auch Prosa schrieb. Seine Gedichtsammlung »Kilak-nuna-imak avdlatdlo« (Himmel, Land und Meer und anderes) erschien 1962 und enthält u. a. Gedichte seiner frühen Jugend, gedruckt in einem 1943 herausgekommenen Band. Das 1962 erschienene Werk verzeichnet u. a. Gedichte mit Huldigungen an Grönlands schöne Natur und gefühlvolle Meditationen über den Sinn des Lebens sowie Zeitbilder, die mit historischen Motiven durchsetzt sind.

Eine weitere markante Persönlichkeit der neu entstandenen Lyrik war Hans Lynge (1906–1988), ein Dichter, der auch ein Meister der bildenden Kunst ist. Von Hans Lynges dichterischen Äußerungen fallen vor allem seine »Prologe« auf, die er im Zusammenhang mit aktuellen Geschehnissen seiner Zeit verfaßte. So schrieb er einen »Prolog« aus Anlaß der Einführung des Wahlrechts für grönländische Frauen (1948), einen anderen zur Einweihung der ersten grönländischen Sporthalle in Nuuk (1969) und ein weiterer »Prolog« galt der 250-Jahr-Feier der Ankunft Hans Egedes in Grönland.

Einen wichtigen Beitrag zur Geschichte der modernen grönländischen Lyrik stellt die Anthologie »Puilassok pikialârtok« (Die sprudelnde Quelle) dar, die 1969 erschien. In ihr fanden junge Dichter wie Isak Lund, Abel Kristiansen, Amandus Petrussen, Moses Olsen und Kristian Olsen Aufnahme. Die Thematik dieses Bandes bezieht sich auf die Liebe zur Heimat, auf Schönheit und Gewalt der grönländischen Natur, auf das tägliche Dasein und vieles mehr.

Der grönländische Künstler Hans Lynge (1906–1988) bei der Arbeit

LITERATUR: LYRIK/MODERNE PROSA

In einer 1971 erschienenen Anthologie mit dem Titel »Agdlagarsiat« (Briefe) stehen u. a. Protestgedichte, die gegen die Entwicklung des grönländischen Gemeinwesens vor Einführung der Selbstverwaltung gerichtet sind. So behandelt in diesen Gedichten Aqigssiaq Møller (geb. 1931) u. a. die übertriebenen Hoffnungen, die man der Bedeutung des dänischen Unterrichts beigemessen hatte und das zügellose Treiben in den dänischen Handwerkerbaracken. Ferner wirft Aqigssiaq Møller die Frage nach der Identität auf und sagt in einem Gedicht:

> Früher konnte man
> ohne Kompaß sein Ziel erreichen.
> Ist es denn wirklich unmöglich,
> heutzutage sich selbst
> zu finden?

Junge grönländische Dichter gingen mit ihren Protestgedichten auch in das aktuelle politische Geschehen hinein und kamen zu radikalen Forderungen nach absoluter Selbständigkeit. So wuchs aus der religiösen Lyrik ein facettenreiches Bild grönländischer Dichtung, das von subtilen Naturbeschreibungen und Liebesversen bis zu polemischen Auseinandersetzungen mit den früher Regierenden reicht.

Die neue Prosa

Am Anfang der neuen grönländischen Prosaliteratur stehen zwei Romane, die 1914 und 1931 erschienen. Der erste trägt den Titel »Sinnattugaq« (Ein Traum). Sein Verfasser ist Mathias Storch (1883–1957), ein grönländischer Pastor, der mit diesem Werk gesellschaftskritische Gedanken verbreiten wollte, die sich vor allem gegen die Vorsteherschaften richteten. So wurde dieses kleine Werk zu einer politischen Schrift in Form einer Erzählung, die Knud Rasmussen ins Dänische übertrug.

Die Hauptperson dieses Büchleins ist der junge Grönländer Pavia, der nach der Konfirmation auf das Seminar in Godthåb (Nuuk) geschickt wird, um Katechet zu werden, und dort mit den Mißständen der Gesellschaft konfrontiert wird. Im Traum hat er die Vision von Godthåb (Nuuk) aus dem Jahr 2105, in dem alles besser und schöner ist. Die Moral lehrt schließlich, daß dieses Ziel erreicht werden kann, wenn alle Menschen sich von Christus leiten lassen.

Storch selbst konnte später seine gesellschaftskritischen Vorschläge auf andere Weise vorbringen. Er wurde Mitglied der Grönlandkommission von 1921, war vier Jahre Mitglied des Landesrats von Nordgrönland und gab schließlich ein Buch in dänischer Sprache unter dem Titel »Strejflys over Grønland« (Streiflichter über Grönland, 1930) heraus, in dem er in kritischer Form eine Reihe grönländischer Probleme behandelte.

Der zweite, am Anfang der grönländischen Prosadichtung stehende Roman »Ukiut 300-nugornerat« (Das 300. Jahr nach Hans Egedes Ankunft in Grönland) stammt von dem Politiker Avgo Lynge (1899–1959), der 1959 mit dem Grönlandschiff »Hans Hedtoft« vor

Kap Farvel unterging. Avgo Lynges Buch ist wie Storchs Erzählung eine politische Schrift, die stellenweise die Spannung eines Kriminalromans besitzt. Die Handlung spielt in einer betriebsamen Fischereistadt, Grønlandshavn genannt, worunter sicherlich Godthåb (Nuuk) zu verstehen ist. Von einem wissenschaftlichen Buch ist die Rede, herausgegeben aus Anlaß des 300jährigen Jubiläums der Stadt, das die Entwicklung von einem Jäger- und Fängergemeinwesen zur Fischereination zeigt. Und man liest, daß es manche Hemmungen in der jüngeren Entwicklung gab, weil viele die Bibel zu genau nahmen und keine Vorräte sammelten, weil es ja in diesem Buch hieß, daß man keine irdischen Güter zu sammeln braucht. Auch die Unwissenheit war schuld an vielen Übeln.

Und nun sind wir im Jahr 2021. Da sind Meeresfischerei und Schafzucht im südlichen Teil des Landes die Haupterwerbszweige der Grönländer. Fischereiabkommen zwischen Grönland, Neufundland und Island sind in Kraft und erlauben den Fang in jedem dieser Gebiete. Grønlandshavn ist eine moderne Stadt mit einem Villenviertel, schönen Geschäften, einigen tausend Einwohnern und lebhaftem Kontakt mit der Außenwelt, Tourismus und Sportwettkämpfen. Die modernen Grönländer sind zweisprachig, von dänischer Lebensart geprägt, aber zutiefst mit ihrem Land verbunden. Kurz vor dem großen Jubiläum aber rast ein fürchterlicher Sturm, viele Fischkutter gehen unter, Menschen sterben: Grönlands gewaltige Natur kann man auch durch technischen Fortschritt nicht zähmen.

Den dritten Roman schrieb Frederik Nielsen (geb. 1905). Er erschien 1934 und heißt »Tuumarsi« (Thomas, 1980 in dänischer Übersetzung herausgekommen). Dieses Werk enthält eine Reihe von Zeitbildern aus der Mitte des 19. Jh., wo die Bewohner eines kleinen Wohnplatzes an der Westküste dem Hunger erlagen, da Jagd und Fischfang nichts brachten. Größer angelegt und in der Thematik in den frühen Zeiten der Geschichte angesiedelt, ist Frederik Nielsens 1970 erschienenes Werk »Iliose tássa nunagssarse« (Das ist euer künftiges Land). Es ist eins der markantesten Bücher, das die grönländisch-eskimoische Vergangenheit zum Thema hat. Geschildert wird die Wanderung der Eskimo von Kanada nach Grönland und weiter in den Süden des Landes, wo sie auf die nordischen Siedler stoßen. In breit angelegter Schilderung erfährt man vom Magischen, vom Übernatürlichen, das das rauhe Leben der Eskimo prägt, von ihren Schamanen und schließlich von der Begegnung mit den Nordleuten in Vestribygd.

Der bereits erwähnte Hans Lynge hat auch neben einer Reihe von Schauspielen den Roman »Ersinngitsup piumasse« (Der Wille des Unsichtbaren) geschrieben, der 1938 hektographiert und 1967 gedruckt erschien. Wie in seinen Stücken ist auch hier die Vergangenheit des eskimoischen Volks das Thema. Inspiriert wurde Lynge durch einen Bericht von den kanadischen Eskimo, den Knud Rasmussen in einem seiner Bücher wiedergibt. Es geht darin um zwei Jungen, ein Zwillingspaar, das Knud Rasmussen beim Besuch seiner Eltern kennenlernte und wobei ihm das besonders harmonische Verhältnis zwischen Eltern und Kindern auffiel. Aber später erfuhr er dort, daß der Vater der Zwillinge gar nicht ihr Erzeuger war, sondern den leiblichen Vater getötet und dessen Frau geheiratet hatte.

Die Frage entstand nun sowohl bei Knud Rasmussen als auch bei Hans Lynge: wie werden die Söhne reagieren, wenn sie später den wahren Sachverhalt erfahren, denn sie sind ja nach alter Tradition zur Rache verpflichtet. Dieses ungeschriebene Gesetz wurde der Leitfaden in Hans Lynges Buch, in dem die beiden Söhne Saamik und Ulloriaq bei einem Ballspiel hören, daß ihr Vater nicht ihr richtiger Vater ist, sondern sein Mörder. Die Rache ist für die beiden Brüder unabwendbar, trotz verzweifelter Versuche der Mutter, die Söhne davon abzuhalten. Die Tat geschieht: »Kurz danach saßen die beiden Brüder stumm am Strand und wischten das Blut von den Waffen ab. Es hatte den Anschein, als könnten sie nicht recht den Platz verlassen – als wenn sie Angst hätten, wieder zurück ins Leben zu kehren.«

Zu den Autoren dieser Generation, die gleichsam Pioniere der grönländischen Romankunst sind, gehören ferner Otto Rosing (1896–1965), ein grönländischer Pastor, dessen schriftstellerische Tätigkeit mit biographischen Schriften und ostgrönländischem Sagenstoff beginnt. Otto Rosings Bücher stützen sich auch auf historische Quellen. Das trifft z. B. auf seinen Roman »Gulunnguaq« (ein Mädchenname) zu, der erst 1967 erschien, und in dem das Schicksal einer Witwe aus dem 18. Jh. gestaltet wird, die von den Mitbewohnern des Wohnplatzes als Hexe verschrieen und verfolgt wird. Sie sucht schließlich Zuflucht bei einem Pastor, will getauft werden und entgeht ihren Verfolgern, so daß sie später eines friedlichen Todes sterben kann.

Villads Villadsen (geb. 1916) ist ein weiterer aus dem kirchlichen Leben stammender grönländischer Autor. Er schrieb das große Epos »Nalusuunerup taarnrani« (In der Dunkelheit des Heidentums, 1965) das in drei Episoden historische Ereignisse schildert. Zu erwähnen ist auch das 1958 erschiene Büchlein »Jense«, das ebenfalls in Ostgrönland nach dem Zweiten Weltkrieg spielt. Dieses Werk enthält die realistische Schilderung eines grönländischen Mädchens, das sich mit einem dänischen Handwerker verheiratet, aber ein unglückliches Schicksal erfuhr. Ein anderes, 1973 erschienenes Werk schildert das Leben an der Disko-Bucht zur Zeit der Einführung des Christentums und hat thematisch manche Ähnlichkeit mit Otto Rosings »Gulunnguaq«.

In den Jahren 1971–73 erschien dann ein weiterer Roman, dessen Handlung in der Zeit kurz vor Einführung des Christentums spielt. Es ist dies die Trilogie »Qooqa, Tulluartoq I und Tulluartoq II«, ein Familienroman von Ole Brandt (1918–1981). Das Werk erschien aus aktuellem Anlaß: Zu Beginn der 60er Jahre sollten verschiedene Wohnplätze der Kangaatsiaq-Kommune im Rahmen der Bevölkerungskonzentration umgesiedelt werden, ein Plan, der nicht voll ausgeführt wurde, weil die Bewohner der Kommune protestierten. Mit diesem Werk opponierte Ole Brandt gegen den Plan. Im Vorwort zu »Tulluartoq I« weist Brandt darauf hin, daß das Werk in einer Zeit erscheint, in der

> »unsere grönländische Nationalität, unsere Sprache, unsere Kultur und unsere ganze Identität sich in einer ernsten Krise befinden. (...) Die Zeit ist gekommen, in der wir Grönländer die Fähigkeit früherer Generationen zum Überleben zurückgewinnen müssen und wir unsere nationale Würde wieder erschaffen.«

Ole Brandt, der in Nuuk und in Dänemark eine Lehrerausbildung erhielt, sich stark für die grönländische Sprache einsetzte, ferner eine Zeitlang Mitglied des grönländischen Landesrats war und Vorsitzender des grönländischen Autorenverbandes, hat außerdem Erzählungen und Novellen geschrieben. Post mortem erschien noch eine Sammlung von Schicksalserzählungen unter dem Titel »Ippiarsuup imai« (1982). Brandt gehört zu den meistgelesenen Schriftstellern im Grönland unserer Zeit.

Noch weiter zurück in die Zeit geht Ulrik Lennert mit seinem Band »Magliak«. Der Titel ist der Name der Hauptperson, die als Junge mit sadistischen Neigungen beschrieben wird und sich dann zum Angakkoq und großen Totschläger entwickelt, bis er schließlich selbst getötet wird. Eine Episode, die in den Handlungsverlauf eingeflochten ist, schildert die Begegnung von Rentierjägern mit einem blonden Jungen, dessen Sprache die Eskimo nicht verstehen. Diese Begegnung deutet auf die Zeit hin: der Junge muß ein Normannenkind sein. Das Geschehen spielt also vor 1500.

Die grönländische Vergangenheit schildert auch Otto Sandgreen (geb. 1914). Er war in den äußersten Bezirken Grönlands, in Ostgrönland und Thule, Pastor und hat dort viel Stoff gesammelt. Alte Leute, die sich noch an die vorchristliche Zeit erinnern konnten, waren es oft, von denen er noch manches erfuhr. 1967 erschien »Isi isimik kigullu kigummik« (Auge um Auge, Zahn um Zahn, 2 Bd.), dessen Inhalt mit den anderen Büchern, nämlich »Ernerminik akiniussisoq« (Einer, der sich an dem Töter seines Sohnes rächte, 1964) und »Georg Quppersiman: Taamani Guutimik nalusuugama« (Aus meiner Zeit, bevor ich zum Christentum bekehrt wurde, 1972; dän. 1982) zusammenhängt. Es sind alles Bücher mit Geschichten von Schamanen, von Rache und Totschlag und Geschichten aus der Welt der Sagen Ostgrönlands. Von Sandgreens Erzählungen ist noch »Anaanallu ataatallu ataqqikkit« (Ehre deinen Vater und deine Mutter, 1980) zu nennen, in dem erzählt wird, daß Überbleibsel der alten eskimoischen Kultur trotz der neuen Zeit bei einzelnen Menschen des Landes noch zu finden sind.

Jens Rosing (geb. 1925), der Sohn von Otto Rosing, Zeichner und Schriftsteller zugleich, hat das Bild Grönlands in weiten Kreisen bekannt gemacht. Als Zeichner entwarf er Briefmarken und arbeitete als Buchillustrator.

Als Schriftsteller erweckte er Aufmerksamkeit mit seinem schmalen Band »Den dragende flok« (Die ziehende Herde, dän. 1954). Hier beschreibt Rosing das Leben einer Rentierherde im Norden Norwegens, im Winter mit Schneesturm und Hagel und in der heißen Sonne des Nordlandsommers. Das kleine Werk, mit Zeichnungen und Vignetten illustriert, besticht durch Rosings einfaches und doch so farbenreiches Erzähltalent. Aus seiner reichhaltigen schriftstellerischen Produktion ragt besonders sein repräsentatives Werk »Sagn og Saga fra Angmagssalik« hervor. Neben seinen Prosawerken schrieb Rosing auch Gedichte und eine große Reihe populärwissenschaftlicher Aufsätze und Artikel.

Betrachtet man die grönländische Literatur unserer Zeit, so drängt sich der Eindruck auf, daß die schreibenden Grönländer besonders die Vergangenheit ihres Volkes im Auge haben. Das wird erklärbar durch den großen Umbruchprozeß, den die Grönländer besonders in der ersten Hälfte des 20. Jh. durchmachten und der noch andauert. Bei diesem Prozeß war die Identitätsfrage von gravierender Bedeutung. Autoren wie Ole Brandt wollten mit ihrer aus der alten Geschichte ihres Volkes geschöpften Thematik an eine kraftvolle Vergangenheit erinnern, in der auch schlechte Zeiten überstanden wurden. Diese Werke verfolgten mit ihren historischen Themen aktuelle und politische Ziele. Ihre Autoren wurden zu geistigen Vorkämpfern und Wegbereitern der internen Selbständigkeit ihres Volkes.

Neben dieser Literatur, deren Autoren aufklärerische Absichten verfolgten und mit der Suche nach den kulturellen Wurzeln auf die Jetzt-Zeit einwirken wollten, gibt es eine Fülle von Unterhaltungs-, Trivial- und erotischer Literatur. Zu nennen wäre hier Hans Hendrik, Pseudonym eines Grönländers, der als erster in seinem Roman »Nutaraq« (Die Blutjunge) von 1971 Sexualität und Erotik in die neue Literatur trug. Zweifellos wurde Hendrik von der Freizügigkeit der dänischen Literatur der 60er Jahre beeinflußt, deren letzte moralische Schranken durch die gesetzliche Freigabe der Pornographie im Jahr 1967 fielen.

Auch gibt es im modernen grönländischen Schrifttum gesellschaftskritische Beiträge, Literatur, die sich vor allem gegen die Vorherrschaft der Dänen richtete. Ein Forum für ihre Werke haben die grönländischen Schriftsteller, die auch in einem eigenen Autorenverband organisiert sind, in dem grönländischen Verlag, der in Nuuk seinen Sitz hat und 1956 auf Beschluß von Grönlands Landesrat mit dem Zweck gegründet wurde, die Herausgabe von Büchern zu koordinieren und intensivieren, wozu der Landesrat die Mittel bewilligte. Um dem Ziel, sich selbst zu finanzieren, näher zu kommen, wurde dem Verlag 1965 ein Buchhandel angeschlossen, der den Namen »Atuakkat« (Bücher) führt und durch den dann der Verlag zu einer selbständigen Einrichtung werden konnte, die in den 70er und 80er Jahren bis zu jährlich 50 Buchtitel herausgeben konnte. Unter diesen Titeln befinden sich auch Übersetzungen bekannter Werke der Weltliteratur.

Die Sprache

Nach Einführung der Selbstverwaltung wurde die grönländische Sprache erste Landessprache. Die früheste genauere Kenntnis des Grönländischen erhielt man in Europa durch die Aufzeichnungen des englischen Seefahrers John Davis, der, als er auf seinen Fahrten in die Nähe des heutigen Nuuk kam, eine kleine Liste grönländischer Wörter anlegte. Das war in den 80er Jahren des 16. Jh. Ein etwas ausführlicheres Wörterverzeichnis ist aus dem Jahr 1654 bekannt. Obwohl die Buchstabierungsmethode dieser beiden Quellen ziemlich unbeholfen ist – man versuchte ja die gehörten Laute dieser Sprache erstmals schriftlich zu fixieren –, sind sie doch nicht ohne Wert, da sich mittels Vergleichen durchaus eine Rekonstruktion durchführen läßt.

Die große Zäsur im Ablauf der grönländischen Geschichte kam durch Hans Egede, der die ersten Aufzeichnungen des Grönländischen machte und eine Beschreibung dieser Sprache in seinem Werk »Des alten Grönlands neue Perlustration oder Naturgeschichte, 1741« veröffentlichte. Dessen Sohn, Poul Egede (1708–89), hatte die grönländische Sprache seit seiner Kindheit gelernt und beherrschte sie so, daß er später das Neue Testament ins Grönländische übersetzen konnte (1740er Jahre). 1750 gab er dann das erste grönländische Wörterbuch heraus, und 1760 erschien seine grönländische Grammatik, die von der lateinischen Grammatikmethode beeinflußt war. Auch die von Königseer um 1780 verfaßte, aber nie gedruckte

Grammatik, stand noch ganz auf dem Boden lateinischer Grammatikmethode, während die 1791 von Otho Fabricius herausgegebene Grammatik, ihrer Zeit voraus, in einigen Passagen vom lateinischen Vorbild frei war.

Erst eine 60 Jahre später erschienene Grammatik erreichte den Standard, den das Grönländische benötigte, um auch Literatursprache werden zu können. Es war dies das Werk des früheren deutschen Herrnhuters und späteren Lehrers am Seminar in Godthåb (Nuuk), Samuel Kleinschmidt. In deutscher Sprache erschien die Grammatik 1851 bei Reimer in Berlin unter dem Titel »Grammatik der grönländischen Sprache mit theilweisem Einschluß des Labradördialects«. Diese Grammatik bildete zusammen mit Kleinschmidts Wörterbuch der grönländischen Sprache, das unter dem Titel »Den Grønlandske Ordbog« 1871 in Kopenhagen erschien, bis in die jüngste Zeit die Grundlage für die Sprache der Grönländer, der erst eine Rechtschreibereform im Jahr 1973 eine vereinfachte Schreibweise verlieh.

Insgesamt existieren neben dem Aleutischen sechs eigenständige Eskimo-Sprachen. Die Sprecher dieser Sprachen (fünf Yupik-Sprachen in Tschukotka und Alaska sowie das Inuit-Inupiaq) verstehen einander nicht. Das Grönländische bildet den östlichen Zweig des Inuit-Inupiaq, das in Kanada sowie Nord- und Nordwestalaska gesprochen wird. Die Zahl der Sprecher aller Eskimo-Sprachen betrug 1980 ca. 85 000, davon waren ca. 43 000 Grönländer.

Zur Sprachstruktur kann gesagt werden, daß es sich beim Eskimoischen um eine polysynthetische und inkorporierende Sprache handelt. Polysynthetisch ist sie, weil sie eine Reihe von Begriffen zu einem einzigen Wort zusammenketten kann. Ein von Robert Petersen, Rektor der Universität Nuuk, hierfür angeführtes Beispiel läßt das gut erkennen: so heißt »Tochter« im Grönländischen *panik*, »klein« = *-nnguaq*, mein = *-ra*. »Meine kleine Tochter« würde im Grönländischen dann heißen: *Paninnguarra*.

Dieses System der Kombination von Infixen und Suffixen ließe theoretisch Wörter mit bis zu 80 verschiedenen Suffixen zu, wie Hinrich Rink errechnet hat am Beispiel des Wortes *igdlo* (»Haus«). Faktisch finden jedoch niemals soviele Suffix Verwendung, sondern höchstens zehn, in der Regel sogar deutlich weniger. Neben den Stämmen und Suffixen sind in den Exkimo-Sprachen auch die Beugungsendungen ein entscheidendes Strukturelement.

Die Berührung mit anderen Kulturen führte auch zu einer Veränderung der Sprache – nicht im Hinblick auf die Sprachstruktur, sondern in bezug auf das gängige Vokabular. Hier erwies sich das Grönländische als ebenso flexibel wie alle anderen Sprachen, die mit den technischen und kulturellen Innovationen neue Vokabeln in ihren Wortschatz aufnahmen. So wurden aus den Importwaren Kaffee, Tee und Zucker *kaffi*, *tii* und *sukku* und aus »Zigarette«, »Zigarre« und »Zigarillo« wurden *sikkaritsi*, *sikaaq* und *sikaavaraq*. Auch alte Wörter konnten zu neuen Begriffen werden. Aus dem grönländischen Reiseboot, dem *umiaq*, machte man »ein großes Reiseboot«, das *umiarsuaq* (»Schiff«). Und als »kleines Schiff« entstand das grönländische Wort *umiarsuaaraq*, das dann die Bedeutung von »Schoner« erhielt. Mit der Einführung der Geldwirtschaft in Form der ersten Münzen entstand die sprechende Bezeichnung *aningaasat* für Münze; *aningaaq* bedeutet »Mond«.

Mit der Einführung des Christentums kam natürlich manches Wort ins Land, für das man ein passendes grönländisches Wort finden mußte. Doch auch eine Reihe von Lehnwörtern entstand. Diese kamen so zustande, daß man einfach das dänische Wort aufnahm und es ein wenig »grönlandisierte«, wie es auch schon mit den oben angeführten Wörtern Kaffee, Tee, Zucker geschehen war. So wurde aus »Gott« (dän. gud) *guuti* (Guuti), aus »Evangelium« *iivangkiiliu*, aus »Engel« *inngili*, aus »Sonntag« *sapaat*, aus »Pastor« *palasi*, aus »Propst« *provsti*. Typisch für die Lehnwörter ist die Endung auf *i*, die sich in den Lehnwörtern des technischen Zeitalters wiederholt: so heißt »Motor« im Grönländischen *motori*, das »Auto« *biili* (dän. »bil«), der »Helikopter« *helikopteri*, der »Hubschrauberlandeplatz« heißt *heliporti* (nach dän. »heliport«).

Der grönländischen Sprache wird als integratives Element grönländischer Identität größte Bedeutung zugemessen. Das findet seinen Ausdruck auch darin, daß das Landesparlament einen ständigen Ausschuß eingesetzt hat, der sich mit Wortschatzerweiterungen und anderen Sprachveränderungen beschäftigt und entsprechende Vorschläge ausarbeitet.

Das Grönländische als Schriftsprache ist eine – in Relation zum Sprachalter betrachtete – junge Erscheinung. Im 19. Jh. trat sie erstmals in Buchpublikationen auf. Es war die Kirche, die damit begann. Viel zur Verbreitung der Schriftsprache trug die 1861 zum erstenmal herausgekommene Zeitung »Atuagagdliutit« bei sowie die kleinen ›Sachbücher‹ von Samuel Kleinschmidt und schließlich Kirchenlieder, Bibelübersetzungen, später Lyrik und andere Formen der Poesie, bis dann auch Novellen und Romane und Übersetzungen aus der Weltliteratur erschienen.

Die Rechtschreibereform von 1973, die das von Samuel Kleinschmidt geschaffene Akzentsystem abschaffte und die Ortographie mehr der Aussprache anpaßte, erleichtert den Zugang zum Grönländischen auch Ausländern. 1977 erschien auf der Grundlage der neuen Rechtschreibung ein grönländisch-dänisches Wörterbuch. Die in den 80er Jahren ausgebauten Beziehungen zu den anderen westlichen Inuit-Gruppen förderten den weiteren Ausbau der eskimoischen Sprachen als Schriftsprachen.

Mit dem Überleben der grönländischen Sprache, die erst 1967 neben dem Dänischen als Amts- und Unterrichtssprache zugelassen war, ist der Fortbestand grönländisch-eskimoischer Kultur und die Wiederbelebung verlorengegangener Traditionen wahrscheinlicher geworden, die ein wesentliches Element bei der Identitätsfindung der so lange unter dänischer Kolonialherrschaft lebenden Menschen ist. Die Offenheit und Aufgeschlossenheit der Grönländer spiegelt sich in ihrer Vielsprachigkeit wider: neben dem Dänischen als erste Fremdsprache in der Schule ist Englisch weit verbreitet.

Die bildende Kunst

Uralt wie das Volk ist die Kunst dieser Menschen. Funde aus ältesten Zeiten haben Zeugnisse der materiellen Kultur dieses kleinen arktischen Volkes zu Tage gefördert, die hohes Formgefühl aufweisen. Das gilt für verschiedene Epochen in der Entwicklungsgeschichte der Eskimo.

Zwitterwesen. Schnitzerei aus Walroßzahn *Eskimojäger mit Tierfell auf dem Rücken*

Kriechende Skelettfigur aus Walroßzahn

Figur eines Fabelwesens. Schnitzerei aus Walroßzahn *Tupilak-Figur aus Walroßzahn*

BILDENDE KUNST: FRÜHE KULTUREN

Schon in der Saqqaq-Kultur haben sich die Eskimo auf das Schnitzen verstanden. Und man kann annehmen, daß es trotz äußerst geringer Funde in dieser Epoche bereits eine Schnitzkunst gegeben hat, in der u. a. Masken für kultische Zwecke entstanden sind.

Von der Dorset-Kultur hingegen ist mehr überliefert worden, besonders geschnitzte Skelett-Ornamentik und Menschen- und Tierfiguren. Menschliche Figuren besitzen Arme, und die Gesichter haben Augen, Nase und Mund. Berühmt ist aus dieser Zeit jene 6 cm große, aus Walroßzahn geschnitzte Männerfigur mit hohem Pelzkragen, die bei Thule gefunden wurde (vgl. S. 22).

Die der Dorset-Kultur folgende Thule-Kultur ist in ihren künstlerischen Äußerungen kaum unterschiedlich, wie sich gut an Tierskulpturen feststellen läßt. Diese sind realistisch unter Betonung ihrer charakteristischen Merkmale – mit dem starken Nacken und den geschwungenen Hauern der Walrosse und dem stark gekrümmten Rücken der Eisbären. Menschen werden in der Regel ohne Arme und mit verkürzten Beinen dargestellt. Bezeichnend ist die besondere Sorgfalt, die man Frauenskulpturen widmet, die Fruchtbarkeitssymbole darstellen. Männliche Skulpturen hingegen sind meist schlicht.

In Ostgrönland läßt sich eine besondere Entwicklung feststellen, da die dortige Bevölkerung – das sind die Menschen von Ammassalik – bis 1884 völlig isoliert lebten. Und so war die Überraschung groß, als man dort formschöne Gebrauchsgegenstände und Skulpturen entdeckte. Es gab kleine Menschen- und Tierfiguren, Wassereimer mit geometrischen Mustern, verzierte Taschen und Nadelkissen für die Frauen und Masken. Eine besonders gelungene Maske aus Ammassalik erinnert in ihrer Tätowierungsornamentik an ähnliche

Gesicht eines Dämons.
Holz, Westgrönland

Maske aus Westgrönland.
Dunkelbraunes Holz mit rötlicher Bemalung (19. Jh.)

Modell eines Frauenbootes, Umiak, mit originalgetreu nachgebildetem Spantenwerk, worüber die Haut eines Seesäugers gespannt ist

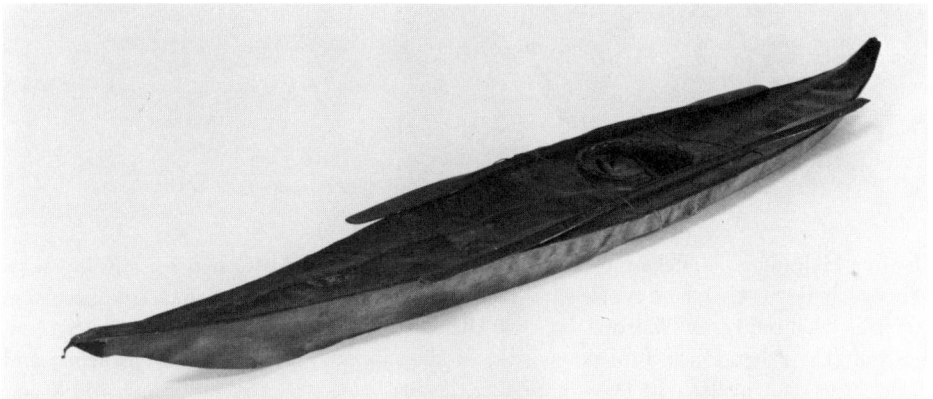

Kajak. Einsitziges Männerboot aus Robbenleder über einem Gerüst von Holzrippen. Der innere Bau und die schmale Paddelform deuten auf 16./17. Jh.

Arbeiten aus der Zeit der Dorset-Kultur, was auf eine alte Verbindung zu den Menschen dieser Kultur schließen lassen könnte.

Ohne eine solche Ornamentik gefertigt sind die aus Holz geschnitzten Masken der Westküste. Die Maskenkultur Grönlands ist ein Ausläufer eines in anderen Eskimo-Gebieten – besonders in Alaska – weit verbreiteten Maskenkults. Inwieweit Masken in Grönland zu kultischen Zwecken benutzt wurden, ist nicht völlig geklärt. Fest steht, daß Masken in Ostgrönland zum Erschrecken lärmender Kinder gebraucht wurden. Relativ selten ist ihre Verwendung beim Tanz gewesen, wenn Episoden aus den Sagen und dem täglichen Leben getanzt wurden.

Aus der Zeit der beginnenden Neuzeit sind vor allem Skulpturen aus Speckstein und Walroßzahn erhalten. Da gibt es kleine Specksteinfiguren, die Grönländer in den verschie-

BILDENDE KUNST: ESKIMOISCHE TRADITION

Portrait von Lars Møller

densten Haltungen darstellen, beim Fischen und Jagen, beim Abstechen einer Robbe usw. Aber auch die für Grönland typischen Tiere wurden und werden immer noch aus Speckstein geformt, während aus Walroßzahn vor allem Tupilaks, phantastische Geisterfiguren, geschnitzt wurden. Diese Tupilaks wurden in alten Zeiten aus Knochen, Fellstücken und Federn zusammengebastelt. Das waren aber damals keine Kunstwerke, sondern Hilfsgeister, die im Glauben der Eskimo übernatürliche und unglückbringende Kräfte besaßen und von ihren Besitzern gegen deren Feinde eingesetzt wurden. Aus jener Zeit stammen Figuren, die einstmals Unglück und Schrecken verbreiten sollten und dann zu kleinen Kunstwerken, bar aller magischen Attribute, wurden.

Eine weitere Betätigung ist der Bau von Bootsmodellen in neuerer Zeit. Diese Fertigkeiten muß man schon mehr in das Gebiet des Kunsthandwerks einordnen, zu dem auch die Herstellung von Gebrauchsgegenständen und Kleidungsstücken, besonders aber die Anfertigung reich verzierter Kamiken, dem stiefelartigen Schuhwerk aus Robbenfell oder Rentierhaut gehört, das vor allem zur farbigen Festtracht der Frauen gehört. Die Formen der Bootsmodelle, die die traditionellen Bootstypen der Eskimo darstellen, nämlich Kajak und Umiak (Frauenboot, Reiseboot), haben in neuerer Zeit eine derart kunstvolle Ausführung bekommen, daß sie zu den begehrtesten Souvenirs vieler Grönlandreisender gehören.

1   Treibender Eisberg vor der grönländischen Küste ▷

2 Eisberge bei ILULISSAT

3 Eisberge in der Disko-Bucht bei QASIGIANNGUIT

4   In der Disko-Bucht

5   Blick auf Arsuk

6   Schlittenhunde an der Ostküste Grönlands ▷

8 Mitternachtssonne über der ULKE-BUCHT

◁ 7 SØNDRE STRØMFJORD Beginn des Inlandeises 9 MANIITSOQ Blick auf die Werft ▷

10 Uummannaq mit dem Herzberg

12 Hafen von Qaqortoq ▷

11 Hafen von Ilulissat

14 Nuuk Der alte Friedhof
13 Hafen von Maniitsoq
15 Dorfansicht von Narsaq
16 Blick vom alten Friedhof auf Upernavik

17 Nuuk mit Blick auf den Hans-Egede-Hügel

18 Dorfansicht von Upernavik

19 Nuuk Blick auf die Altstadt

21 Flechtenwuchs in Qasigiannguit ▷

20 Qasigiannguit Moderne Wohnblocks hinter alten Wohnhäusern

23 Schafe in NARSARSUAQ
◁ 22 (1–9) Artenreiche Flora an Grönlands WESTKÜSTE
24 Moschusochse bei SØNDRE STRØMFJORD

25 Rentier bei Søndre Strømfjord

26 Uummannaq Junge Schlittenhunde

27 Eisfjord von Ilulissat ▷

28   Fischer in Sisimiut

29   Umiak, das Frauenboot, bei Sisimiut

Grönländische Malerei gibt es erst seit dem 19. Jh. Damals begann sich die grönländische Kunst zu entfalten. Und während die Künstler der Vergangenheit anonym waren treten nun Namen in Erscheinung wie Aron von Kangeq (1822–69), den man den »Vater der grönländischen Malerei« genannt hat (vgl. S. 99). Aber auch andere Künstler traten zur selben Zeit hervor, so Rasmus Berthelsen (vgl. S. 97), dessen Holzschnitte junger Grönländerinnen in Nationaltracht zu den Lieblingsbildern der Grönländer gehörten, sowie Lars Møller (1842–1926), jener legendäre Redakteur und Typograph der Zeitung »Atuagagdliutit«, der fast alle durch Nuuk gekommenen Polar- und Grönlandforscher persönlich kennenlernte und von diesen in ihren Reisebüchern voller Bewunderung genannt wird.

Lars Møller, der wie Berthelsen auch Autor und Dichter war, besaß große künstlerische Gestaltungskraft. Neben Holzschnitten, Drucken – wie die beiden farbigen Bilder in Rinks »Eskimoiske Eventyr og Sagn« und Illustrationen in »Atuagagdliutit« – machte er Skizzen als Begleiter des Polarforschers Adolf Erik Nordenskiöld. Das auf einer gemeinsamen Grönlandexpedition entstandene Skizzenbuch mit 58 Zeichnungen und farbigen Skizzen befindet sich heute im Staatlichen Museum für Kunst in Kopenhagen.

Einer der Söhne von Møller, Steffen Møller (1882–1909) war neben seiner Tätigkeit als Schreiber beim Grönlandinspekteur auch Maler und Zeichner. Eines seiner Lieblingsmotive waren die Vögel seiner Heimat. Und besonderer Beliebtheit erfreute sich lange das von Otto Rosing herausgegebene »ABD«, zu dem Steffen Møller Illustrationen lieferte. Das von ihm 1908 gezeichnete Titelblatt des Büchleins mit den beiden das »ABD« studierenden grönländischen Kindern war vielen Grönländern lieb und vertraut.

Ein Zeitgenosse von Lars Møller war Jens Kreutzmann (1828–1899), der wie Aron von Kangeq damit begann, Rinks Sagen- und Märchensammlung mit kleineren Bildern zu illustrieren. Als Maler und Zeichner entwickelte er sich später weiter, konnte aber nicht – wie auch Lars Møller – die eskimoische Ausstrahlungskraft, wie sie Aron von Kangeq besaß, erreichen. Doch es gibt auch andere Meinungen. Der schwedische Maler und Etnograph Ossian Elgström (1883–1950), der sich viel mit grönländischer Kunst befaßt hat und auch von Steffen Møllers großer Begabung rühmend berichtet, hält Kreutzmann für beinahe ebenbürtig mit Aron von Kangeq. Kreutzmann zeichnete auch Bilder für »Atuagagdliutit«. Sein Sohn, Kristoffer Kreutzmann (1867–ca. 1920), fertigte eine Reihe von Illustrationen zur Sagen- und Märchenwelt der Eskimo an. Von ihm stammt das bereits erwähnte Bild von Habakuk mit seinen Frauen (vgl. S. 80).

Für die Porträtkunst ist besonders Peter Labansen zu nennen, dessen gemaltes Bild von Lars Møller in seinen letzten Lebensjahren von hohem Einfühlungsvermögen zeugt.

Mit Beginn des 20. Jh. treten Maler hervor, von denen einige der Rosing-Familie angehören. Da war der Lehrer und Oberkatechet Kristian Rosing (1866–1944), der zwanzig Jahre nach der Ankunft von Gustav Holm in Ammassalik Pastor wurde, wo er die Christianisierung der Eskimo weiter durchführte. Durch die enge Berührung mit der traditionellen Kunst hatte Rosing Einblick in das Denken und Fühlen der Ostgrönländer. Deutlich war jetzt der Umbruch in der grönländischen Malerei zu spüren, aus der sich eine Periode entwickeln sollte, in der in besonderem Maß die Liebe zur Heimat zum Ausdruck kommt.

BILDENDE KUNST: MALEREI UND GRAPHIK

Der Uummannaq-Felsen. Gemälde von Jens Rosing

Der älteste Sohn von Rosing, Peter Rosing (1892–1965), ebenfalls als Pastor ausgebildet, wirkte zuerst in Godhavn (Qeqertarsuaq), dann als Nachfolger des Vaters in Ammassalik und später wieder an der Westküste. Überall, wo er sich niederließ, griff er zu Zeichenstift und Pinsel. Er malte die Sonne, wie sie über dem bewegten grönländischen Meer unterging, er bildete alte Geisterbeschwörer ab, schuf Landschaften mit stimmungsvollen Lichteffekten und wurde wohl zum eindrucksvollsten Maler der grönländischen Nationalromantik. Ein Gemälde, auf dem er eine Szene der alten Sage vom Großfänger von Aluk darstellt, gehört zu den romantischsten Bildern, die je auf der arktischen Rieseninsel entstanden. Rosing hat in seiner Zeit am besten von allen grönländischen Künstlern die tiefe Liebe der Grönländer zu ihrem Land darzustellen vermocht.

Otto Rosing (1896–1966), ein anderer Sohn von Kristian Rosing, arbeitete auch als romantischer Maler. Aber der ebenfalls als Pastor ausgebildete Otto Rosing war gleichzeitig Schriftsteller (vgl. S. 168), Archäologe und Historiker und verstand es, in seinen Skizzenbüchern zahlreiche alte Gegenstände wiederzugeben. Aber der Landschaft galt sein Hauptaugenmerk. Präzis verstand er es, die Eisberge und Felsen zu Papier zu bringen. »Man muß die Augen gebrauchen und sehr kritisch sein«, sagte er einmal zu Berthelsen von »Grønlandsposten«.

Zu großer Bedeutung gelangte der bereits öfter erwähnte Jens Rosing (geb. 1925), ein Sohn von Otto Rosing. Er gehört nun schon in den Kreis grönländischer Künstler, deren souveräner Altmeister Hans Lynge (1906–1988) ist. Dieser bedeutende Maler, von dem schon als Schriftsteller die Rede war (vgl. S. 167f.), wurde ebenfalls als Sohn eines Pastors geboren. Er wuchs in Godthåb (Nuuk) nach der Jahrhundertwende auf, kannte noch Lars Møller und dessen Söhne, wurde auf dem Seminar ausgebildet, wo u. a. Henrik Lund sein Lehrer war, und fand schon früh zur Welt alter grönländischer Kultur. Tätig als Maler, Dichter und Dramatiker, war er auch Politiker. Als solchem lagen ihm die sozialen und nationalen Probleme seines Volkes besonders am Herzen. Stark bedrückte ihn die Dominanz der Kolonialverwalter, und er arbeitete – soweit das in seiner Macht stand – beharrlich an einer Änderung der miserablen sozialen Verhältnisse bei großen Teilen seines Volkes. Schon früh erkannte er, daß die Voraussetzung für eine angestrebte Verbesserung die Loslösung von der Bevormundung durch die Kolonialbeamten war. Und so ist es nicht verwunderlich, daß er schon bald in einer Selbstverwaltung den Beginn einer Befreiung von manchen Übeln sah, vor allem aber die Rettung der Identität seines Volkes. In Hans Lynge vereinen sich in hohem Maß politisches und künstlerisches Vermögen. Doch sein Terrain war die Kunst.

Er wurde in Kopenhagen als Bildhauer ausgebildet, machte große Auslandsreisen, besonders nach Frankreich und Italien, wozu er sich das Geld mit anstrengender Nachtarbeit verdiente. Seine Thematik – ob Ölmalerei, ob graphisches Werk – geht tief in die Kulturgeschichte des alten Grönland. Bilder wie »Der letzte Trommelgesang«, ein Werk, das als monumentaler Wandteppich gewebt im Rathaus von Nuuk hängt, »Erlegte Tiere«, die sich in beklemmender Menge zusammenrotten, um ihre geraubten Seelen zu rächen (ein Ölbild,

Hans Lynge »Sage vom Nordlicht« 1965

BILDENDE KUNST: MALEREI UND GRAPHIK

Selbstportrait von Aka Høegh. Zeichnung von 1987

dem die traditionelle grönländische Vorstellung zugrundeliegt, daß alles beseelt ist, Mensch, Tier und Stein) zeugen davon.

Nackte Frauenleiber und halbnackte Männer im Halbdunkel eines alten grönländischen Gemeinschaftshauses: das sieht man auf einem anderen Bild von Hans Lynge. Der flakkernde Schein der Tranlampen wirft geheimnisvolle Reflexe auf die nackten, bräunlich getönten Leiber der Menschen. Etwas Mystisches und Natürliches scheint hier seinen Anfang zu nehmen: das uralte Lampenlöschspiel wird hier zum Thema eines modernen Kunstwerks. Wieder ist Lynge in die phantastische Märchen- und Sagenwelt seines Volkes hineingetaucht und hat die Sage von Bruder und Schwester zum Bild werden lassen, die bei gelöschten Lampen miteinander schlafen. Doch als die Schwester Verdacht schöpft, schwärzt sie während des Aktes den Rücken ihres Partners mit Ruß aus einer Tranlampe und erkennt, als der Raum wieder hell wird, den Bruder. Verzweifelt reißt sie eine Fackel an sich, stürzt aus dem Haus, gefolgt von ihrem Bruder, der ebenfalls eine Fackel in der Hand schwingt. Er will sie einholen, schafft es aber nicht und jagt immer weiter hinter ihr her, bis sie sich erheben, an den Himmel kommen und dort zu Sonne und Mond werden. Das hier genannte Bild, eine farbige Lithographie aus dem Jahr 1986, gibt wie kaum ein anderes das Spannende und Prickelnde dieser kosmischen Sage vom durch Inzest hervorgerufenen Entstehen von Sonne und Mond wieder.

Höhepunkte in der grönländischen Kunst der jüngeren Generation bieten die Werke zweier grönländischer Frauen: Aka Høegh (geb. 1947) und Kistaat Lund (geb. 1944). Beide Künstlerinnen haben sich in eigenwilliger Weise der graphischen Kunst gewidmet und – wie viele vor ihnen – ihre Motive der eskimoischen Mythologie entlehnt. Aber auch die grönländische Landschaft ist Gegenstand ihrer Werke, wie es Aka Høeghs »Grüner Wasserfall« aus dem Jahr 1977 zeigt. In ihrem Buch »Grønlands Kunst« (Grönlands Kunst, 1979) schreibt die Dänin Bodil Kaalund: »In Aka Høegh vereinen sich sowohl das Beobachtende, das Phantastische, und die erzählende Kontinuität. Von Aron bis Aka finden wir eine Bildkunst, die uns in genauem Zusammenklang mit der Natur die Spiegelungen des Gemüts innerhalb eines großen Registers menschlicher Gefühle zeigt.«

Von den vielen anderen zeitgenössischen Künstlern, die hier nicht alle behandelt werden können, soll an dieser Stelle noch Alibak aus Nuuk erwähnt werden, der mit seinen – oft humorvollen – Darstellungen auf sich aufmerksam gemacht hat.

Grönlands Natur

Das Inlandeis

Das gewaltige Inlandeis, das eine Fläche von ca. 1 833 900 km² bedeckt – das Gesamtareal Grönlands beträgt 2 175 600 km² – ist nicht immer dagewesen. Wandert man heute in den Bergen der westgrönländischen Küstengebiete umher, kann man hier und da Pflanzenabdrücke im Gestein erkennen, die auf eine völlig andere Vegetation in früheren Zeiten schließen lassen. Wissenschaftler haben herausgefunden, daß in jenen Zeiten Brotfruchtbäume, Sumpfzypressen, Araukarien, Zykaden sowie Arten des Ginkgos und Metasequoia dort wuchsen. Das sind Bäume, deren nächste Verwandte heutzutage in einem warmen und feuchten subtropischen Klima zu finden sind wie zum Beispiel in Florida.

Grönland hatte in der Kreide- und Tertiärzeit ein ganz anderes Klima. Das Land war damals schnee- und eisfrei abgesehen von kleinen Schnee- und Eisfeldern, die sich um die höchsten Bergspitzen ausbreiteten. Sowohl in Ost- wie in Westgrönland gab es lebhafte Vulkantätigkeit, die gewaltige Basaltschichten ablagerte. Damals bildete das südliche Grönland, das heute vom Inlandeis bedeckt ist, ein hohes Bergland. Dagegen bestand das zentrale Grönland aus Hochebenen, im Westen und Osten von hohen Küstengebirgen umgeben. Diese Hochebenen waren hier und da von tiefeinschneidenden Flußtälern zerfurcht. Gegen Ende des Tertiär verschlechterte sich das Klima in Grönland zusehends. Es wurde immer kälter. Auf den Spitzen der Küstenberge, von denen die feuchte Meeresluft nach oben gezwungen wurde, begann sich Schnee zu sammeln, und große Gletscher bildeten sich. In den Tälern zwischen den Bergen entstanden weite Schneefelder. Während sich aber im Inneren Grönlands das Klima im Schutz der Berge noch lange Zeit trocken hielt, so daß dort nicht allzuviel Schnee fiel, begannen die Gletscher an der Küstenseite der Berge immer größer zu werden und sich zum Meer zu erstrecken. Die Gletscherzungen wuchsen mit dem Eisfluß, der sich längs der Küste bildete, zusammen. Es entstand eine zusammenhängende Küsteneiskante, die den Abfluß der Flüsse aus dem Inneren des Landes sperrte, so daß dort eine Versumpfung begann.

Die ausgedehnten Schneefelder im Inneren Grönlands verschmolzen allmählich und verbanden sich mit den Gletscherzungen der Küstenberge, bis sich auf diese Weise eine zusammenhängende dünne Eismasse quer über Grönland erstreckte. Diese ausgedehnte Fläche beeinflußte wiederum das Klima im Lande. Hierdurch waren die Bedingungen für ein dauerndes Anwachsen des Inlandeises erfüllt, das schließlich eine Stärke erreichte, die vermutlich etwas über der bisher gemessenen maximalen Eisdicke von 3170 m lag. Im hohen Bergland des Südens bildete sich sehr früh eine zusammenhängende Eiskappe, die dann allmählich mit der größeren, aber anfänglich dünneren Eiskappe des zentralen und nördlichen Grönland zusammenwuchs.

Während der größten Ausbreitung des Inlandeises war ganz Grönland vereist, jedoch soll das östliche Peary-Land, wie der dänische Forscher Lauge Koch und auch jüngere amerikanische Expeditionen nachgewiesen haben, eisfrei gewesen sein, jedenfalls während der letzten Phase der Eiszeit. Und auch das nördlichste Peary-Land muß eine lokale Eisdecke gehabt haben, die nur oberflächlich mit dem eigentlichen Inlandeis zusammenhing. Auf der anderen Seite des Nares-Sundes war auch die Ellesmere-Insel von einer Eiskappe bedeckt, die sich weit über das jetzige Landgebiet erstreckte und mit dem grönländischen Inlandeis zusammenhing. Weiter nach Süden erstreckte sich das Inlandeis über das Küstengebiet hinaus bis ins Meer zu den westgrönländischen Fischbänken, die sich in einem Abstand von 25–100 km zur Küste erstrecken und als Endmoränen des Inlandeises während seiner größten Ausbreitung entstanden.

Die starke Vereisung in Grönland und in Nordeuropa, wo das Landeis während der Eiszeit zur Zeit seiner größten Ausbreitung etwa 1/3 der Landoberfläche bedeckte, bewirkte, daß ein großer Teil der Wassermassen unserer Erde in fester Form gebunden war. Darum lag damals der Meeresspiegel 110–130 m tiefer als heute. Man nimmt an, daß der Meeresspiegel seit der Eiszeit um 0,5 mm pro Jahr ansteigt. Sollte das grönländische Inlandeis schmelzen, würde der Wasserstand in allen Meeren um 6,5 m ansteigen. Verglichen mit einem Schmelzen der antarktischen Eismassen bedeutet das jedoch nicht viel; denn sollten diese zu Wasser werden, würden die Weltmeere um 75 m ansteigen.

Das grönländische Inlandeis ist – im Gegensatz zu den Eismassen der Antarktis – schon seit längerer Zeit bekannt. Während der Zugang zum Gebiet des Südpols früher nur über Gewässer möglich war, die zu den stürmischsten und am stärksten mit Eis bedeckten gehören und somit die wissenschaftliche Erforschung erschwerten bzw. unmöglich machten, gab es zu der Insel Grönland Wasserwege, die sogar von kleinen hölzernen Schiffen befahren wurden. Daher konnte die Erforschung dieses Eises bereits in einer Zeit beginnen, in der die Küsten der Antarktis noch gar nicht gesichtet waren.

Die genaue Kartierung des grönländischen Inlandeises blieb aber erst unserer jüngsten Zeit vorbehalte. Und es ist bezeichnend für unser Jahrhundert, daß dieses Kartenmaterial nicht von Wissenschaftlern konventioneller Art hergestellt wurde, sondern von Militärs. Von großen Teilen der Welt fertigten amerikanische Soldaten Fliegerkarten an, die hauptsächlich im Maßstab 1 : 1 000 000 aufgezeichnet wurden. Unter diesen Karten ist auch Grönland zu finden. Die Aufzeichnungen beruhen jedoch nicht auf Vermessungen, die in Grönland selbst vorgenommen wurden, sondern ausschließlich auf der Auswertung allen bisher vorhandenen Materials sowie neuester Luftfotografien. Das Resultat übertraf alle Erwartungen: auf diesen Karten entdeckte man viele Einzelheiten, die auf früherem Kartenmaterial nicht vorhanden waren. Es war daher nur zu natürlich, daß gerade dieses Material für die Wissenschaft der Eisforschung, die Glaziologie, von großer Bedeutung wurde. Und es dauerte auch gar nicht lange, bis ein Glaziologe, der Franzose Albert Bauer, die Auswertung dieser Karten mit den Ergebnissen der Inlandeisuntersuchungen seines Landsmannes Victor verband und daraus eine Planimetrie zur Bestimmung der Größe des Inlandeises und der lokalen Gletscher entwickelte.

INLANDEIS

Albert Bauer legte dabei großen Wert auf eine genaue Abgrenzung des eigentlichen Inlandeises von den eisfreien Gebieten Grönlands. Hierbei leisteten ihm die Luftbilder hervorragende Dienste. Auf Grund dieser Luftbilder und des gesamten anderen Materials wurde jetzt eine Größenbestimmung getroffen, die etwas von den bisher bekannten Zahlen, besonders denen des amtlichen dänischen statistischen Jahrbuchs, abwich. Danach beträgt Grönlands Inlandeisfläche 1 726 400 km^2 (andere Quellen: 1 833 900 km^2).

Selbstverständlich wollte man auch die Dicke des Inlandeises feststellen. Nach thermoelektrischen Eisbohrungen begann man mit einem elektrisch getriebenen Bohrer zu arbeiten, den man in Verbindung mit einer Flüssigkeit benutzte. Man nahm hierzu Glykol, das bei Kontakt mit dem kalten Eis nicht gefriert. Mit dieser Methode konnte man innerhalb von 24 Stunden bis zu 8 m in die Tiefe vordringen. Im Sommer 1966 konnte man dann bei Camp Century eine Eisbohrung durchführen, die eine Eisdicke von 1371 m nachwies und wobei man auf die darunterliegende Moräne stieß. Dabei bediente man sich eines Kernbohrers, der sich nicht nur durch das Eis hindurchfressen, sondern auch Eisproben für nähere Analysen im Laboratorium mit nach oben bringen konnte. Bei dieser Bohrung schaffte das Gerät täglich 10 m.

Die Untersuchungen der aus den verschiedenen Eisschichten ans Tageslicht geförderten Proben sind vielfältig und kompliziert. Im großen und ganzen können Proben dieses Eises, das sich vor vielen tausend Jahren gebildet hat, Aufschluß geben über die klimatische Geschichte Grönlands und unserer Erde, über jahreszeitliche Temperaturschwankungen, über den Niederschlag von radioaktivem Staub, ferner über kosmischen Staub, der sich in diesem Eis abgelagert hat. Auch kann man an Hand solcher Proben Aufschluß erhalten über die Zusammensetzung der Atmosphäre in diesem Gebiet vor Jahrtausenden, indem man die im Eis eingeschlossenen Luftblasen analysiert. In den folgenden Jahren, in denen man in Grönland immer weiter an der Entwicklung der Eisbohrungen arbeitete, gelang es einem dänisch-amerikanischen Team im Jahre 1972, einen 400 m langen Kern aus dem Inlandeis zu bohren, anhand dessen die Wissenschaftler feststellten, daß sich Grönland für die nächsten Jahrzehnte auf dem Weg in eine kältere Periode befindet.

Natürlich hatte man schon lange vor diesen mechanischen Tiefenmessungen andere Methoden zum Erkennen der Eisdicke des Inlandeises entwickelt. Und wie man später sah, waren die Unternehmungen mit den Hohlbohrern besser für Eisanalysen als für reine Stärkemessungen geeignet. Auch wurde die Methode mit den Hohlbohrern auf die Dauer zu kostspielig und zeitraubend. Man hatte daher Versuche mit Radiowellen unternommen, deren Anwendung auf dem gleichen Prinzip wie Echolot beruhen. Nur verwendete man an Stelle der akustischen Wellen elektromagnetische Schwingungen.

Im Sommer 1966 installierte eine amerikanische Expedition einen Meßapparat in einem Flugzeug für eine Reihe von Flügen über das grönländische Inlandeis. Die Flugrouten legte man bewußt über die Gebiete, in denen man schon durch seismische und gravimetrische Messungen Resultate gewonnen hatte, die sich nun als Vergleichsmaterial benutzen ließen. Die vom Flugzeug unternommenen Messungen erbrachten exakte Ergebnisse. Auf diese Weise registrierte man eine maximale Eisdicke im zentralen Grönland von etwa 3200 m.

Weitere mit dem Inlandeis zusammenhängende Forschungsgebiete beziehen sich auf die Eiswanderung und die Temperaturanalysen. Bei den Bohrungen bei Camp Century hatte man bereits festgestellt, daß die Temperatur leicht anstieg, je tiefer man ins Eis vordrang. Aber die eventuelle Vermutung, daß es zwischen dem Untergrund und der letzten Eisschicht eventuell eine Plus-Temperatur geben könnte, zerschlug sich bei einer diesbezüglichen Messung. Dort stellte man 1966 fest, daß die Temperatur ganz unten −13 °C betrug, wodurch man zu dem Schluß kam, daß die Temperatur überall am Grund des Inlandeises unter dem Nullpunkt liegen muß und daß das Eis an seinem Untergrund festgefroren ist.

Was nun die Temperaturen über dem Inlandeis betrifft, so kursieren darüber oft falsche Meinungen. Soviel kann generell dazu gesagt werden: das Inlandeis ist nicht der kälteste Ort der Welt. Zwar hat man am 8. Januar 1954 in der Northice-Station, die von Engländern im zentralen Grönland betrieben wurde, eine Temperatur von −70 °C registriert, jedoch hat man auch festgestellt, daß die Durchschnittstemperaturen im zentralen Grönland um −28° bis −30 °C liegen, während man in den Randzonen des Inlandeises etwa −5° für das südliche und −20° für das nördliche Grönland festgestellt hat.

Die Eismasse ist zum größten Teil eben und wird nur in den Randzonen von Spaltensystemen und eisfreien Nunataks unterbrochen. Ist man erst einmal auf das Inlandeis hinaufgekommen – die Randzonen sind sehr steil und schwer zu bewältigen –, findet man eine ungemein ebene Fläche vor, und es bedarf außerordentlich genauer Messungen, um festzustellen, in welcher Richtung diese unendlich erscheinende Eisfläche ansteigt. Daher ist es auch schwer, den höchsten Punkt des Inlandeises zu bestimmen. Meßungen, die Expeditionen vorgenommen haben, erlauben den Schluß, daß das Inlandeis auf jeden Fall eine Höhe von 3300 m erreicht. Als Durchschnittshöhe dürften wohl 2135 m angenommen werden. Von den in dieser Höhe vorhandenen Gebieten liegen 65% mehr als 2000 m über dem Meeresspiegel.

Das Inlandeis stellt aber keineswegs eine einheitlich glatt gewölbte Kuppel dar. Es ist vielmehr auf zwei Domen aufgebaut, einem nördlichen und einem kleineren südlichen. Dazwischen verläuft eine schwach markierte Niederung, die sich von der Disko-Bucht im Westen bis südlich von Ammassalik im Osten erstreckt.

Eine Untersuchung der Lage der Höhenachse des Inlandeises ergibt, daß diese nicht mitten durch Grönland geht, sondern im zentralen Grönland, stark nach Osten vorgeschoben, liegt. Am 72. und 73. nördlichen Breitengrad stößt man auf die höchsten Teile des Inlandeises, die hier eine Höhe von 3200–3300 m erreichen, während der südliche Dom nur ungefähr eine Höhe von 2850 m hat. Die zwischen den beiden Domen liegende Niederung hat eine Paßhöhe von 2000 m.

Die Gesamtausdehnung des Inlandeises reicht im Norden von 80° 15′ nördlicher Breite bis 60° 20′ im Süden. Das bedeutet eine Länge von mehr als 2400 km. Die Breite des Inlandeises ist starken Variationen unterworfen. Die größte Breite weist es am 78. Grad nördlicher Breite auf. Dort beträgt der Abstand zwischen Westen und Osten 1100 km. Während das Inlandeis im zentralen Grönland eine Breite zwischen 700 und 800 km aufweist, schrumpft es im südlichen Teil der Insel auf nur wenige Kilometer zusammen.

Eisberge

Das gewaltige Inlandeis ist keine starre Masse. Zu den Randzonen hin gleitet es langsam aus und schmilzt oder bildet im Meer gewaltige Eisberge, die von den Gletschern in die Fjorde und ins Meer geschickt werden.

Grönlandreisende, die mit dem Schiff die Westküste hinauf in Richtung Norden fahren, sind immer wieder fasziniert vom Anblick des riesigen Eisbergfeldes in der Disko-Bucht, ein Gebiet, das man als arktisches Wunderland bezeichnen könnte. Denn aus der im Sommer oft spiegelglatten und sonnenbeschienenen Bucht wachsen Eisgiganten hervor von einer nie geschauten Mächtigkeit. Und diese Gebilde werden immer größer. Sie können bis zu hundert Metern hoch werden. Und alle diese phantastischen Riesengebilde haben oft einen unwirklichen Schimmer von Weiß und Türkis. Stille herrscht in der Bucht, bis dann plötzlich von irgendwo ein unheimliches Dröhnen heranrollt: Ein Eisgigant ist, angenagt von warmer Temperatur, ins Wasser gekippt, taucht aber schnell wieder auf, kippt noch einmal weg und kommt dann schließlich in die richtige Lage. Dieses Schicksal trifft nicht alle, die hier auf einer Sandbank festliegen. Manche der Eisberge treten mit Hilfe bestimmter Strömungen eine große Reise an, die sie bis zu den Azoren führen kann. Vom Ilulissat-Eisgletscher, der sich alle 24 Stunden bis zu 30 m bewegt und durchschnittlich jede fünfte Minute einen Eisberg in den Fjord schickt, kommen alle diese bizarren Eisriesen.

Das ›Fließen‹ des Gletschereises entsteht durch Druck und Belastungen. Die daraus entstehenden Eisbewegungen sind zumeist mit dem bloßen Auge kaum zu erkennen. Das trifft vor allem auf die meisten Alpengletscher zu, die sich innerhalb von 24 Stunden höchstens um 10–15 cm bewegen. Die Gletscherausläufer des grönländischen Inlandeises dagegen sind wahre Schnellläufer, jedenfalls ein bestimmter Teil von ihnen. Die größten Geschwindigkeiten hat man bei den Gletschern gemessen, die sich vom Inlandeis direkt ins Meer schieben und dort kalben. Bei ihnen kann man Geschwindigkeiten von 25–30 m innerhalb von 24 Stunden, d.h. etwa 1 m in der Stunde oder 7–12 km jährlich registrieren. Diese Geschwindigkeiten treffen auf den Ilulissat-Eisgletscher, den Rink-Gletscher und wahrscheinlich auch auf ein paar der produktivsten ostgrönländischen Gletscher zu und sind das Ergebnis mehrerer Faktoren: Einmal dränieren diese Gletscher ein sehr großes Eisgebiet ab, dann kalbt das Eis direkt im Wasser, bricht dort auseinander und segelt fort, wodurch den nachdrängenden Eismassen schnell Platz verschafft wird.

Vom Ilulissat-Eisgletscher werden durch den Eisfjord täglich bis zu 25 Mio. t Eis ins Meer gestoßen, womit dieser Gletscher wohl der größte Eisproduzent der Welt sein dürfte.

Nun liegen diese bis zu 100 m hohen riesenhaften Eisgebilde auf dem stillen Wasser, zeigen damit aber noch lange nicht das wahre Bild ihrer monumentalen Größe; denn von diesen bis zu 100 m hohen Eisbergen können 500 bis 900 m unter Wasser liegen. Sind sie erst einmal in Bewegung gekommen und schwimmen in dem von Nord nach Süd fließenden Labradorstrom, ist ihr Weg – wenn sie ihn überstehen – in den Bereich der nordatlantischen Schiffsrouten frei. Dort kann es dann zu Schiffskatastrophen kommen, deren bekannteste der Untergang der britischen »Titanic« am 14. April 1912 ist.

Aber auch an der grönländischen Küste selbst haben Eisberge hier und da Schiffe auf den Grund des Meeres geschickt. Das spektakulärste Unglück dieser Art war zweifellos der Untergang des Flaggschiffs der dänischen Grönlandflotte, der »Hans Hedtoft«, am 30. Januar 1959. Dieses Schiff, das eine Größe von 2875 BRT hatte, war nach den neuesten Erkenntnissen in der arktischen Seefahrt konstruiert und galt als unsinkbar. Bei dem Unglück vor Kap Farvel kamen 95 Menschen um. Jahre später fand ein isländischer Bauer einen Rettungsring des gesunkenen Schiffs. Er hängt heute in der kleinen Kirche von Qaqortoq und gemahnt die Menschen daran, daß sie auch noch in diesem technisch so fortschrittlichen 20. Jh. tödlichen Naturgewalten ausgesetzt sein können.

Die Eisberge von Qaqortoq, deren Zahl so groß ist, daß die Stadt von März bis einschließlich Juli nur von Schiffen mit spezieller Eiskonstruktion angelaufen werden kann, sind ein Teil der mit dem Ostgrönlandstrom nach Süden driftenden Eisschollen und Eisberge. Sie wiederum sind Produkte aus dem Polarbassin und der ostgrönländischen Gletscher. In der ersten Hälte des Jahres treibt dieses Eis ein gutes Stück um die grönländische Südspitze herum und kommt dann an der Westküste wieder hoch bis zur Stadt Paamiut, oft sogar bis Nuuk. Die größten Massen werden meist im Mai und Juni gesichtet. Aber auch in den darauffolgenden Sommermonaten kann es zu großen Schüben kommen.

Manche Eisberge dieser Drift treffen sich mit den Eisbergen der 20 großen nordwestgrönländischen Gletscher und reisen mit diesen gemeinsam, nachdem sie nach Westen hin in den Labradorstrom gekommen sind, in das Gebiet der Neufundlandbänke und der nordatlantischen Schiffahrtsrouten. Meistens dauert diese Drift drei Jahre. Aber zum Segen der Seefahrt bleiben die meisten unterwegs liegen, indem sie auf Grund geraten oder in eine Bucht treiben, wo sie ein Opfer der Sonne werden. Die Eisberge aber, die diese Gefahren überstehen, segeln mit einer Stundengeschwindigkeit von zwei Knoten (fast 90 km pro Tag) weiter und kommen dann – beim Passieren des 48. Breitengrades – in das Kontrollgebiet des Internationalen Eiswarndienstes, der von einer Reihe interessierter Staaten zusammen mit dem amerikanischen Küstenwachdienst durchgeführt wird und dessen Zentrale sich in Argentia auf Neufundland befindet.

Die Zahl der Eisberge, die auf dem Meer treiben, schwankt. Ungefähr 16 000 Eisberge lösen sich jährlich von den kalbenden Gletschern der Ost- und Westküste Grönlands. Wie unterschiedlich die Zahl der auf dem Meer treibenden weißen Riesen sein kann, geht aus folgendem Vergleich hervor: Als die »Titanic« 1912 unterging, zählte man 1019 Eisberge auf dem Meer, 1924 dagegen nur 11 und 1957 etwa 1200. Dabei handelte es sich natürlich nur um Eisberge, die man außerhalb der grönländischen Gewässer gezählt hat. Auch das Jahr 1959, in dem die »Hans Hedtoft« unterging, war ein an Eisbergen reiches Jahr, in dem die oft bis zu 1 Mio. t schweren Kolosse zudem noch besonders weit reisen. Wirklichen Schutz gegen diese gefährlichsten Gegner der Seefahrt hat es immer noch nicht gegeben. Radargeräte können versagen, wenn ihre Strahlen an einem Eisberg abgleiten wie schräg auftreffende Geschosse. Und wenn sich ein Schiff dann noch in einem Schneesturm befindet – wie es an der grönländischen Küste oft der Fall ist – fällt das Radargerät völlig aus. Daher ist die Arbeit des Eiswarndienstes – des internationalen und des grönländischen – gar nicht hoch genug zu bewerten. Und das zeigt auch deutlich die Unglücksstatistik des Internationalen Eiswarndienstes. Seit dem Untergang der »Titanic« ist in seinem Bereich kein Schiff mehr durch Eisberge verlorengegangen. Die Schiffsuntergänge an der grönländischen Küste aber halten an. Seit dem Untergang der »Hans Hedtoft« gingen vor Grönland noch mehrere andere Schiffe bei Eisbergkollisionen unter.

Geologischer Aufbau

Das Inlandeis liegt in einer Art steinernen Schüssel, die sich im Laufe der Erdgeschichte gebildet hat. Geologisch gesehen schließt sich Grönland an den kanadischen Schild an und besteht – wie dieser – hauptsächlich aus altem Gneis und Granit, die Faltungen und Peneplanierungen ausgesetzt wurden. So konnte man in Westgrönland Reste von drei präkambrischen Faltungsketten nachweisen.

Der größte Teil des Landes scheint seit den ältesten Zeiten der Erdgeschichte über dem Meeresspiegel gelegen zu haben, weshalb die Sedimente eine weit geringere Ausbreitung haben. Im Norden, wo kambrisch-silurisches Kalkgestein und Schiefer vorkommen, lassen sich Teile des kaledonischen Faltengebirges feststellen, das man auch im südlichen Teil der Ellesmere-Insel, von Spitzbergen, Norwegen und Schottland sehen kann. An der nördlichen Ostküste liegt das andere, große Sedimentgebiet mit Ablagerungen der Karbon-, Trias-, Jura-, Kreide- und Tertiär-Perioden.

Grönland besitzt überall zahlreiche Mineralvorkommen. Bisher wurden 500 Mineralarten bekannt, darunter 50 Arten, die erstmals auf Grönland entdeckt wurden. Petersen und Secher schreiben in ihrem Buch »Grönland. Mineralien, Geologie, Geschichte« (Bochum 1985):

> »Unter geologischen Gesichtspunkten überwiegt im eisfreien Teil das Kristallin des präkambrischen Schildes, welches die stabile Unterlage für die zu verschiedenen Zeiten des Präkambriums ablaufende Sedimentation bildete. Diese Ablagerungen wurden verformt und metamorph überprägt. In Nord- und Ostgrönland setzt sich das Paläozoikum und Mesozoikum fort, wobei einige dieser Ablagerungen sowie deren Unterlage auch während dieser Zeit von tektonischen und metamorphen Ereignissen erfaßt wurden. Schließlich waren West- und Ostgrönland im Tertiär Schauplatz vulkanischer Tätigkeit.«

Das an Mineralien reichste Gebiet Grönlands, Ilimmaasaq, in dem man fast 200 Mineralarten festgestellt hat, befindet sich etwa 11 km östlich der südgrönländischen Stadt Narsaq. Davon sind über die Hälfte Silikate. Von ihnen sei hier das Eudialit erwähnt, das oft zu einer ganzen Reihe von sekundären Mineralien umgewandelt wird, wie Katapleit, Zirkon, Feldspat, Akmit, Analcim und verschiedene Zeolithe. Ein weiteres Mineral, Naujakasit, gehört zu den Mineralien, die bislang nur in Grönland gefunden wurden.

Neben den vielen anderen Mineralien wie Sorensenit, Steenstrupin, Tundrit, Semenovit und Villiaumit ist der Tuttupit besonders erwähnenswert, da er als Schmuckstein verwendet wird.

Von den Bodenschätzen, die z. T. wirtschaftlich verwendet wurden, müssen noch Kryolith, Bleiglanz und Zinkblende, Kronmalm, Uran und Kohle genannt werden. Außerdem werden im Meer um Grönland Öl- und Gasvorkommen vermutet, um deren Ausbeutung es lange Zeit oft heftige Auseinandersetzungen zwischen Dänemark und den grönländischen Politikern gab.

Nach Einführung der Selbstverwaltung wurde eine besondere Rohstoffverordnung erlassen, deren nähere Bestimmungen teils im grönländischen Selbstverwaltungsgesetz *(Lov om Grønlands hjemmestyre)*, teils im revidierten Gesetz über mineralische Rohstoffe in Grön-

---

Schmucksteine

Seit 1965 waren die Cabochons aus rotem Tuttupit hier und da in dänischen Schmuckläden zu sehen. In diesem Jahr hatte sie der dänische Juwelier A. Dragsted eingeführt. Und ein Jahr später wurde der Stein auf der 11. Internationalen Gemmologischen Konferenz in Barcelona vorgeführt. Entdeckt hatte ihn der dänische Mineraloge Henning Sørensen 1957 in den Steilhängen des Tunulliarfik. Sørensen gab ihm dann nach dem Fundort den Namen (Tugtup agtakoorfia), weil es sich nach seiner Meinung um eine neue Mineralart handelte. Später wurde das Mineral noch an anderen Stellen des erwähnten Gebiets gefunden. Der Tuttupit, anfänglich als weiß beschrieben, färbt sich im Sonnenlicht hellrosa. Erst Jahre nach dem ersten Fund wurde dieses Mineral dann mit tiefroter Färbung im Kvanefjeld gefunden (1965), wodurch man auf die Idee kam, daraus Schmuck anzufertigen.

Das Vorkommen des Tuttupit auf der Plateau-Ebene des Kvanefjelds war nur sehr gering. Er wurde lediglich auf einer Fläche von ca. 25 × 5 m gefunden, was zur baldigen Erschöpfung der Funde führte. Im Handel waren diese Steine in Gold- und Silberfassung eingearbeitet. Im übrigen konnten von den bisher gefundenen Steinen nur wenige in einer Größenordnung von 0,5–2,0 Karat facettiert werden.

Ein weiterer aus Grönland stammender Schmuckstein ist der grüne Grönlandit, der allerdings schon aus Indien, Kenya und Brasilien bekannt war. Dieser fuchsithaltige Quarzit erhielt in den 70er Jahren den Namen Grönlandit und wurde als der älteste Schmuckstein der Welt bezeichnet. Im großen und ganzen gibt es kaum Unterschiede zu den international schon seit langem bekannten Steinen. Jedoch können im Grönlandit Lagen von reinweißem und grünem Quarzit abwechseln. Auch sind Einschlüsse bekannt von Pyrit und Sphalerit. Allgemein ist der Stein aber homogen. Als Schmuck wird er als Cabochon oder glatte Platte verarbeitet, die hervorragend geschliffen werden kann. Bekannt sind die großartigen Verzierungen der Insignien des grönländischen Bischofs mit Grönlandit.

An weiteren Schmucksteinen, die aus Grönland kommen, wären noch zu nennen der blaue Lazurit aus dem Maniitsoq-Gebiet und der samtschwarze Nuummit, der in der Gegend von Nuuk vorkommt und daher diesen Namen bekam.

GEOLOGISCHER AUFBAU / METEORITEN

land festgelegt sind. Die grundsätzliche Bestimmung dieser Gesetze geht davon aus, daß Grönlands Bevölkerung auch die Rechte an seinen natürlichen Ressourcen hat. Ferner wurde bestimmt, daß Verfügungen über eine künftige Ausbeutung durch Beschlüsse eines grönländisch-dänischen Gemeinschaftsrats getroffen werden. Seitdem erhielten eine Reihe von Gesellschaften Konzessionen für Probebohrungen im Meer um Grönland.

Wenn auch die Erwähnung von Meteoriten nicht direkt in eine Skizzierung der Mineralien gehört, so gibt es aber doch verwandtschaftliche Beziehungen zwischen beiden. Grönland ist das einzige Land der Welt, in dem es sowohl meteoritisches als auch tellurisches Eisen gibt. 1963 hatte man auf Agpalilik einen Meteor entdeckt, den die Eskimo als ›Eisenlieferant‹ schon lange kannten, und der nach Ansicht der Wissenschaftler ein Fragment eines Meteorschauers darstellt, der bei Kap York niederging und als größter Meteorschauer aller Zeiten bezeichnet wird. Man schätzte das Gewicht des Kap York-Meteors vor dem Eintauchen in die Atmosphäre über der Melville-Bucht auf 200 t.

Von diesem Meteor, der in verschiedene Stücke zerbrach, wurden bisher acht Fragmente gefunden, die ein Gesamtgewicht von 58 t aufweisen. Eins dieser Fragmente ist der Agpalilik mit einem Gewicht von 20 140 kg. Nach einer vorläufigen Untersuchung in Kopenhagen zeigte es sich, daß der vor allem aus Eisen bestehende Meteorit etwa 8 % Nickel, 0,5 % Kobalt und noch geringere Mengen von Phosphor und Schwefel aufwies.

Man schnitt sieben Scheiben und Endstücke aus dem Block, von denen die große Scheibe 1,4 m^2 Fläche, 5 cm Dicke und ein Gewicht von 560 kg hatte. Diese Scheibe wurde poliert und teilweise geätzt. Der Hauptteil von 15 t wurde dann im Vorhof des Mineralogischen Museums in Kopenhagen aufgestellt, wo ihn jeder Vorbeikommende vom Bürgersteig aus sehen kann (Østervoldgade 5–7).

Die nachfolgende Tabelle zeigt eine Übersicht der anderen Fragmente des Kap York-Meteors (nach Ole V. Petersen u. Karsten Secher: Grönland. Mineralien, Geologie, Geschichte. Bochum 1985, S. 75):

Name des Meteoriten	Datum der Entdeckung	Gewicht in kg	Fundort
Ahnighito	1894	30 880,00	Meteorit-Insel
Woman	1894	3 000,00	Saveruluk
Dog	1894	407,00	Saveruluk
Savik I	1913	3 402,00	Saveqarfik
Akpohon	1914	1,66	Ellesmere-Insel
Northumberland	1928	0,29	Northumberland-Insel
Savik II	1961	7,8	Saveqarfik
–	1984	250,00	Meteorit-Insel

Klima

Grönlands Klima ist arktisch. Dabei hat das mächtige Inlandeis nicht eine so große klimatische Wirkung auf das bewohnte Land, wie man annehmen könnte; die ozeanische Luft, besonders an der West- und Südküste, ist nicht ohne Einfluß auf das dortige Klima. Daher kann ein nicht geringer Unterschied der Wärmeverhältnisse zwischen den äußersten Küsten und dem Inneren der Fjorde festgestellt werden. Dort ist das Klima gemäßigter.

Aufgrund seiner Nordsüd-Ausdehnung gibt es erhebliche Klimaunterschiede in Grönland. Südlich der Linie von Sisimiut herrscht subarktisches Klima. Im Norden bleibt die Sonne im Winter ungefähr 4 Monate unter dem Horizont, während sie im Sommer genauso lange nicht untergeht.

Eine Besonderheit sind die warmen Fallwinde, die an der Westküste besonders im Winter häufig auftreten und kurzfristige Wärmeperioden bringen. Die Windverhältnisse werden zum großen Teil durch den über dem Inlandeis konstant liegenden hohen Luftdruck bedingt. Dieser hohe Luftdruck in Verbindung mit dem niedrigen Luftdruck über der Dänemarkstraße und dem nördlichen Atlantik ruft an der Ostküste vorherrschende nördliche Winde hervor. An der permanent eisgebundenen Nordküste ist häufig Windstille. An der Westküste weht der Wind im Winter überwiegend vom Land, wenn über der offenen Baffin-Bucht der Luftdruck niedrig ist, während im Sommer die Windrichtung entgegengesetzt ist, wenn sich ein Tiefdruckgebiet über dem breiten, stärker erwärmten äußeren Land gebildet hat.

Im Winter aber kann es manchmal zu Orkanen kommen, wie es beispielsweise 1970 in Ammassalik geschah, wo ein solcher Orkan – dort von den Grönländern *piteraq* genannt – die Stadt zerstörte. Solche Orkane können auf folgende Weise entstehen: Im Sommer wird über dem Inlandeis die Luft durch Reflexion der Sonnenstrahlen erwärmt. Im Winter fehlt diese Erwärmung, wodurch die kalte Luft auf die wärmere Meeresluft trifft. Dadurch entstehen bis zu 320 km/h schnelle Winde, die schließlich als gewaltige Orkane große Verwüstungen anrichten können.

Niederschläge fallen nur in geringen Mengen meist im Herbst und dann größtenteils als Schnee. Die Schneegrenze liegt im Süden bei 1200 m, in der Disko-Bucht bei 700–1000 m. So wie in Richtung Norden die Temperaturen zurückgehen, lassen auch die Niederschläge nach.

Von großer Bedeutung für die klimatischen Verhältnisse in Grönland sind die Meeresströmungen. Die aus dem Polarmeer kommende Eisdrift trifft bei der Nordostrundung von Grönland dicht auf seine Küsten und bewegt sich dann weiter in Richtung Süden zur Grönland-See. Südlich des Reykjanesrücken zwischen Island und Grönland stößt der Polarstrom auf den Irminger-Strom, der ein Nebenarm des Golfstroms ist.

Durch diese Begegnung wird der Polarstrom bzw. Ostgrönlandstrom wieder dicht unter die Grönlandküste gedrängt, wobei das kalte Wasser, das nicht sehr salzhaltig ist, über dem wärmeren und salzhaltigeren Irminger-Strom zu liegen kommt. Haben die beiden Ströme

KLIMA

Höchst- und Niedrigsttemperaturen in Grönland 1988 in °C (Quelle: Meteorologisches Institut von Dänemark)

	Jan.	Feb.	März	April	Mai	Juni	Juli	Aug.	Sept.	Okt.	Nov.	Dez.
Höchsttemperaturen												
Qaqortoq	7,8	7,5	8,0	8,2	15,6	17,0	16,1	16,5	15,0	7,5	13,7	5,8
Narsarsuaq	8,6	8,3	7,6	10,4	16,3	22,0	18,8	18,3	19,5	13,9	16,0	6,0
Paamiut	8,4	11,0	10,2	4,2	15,4	17,4	19,0	14,4	15,0	6,8	14,0	4,0
Nuuk	5,6	8,4	9,6	4,0	15,0	14,8	13,6	12,8	11,8	7,4	5,8	4,4
Kangerlussuaq	5,2	10,4	9,9	10,6	19,3	23,1	20,3	19,0	17,4	10,4	10,5	2,9
Sisimiut	6,2	5,3	6,3	3,8	15,2	15,1	14,6	–	–	–	–	–
Aasiaat	3,5	0,9	2,5	3,0	13,0	13,0	17,5	14,0	13,5	5,4	5,0	–1,0
Pituffik	–16,1	–2,2	–3,5	–1,1	11,1	10,7	19,3	16,1	7,5	4,0	0,7	–12,1
Tasiilaq	2,5	2,3	2,2	8,4	12,3	11,9	13,9	14,5	12,9	8,6	4,2	1,6
Ittoqqortoormiit	–5,0	0,2	–8,0	6,0	6,6	11,7	14,0	11,6	8,2	9,3	3,7	0,3
Niedrigsttemperaturen												
Qaqortoq	–15,0	–14,5	–11,4	–14,0	–7,8	–2,0	–1,2	0,2	–1,2	–7,6	–10,3	–17,5
Narsarsuaq	–21,2	–22,3	–13,9	–18,9	–7,6	0,5	4,0	3,0	–2,1	–9,3	–13,8	–20,1
Paamiut	–18,4	–18,2	–13,0	–16,2	–9,4	–1,4	–0,6	0,4	–2,9	–9,2	–12,8	–20,0
Nuuk	–15,4	–12,2	–11,0	–12,4	–11,0	–1,0	–0,8	2,6	–0,6	–6,8	–11,4	–16,6
Kangerlussuaq	–32,6	–32,7	–29,0	–28,3	–18,2	–0,7	3,1	–2,0	–10,1	–14,6	–29,0	–37,1
Sisimiut	–25,2	–19,4	–22,2	–23,4	–18,0	–2,0	0,2	–	–	–	–	–
Aasiaat	–27,5	–20,6	–23,0	–26,0	–12,4	–3,5	–0,5	0,0	–6,0	–9,5	–19,1	–19,0
Pituffik	–32,8	–33,3	–35,5	–34,0	–14,9	–1,6	1,0	–2,9	–12,0	–17,0	–24,5	–32,3
Tasiilaq	–25,3	–19,8	–21,1	–21,0	–6,5	–2,1	0,6	–0,3	–4,0	–6,5	–9,6	–19,0
Ittoqqortoormiit	–41,3	–24,6	–34,0	–27,1	–11,3	–2,3	1,0	0,4	–5,4	–12,9	–24,4	–30,3

Durchschnittliche Temperaturen in Grönland 1988 in °C (Quelle: Meteorologisches Institut von Dänemark)

	Jan.	Feb.	März	April	Mai	Juni	Juli	Aug.	Sept.	Okt.	Nov.	Dez.
Qaqortoq	–5,9	–4,4	–0,9	–1,5	2,6	4,9	6,2	7,3	5,3	0,9	1,6	–5,5
Narsarsuaq	–7,5	–6,0	–0,5	–2,3	4,5	7,9	9,9	9,2	5,7	–0,3	1,5	–6,8
Paamiut	–7,2	–4,3	–3,7	–2,7	0,8	2,9	4,9	5,4	3,8	1,1	–0,3	–7,2
Nuuk	–8,0	–5,9	–5,0	–3,8	–0,2	3,7	6,0	6,6	3,5	0,5	–2,5	–7,1
Kangerlussuaq	–19,9	–13,0	–15,1	–7,9	2,7	6,5	11,2	9,0	3,0	–2,3	–9,5	–16,1
Sisimiut	–13,0	–8,1	–12,0	–6,3	–0,7	3,3	3,3	–	–	–	–	–
Aasiaat	–13,5	–10,0	–13,6	–9,8	–1,9	2,0	5,0	5,3	2,4	–1,0	–3,9	–9,9
Pituffik	–25,6	–18,4	–22,6	–15,1	–2,8	2,8	8,5	6,6	0,0	–6,6	–	–24,2
Tasiilaq	–10,1	–7,8	–10,7	–7,6	1,3	3,7	7,1	6,2	2,6	–0,4	–2,5	–7,5
Ittoqqortoormiit	–19,6	–11,1	–18,6	–12,5	–1,8	1,2	6,5	4,6	0,4	–4,5	–13,0	–16,0

Niederschläge an den Wetterstationen 1986 in mm (Quelle: Meteorologisches Institut von Dänemark)

	Jan.	Febr.	März	April	Mai	Juni	Juli	Aug.	Sept.	Okt.	Nov.	Dez.
Qaqortoq	55	15	34	78	28	104	45	34	46	32	25	88
Narsarsuaq	22	21	16	61	55	89	37	37	56	27	24	65
Paamiut	79	27	94	99	59	35	39	68	47	45	29	56
Nuuk	44	17	15	32	47	42	52	44	58	23	20	37
Kangerlussuaq	10	4	6	16	8	12	28	49	56	11	5	5
Sisimiut	34	7	19	60	10	17	19	100	153	33	36	20
Aasiaat	24	12	21	45	4	5	21	67	60	20	28	15
Pituffik	1	–	0	0	6	2	8	17	11	3	4	3
Tasiilaq	97	51	102	124	18	45	9	91	94	89	56	60
Ittoqqortoormiit	7	18	14	15	9	12	29	19	21	42	–	20

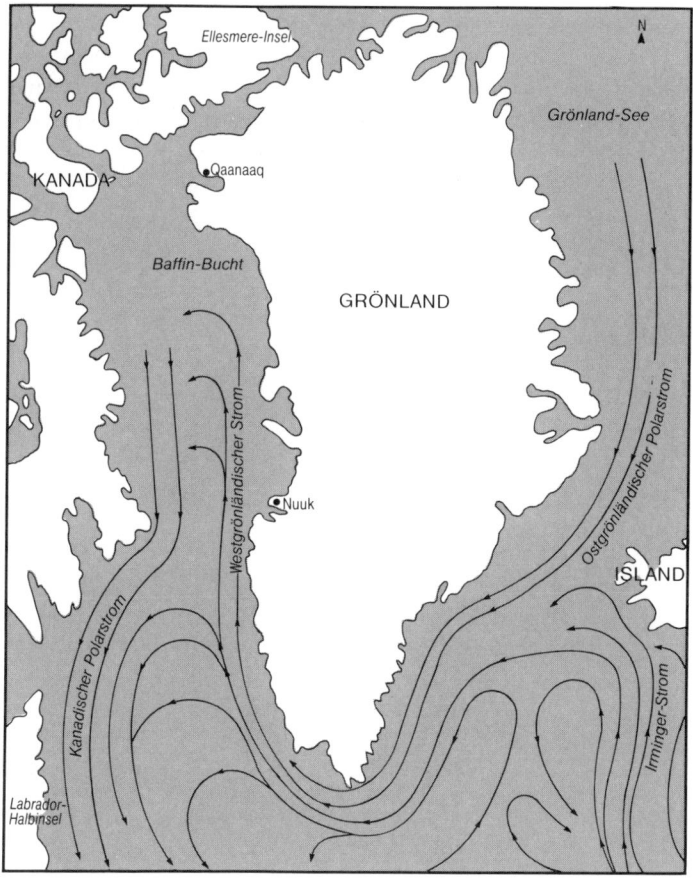

Meeresströmungen um Grönland

Kap Farvel erreicht, drehen sie nach Norden und folgen der westgrönländischen Küste, wobei sich beide Ströme bis etwa Nuuk zum Westgrönlandstrom vereinigt haben, der mit relativ warmem Wasser weiter nach Norden führt. Auf der westlichen Seite der Melville-Bucht und Davisstraße treffen sich der Baffinlandstrom und der Labradorstrom, der zum Teil vom Wasser, das vom Polarbassin durch den Smith-Sund heruntergeströmt ist, und zum Teil aus Wasser lokalen Ursprungs gespeist wird.

Durch diese Strömungsverhältnisse ist das Befahren der grönländischen Ostküste weit schwieriger als das der Westküste, denn der Polarstrom und der Ostgrönlandstrom transportieren große Mengen von Treibeis, das aus dem Polarbassin und von den Küstengewässern bei Spitzbergen und Sibirien stammt. Das hat zur Folge, daß die Ostküste nur wenige Wochen im Jahr und die nord- und nordostgrönländische Küste überhaupt nicht befahren werden kann.

Viele grönländische Fjorde sind sehr tief. Einer der tiefsten Fjorde der Welt ist der Nordwest Fjord bei Scoresbysund. Dort wurden Tiefen von 1450 m gemessen. Der hydrographische Zustand der Fjorde wird stark von der Grundtopographie geprägt. Wo das relativ salzhaltige Wasser des Irminger-Stroms in den Fjord eindringen kann, ist ein reiches Tierleben möglich. Ist das nicht der Fall, bleibt der Grund salz- und sauerstoffarm, und ein Tierleben kann sich kaum entfalten, so daß die Fischerei aus solchen Gewässern keinen Nutzen ziehen kann. Ein Beispiel für eine solche Situation bietet der Tasermiut Fjord in Südwestgrönland.

Flora und Fauna

Grönland besitzt, trotz seines arktischen Klimas, eine äußerst artenreiche Flora. Nicht weniger als 4000 Pflanzenarten sind bekannt, von denen ca. 500 Arten höhere Pflanzen sind. Unter den übrigen 3500 Arten finden sich verschiedene Arten von Moosen, Pilzen, Algen und Flechten.

Aufgrund seiner Nordsüd-Erstreckung (nördlichster Punkt: Kap Morris Jesup, 83° 40' nördl. Breite; südlichster Punkt: Kap Farvel, 59° 46' nördl. Breite, etwas südlicher als Oslo) variiert die Vegetation des Landes erheblich. Man spricht deshalb von den drei Vegetationsgürteln, dem hocharktischen, der an der Westküste nördlich der Disko-Bucht beginnt, dem niederarktischen, der das größte Gebiet des übrigen Landes umfaßt, und dem subarktischen, der nur in den wärmsten Teilen des Inneren der süd- und südwestgrönländischen Fjordgebiete zu finden ist.

Die meisten grönländischen Pflanzen sind zirkumpolar verbreitet oder wachsen auch in Nordamerika. Grönland besitzt aber auch in seiner Flora gewisse Besonderheiten; denn ungefähr 35 Arten gibt es nur hier, und etwa 85 Arten sind in Eurasien zu Hause, nicht aber in Nordamerika.

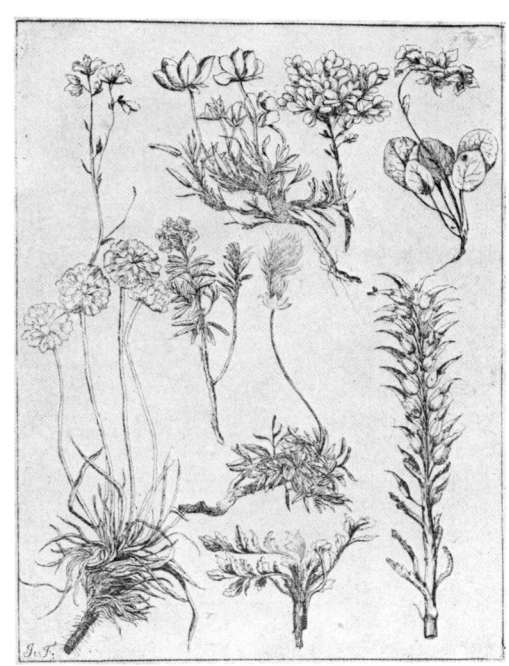

Illustrationen zu Hans Egede:
»Det gamle Grønlands nye Perlustration«,
Kopenhagen 1741

Man nimmt daher an, daß die grönländische Flora nach der Eiszeit auf verschiedenen Wegen ins Land gekommen ist. Fest scheint dabei zu stehen, daß ihr Hauptanteil aus Nordamerika stammt. Daß ein Teil der grönländischen Flora die letzte Vereisung überlebte, ist wahrscheinlich. Vermutlich geschah das auf Nunataks oder in gewissen eisfreien Bereichen längs der Küste, von wo sich die Pflanzen dann später wieder verbreiten konnten. Wie in Island hat man auch im Süden Grönlands Versuche mit einer Aufforstung unternommen, wobei man skandinavische, nordkanadische und sibirische Nadelhölzer anpflanzte. Aber während das in Island zu beachtlichen Erfolgen führte – das Land war ja auch vor der Besiedlung teilweise bewaldet –, sind die Ergebnisse in Grönland noch nicht abzusehen.

In Grönland hat es in historischer Zeit auch nie richtige Wälder gegeben. Nur im südlichen Teil fand und findet man eine Art subarktischer Birkenwälder von geringer Höhe. Außerdem findet man dort kleine grönländische Ebereschen, Weiden und eine große Anzahl von Farnen und krautartiger Blumenpflanzen. In weniger geschützten Tälern und nach Norden hin, bis zu 71° nördlicher Breite, wächst ganz niedriges Weidengebüsch, das weiter nach Süden hin bis zu 3 m hoch werden kann. Weidensträucher wachsen in Grönland besonders auf feuchtem Boden und kommen im nördlichen Teil ihres Verbreitungsgebietes nur im Inneren des Landes vor.

Im südlichen Teil Grönlands wachsen auch Bergerlensträucher und auf den nach Süden gelegenen Berghängen gibt es artenreiche Pflanzengemeinschaften, unter denen u. a. die

FLORA

Eisbär (nach einer Zeichnung von Fridtjof Nansen)

Gebirgsangelika anzutreffen ist, die größer als 1 m werden kann und deren Blätter und Stengel gegessen werden. Leuchtend grün kann im Sommer das südliche Grönland scheinen, so daß man dann zu Recht von dem Grünland sprechen kann, wie es Erik der Rote empfand, als er dem Land diesen Namen gab. Da gibt es grüne Wiesen, weißen und blauen Ehrenpreis, Butterblumen, Glockenblumen, Läusekraut und Frauenmantel und selbstverständlich die Lieblingsblume der Grönländer, das purpurrote Weidenröschen (Epilobium angustifolium). Dieses Blümlein wird von den Grönländern *niviarsiaq*, »junges unverheiratetes Mädchen«, genannt.

Das auch im Süden vorkommende Wollgras (Polar-Wollgras = Eriophorum scheuchzeri) ist an feuchten Abhängen, Seen und Wasserläufen an vielen Stellen vom Süden bis weit über den Polarkreis anzutreffen. Das schmalblättrige Wollgras (E. angustifolium), das in Mooren mit stillstehendem Wasser und entlang der Seen vorkommt, hat ein Verbreitungsgebiet vom Süden bis hinauf nach Nuussuaq.

Wenn in alten Zeiten die Grönländer in den Bergen und heidebewachsenen Höhenzügen ihre Sommerzelte aufschlugen und die Männer der Jagd und dem Fischfang nachgingen, sammelten die Frauen Beeren, von denen es eine Reihe von Arten gibt und die gleichzeitig vitaminspendend sind. Von ihnen soll hier nur die Rauschbeere (Vaccinium uliginosum) genannt werden und die auf Bergen wachsende Krähenbeere (Empetrum nigrum). Beide Arten wachsen auf Heiden, sowohl auf trockenen wie auf feuchten Stellen und sind weit verbreitet bis hoch hinauf in den Norden, sowohl im Westen wie im Osten. Das kann man

Stich zu Hans Egedes »Perlustration« von 1741 mit Tieren Grönlands

FLORA/FAUNA

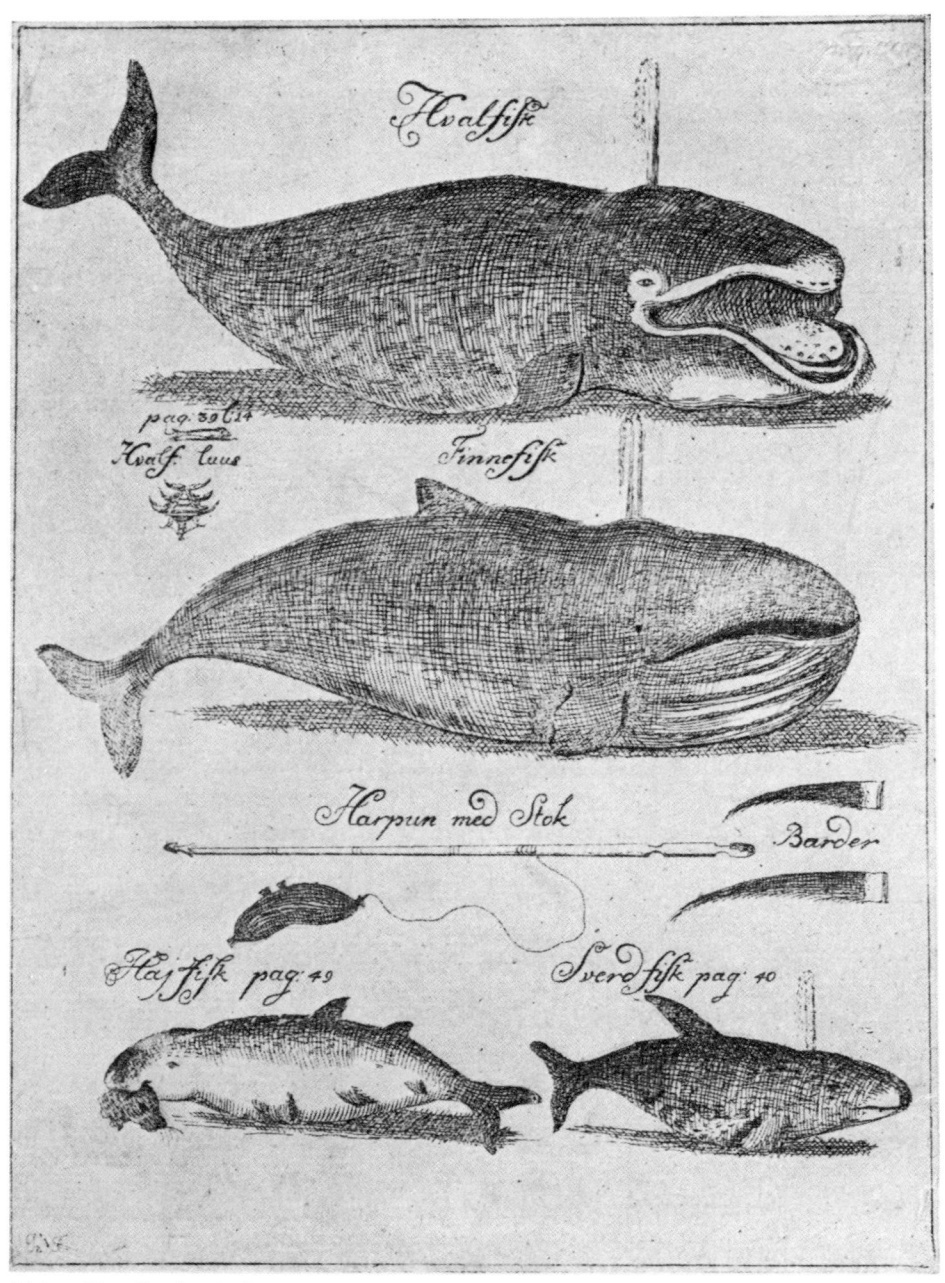

Stich zu Hans Egedes »Perlustration« von 1741 mit Meeressäugern

von der Blaubeere (Vaccinium myrtillus) nicht sagen. Sie hat man nur an einer einzigen Stelle in Südgrönland gefunden. Seltener ist auch die Preiselbeere (Vaccinium vitis-idaea). Sie wächst in üppig wuchernden Moor- und Heidegebieten, besonders in Mittelgrönland mit Ausnahme der Basaltbereiche auf Disko-Nuussuaq.

Bereits Poul Egede, der Sohn des Grönlandapostels Hans Egede, war stark an Grönlands Flora interessiert. Er sammelte viele Pflanzen bei dem jetzigen Qasigiannguit und Nuuk, preßte sie und klebte sie auf Büttenpapier. Heute sind sie in einem Ledereinband unter dem Titel »Herbarium Vivum« im Botanischen Museum in Kopenhagen zu betrachten.

Grönlands Landfauna ist äußerst artenarm. Als Landsäugetiere leben hier nur Moschusochsen, Lemminge, Hermeline und Polarwölfe, die ihren Lebensraum in Nord- und Nordostgrönland haben, wobei die Zahl der Polarwölfe nicht mehr sehr groß ist. Rentiere trifft man nur noch in West- und Nordwestgrönland an, während der Polarfuchs und der Polar- oder Schneehase noch über das ganze Land verbreitet sind. Neben dem weißen Polarfuchs gibt es in Grönland noch den Blaufuchs.

Der König der Arktis und Grönlands Wappentier, der Eisbär, war lange Zeit vom Aussterben bedroht, ist aber jetzt durch besondere Jagdgesetze, die nur grönländischen Berufsjägern die Jagd erlauben (Jagdzeit vom 1. September bis 30. Juni), geschützt. Auch die Schaffung des Nationalparks trug zum Erhalt dieser Spezies bei. Außer im Nationalpark findet man Eisbären hauptsächlich auf dem Treibeisgürtel der Ostküste, von wo sie auch nach Südgrönland getrieben werden können. Dort haben sie manchmal an Land ein Schaf der dortigen Schafzüchter gerissen und es dann weggeschleppt. Aber ein Eisbär ist auch schon hier und da, auf einer Eisscholle treibend, die Westküste hinaufgekommen und in einem der Fjorde erschienen.

Kriechtiere und Amphibien gibt es nicht in Grönland. Jedoch umfaßt die Insektenfauna ungefähr 700 Arten, von denen die Großen Stechmücken oft in riesigen Schwärmen auftreten und zu einer wahren Plage werden.

Besonders reich ist die marine Fauna. Von den Seehunden und Robben, die im Leben der Grönländer eine existentielle Rolle gespielt haben und teilweise noch spielen, seien hier nur die am weitesten verbreitete Ringelrobbe (Phoca hispida), die Sattelrobbe oder Grönlandrobbe (Pagophilus groenlandicus) und die Klappmütze (Cystophora cristata) genannt. Wichtig sind daneben besonders die Bartrobbe (Erignathus barbatus) und natürlich der Seehund (Phoca vitulina). Durch seine Größe und Stärke zeichnet sich unter den Meeressäugern besonders das Walroß aus, das noch im hohen Norden anzutreffen ist, vornehmlich im Bereich des Nationalparks. Wegen seiner Eckzähne wurde diesem starken Tier, das bis zu 1500 kg Gewicht erlangen kann, viel nachgestellt, so daß es vom Aussterben bedroht war. Die Reglementierung der Jagd wie auch die Schaffung des Nationalparks haben diese Entwicklung zum Stehen gebracht.

Seit Jahrhunderten hat im Zusammenhang mit Grönland der Wal eine große Rolle gespielt. Er lockte ganze Flotten aus verschiedenen europäischen Ländern zu den Küsten der arktischen Rieseninsel; denn der Tran dieser Tiere war für die Europäer das, was heutzutage

FAUNA

das Öl ist: wichtigster Energiespender. Mit dem Tran der Wale wurden Europas Städte erhellt. Durch das oft massenweise Abschlachten der Wale wurde vor allem der größte dieser mächtigen Meeressäuger fast ausgerottet: der Grönlandwal (Balaena mysticetus). Von den anderen 16 Arten seien hier noch der Buckelwal (Megaptera novalangliae) genannt und der Finnwal (Balaenoptera physalus). Beide Arten sind jetzt an sich grundsätzlich geschützt, mit Ausnahme von höchstens 8 Tieren, die abgeschossen werden durften (1985). Geschützt ist auch der Blauwal (Balaenoptera musculus). Ferner kommen hier der Weißwal (Delphinapterus leucas), der Grindwal (Globicephalamelas), der Narwal (Monodon monocerus), der Pottwal (Physeter catodon), Schweinswal (Phocaena phocaena) und noch weitere Arten wie der Schwertwal (Orcinus orca) vor.

Als zu Beginn des 20. Jh. sich an der Westküste das Wasser erwärmte, zog nicht nur die Robbe weiter in den Norden, sondern der Dorsch kam in großen Mengen an die Westküste und in die Fjorde. Das hatte zur Folge, daß die Robbenjäger aus ihren schmalen Kajaks in die Fischerboote umstiegen. Doch der Zeitpunkt war gekommen, wo sich langsam ein neuer Industriezweig in Grönland etablieren sollte, der schließlich – obwohl sich in den 60er Jahren das Wasser wieder abkühlte – zur Haupterwerbsquelle der Grönländer werden sollte.

Der wichtigste Fisch ist der Dorsch. Außerdem gibt es in den grönländischen Gewässern Meerkatze, Rotfisch, Steinbeißer und Heilbutt und noch einige andere Arten. Von besonderer Wichtigkeit sind für die Fischindustrie auch die Garnelen. Im ganzen weist das Meer um Grönland ca. 100 Fischarten und eine reiche Fauna an Krebstieren, Weichtieren und anderen marinen Formen auf. In den klaren Seen und Bächen des Inlandes sind Wandersaibling und Forelle zu Hause. Erwähnt werden muß noch ein Fisch, der in der Geschichte Grönlands eine große Rolle gespielt und im Lauf der Jahrhunderte schon manchen Hunger gestillt hat: die Lodde (Mallotus villosus), ein kleiner, 15–16 cm langer Lachsfisch, der im Frühling in großen Schwärmen zum Laichen zur Küste kommt. In der grönländischen Sprache heißt dieser Fisch *ammassak*. Der ostgrönländische Ort Ammassalik (das ist Tasiilaq) ist nach diesem Fisch benannt. Aber nicht nur für die Menschen war und ist dieser Fisch von großer Bedeutung. Auch für die Tiere des Landes und der See ist er eine willkommene Beute. In seinem Kapitel über Fische und Vögel in den »Perlustrationen« hat Hans Egede Ausführungen über diesen kleinen Lachsfisch gemacht. Über die Vögel schreibt Egede:

> »Nach den Fischen muß ich von den verschiedenen Arten von Vögeln berichten, die auf dem Grönländischen Meer herumschwimmen und sich dort aufhalten. Von ihnen sind die Eidervögel und Enten die am meisten verbreiteten. Von der ersten Art gibt es derart viele, daß sie zu gewissen Zeiten dort, wo man vorwärts kommen will, die ganze See bedecken. Und wenn sie auffliegen, kann man ihr Ende nicht absehen« (dt. Ausgabe 1986, S. 340).

Und tatsächlich gibt es mehr mit dem Meer verbundene Vögel als Landvögel. Neben den Eiderenten und Eidervögeln gibt es an den grönländischen Küsten Alke, Lummen, die verschiedensten Möwenarten, Kormorane, Papageientaucher, Krabbentaucher und weitere Arten. Auf manchen Vogelfelsen vor und an der Küste kann man verschiedene Arten nisten sehen. Sie leben dort zu Tausenden.

Von den knapp 200 Vogelarten, die in Grönland leben, sind von den Landvögeln nur wenige Standvögel. Dazu gehören der Rabe, der Seeadler, das Schneehuhn und die Schneeammer. Der Jagdfalke (Falco rusticolus) ist nur südlich des Polarkreises Standvogel, nistet er nördlich davon, fliegt er im September/Oktober nach Südgrönland, um dort zu überwintern. Anders verhält sich der Wanderfalke (Falco peregrinus). Er kommt in Grönland im April/Mai an und verläßt das Land wieder Ende August bis Ende Oktober, um in Mittel- und Südamerika zu überwintern.

Die einzige Schwanenart, die in Grönland vorkommt, ist der Singschwan (Cygnus cygnus cygnus). Man trifft ihn als zufälligen Gast meist im Ammassalik-Distrikt und der Westküste nördlich von Maniitsoq, am zahlreichsten aber in den südlichen Distrikten.

Von den Gänsearten, die in Grönland beobachtet werden, sind zu nennen die Bläßgans (Anser albifrons), die Kurzschnäblige Gans (Anser fabalis brachyrhynchos), die Schneegans (Anser caerulescens), die Ringelgans (Branta bernicla), die Weißwangengans (Branta leucopsis) und die Kanada-Gans (Branta canadensis). Alle diese Gänse leben aber nicht ganzjährig in Grönland.

Überall in Grönland ist die Schneeule (Nyctea scandiaca) anzutreffen.

Grönlands Nationalpark

Schaut man auf eine Grönlandkarte, kann man die ganze Größe des Nationalparks ermessen. Seine Grenzen verlaufen nördlich von Ittoqqortoormiit an der Ostküste in nordwestlicher Richtung schräg über das Inlandeis bis zum Petermann-Gletscher an der Nares-Straße. Damit bedeckt er ein Areal von 700 000 km².

Vor der Jahrhundertwende war dieses Gebiet bereits von verschiedenen Expeditionen aufgesucht worden, von englischen, deutschen, dänischen, schwedischen und amerikanischen. Fangschiffe aus Norwegen hatten die Küsten befahren. Mit dem beginnenden 20. Jh. waren dann auch Grönländer mit in die Erforschung dieses gewaltigen Gebiets einbezogen worden. Diese Expeditionen von Rasmussen, Lauge Koch und Knuth Munck verstärkten das Interesse an diesem Gebiet bezüglich wirtschaftlicher Ausnutzung, was zur Folge hatte, daß Dänen und Norweger dort in wachsendem Maß Jagd auf Eisbären, Polarwölfe, Weißfüchse, Moschusochsen und Walrosse machten.

Im Winter 1899/1900 war das Rentier in Ostgrönland ausgestorben und nun befürchtete man das gleiche für den Moschusochsen. Norwegische Jäger begannen auch Moschuskälber für zoologische Gärten zu fangen und schossen oft wegen eines einzigen Kalbes ganze Herden ab. Unter Naturschutz wollte die Behörde die Mochusochsen wegen der dänischen und norwegischen Jagdinteressen nicht stellen. Auch deutsche Großwildjäger trugen ihren Teil zur Dezimierung der grönländischen Tierwelt bei, indem sie in den Jahren vor dem Ersten Weltkrieg zwei für sie sehr erfolgreiche Eisbärjagden auf dem Treibeis organisiert hatten.

NATIONALPARK

Jedesmal, wenn eine Diskussion über grönländischen Tierschutz begann, gab es jahrelange heftige Argumentationen dagegen, die sowohl aus dänischen wie aus norwegischen Kreisen kamen, die an einer wirtschaftlichen Ausbeute der grönländischen Tierwelt interessiert waren. Dabei griffen auch Forscher mit Publikationen ein, die auf die einmalige Tierwelt Grönlands aufmerksam machten. Ausführlich hatten bereits A. L. W. Manniche und Achton Friis von der Danmarks-Expedition die Tierwelt Ostgrönlands geschildert. Und 1933 kam dann Alwin Petersens Buch »Polardyr« (Polartiere) heraus, das 1940 von dem Bildband »Et Naturens Reservat« ersetzt wurde, in dem der Verfasser vorschlug, das Gebiet zwischen der Shannon-Insel und der Île de France zum Nationalpark zu erklären.

Während des Zweiten Weltkrieges Spielball militärischer Interessen, wurde die Region für mögliche Tierschutzmaßnahmen durch Aktivitäten von Lauge Koch, Ebbe Munck und Eigil Knuth erneut Gegenstand der Diskussion. Auf dem Internationalen Zoologenkongreß in Kopenhagen 1953, wo die arktische Tierwelt diskutiert wurde, zeigte der dänische Zoologe Christian Vibe einen Dokumentarfilm mit dem Titel »Vor Grønlandske Nationalpark« (Unser grönländischer Nationalpark). Allerdings wurde Vibe später gezwungen, den Titel zu ändern. Denn das betreffende Gebiet durfte, internationaler Absprache zufolge, erst dann »Nationalpark« genannt werden, wenn ein solcher Status gesetzmäßig eingeführt und das Gebiet selbst vom Staat unter seinen Schutz gestellt wurde.

Noch im Winter des selben Jahres gingen Tausende von Moschusochsen ein, darunter auch zwei Jahrgänge von Kälbern. Der Grund dafür war, daß große Schneemassen und Übereisungen ihre Weidegebiete überdeckten und es den Tieren an Nahrung fehlte. Diese Katastrophe brachte den Tierschutzgedanken wieder in den Vordergrund, und es begannen Verhandlungen zwischen Tierschützern und den dänischen Behörden. Das Ergebnis war eine Verfügung des Grönlandministeriums von 1956 zum Naturschutz in Nordostgrönland, nach der u. a. sämtliche Gänsearten, Schneeulen, Jagdfalken und Walrosse geschützt werden sollten. Die Jagd auf Moschusochsen wurde auf eine bestimmte Zahl von Abschüssen eingeschränkt. Eisbärenjunge und deren Mütter wurden geschützt und Sand Ø bekam den Charakter eines Reservats. 1965 wurde das 1924 getroffene Abkommen mit Norwegen gekündigt. Und im Zusammenhang damit empfahl der ehemalige Staatssekretär im Grönlandministerium, Eske Brun (in der Zeitschrift »Grønland«, 1966, S. 127–136), das Gebiet zwischen dem Humboldt-Gletscher im Westen und dem Kong Oscar Fjord im Osten »zum größten und einem der interessantesten Naturreservate der Welt« zu machen. Damit wollte Brun bewirken, daß der Grönländische Landesrat beim Übergang zu einer Selbstverwaltung Herr im eigenen Haus sein sollte.

1967 berief das Grönlandministerium unter Staatssekretär Erik Hesselbjerg einen Regierungsausschuß mit dem Arbeitsziel, für ganz Grönland ein Naturschutzgesetz zu schaffen. Im Ausschuß saßen Vertreter verschiedener naturwissenschaftlicher Institutionen sowie des Kulturministeriums und des Nationalmuseums. Schließlich wurde am 22. Mai 1974 das Naturschutzgesetz für Grönland (Fredningsloven for Grønland) vom Parlament angenommen. Danach berief das Grönlandministerium einen Ausschuß, der die ab 25. Juni 1976 geltenden Bestimmungen über einen Nationalpark in Nord- und Ostgrönland ausarbeitete.

Nach Übernahme der internen Regierungsgeschäfte durch die grönländische Selbstverwaltung im Jahr 1979 wurde das dänische Naturschutzgesetz für Grönland durch zwei grönländische Gesetze bezüglich des Naturschutzes und des Schutzes archäologischer Funde und historischer Bauten abgelöst. Jedoch wurden die Bestimmungen über den Nationalpark beibehalten, abgesehen von der Tatsache, daß nicht mehr das Grönlandministerium in Kopenhagen, sondern die Selbstverwaltung (Hjemmestyre) in Nuuk oberste Behörde für den Nationalpark ist, die auch ein beratendes Organ, den Nationalparkrat, ins Leben rief.

Das gesamte Gebiet des Nationalparks ist nicht besiedelt. Jedoch leben dort ca. 40 Personen in den festen Stationen des Parks. Diese Stationen sind der Flugplatz bei Mestervig, die Station Daneborg der Sirius-Patrouille, der die polizeiliche Aufsicht über dieses Gebiet obliegt, die Wetterstation Danmarks Havn, die Militärstation Nord und die von Eigil Knuth betriebene Station Kap Moltke mit Brønlundhus. Alle anderen Personen, mit Ausnahme der Bewohner von Thule und Ittoqqortoormiit, bedürfen einer besonderen Genehmigung, um in den Nationalpark zu kommen. Allgemein wird eine solche Genehmigung nur wissenschaftlichen Expeditionen nach genauer Prüfung ihres Vorhabens erteilt.

Dieser größte Nationalpark der Welt erfüllt verschiedene Aufgaben. Der dortige Naturschutz bezieht sich auf Flora und Fauna, auf den Boden und die archäologischen Funde.

Die dortige Flora ist immer noch Gegenstand der botanischen Forschung. Der dänische Botaniker Kjeld Holmen fand bei seiner Schlittenreise im Mai 1949 zum Kap København im östlichen Peary-Land nur 16 Arten von Gefäßpflanzen, d. h. Blumenpflanzen, Farne, Wolfsfüße und Schachtelhalme. Expeditionen der 80er Jahre aber entdeckten nicht weniger als 58 Gefäßpflanzen, mehr als die Hälfte der 106 Arten, die man jetzt vom nördlichen Grönland kennt. Im nordwestlichen Teil des Nationalparks ist die Kenntnis der Pflanzenwelt höchst unvollkommen. Seit 1917 war nicht eine einzige Expedition im nördlichen Peary-Land oder in dessen westlichem Teil (Stand von 1984). Jedoch machten Botaniker als Begleiter geologischer Untersuchungen Notizen.

Für die Zoologen ist die Situation anders. Man kennt die dortige Fauna seit langem und weiß, daß in der nordostgrönländischen Natur die verschiedenen Arten beste Überlebenschancen haben; denn diese Natur mit ihrem Hochgebirge, ihren Flüssen, Seen und Tälern bildet, wie Christian Vibe in einem Aufsatz über die Tiere des Nationalparks ausführt,

> »eine Einheit, wo sparsamer Sommerregen, zusammen mit der Wasserreserve des Schnees und Permafrostes der arktischen Vegetation solche Wachstumsbedingungen gibt, daß pflanzenfressende Tiere in guten Jahren reichlich Sommerfutter haben, um ihre Jungen aufzuziehen, und erträgliche Überwinterungsverhältnisse, so daß eine genügende Anzahl ausgewachsener und junger Tiere überleben und die Art weiterführen kann. Das gilt für den Moschusochsen, den Schneehasen, für Lemminge und Schneehühner und periodenweise auch für das Ren. – Die Raubtiere, Säugetiere und Vögel, die von den Pflanzenfressern des Landes leben: Hermelin, Weißfuchs, Polarwolf, Schneeule, Jagdfalke u. a., und in einigen Fällen auch der Eisbär, bekommen damit auch eine Existenzgrundlage.«

(Christian Vibe: Nationalparkens dyr. In: Nationalparken 1974–84.
Særtryk af ingmikut naqitaq »forskning/tusaut« 3/84).

NATIONALPARK

So bietet dieses Gebiet für die verschiedensten Arten der arktischen Fauna gute Möglichkeiten, ihre Existenz zu erhalten und der Gefahr der Vernichtung zu entgehen.

Doch noch andere Wissenschaftler sind in Grönlands Nationalpark tätig. So hat Dänemarks Geodätisches Institut dort ein reiches Arbeitsfeld gefunden, wo mit den modernsten Methoden das Land vermessen und einzelne Teile neu kartiert werden. Dabei arbeitet das Geodätische Institut mit den Geologen zusammen (Grønlands Geologiske Undersøgelser – GGU), die dort ihre Untersuchungen schon seit geraumer Zeit durchführen. Und auch Archäologen sind dort tätig. Im Peary-Land haben beispielsweise die Menschen der Independence I und Independence II gelebt und auch Spuren in anderen Bereichen des Nationalparks hinterlassen (Hall-Land, Gebiet von Ittoqqortoormiit). Die Thule-Kultur ist im ganzen Gebiet nachweisbar und die Nordostgrönländische Mischkultur hauptsächlich zwischen Ittoqqortoormiit und der Dove-Bucht. Der Leiter des Grönländischen Landesmuseums, der Däne Claus Andreasen, weist darauf hin, daß dieses Gebiet erst seit der Jahrhundertwende erforscht wird und daß die Ergebnisse dieser Forschungen ein Material erbracht haben, das zeigt, daß in den letzten 4000 Jahren in klimatisch günstigen Perioden Menschen an verschiedenen Stellen der Küstengebiete und im Inland gewohnt haben. So wurden bisher bereits 200 Hausruinen im Peary-Land bekannt und noch mehr von der Nordostrundung bis hinunter nach Ittoqqortoormiit, aber eine kontinuierliche Besiedlung wurde nirgends festgestellt. Vom einzigen dokumentierten Kontakt, den Europäer mit Eskimo im Gebiet des jetzigen Nationalparks hatten, berichtete der englische Seeoffizier Douglas Charles Clavering, der 1823 eine Gradmessungsexpedition nach Ostgrönland führte und am 18. August 1823 auf der Clavering-Insel zwölf Eskimo traf, mit denen er vier Tage zusammen war. Er berichtet, daß sie Zelt und Kajak hatten, Jagdgeräte, Harpunen und Lanzen aus Holz mit Eisen- und Knochenspitzen und daß sie Kleidung aus Seehundfellen trugen, bei der die behaarte Seite am Körper lag. Seit diesem Treffen hat keiner mehr Eskimo in diesem Gebiet gesehen.

Orts- und Routenbeschreibungen

Nuuk

Nuuk, die Hauptstadt Grönlands, hat HANS EGEDE als Godthåb, »Gute Hoffnung«, 1728 gegründet, als er seine erste Niederlassung von 1721, Håbets Ø, »Insel der Hoffnung«, verlegte. Diese neue Missionsstation entwickelte sich dann im Lauf der folgenden Jahrhunderte zu einem Mittelpunkt des Landes, in dem sich Grönlands administratives und kulturelles Leben konzentrierte. Heute, nach Einführung der internen Selbstverwaltung im Jahr 1979, trägt die Hauptstadt des Landes offiziell den grönländischen Namen Nuuk, der soviel wie »Landzunge« bedeutet. Doch deshalb ist Hans Egede nicht vergessen. Auf einem Hügel, oberhalb der alten roten **Erlöser-Kirche** (Vor Frelsers Kirke) aus dem Jahr 1849, in der sich Marmorreliefs von Hans Egede und seiner Frau GERTRUD RASK befinden, steht sein bronzenes Standbild (vgl. Abb. 33). Bekleidet mit einem Talar und gestützt auf einen Wanderstab, schaut er dort auf ›seine Stadt‹, die sich seit seinem Fortgang von Grönland – und das ist mehr als 250 Jahre her – so stark verändert hat. Aber immer noch steht dort unten sein Haus. Das gelbe, aus Stein gebaute **Hans Egede-Haus** ist jetzt Residenz des grönländischen Regierungschefs. – Weiter in der Stadt erhebt sich dann das vielstöckige Hotel Hans Egede, das 1987 fertig wurde und sich mit jedem guten Hotel des europäischen Kontinents messen kann.

Wandert man von diesem Hotel weiter zum Hafen hinunter, sieht man links von der Straße, hoch oben auf einem Hügel, den weißen Betonbau der **Hans Egede-Kirche,** zu der man vom Skibshavnsvej, das ist die große und breite Straße, die zum Hafen führt, hinauf kommt. Diese Kirche wurde 1971, zum 250. Jahrestag der Ankunft Hans Egedes in Grönland, eingeweiht. Sie ist modern eingerichtet, bietet Platz für 350 Gottesdienstbesucher, hat aber noch einige Reminiszenzen an den Grönlandapostel. So hängen von der Decke der Kirche die Modelle zweier berühmter grönländischer Schiffe. Sie tragen den Namen von Hans Egede und seiner Frau Gertrud Rask. Beide Schiffsmodelle sind ihren Vorbildern bis ins kleinste Detail nachgebildet und erinnern an den Zweiten Weltkrieg, in dem sie verlorengingen. Auch zwei Porträts in Öl von Hans Egede und seiner Frau Gertrud Rask besitzt diese Kirche. Sie befinden sich an der Rückwand des Kirchenschiffs. Und noch etwas darf in diesem Zusammenhang nicht unerwähnt bleiben: schlägt man den kleinen Grönland-Kalender auf, den der Informationsdienst der grönländischen Regierung herausgegeben hat, findet man seit 1988 unter dem 3. Juli die Bezeichnung »Hans Egede-Tag«. Der Tag der Ankunft Hans Egedes in Grönland ist also offiziell zum grönländischen Gedenktag bestimmt worden.

NUUK / STADTRUNDGANG

Alte Stadtansicht von Nuuk von 1873

Nuuk mit seinen 12687 Einwohnern (1990) ist Grönlands dynamischste Stadt geworden. Sie ist das wirtschaftliche, politische und kulturelle Zentrum des Landes, in ihr vereinen sich Tradition und mitteleuropäisches Gepräge. Wer der westlichen Zivilisation entfliehen will, ist in Nuuk nicht gut aufgehoben. Verkehr, Baulärm, Videos, Fernsehen und Cola- bzw. Bierdosen sind allgegenwärtig. Ebenso wirkt das Stadtbild mit seiner Vielzahl an Wohnsilos teilweise wie ein Ausschnitt unserer vertrauten Satellitenstädte. Bauen in Grönland ist sehr teuer, das gesamte Material muß über den Nord-Atlantik gebracht werden. Für die Fundamente, Rohrleitungen und den Straßenbau ist es notwendig, den felsigen Untergrund – zumeist Granit – zu sprengen. Entsprechend sind in der Nähe der Städte immer Dynamitdepots zu finden, deren Absicherungen so gar nicht unserem Sicherheitsbedürfnis entsprechen, zum Teil sind sie nur von einem hohen Zaun umgeben.

Man ist heute aber von der monotonen, funktionellen Bauweise der 60er und 70er Jahre abgekommen und versucht Häuser zu entwickeln, die sich besser der grönländischen Landschaft einfügen. Einen Eindruck von solchem Umdenken vermittelt die neue Satellitenstadt **Nuussuaq**. Zudem haben die Erfahrungen in den Wintern 1982–1984 gezeigt, daß der moderne Wohnungsbau nicht die Isolationsqualitäten der alten Torfsteinhäuser und der Iglus aufweist.

Daß diese Zusammenballung der Menschen – in einigen der Wohnblocks leben bis zu 1000 Leute – eine Fülle sozialer Probleme mit sich bringt, ist leicht nachvollziehbar. Der radikale Bruch mit der individuellen grönländischen Siedlungstradition ist ein wichtiger Grund, und es wird sicher noch weitere Generationen dauern, bis dieser Konflikt zwischen Moderne und Tradition beigelegt ist. Hauptprobleme sind Alkoholismus, steigende Kriminalität und die Auflösung der Gemeinschaften, Probleme, wie sie in jeder westlichen Großstadt anzutreffen sind.

Zugleich ist der erste Eindruck von Nuuk in dieser grandiosen Landschaft überwältigend, ein vergleichbares Zusammentreffen von Natur und Kultur wird man nur schwer finden.

Stadtrundgang

Dorthin, wo Hans Egedes Standbild steht, sollte man zuerst gehen. Oben auf dem Hügel, zu dem man sehr leicht hinaufkommt, falls nicht gerade der Boden gefroren ist, hat man einen guten Blick auf die Stadt. Da liegt gleich unten der alte Koloniehafen mit den Gebäuden aus den ersten einhundert Jahren der Kolonie, darunter das gelbe Steinhaus von Hans Egede, in das er mit seiner Familie 1728 einzog. Und nicht weit von Egedes Haus steht das der dänischen Grönlandinspekteure, jetzt Residenz des dänischen *Rigsombudsmands* und das Gästehaus für Mitglieder der dänischen Königsfamilie. Dahinter sieht man dann die ebenfalls schon erwähnte rote **Erlöser-Kirche** mit dem dazugehörenden Pastorenhaus.

Daneben liegen die Arktischen Gärten, in denen sich ein Querschnitt der häufigsten Blumenarten in Grönland befindet. Und wenige Minuten weiter steht zwischen dem C. E. Janssensvej und dem Skolevej das Gebäude, das als das schönste Haus Grönlands gilt: das rote, 1907 im sogenannten Drachenstil erbaute **Seminar.** Dieses Haus bildet den Mittelpunkt des Kommunewappens von Nuuk, zusammen mit dem Wahrzeichen der Stadt, dem Berg **Sermitsiaq** (Sattel), einem Kajakpaddel und drei weißen Wellenlinien auf blauem Grund. Schon 1845 hatte man in Nuuk ein Seminar errichtet, das der Ausbildung von Katecheten diente und später allgemeines Lehrerseminar wurde. Diese Institution hat viel für die Bewahrung und Förderung der grönländischen Kultur geleistet und viele bedeutende Persönlichkeiten des politischen und kulturellen Lebens des Landes haben hier als Seminaristen und Lehrer gearbeitet.

Die Bauten um den alten Hafen herum bilden das Kernstück von Nuuk. Manches ist allerdings dort verschwunden, so das kleine Holzhaus, das sich SAMUEL KLEINSCHMIDT selbst gebaut hatte. Es fiel einem Brand zum Opfer. Wegen des überaus trockenen Klimas waren – besonders in älterer Zeit – ständig viele Holzhäuser vom Feuer bedroht. In guter Erinnerung ist noch der Brand der alten Landesbibliothek im Jahre 1968. Sie wurde völlig zerstört, wobei viele wertvolle Groenlandica ein Opfer der Flammen wurden.

Im Kern der alten Stadt ist in einem Speicher der Kajakverein der Stadt untergebracht. Dort bauen junge Leute Kajaks nach altem Muster und üben sich dann in den schmalen Booten gleich unten im Hafen. Kajakvereine sind in den letzten Jahren überall an den grönländischen Küsten entstanden. Die jungen Leute wollen mit ihrer Hilfe das traditionelle Handwerk des Kajakbaus pflegen, sich selbst in der Handhabung der Boote üben und damit ihre Identität als Inuit bewahren helfen.

NUUK: LANDESMUSEUM

Das alte grönländische Sonnensymbol am Landesmuseum

Speicher sind es am alten Hafen auch, die jetzt **Grönlands Landesmuseum** (grönl. **Kalaallit Nunaata Katersugaasivia**) beherbergen, wohl eine der bedeutendsten Kulturinstitutionen des Landes. Früher im Gebäude der alten Herrnhuter Kirche untergebracht, besitzt es heute für seine Exponate vorbildliche Räume. Schon von weitem ist es durch ein altes Inuit-Zeichen zu erkennen, das in goldener Farbe von einer roten Gebäudewand leuchtet: eine Eskimo-Sonne mit Strahlen und Innenkreisen. Ein Besuch dieses Museums ist eine der ersten Ziele kulturell interessierter Grönlandbesucher. Denn nirgendwo anders kann man an ausgesuchten Exponaten und didaktischen Schautafeln einen so guten Blick auf Grönlands Geschichte werfen.

Auch gibt es in den Räumen Wanderausstellungen grönländischer Kunst oder von Kunst, die eng mit dem Land und seinen Menschen verbunden ist, wie etwa die Ausstellung von Skulpturen EIGIL KNUTHS, die man 1987 dort u. a. sehen konnte. Internationale Berühmtheit aber erlangten die in dem Museum ausgestellten *Mumien von Qilakitsoq* (bei Uummannaq). Es handelt sich dabei um acht Menschen im Alter von einem halben bis zu fünfzig Jahren. Sie starben um 1450 und wurden in einer offenen Grotte unter großen Steinen beigesetzt. Gute Durchlüftung, niedrige Temperaturen und geringe Luftfeuchtigkeit ermöglichten eine natürliche Mumifizierung. Die Mumien von Qilakitsoq wurden durch Zufall von den Brüdern Hans und Jokum Grønvold während einer Jagd auf Schneehühner entdeckt. Die beiden Brüder meldeten den Fund der Kommunalverwaltung in Uummannaq, die den Bericht dann an das Landesmuseum in Nuuk weitergab. Von Grönland wurden die Mumien nach Kopenhagen gebracht, wo sie von einer Reihe von Wissenschaftlern nach den neuesten Methoden und mit den modernsten Instrumenten auf Alter, Geschlecht, Kleidung, körperliche Besonderheiten u. a. untersucht wurden. Sie stammen aus der

Periode der Thule-Kultur. Fünf von ihnen weisen Gesichtstätowierungen auf, was man mit Hilfe einer speziellen Fototechnik mit infrarotem Licht erkennen konnte. Diese Tätowierungen trugen vornehmlich Frauen, was auch der deutsche Forscher ADAM OLEARIUS (1603–1671) bekundet. Er berichtete in einer seiner Schriften von einer Inuit-Frau, die vielfache Gesichtstätowierungen aufwies.

Über die Kleidung weiß Adam Olearius zu berichten, daß sie bei den Inuit aus nach außen gerichteten Seehund- oder Rentierfellen bestand und inwendig mit Vogelfedern gefüttert war. Die in Qilakitsoq gefundenen Kleidungsstücke sind über 200 Jahre älter als die von Olearius beschriebenen. Aber sie haben doch Ähnlichkeit. So kann man beispielsweise einen sogenannten Innenpelz sehen, der mit den Federn von fünf verschiedenen Vogelarten gefüttert ist. Die meisten in den Gräbern von Qilakitsoq aufgefundenen Kleidungsstücke und Trachten sind in Vitrinen ausgestellt.

In Vitrine VIII sieht man eine ungefähr 50jährige Frau von ca. 153 cm Größe (Mumie 6 aus Grab II), in Vitrine IX ein ca. 6 Monate altes Kind, dessen Geschlecht nicht mit Sicherheit festgestellt werden kann (Mumie 1 aus Grab I) sowie eine 20–25 Jahre alte, ca. 165 cm große Frau (Mumie 3 aus Grab I). In der Vitrine X liegt eine ungefähr 30 Jahre alte, ca. 145 cm große Frau (Mumie 4 aus Grab I).

Die hier ausgestellten mumifizierten Leichen sind im selben Zustand wie bei der Grabentnahme. Sie wurden also nicht konserviert, sondern nur gereinigt. Dem damaligen Brauch zufolge wurden die Beine zusammengebogen. Beschädigungen an Kleidungsteilen und an

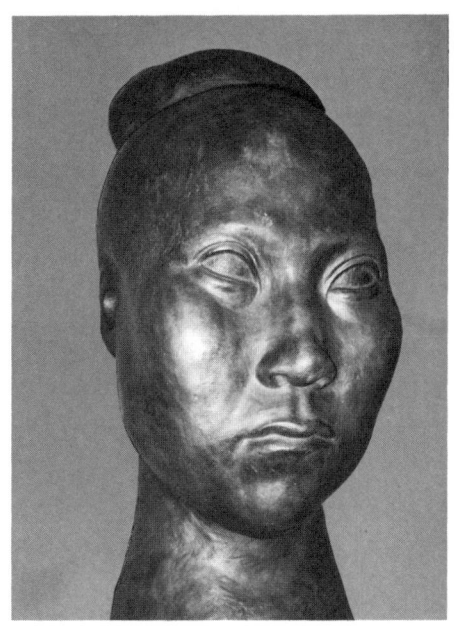

Bronzebüste einer Grönländerin von Eigil Knuth

Der berühmte Kleinschmidt-Pfahl auf dem Weg von Neu-Herrnhut nach Nuuk

den Mumien wurden durch herabfallende Steine in den Gräber verursacht. Die Mumien dürfen nicht fotografiert werden! Von allen anderen Exponaten können Aufnahmen im Museum gemacht werden.

Nach dem Museumsbesuch ist vielleicht ein Spaziergang zur alten deutschen **Kirche in Neu-Herrnhut** angebracht. Sie wurde von Mitgliedern der Brüdergemeine, die von 1733 bis 1900 in Grönland Missionsarbeit leisteten, 1747 errichtet. Die Kirche wurde nach 1900 zu verschiedenen Zwecken benutzt, u. a. beherbergte sie – wie schon berichtet – eine Zeitlang das Landesmuseum. Seit 1987 ist das ausgebaute Kirchenhaus Grönlands erste **Universität.** Man kann die neue Universität, deren Kerngebäude die alte Herrnhuter Kirche ist, eventuell besichtigen, wenn man sich vorher mit dem Rektor, Prof. ROBERT PETERSEN, in Verbindung setzt und einen Termin vereinbart. Auf dem Weg dorthin kommt man an dem berühmten »**Kleinschmidt-Pfahl**« vorbei, an den der Sprachforscher seine Laterne hängte, die ihm, nach einem Besuch bei seinem Freund Carl Julius Spindler und dessen Familie in Neu-Herrnhut, den Heimweg erhellen mußte.

Auf dem Weg hinunter in das Tal von Neu-Herrnhut kommt man auch an dem kleinen Gebäude der ältesten Zeitung Grönlands, *Atuagagdliutit/Grønlandsposten* vorbei, wo man ruhig anklopfen sollte, falls man sich für eine solche Zeitung interessiert. Man wird dort meist einem freundlichen Redakteur begegnen, der über viele Dinge Auskunft geben kann. Rechts vom Weg zur Herrnhuter Kirche und jetzigen Universität breitet sich ein großer **Friedhof** aus, wo viele weiße Kreuze in Reih und Glied stehen und die bescheidenen Gräber vor Farbenpracht oft herrlich leuchten. Es sind Papierblumen, die die stille Welt dieses Friedhofs so bunt machen. Und dann steht man schon bald der Kirche gegenüber, wo einem ein frischer Wind vom Wasser entgegen weht, denn sie liegt dicht an einer Bucht des Fjords.

Wenn man jetzt zu seinem Hotel zurückgeht, kann man noch einen Blick in die gut sortierte Buchhandlung *»Atuagkat«* werfen. Sie liegt an der Ecke Tjalfesvej/Aqqusinersuaq.

Hat man am nächsten Tag sein Frühstück beendet – ein idealer Platz dafür ist der große Speisesaal im Hotel Hans Egede im fünften Stock des Hauses, von wo man einen großartigen Blick auf einen Teil der Stadt hat und die Raben über die Dächer fliegen sieht –, kann man eine Wanderung zu einer Werkstatt machen, in der ein typisch grönländischer Edelstein geschnitten, geschliffen und gefaßt wird: der *Nuummit*. Der samtschwarze Stein mit Korn von hellerem Material, hat seinen Namen nach der Stadt bekommen. Die Werkstatt kann besichtigt werden, und man kann an Ort und Stelle Auskunft über die Kaufmöglichkeiten erhalten. Zu der Werkstatt kommt man, indem man in Richtung Hans-Egede-Denkmal geht. Dann liegt auf der äußersten Spitze der Dødemandsnæsset (eine kleine Landzunge), gegenüber dem alten Koloniehafen, das betreffende Gebäude.

Auf dem Rückweg kann man dann noch den alten **Friedhof** hinter der Erlöser-Kirche besuchen, auf dem bedeutende Persönlichkeiten des Landes wie beispielsweise Samuel Kleinschmidt, bestattet wurden.

Danach tritt man eine Wanderung zu den **Gedenksteinen** der Stadt an. Sie sind allen Männern gewidmet, die eng mit der Geschichte Grönlands verbunden sind. Einige Gedenksteine aber erinnern auch an den Besuch dänischer Monarchen in Grönland.

David Cranz: Ansicht von Neu-Herrnhut. Stich von 1770

NUUK: UMGEBUNG

Da steht unten am Fuß des Hans-Egede-Hügels gleich einer der schönsten Gedenksteine. Er ist JONATHAN PETERSEN (1881–1961) gewidmet, einem der bedeutendsten grönländischen Komponisten der Neuzeit. Petersen war 1903–1945 Lehrer für grönländische Sprache, Musik und Gesang am Seminar von Nuuk. Der Gedenkstein wurde im Jahr seines 100. Geburtstages enthüllt. Er ist oben mit der Büste von Petersen geschmückt und trägt an den Seiten Bronzereliefs, die die verschiedenen Stationen seines Lebens darstellen. Büste und Reliefs sind Meisterwerke von HANS LYNGE, der sie Ende der 70er Jahre schuf.

Weitere Gedenksteine sind HINRICH RINK (vgl. Abb. 32), LARS MØLLER, JØRGEN BRØNLUND und AVGO LYNGE gewidmet, Persönlichkeiten, die bereits alle in verschiedenen Kapiteln dieses Buchs Erwähnung gefunden haben. Auf dem Rückweg kann man noch einen Blick auf das neue **Rathaus**, die Regierungsgebäude samt **Landsting**, das **Rundfunkhaus** und die **Landesbibliothek** werfen. Bei den Regierungsgebäuden und dem Rundfunkhaus sollte man sich am besten zuerst mit dem Pförtner oder Hausmeister in Verbindung setzen. Besonders interessant ist das kleine Landesparlament (Landsting).

Ausflüge in die Umgebung von Nuuk

Das große Gebiet des Nuuk Fjordes mit seinen Verästelungen und Nebenarmen, die andere Namen tragen, ist nicht nur von außerordentlicher landschaftlicher Schönheit, sondern auch geschichtsträchtig wie kaum eine andere Region Grönlands. Das beginnt bereits mit der paläoeskimoischen Zeit, aus der die Archäologen Niederlassungen der Saqqaq-Kultur und in einigen Fällen auch solche der Dorset-Kultur entdeckt haben. Bereits die Isländer, die zur Zeit Erik des Roten die Westsiedlung (Vestribygd) gründeten, entdeckten dort Überbleibsel der paläoeskimoischen Kultur. So berichtet der isländische Historiker Ari inn fródi in der Íslendingabók (um 1130 niedergeschrieben):

> »Sie fanden sowohl im Osten wie im Westen Spuren, die besagten, daß sich dort Menschen aufgehalten hatten, und Stücke von Fellboten und Steingeräten, so daß sie verstehen konnten, daß dort jene Menschen gewesen waren, die in Vinland wohnten, und die die Grönländer (damit sind die nordischen Siedler gemeint, d. Verf.) Skrälinger nannten.«

Vermutlich drangen die Menschen der Thule-Kultur um 1300 in dieses Gebiet ein. Dort stießen sie auf die nordischen Siedler von Vestribygd. Die alten eskimoischen Sagen berichten von solchen Begegnungen. Berühmt ist die Sage vom Bogenschützenfelsen, in der von den Beziehungen der Eskimo zu den nordischen Siedlern die Rede ist. Eines Tages wollte einer dieser Nordmänner mit einem Eskimo einen Wettkampf im Bogenschießen veranstalten und bestand darauf, daß der Verlierer von dem Berg, von dem aus sie auf ein ausgespanntes Rentierfell schießen wollten, gestürzt würde. Der Eskimo war dagegen, ging aber schließlich darauf ein und gewann. Also wurde der Normanne vom Felsen gestoßen. Aber seine Landsleute machten sich nicht viel daraus, weil er sein Schicksal selbst verschuldet

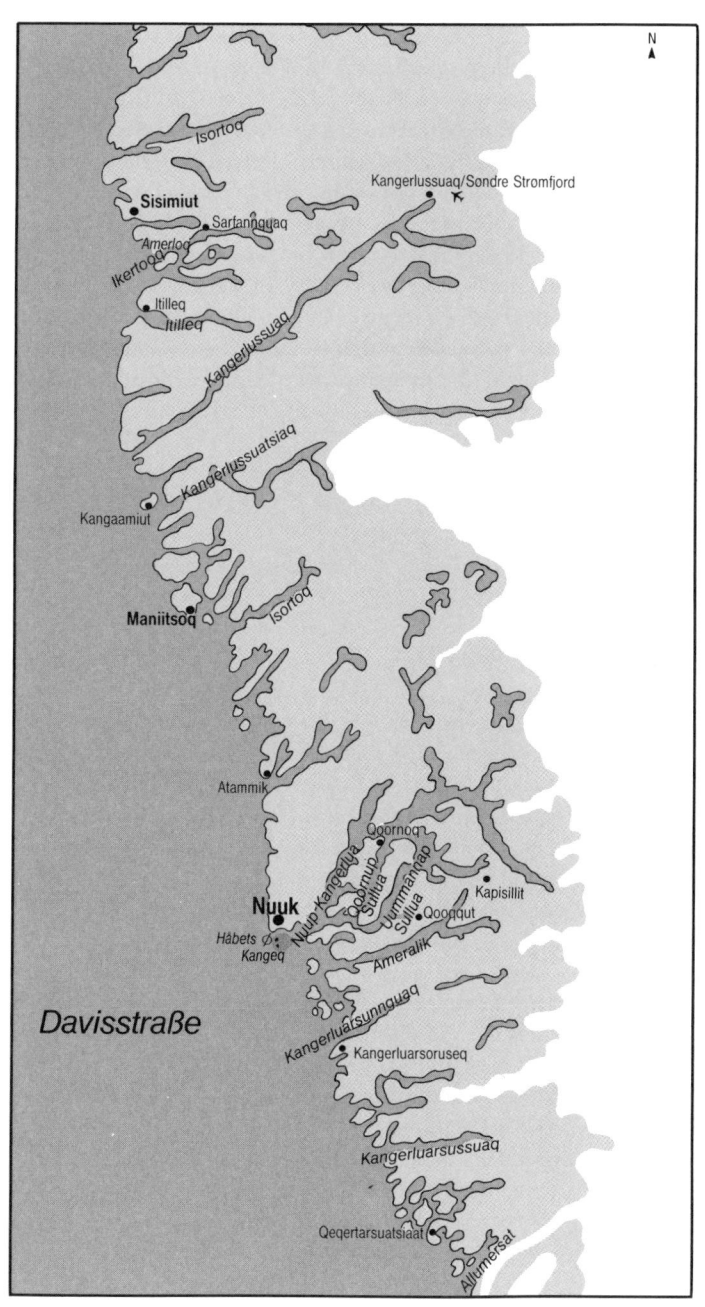

Mittlere Westküste

hatte. Seit jener Zeit nannte man den Felsen Pisissarfik (Bogenschützenfelsen). Die Geschichte spielte bei **Kapisillit**, einem Wohnplatz in der jetzigen Kommune Nuuk.

Später spielt dieses Gebiet am Fjord eine wesentliche Rolle in der Tätigkeit von Hans Egede, und es wird mehrmals in seinen Schriften unter dem Namen **Baalsrevier** erwähnt. Diesen Namen erhielt das Fjordgebiet, das vermutlich JOHN DAVIS zum erstenmal besuchte, von JAMES HALL, einem im Dienst König Christians IV. stehenden britischen Seefahrer, der auf seiner vierten und letzten Grönlandreise diesen Fjord nach dem britischen Großkaufmann Richard Ball, der die Reise zum Teil finanziert hatte, nannte. Er nannte den Fjord Balls River, woraus dann Baalsrevier wurde. In der Sprache der Grönländer wird der Fjord natürlich nach der Stadt Nuuk genannt. Das heißt: das gesamte Fjordgebiet (Nuuk Fjorden), das sich aus Fjorden, Sunden und Buchten mit anstoßenden Landgebieten östlich von Grönlands Hauptstadt Nuuk zusammensetzt. Primär handelt es sich dabei um den **Nuup Kangerlua** mit seinen Nebenarmen nördlich der Stadt und um den **Kobbe Fjord** und **Ameralik Fjord** südlich der Stadt. Das Gesamtgebiet ist sehr groß. So beträgt der Abstand zwischen Nuuk und dem Inlandeis 100 km (Luftlinie) sowie von Ameralik im Süden zu den großen Rentiergebieten nördlich von Nuup Kangerlua weitere 100 km. Im ganzen deckt der Bereich des Nuuk Fjord ein Areal von 10 000 km².

Will man etwas von diesem Gebiet erleben, kann man für ein paar Tage im Hotel Qorqut Aufenthalt nehmen. Es liegt am Ende einer Verzweigung des Nuuk Fjords. Dieses Hotel in **Qooqqut** war bis Ende der 60er Jahre Versuchsstation für Schafzucht. 1974 wurde die Station von einem Enkel des berühmten Polarforschers Knud Rasmussen, Lars Rasmussen, übernommen, restauriert und als Hotel ausgebaut. Es wurde Grönlands einziges Fjord- und Hochfjeld-Hotel. Das rote Hauptgebäude leuchtet bei Sonnenschein aus dem saftigen Grün seiner Umgebung heraus. Dort hatten schon die Normannen Weiden angelegt, und immer noch wächst das saftige Gras in diesem Tal unter den hohen Bergen und gibt den hinter den Gebäuden äsenden Rentieren reichlich Nahrung. Und während unten die Rentiere friedlich äsen, kreist über den Bergen, seine Beute suchend, der Seeadler. Alles ist von einer Stille umgeben, die ein Großstadtmensch, der dort für ein paar Tage Aufenthalt nimmt, kaum noch kennt, ebensowenig wie die überaus saubere und klare Luft dieses schönen Fleckens grönländischer Erde. Aber auch der am Fischen interessierte Gast kommt hier auf seine Kosten. Man kann Forellen aus einem der drei Flüsse fangen, Dorsch oder Heilbutt im Fjord, und abends kann man sich seine Beute von der Küche des Hauses zubereiten lassen. Auch für Wanderungen in die einmalig schöne Landschaft gibt es hier die besten Möglichkeiten, und im Winter steht ein Skilift zur Verfügung. Von Nuuk kommt man mit einem hoteleigenen Motorboot dorthin. Und schon eine solche Fahrt ist ein Erlebnis (Bootsbestellung telefonisch von Nuuk aus). Mit dem Motorboot werden auch Sight-Seeing-Touren in die Umgebung und die Nähe des Inlandeises angeboten.

Der Touristenverein in Nuuk bietet auch *Helikopterflüge* in die weitere Umgebung von Nuuk an. In fünf Stunden kann man so zum Inlandeis kommen, zu den Kapisillit-Seen mit Lachsfischerei und nach Kapisillit, wo man den Bogenschützenfelsen (Pisissarfik) sehen kann, sowie nach Qooqqut.

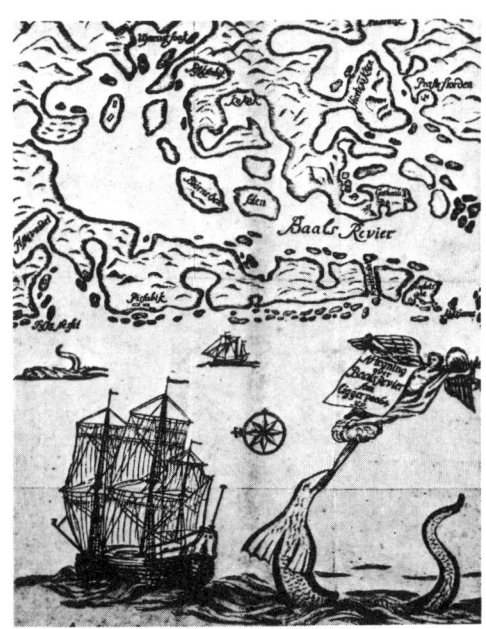

Karte von Hans Egede: Baalsrevier, 18. Jh.

Die Siedlung **Kapisillit** (»Lachs«; 180 Einwohner) liegt ganz im Inneren des Nuuk Fjords. Hier mündet ein Lachsfluß, der dem Ort seinen Namen gab. Die Bewohner betreiben eine Rentierstation. Die Tiere wurden vor 40 Jahren aus Norwegen eingeführt, und heute können jährlich im Herbst einige Hundert geschlachtet werden. Von Kapisillit aus kann man zum Inlandeis wandern, dessen Gletscher in den Kangersuneq Fjord kalben.

In der Umgebung von **Qeqertarsuatsiaat**, eine 150 km südlich von Nuuk gelegene Fischersiedlung, kommen Edelsteine, z. B. Rubine, und Halbedelsteine vor.

Nur 50 km südlich von Nuuk in dem ehemaligen Fischerort **Kangerluarsoruseq**, zu Beginn des 20. Jhs. von den Färingern gegründet, steht ein weiteres Hotel. Das ehemalige Hospital wurde 1972 in ein einfaches 20-Betten Hotel umgebaut und heißt heute »Hospitel«. Hier ist ein Eldorado für Sportfischer und ein geeignetes Wandergebiet. Reservierungen nimmt das Hotel »Godthåb« entgegen. Die Fahrt von Nuuk dauert 3 Stunden und ist nur in Verbindung mit einer Buchung möglich.

Motorbootfahrten zu den Inseln Kangeq und Håbets Ø beginnen im großen Hafen von Nuuk, der ebenfalls mit einem sogenannten Atlantikkai ausgestattet und das ganze Jahr über eisfrei ist.

Håbets Ø, im Schärengürtel vor Nuuk gelegen, war bekanntlich Hans Egedes erste Station in Grönland, wo er 1721 mit seiner Familie an Land ging. Aus Anlaß des 250. Jahrestages der Etablierung dieser Missionsstation begannen dänische Archäologen in den Sommermonaten der Jahre 1969 und 1970 mit der Freilegung der Ruinen des Wohnhauses

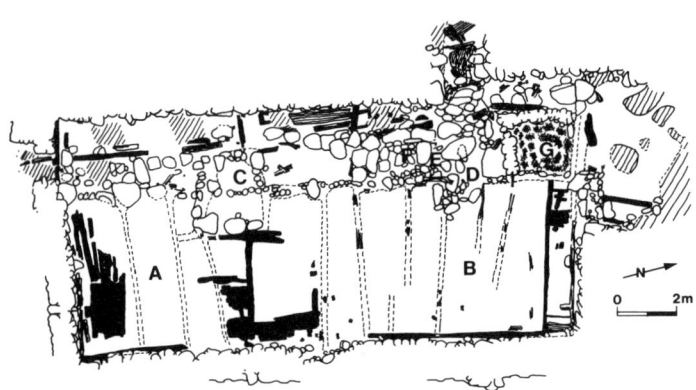

Grundriß des Wohnhauses von Hans Egede auf Håbets Ø

von Hans Egede und der Schmiede. Die Lage der ersten Kolonie Egedes war im Lauf des 19. Jh. fast vergessen worden, und man hatte bereits verschiedene andere Lokalitäten als Egedes ersten Landungsplatz genannt. Doch im Jahr 1903 gelang es Kapitän DANIEL BRUN mit Hilfe historischen Kartenmaterials, Håbets Ø als Egedes erste Station in Grönland nachzuweisen.

Das Interesse der Archäologen konzentrierte sich von den vier sichtbaren Hausresten auf das Wohnhaus und die Schmiede. Beide Ruinen wurden inwendig bis auf den Grund ausgegraben, d. h. bis auf den Planierungsschotter, mit dem der steinige Boden eben gemacht worden war.

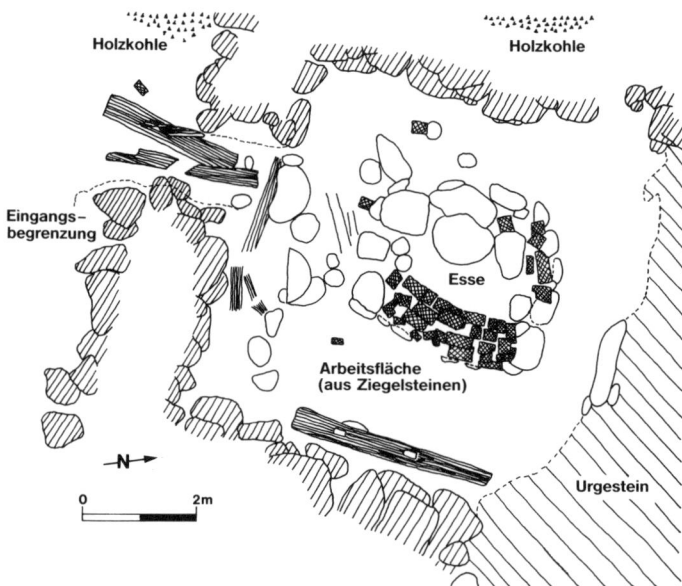

Plan der Schmiede auf Håbets Ø

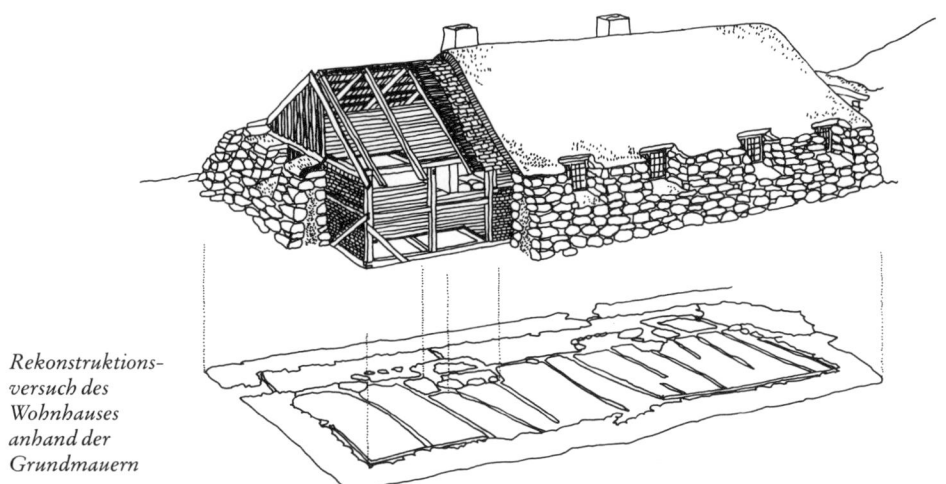

Rekonstruktionsversuch des Wohnhauses anhand der Grundmauern

Zum Zweck der Rekonstruktion benutzte man Augenzeugenberichte, die 1725, 1726 und 1727 nach Bergen geschickt worden waren, von welchen der aus dem Jahr 1727 vom Kommissionär Christopher Jessen Pettersøn verfaßte am ausführlichsten war.

Das Baumaterial des Wohnhauses bestand aus Feldsteinen, Torf und Holz, und die von den Archäologen festgestellten Maße betrugen 16,08 m in der Länge und 5,36 m in der Breite, was ziemlich genau mit denen in oben genanntem Bericht übereinstimmte. An Höhe soll das Wohnhaus 2,51 m gehabt haben.

Die ebenfalls freigelegte Schmiede war sehr klein. Ihre Maße betrugen 3 × 3 m. In dem zeitgenössischen Bericht ist die Rede von 7 Gebäuden. Bei der Feldarbeit der Archäologen

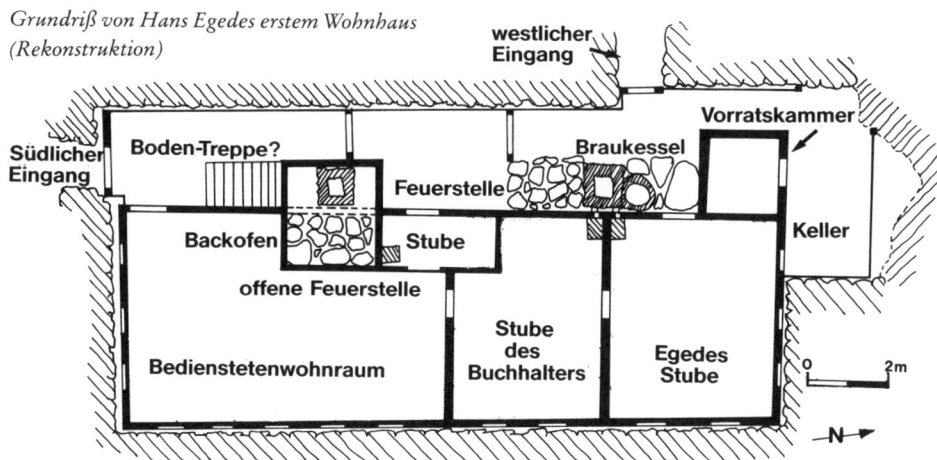

Grundriß von Hans Egedes erstem Wohnhaus (Rekonstruktion)

aber konnten nur 4 Gebäudereste erkannt werden, von denen man zwei freilegte. Daß von den übrigen drei erwähnten Gebäuden nichts mehr zu sehen ist, ist in Verbindung mit dem extrem rauhen Klima zu bringen.

Die Archäologen aber fanden auf Håbets Ø noch anderes: Knochen von Schweinen, von Kühen einer kleinen, degenerierten Rasse, von Ziegen, Schafen und Hunden. In der Schmiede kamen verschiedene Geräte zum Vorschein, so u. a. ein Waffeleisen. Zu den Funden im Wohnhaus gehören verschiedene Pfeifenreste, die von Kreidepfeifen holländischen und englischen Ursprungs stammen. Aus allen diesen Funden und den zeitgenössischen schriftlichen Überlieferungen kann man sich ein vollkommenes Bild vom Leben Hans Egedes und seiner Familie in den ersten sieben Jahren in Grönland machen.

Kommt man heute dorthin, sieht man vom Wohnhaus nur Reste der äußeren Schale, innerhalb welcher das eigentliche, aus Holz gebaute Wohnhaus gelegen hat. Die Torf- und Steinmauern sind in einer Höhe von 0,5–1 m erhalten, und nur an wenigen Stellen mußten sie restauriert werden. Der westliche Teil des Hauses ist mit Steinen belegt, während der übrige Teil nur planiert ist. Er hatte Holzfußböden gehabt. Die beiden Eingänge des Hauses wurden freigelegt, und an dem westlichen sieht man in einem kleinen Vorraum den Steinfußboden. Von dort führt ein kleiner Zugang längs der Westwand zum Keller, einem kleinen Anbau am Nordende des Gebäudes. Die beiden mit Steinen eingefaßten Erhöhungen markieren die Plazierung der Öfen. In der nordwestlichen Ecke des inneren Hauses ist die Grundfläche eines kleinen, fast quadratischen Raums markiert, dessen Boden mit Ziegeln belegt war. Die Trennwände zwischen den drei Räumen waren aus Holz und sind nicht gekennzeichnet.

Von der Schmiede sind gleichfalls Reste der Torfwand mit einer Türöffnung nach Süden erhalten. Der Boden um die Esse besteht aus planierter Erdschicht. Die Esse selbst ist als eine aus Steinen bestehende kreisförmige Erhöhung in der Mitte erhalten, während die Schlakkenplätze entfernt sind. Die Reste der übrigen zwei Häuser zeigen sich relativ gut als Erderhebungen und wurden nicht untersucht. Seit 1921 war es für die Leute der benachbarten Insel Kangeq Tradition, im Sommer nach Håbets Ø zu ziehen und dort den Jahrestag von Hans Egedes Landung zu feiern. Daran erinnern noch zwei Gedenkwarten von 1921 und 1922.

Kangeq ist die Insel, die bei einem solchen Ausflug auch besucht werden kann. Sie ist heute – wie Håbets Ø – nicht mehr bewohnt.

Ausgangspunkt der Orts- und Routenbeschreibungen ist der Süden Grönlands, das grüne Grönland, in dem sich Erik der Rote 985 ansiedelte.

Nanortalik und Umgebung

Die südlichste Stadt ist Nanortalik, die man am schnellsten von Qaqortoq aus mit dem Helikopter erreicht, der die Strecke in ca. einer halben Stunde zurücklegt. Man kann auch das Küstenmotorschiff benutzen, das bis Nanortalik ungefähr 10–11 Stunden benötigt und dabei eine Reihe von Orten, die an dieser Strecke liegen, anläuft. Die Fahrzeiten beider Verkehrsmittel erfährt man beim Touristenverein oder KNI und Grønlandsfly.

Der grönländische Name bedeutet »Bärenort«; denn mit dem Großeis kommen von Ostgrönland ab und zu Eisbären dorthin. Aufgrund dieses Namens zeigt das Stadt- und Kommunewappen auch drei übereinander stehende Eisbären. Es ist übrigens das einzige Stadt- und Kommunewappen, das Eisbären zeigt. Nur das Landeswappen trägt einen flächenausfüllenden, aufrechtstehenden Eisbären.

Bereits zur Zeit der nordischen Siedler wurden dort Eisbären erlegt; denn der nordische Name der Insel war *Hrakbjarnarey* (»Insel, auf der Bären verfolgt wurden«). Und das war vermutlich eine Insel in der Nähe der Mündung des Ketil Fjords, die nur die Nanortalik-Insel sein kann (die Stadt Nanortalik liegt auf einer kleinen Insel gleichen Namens). Übrigens können die Eisbären, wenn sie dort auftauchen, von Jägern geschossen werden; denn soweit im Süden sind sie für den Bestand verloren und bilden oft eine Gefahr für Mensch und Tier.

Nanortalik

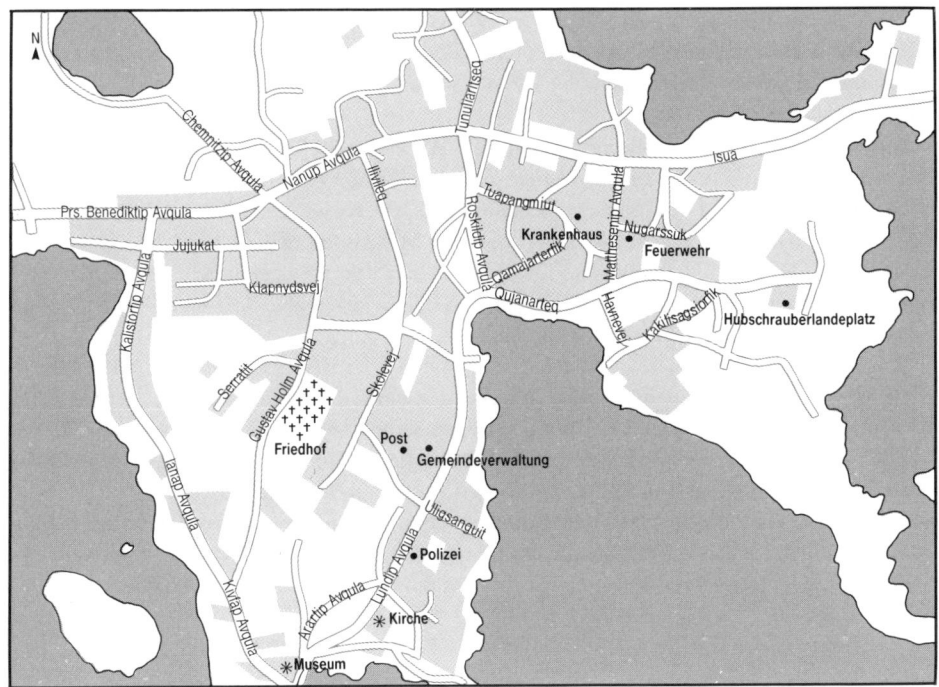

NANORTALIK

Die neuere Geschichte der Stadt, die etwa 1500 Einwohner hat, beginnt 1778 mit der Errichtung einer Handelsstation. Da die Fänge bei den Kitsissut-Inseln vor Nanortalik ertragreich waren, richtete man 1797 eine feste Niederlassung für den »Handel« ein. Als Verwalterwohnung wurde das alte Verwalterhaus von Qaqortoq dorthin verfrachtet, denn man baute dort ein neues. Dieser Handelsplatz wurde 3 km südöstlich der jetzigen Stadt (bei Sissarissoq) aufgebaut, und dorthin kamen die Eskimo von weither, sogar von der Ostküste, um die begehrten Handelswaren, Metallmesser, Gewehre, Stoffe und manches andere gegen die mitgebrachten Naturprodukte einzutauschen.

1830 wurde die Niederlassung auf ihren jetzigen Platz verlegt, weil dort die Hafenverhältnisse besser waren. Wirtschaftlich ging es eine Zeitlang bergab, und Armut und Krankheit (Tuberkulose) prägten das dortige Leben.

1950 bekam Nanortalik den Status einer Stadt. Danach entwickelte sich dort eine bedeutende Fischerei (Seewolf, Heilbutt, Lachs und Krabben), und die Stadt wurde ebenso modern wie andere bekannte grönländische Städte ähnlicher Größe. Es gibt dort Geschäfte, Banken, Restaurants und drei Hotels.

Sehenswert in einer solchen Stadt, in der der grönländische Dichter HENRIK LUND 1875 geboren wurde, ist immer der Hafen. Man kann in Nanortalik auch noch Fischgestelle, Kajakgestelle, Torfsteinhäuser, den Kirchhof aus der Kolonialzeit und das Museum im alten Stadtteil sehen.

Ein Wahrzeichen von Nanortalik ist die 1916 vom Architekten H. Bojsen-Møller errichtete weiße **Kirche**, die sich hinter dem alten Stadtteil erhebt. Dort steht der Knud Rasmussen-Stein, ein großer Granitblock, der – von der Natur so gewollt – scheinbar die Gesichtszüge des Polarforschers trägt.

Wanderungen in die Umgebung lohnen sich. An vielen Stellen der Nanortalik-Insel finden sich Plätze, die zum Campen geeignet sind. Auch eine Hütte für Touristen gibt es in der Stadt. Eine Wanderung von Nanortalik kann längs der Küste in südliche Richtung gehen. Nach ein paar Kilometern kommt man dann nach **Sissarissoq**, wo die erste Handelsniederlassung lag. Dort war das Verwalterhaus mit Geschäft und Steingebäuden zum Aufbewahren von Speck, der dort kühl lagerte, bis er von den Schiffen abgeholt wurde. Heute kann man noch die Fundamente dieser Gebäude sehen.

Von Sissarissoq kann man leicht auf den höchsten Berg der Insel kommen. Man geht in Richtung Nordwesten zu dem oben gelegenen kleinen See und von dort in westlicher Richtung hinauf zum Gipfel. Der Weg nach oben steigt gleichmäßig an. Aber nach Westen hin fällt der Berg senkrecht ins Meer hinab. Oben hat man eine großartige Aussicht über das Meer und das Großeis und in Richtung Norden zu Sermersooqs Gipfelwelt.

Ein besonderes Erlebnis bietet eine Bootsfahrt in den **Kap Farvel-Distrikt**, wobei man in dem eisgefüllten Schärengürtel Sandhavn, Herjolfsnes und Narsaq Kujalleq sehen kann. In Sandhavn und Herjolfsnes liegen einige der südlichsten Ruinen von Eystribygd, wobei es

Südgrönland ▷

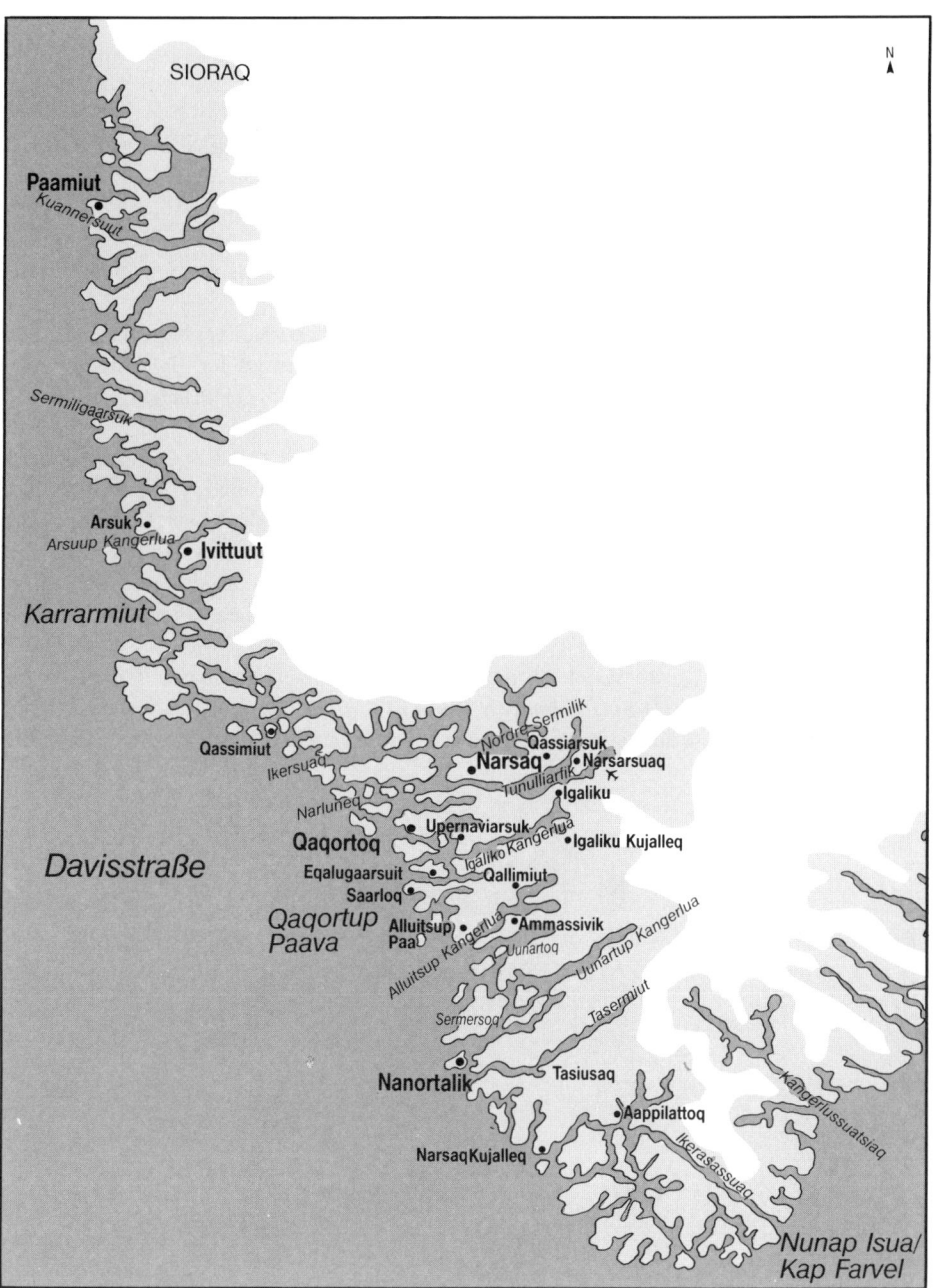

sich um ziemlich große Höfe gehandelt hat. In Sandhavn lief man zuerst an, wenn man damals Grönland ansteuerte. Dort war auch der letzte Hafen, bevor man nach Island oder Norwegen in See stach. In den Jahrhunderten der nordischen Besiedlung war das der Einfuhr- und Ausfuhrhafen der Normannen.

Das dicht bei Sandhavn und Herjolfsnes liegende **Narsaq Kujalleq** ist das von Konrad Kleinschmidt 1824 gegründete Friedrichstal (Frederiksdal), damals eine der südlichsten Missionsstationen der Herrnhuter. Narsaq Kujalleq war im Gegensatz zu den anderen Siedlungen im Kap Farvel-Distrikt ein relativ gut gestellter Ort, mit dem es besonders aufwärts ging, nachdem die Amerikaner dort eine Funkstation errichtet hatten, wodurch für die Bewohner eine Reihe von Arbeitsplätzen geschaffen wurde.

Von hier aus geht es weiter nach **Aappilattoq**. 10 km östlich von dort beginnt der 60 km lange Ikerasassuaq, der bis zu der gleichnamigen Wetterstation an der Ostküste verläuft. Kleinere Schiffe befahren diese Strecke als Alternativroute zu dem gefährlichen Weg um das Kap Farvel.

Ausgangspunkt für eine Wanderung zum grünsten Teil Grönlands, dem **Qinquadalen**, ist Tasiusaq am Tasermiut Fjord. Der Weg führt am lachsreichen Tasersuaq-See entlang. Am Ende des Sees gabeln sich zwei Täler, von denen das nordöstliche Qinquadalen ist. Die Wanderung durch das Tal ist aufgrund des Bewuchses – bis zu 8 m hohe Birken – und den zahlreichen Bächen beschwerlich. Am Tasermiut Fjord, 25 km von Tasiusaq entfernt, unterhält der Dänische Wanderverein ein Basislager. Es dient als Ausgangspunkt für Kletter-, Wander- und Angeltouren.

Wer sich besonders für die Vogelwelt interessiert, sollte einen Ausflug zu den Inseln vor Nanortalik unternehmen. Die Grönländer haben dort ihre Sommerfangplätze, und sie wohnen in der Zeit in Zelten oder in den alten Torfsteinhäusern, wie z. B. auf der Insel **Illukasik**.

Ansicht von Friedrichstal, der Herrnhuter Missionsstation in Südgrönland

Torfsteinhaus im Süden Grönlands

Auf **Amitsoq**, 20 km nördlich, liegt ein ehemaliges Graphitbergwerk. Die Eingänge sind z. T. noch intakt, aber ungesichert, und loses Gestein fällt in den über 100 m langen Stollen herab. Von einer Besichtigung der Grube ist abzuraten. Zu diesen Orten kann man mit einer Bootsfahrt kommen, die in Nanortalik vom Touristenverein organisiert wird, und wo man auch weitere Auskünfte über Einzelheiten erhält.

Wer hier unten im südlichen Raum Grönlands noch weitere Reminiszenzen an die Herrnhuter erleben möchte, sollte Lichtenau besuchen, das heute mit seinem grönländischen Namen **Alluitsoq** heißt. Die Missionsstation wurde 1774 von den Herrnhutern angelegt, von wo aus Missionsarbeit bei den Südgrönländern und solchen, die weiter im Osten lebten und dorthin kamen, betrieben werden sollte. Eine Zeitlang war Alluitsoq der am meisten bevölkerte Wohnplatz in ganz Grönland; denn es kamen dort viele Grönländer aus allen Himmelsrichtungen hin, die sich von den Gottesdiensten der Herrnhuter mit dem Zeremoniell und Choralgesängen angezogen fühlten. 1990 wohnten dort nur noch 5 Menschen. Aber im Ort sind noch die Bauten und der Kirchhof aus der Missionszeit der Brüdergemeine zu sehen. Und vor allem ist Alluitsoq der Geburtsort von SAMUEL KLEINSCHMIDT (1814). Um nach Alluitsoq zu kommen, muß man erst nach Alluitsup Paa und kann von dort aus in ca. 2 Stunden zu Fuß nach Alluitsoq gehen.

Von Alluitsoq kann man mehrtägige Wanderungen ins **Vatnaverfi**, einem Seengebiet, machen und weiter bis nach **Igaliku**, dem ehemaligen Bischofssitz Gardar. Übernachtungsmöglichkeiten bestehen auf dieser Tour in vorhandenen Hütten. Zunächst geht es am Alluitsup Kangerlua in Richtung *Qallimiut* und von dort nordöstlich zu Grönlands höchstem Wasserfall (75 m) an der Südseite des *Qordlortorssup Tasia-Sees*. Von hieraus gibt es mehrere Möglichkeiten weiterzuwandern. Ein Weg führt durch das bewaldete *Sara Nielsen-Tal* mit

QAQORTOQ

bis zu 2 m hohen Birken. Die nächste Station ist *Igaliku Kujalleq*, ein Schafzüchterort, in dem Ruinen eines Großhofes und einer Kirche aus der Zeit der Normannen zu sehen sind. Von Igaliku Kujalleq geht es entweder mit dem Boot nach *Iterdlaq* und dann am Fjord entlang bis Igaliku oder über den *Jespersens Bræ*.

12 km östlich von Alluitsup Paa liegt auf der Insel **Uunartoq** die einzige heiße Quelle Grönlands von 42 °C. Ein Bad in dem natürlich geformten, kreisrunden Becken mit Blick auf die vorbeitreibenden Eisberge ist ein wirklicher Genuß. Wie den meisten warmen Quellen schreibt man auch Uunartoq eine heilsame Kraft zu. Lahme Beine und Arme werden wieder beweglich, körperliche Gebrechen verschwinden und man wird glücklich. Die Kraft der Quelle soll sogar so stark sein, daß weißes Haar seine ursprüngliche Farbe annimmt.

Qaqortoq

Qaqortoq ist die Stadt, die mitten im Siedlungsgebiet der alten Isländer liegt, die Hans Egede »die alten Norweger« nannte und die in der deutschen Literatur allgemein als Normannen bezeichnet werden. Dieses alte Normannengebiet ist die berühmte Ostsiedlung Eystribygd.

Gegründet wurde die Stadt als Kolonie 1774 von dem Kaufmann ANDERS OLSEN und bekam ihren dänischen Namen Julianehåb nach der Königin-Witwe Juliane Marie. Ihr grönländischer Name bedeutet »das Weiße«, was sich auf die Eisberge bezieht. Olsen hatte nach einem geeigneten Handelsplatz im Süden Grönlands Ausschau gehalten und entschloß sich für Qaqortoq, weil er dort einen vorzüglichen Naturhafen vorfand. So ganz ideal war dieser Hafen allerdings nicht, weil das von der Ostküste kommende Großeis ihn blockierte. Deshalb mußten Waren- und Verpflegungslieferungen aus Dänemark oft in Paamiut gelöscht und dann mit kleinen Booten abgeholt werden.

Allen Naturgewalten zum Trotz aber entwickelte sich diese Kolonie zu einer blühenden Stadt, die mit ihren über 3000 Einwohnern und dem Sitz der Kommunalverwaltung als einer der schönsten Orte Grönlands gilt. Schon allein die Lage von Qaqortoq um die große Bucht herum, mit den vielen farbigen Holzhäusern, die bis hinauf zu den Bergwänden stehen, hinterläßt einen unvergessenen Eindruck.

Kommt man dann ins Zentrum, fällt einem sofort der einzige **Springbrunnen** Grönlands auf (vgl. Abb. 44). Auf ihm sind mit bronzenen Lettern Namen von Männern eingelassen, die sich um Grönland verdient gemacht haben: Anders Olsen, H. J. Rink, C. N. Hauge, Knud Rasmussen, I. Daugård-Jensen, Poul Ibsen, Th. Stauning, Hans Hedtoft, Henrik Lund und Knud Oldendow. Der Sockel ist aus Sandstein gemauert, den man aus dem Gebiet des Tunulliarfik geholt hat, und aus dem man dann 1927/28 diesen Gedächtnisbrunnen

51 QASIGIANNGUIT Trocknender Dorsch ▷

52 Sisimiut   Grönländisches Wohnzelt

53 Qasigiannguit   Blick auf den Hafen

54 SISIMIUT   Tor aus Walkieferknochen

55 SISIMIUT   Ortskern

56 Qeqertarsuaq
Holzkirche

57 Disko-Insel   Historischer Steinkreis

58 Sermermiut   Grabungswall der alten Eskimosiedlung

59　Ilulissat　500 Jahre alte Steingräber

60　Sermermiut　Prähistorische Knochen

61　Qeqertarsuaq　Walschädelknochen

63 Aasiaat   Alte Schiffskanonen
◁ 62 Upernavik   Friedhof
64 Ilulissat   Industrie- und Wohngebiet

66 UUMMANNAQ mit dem berühmten Felsen
◁ 65 ILULISSAT Gletscherstraße
67 UPERNAVIK Ortskern mit Friedhof

68 UUMMANNAQ Die älteste Steinkirche Grönlands

69 UUMMANNAQ Kircheninneres

70 ILULISSAT Knud Rasmussen-Museum

72 Uummannaq   Grassodenhaus
◁ 71 Uummannaq   100 m hoher Eisberg
73 Ilulissat   Tranpresse vor dem Museum

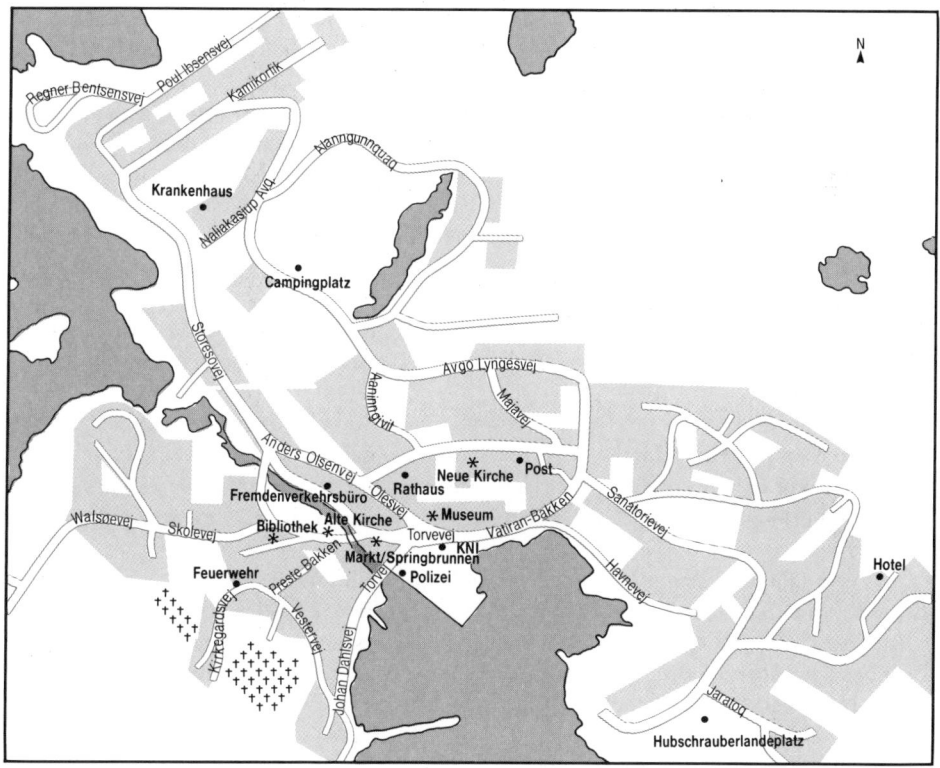

Qaqortoq

baute. Um ihn herum liegen die Häuser der Kolonialzeit. Das älteste ist das schwarzgeteerte, aus schweren Holzbalken gezimmerte Verwalterhaus, in dem heute das Verkehrskontor des KNI untergebracht ist.

Geht man rechts um den Brunnen herum, sieht man zuerst ein gelbes Fachwerkhaus, das aus den 80er Jahren des 19. Jh. stammt. Darin befand sich die alte Zimmerer- und Böttcherwerkstatt. Böttcher waren im alten Grönland besonders wichtige Handwerker, da Speck und Tran vorrangige Exportgüter darstellten. Das nächste Haus in der Reihe ist ein dunkles Holzhaus mit Fensterläden, das aus der Mitte des 19. Jh. stammt, Dienstwohnung des KGH war und heute eine Buchhandlung beherbergt. Es folgt dann ein weißes Steinhaus mit roter Treppe zum Ostgiebel, an das jetzt eine moderne Bäckerei angebaut ist. Es wurde als Bäckerei- und Brauhaus in den 80er Jahren des 19. Jh. errichtet.

◁ 74   Grönländerin mit traditionellem Kopfschmuck

QAQORTOQ: UMGEBUNG

Zwischen dem Verwalterhaus und dem Hafen steht ein kleines rotes Haus aus Holz. In ihm tagte von 1863 bis um 1900 die *Vorsteherschaft*. Es ist Grönlands ältestes noch stehendes Haus für politische Versammlungen.

Natürlich besitzt Qaqortoq auch ein **Museum**, das in der alten Schmiede, gegenüber der Zimmerer- und Böttcherwerkstatt, untergebracht ist. In ihm lernt man durch Schautafeln, Bilder und Exponate das Leben in der alten Kolonie kennen. Man wird auch über die Lebensweise der Eskimo, über Fang und Fanggeräte und ihre Wohnweise anschaulich unterrichtet. Hinter dem Museum steht ein Torfsteinhaus, eingerichtet wie um die Jahrhundertwende. Schließlich erfährt man in dem Museum auch manches über die mit Erik dem Roten ins Land gekommenen nordischen Siedler.

Vor dem Museum steht auf einer Lafette eine kleine Kanone, die Knud Rasmussen aus Ostgrönland mitbrachte und die vermutlich von einem Walfänger des 19. Jh. stammt, der verlorenging.

Die alte rote Holzkirche mit Dachreiter und grünen Schindeln, trägt den Namen **Erlöser-Kirche** und steht auf der Südseite des Flusses, der vom Tasersuaq hinunter zum Hafen fließt. Die Kirche wurde 1832 errichtet, mehrfach umgebaut und hat nun 375 Plätze. Eine Gedenktafel und ein in Island angetriebener Rettungsring erinnern an den Untergang der »Hans Hedtoft«.

Aus dem Jahr 1973 stammt die neue weiße Betonkirche. Sie bekam den Namen **Gertrud Rask-Kirche** nach Hans Egedes Frau und bietet Platz für 350 Gottesdienstbesucher.

In einer Stadt wie Qaqortoq lohnt sich immer ein Gang zum Hafen. Geht man vom Brunnenplatz über die Brücke, kommt man zur sogenannten **Gezeitentreppe** und dann zu einem Platz, auf dem die örtlichen Fänger und Fischer ihre Waren anbieten. Da sieht man dann Dorsch, Seewolf, Heilbutt, Seehund- und Walfleisch und noch manches andere mehr.

Die *Fischindustrie* ist der wichtigste Wirtschaftszweig der Stadt. In der Fabrik »Avataq« werden Fischprodukte und grönländische Spezialitäten hergestellt. Und diese Fabrik fungiert auch als Fachschule. Während dort aus hygienischen Gründen keine Touristenführungen mehr stattfinden, gibt es solche aber noch in der »Kalaallit nunaata ammerivia«. Diese Fabrik wird von Grönlands interner Regierung betrieben und verarbeitet und verkauft Fellprodukte aus ganz Grönland. Die dazu gehörende Schneiderei »inuk furs« stellt verschiedene Arten von Fell- und Lederkleidung sowie Pelze her.

Qaqortoq verfügt auch über eine große Sporthalle. Die im Juli 1977 eröffnete **Arbeiterhochschule Sulisartut Højskoliat** bietet grönländischen Arbeitern Kurse zur Vorbereitung auf den Vertrauensmannposten an und fungiert auch als Volkshochschule. In der Nähe steht das **Kulturhaus**, das oft Kunst- und andere Ausstellungen arrangiert.

Ausflüge in die Umgebung von Qaqortoq

Von Qaqortoq kann man gute Tagestouren in die nähere Umgebung machen. Beispielsweise zu **Peters Varde** und dem **Storefjeld**. Das sind zwei Berge östlich und nördlich der Stadt.

Die Ruine der Normannenkirche von Hvalsey

Von ihnen hat man eine gute Aussicht über den Igaliku Kangerlua, hinüber nach Upernaviarsuk und hin zum Redekammen. Auch der **Tasersuaq** oder der Große See ist ein beliebtes Wanderziel. Man kann ihn gut an einem Tag umwandern und bei warmem Wetter vielleicht auch einmal kurz hineintauchen.

Westlich von Qaqortoq liegt ein anderes Wanderziel: **Eulenspiegels Höhle** – eine imponierende Grotte an der Munke-Bucht. Tatsächlich trägt diese Grotte ihren Namen nach dem deutschen Schelm Till Eulenspiegel, dessen Geschichte auch ins Dänische übertragen wurde. Man erreicht die Grotte über den Paß nördlich vom Harefjeld, dem Paß, der vom Westufer des Tasersuaq zur Munke-Bucht führt. Wenn man dann hinunter zum Meer gekommen ist, folgt man der Küste in Richtung Westen und hat dann nach ein paar Kilometern die Höhle erreicht.

Sehr beliebt sind auch Bootsausflüge nach Upernaviarsuk, zur Kirchenruine von Hvalsey, nach Igaliku (beide auch in mehrtägigen Wanderungen zu erreichen) und zur Siedlung Eqalugaarsuit.

Zur **Kirchenruine von Hvalsey** aus der Zeit der Normannen kommt man mit einem der Touristenmotorboote der Stadt. Die Ruine ist die am besten erhaltene der gesamten Normannenzeit in Grönland (vgl. S. 34f.). Der Granitstein, aus dem das um 1300 gebaute Gotteshaus errichtet wurde, kam vom Qaqortoq-Felsen, gleich hinter der Kirche. Die behauenen Steine der Mauern wurden durch Kalk und bläulichen Ton in den Fugen zusammengehalten. Kalk und Ton sind nun verschwunden, haben aber viel zum Erhalt der Mauern beigetragen. Die Dachkonstruktion existiert nicht mehr. Sie war aus Treibholz gezimmert und wurde wohl, falls sie nach dem Ende der nordischen Besiedlung noch vorhanden war, von den örtlichen Eskimo abgebrochen und zu eigenen Zwecken verwendet.

Das Kirchengebäude liegt fast genau in Ost-West-Richtung, mit dem Chor vor der Ostwand. Von Süden führen zwei Türen in das Kirchenschiff, von Westen eine. In der Südwand sind in guter Höhe vier Fenster eingelassen sowie eins in jede der anderen Wände. Abgesehen vom Fenster im Ostgiebel sind alle rechteckig.

Unmittelbar westlich vor der Kirche lag der Haupthof, verschiedene, durch Gänge verbundene Bauten, so daß alles ein zusammenhängendes Ganzes bildete. Die einzelnen Räume sind verschiedenen Datums. Das deutet auf Erweiterungen hin, die in den Jahrhunderten nordischer Besiedlung durchgeführt wurden. Zu den jüngsten Bauten gehört ein fast freistehender Versammlungssaal (Gildesal), der zu den am besten erhaltenen Hallenanlagen jenes alten nordischen Kulturkreises gehört und durch die Ausmaße vom Reichtum der Großbauern zeugt, die hier lebten und solche repräsentativen Bauten gleichsam als Statussymbol errichteten.

10 km östlich von Qaqortoq liegt die Schafzuchtstation **Upernaviarsuk**, die zugleich auch Ausbildungsstätte ist. Eine Gärtnerei beliefert die Stadt mit Gemüse und Kartoffeln. Von hier aus kann man in 5 Tagen bis nach Igaliku wandern und weiter mit dem Boot nach Narsaq oder Narsarsuaq. Abfahrtsstelle ist Itvidleq, das eine Stunde Fußmarsch entfernt liegt, man geht dahin über den Königsweg. Bei organisierten Ausflügen besteht die Möglichkeit, die Strecke mit dem Traktor zurückzulegen.

Geht man direkt von Qaqortoq aus, so führt der Weg an den Ruinen von Hvalsey vorbei. Die saftigen grünen Wiesen mit den zahlreichen Blumen lassen einen verstehen, warum sich die Isländer ausgerechnet hier angesiedelt haben und woher die Insel ihren Namen hat. Von Hvalsey geht man bis an das Ende des Tasiusaq Fjord, an dem auch Upernaviarsuk liegt, und trifft dort auf die Route nach Igaliku.

Die Wanderungen sind sehr abwechslungsreich und hin und wieder kann man einem Schaftreck folgen. Ansonsten gibt es außer der Karte und den Tourenbeschreibungen des Dänischen Wandervereins keine Markierungen.

Narsaq

Von Qaqortoq kommt man mit Helikopter oder Schiff nach Narsaq und Narsarsuaq.

Narsaq ist eine Stadt mit 1811 Einwohnern (1990) und Sitz der Kommunalverwaltung. Der grönländische Name bedeutet »die Ebene«. Und auf einer größeren Ebene breitet sich die Stadt auch hinunter zum Narsaq-Sund, zwischen dem Nordre Sermilik, einem Eisfjord, und dem Tunulliarfik aus.

Die Stadt, hinter der sich der Berg Qaqqarsuaq (600 m) erhebt, besteht gleichsam aus zwei Teilen: auf dem leichten Höhenrücken, hinunter zum Meer, ist ein neuer Stadtteil entstanden, während man unten an der Küste den Atlantikkai, den Industriehafen sowie eine fischverarbeitende Fabrik (von September bis Oktober Schlachterei für Lämmer) findet und nördlich davon die alte Niederlassung mit ihren kleinen Häusern aus der Zeit der ersten Jahre des dortigen »Handels«.

Die Geschichte dieses Ortes geht bis in die Zeit der ersten nordischen Besiedlung zurück, als sich die Isländer dort niederließen. Am Narsaq-Fluß, etwas nördlich der Stadt, liegen

Narsaq

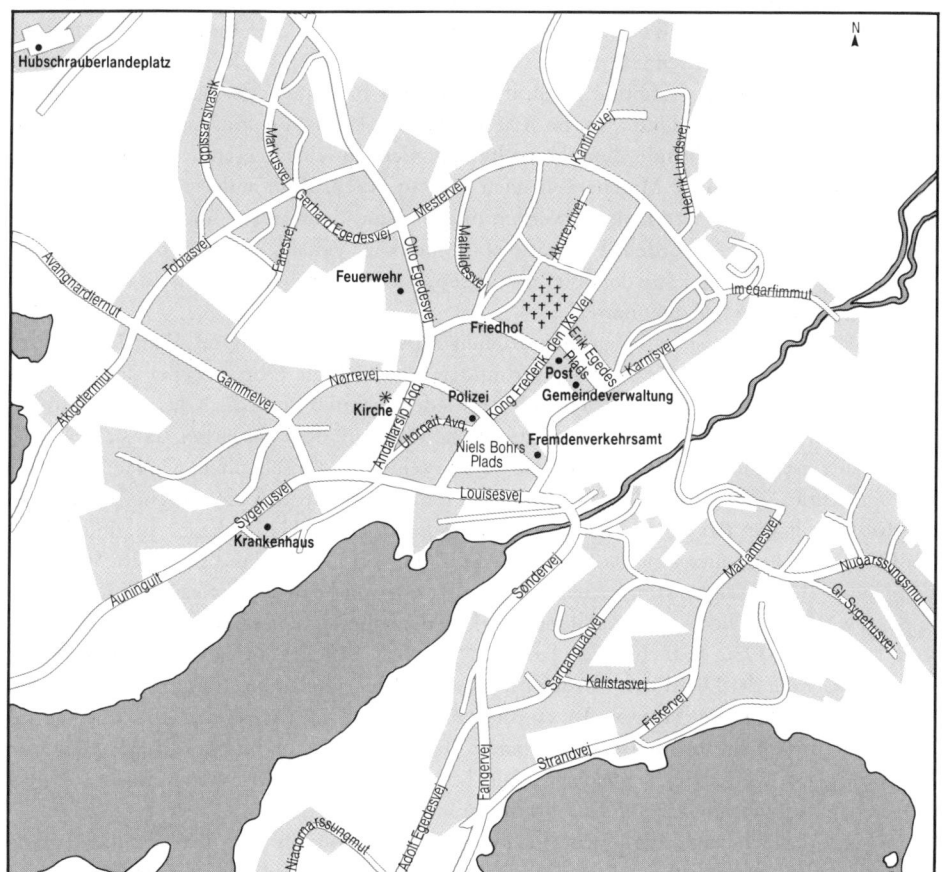

NARSAQ / NARSARSUAQ

Ruinen eines großen Hofes und einer Kirche. Dort war das nordische Dyrnes oder Hardstinaberg des alten **Eystribygd**, vermutlich Mittelpunkt eines Kirchenbezirks, der sich von Narsaq bis tief hinein in das Gebiet des Nordre Sermilik erstreckte. Trotz dieser tausendjährigen Vergangenheit ist Narsaqs Geschichte jung; denn erst 1883 errichtete der KGH dort eine Handelsstation, und 1959 erhielt der Ort Stadtstatus, nachdem der KGH in Narsaq eine Fabrik zur Fischverarbeitung bauen ließ, die 1952 ihren Betrieb aufgenommen hatte.

Die Narsaq-Kommune mit den Ortschaften Igaliku und Qassiarsuuk sowie den vierzehn bewohnten Schafhalterstationen ist der Mittelpunkt der grönländischen Schafzucht, die der grönländische Pastor JENS CHEMNITZ durch seine Versuche mit färöischen Schafen bei Frederiksdal etablieren konnte.

In Narsaq, wo die Fischerei Haupterwerbszweig der Bevölkerung ist, entwickelten sich noch andere Industrien, so die Woll- und Pelzfabrik »Eskimo Pels«, deren Produkte hohe Qualität aufweisen. In verschiedenen kleinen Werkstätten werden Schmucksteine geschliffen, die sehr zahlreich im Umkreis der Stadt gefunden werden. Die Berge um Narsaq sind nämlich geologisch gesehen sehr interessant. Man hat dort über 200 Mineralien festgestellt, worunter sich auch der berühmte Tuttupit befand. Auch ein nicht geringes Uran-Vorkommen hatte man entdeckt. Und zwar im *Kvanefjeld*. Es ist jedoch nicht ausgebeutet worden. Das hat verschiedene Gründe. Einmal wollte man nicht für eine begrenzte Zeit eine Menge Menschen für eine solche Minenarbeit nach Narsaq holen. Zum anderen hätte bei einem Abbau das Erz vor Ort zerkleinert werden müssen, und dann wären nur die uranhaltigen Stücke abtransportiert worden. Das hätte aber zur Folge gehabt, daß man den Rest in der Umgebung von Narsaq hätte deponieren müssen, was wiederum eine Gefährdung der dort lebenden Menschen bedeutet hätte.

Der Name Narsaq ist in der grönländischen Kulturgeschichte eng mit dem Namen des Dichters HENRIK LUND (1875–1948) verbunden, der 1918 als Oberkatechet dorthin kam und hier bis 1948 lebte. Neben vielen anderen Liedern schrieb Lund auch das grönländische Nationallied *Nunarput* (Unser Land). Das schöne Haus mit dem Vorgarten, das sich Henrik Lund baute, ist heute **Museum**. Und seine Räume zeigen sehr anschaulich, wie Henrik Lund und seine Frau Malene dort lebten. Jedoch sei daran erinnert, daß eine solche Wohnweise nur für Grönländer des gehobenen Mittelstandes in der ersten Hälfte des 20. Jh. üblich war. Im Haus sieht man auch eine Reihe von Bildern, die von Lunds Hand stammen. Verschiedene dieser Bilder zeigen Motive aus Ammassalik, wo Lund einige Jahre verbrachte. Es sind außergewöhnlich schöne Naturschilderungen. In dem gepflegten Vorgarten steht eine Büste von Lund, der 1936 endlich einen langen Wunsch erfüllt bekam: er wurde Pastor der dortigen Gemeinde. Die Büste wurde von Johan Galster geschaffen. Lunds Frau überlebte ihren Mann viele Jahre. MALENE LUND, die 1877 geboren war, starb erst 1979 und wurde damit der bisher älteste Mensch Grönlands. Ihre Geburtsstadt Narsaq ernannte sie zur Ehrenbürgerin, womit sie die gleiche Ehrung bekam wie der dänische Atomphysiker NIELS BOHR, den die Stadt Narsaq 1957 zu ihrem Ehrenbürger gemacht hatte.

An weiteren Sehenswürdigkeiten gibt es dort die **Kirche**, die von dem grönländischen Baumeister PAVIA HØEGH entworfen und ausgeführt wurde. Und den alten Hafen, wo die ersten Häuser des KGH seit 1883 stehen. Es sind das 4–5 Packhäuser und Kontore, gemauert aus Feldsteinen. In einem dieser Gebäude ist das **Museum** untergebracht, in dem man u. a. die Druckpresse mit Zubehör des Verwalters FREDERIK HØEGH sehen kann, der darauf das von ihm herausgegebene Debattenblatt »Sujumut« (Vorwärts) und eine Zeitschrift für Schafzüchter druckte. Høeghs Druckerzeugnisse sind in Auswahl, neben anderen Exponaten, ebenfalls in diesem Museum zu sehen. Alle Gebäude sollen Bestandteile eines geplanten Hafenviertels werden mit Restaurant, Ausstellungslokalen, dem Museum und einem Kontor des Touristenvereins.

Tagesausflüge von Narsaq

Als Tagesausflug kann man von Narsaq eine Wanderung zu den Ruinen der Normannen machen, die über einen Kiesweg zu den Ruinen unter dem Narsaq Fjeld, nördlich des Narsaq-Flusses, führt. Der Narsaq-Fluß fließt von einem Gletscher, der vom **Ilimmaasaq** kommt, wohin man eine weitere Wanderung machen kann, ebenso zum oben erwähnten **Kvanefjeld**. Beide Berge erheben sich vom Innersten der Narsaq-Ebene in einer Höhe von 1200–1300 m. Der Ilimmaasaq, der Berg, auf dem der Tuttupit gefunden wurde, ist auch reich an anderen Mineralien. Die chemische Zusammensetzung des Bodens hat dort negative Wirkungen auf den Pflanzenwuchs, so daß das Terrain fast ohne Vegetation ist.

Vom Touristenverein, den Hotels und Reisebüros werden auch Bootsfahrten zum *Nordre Sermilik* veranstaltet, dessen Eisberge einen phantastischen Anblick bieten.

Narsarsuaq

Bei einer Reise mit dem Ziel Südgrönland ist der Anflugsort Narsarsuaq, was soviel wie »die große Ebene« bedeutet. Und ihr verdankt der Ort sein Entstehen. Er ist allerdings kein natürlich gewachsener Wohnplatz, sondern eine künstlich angelegte Station.

Während des Zweiten Weltkrieges fanden die Amerikaner diese »große Ebene« zum Anlegen eines Flugplatzes geeignet, der dann 1941 von der US-Airforce errichtet wurde und den Namen Blue West One bekam. Er wurde besonders für Zwischenlandungen ins europäische Kriegsgebiet benutzt. Während des Korea-Krieges gewann der Ort nochmals große Bedeutung durch die große Barackenstadt, die man hinter dem Flugplatz anlegte und in der ein umfangreiches Lazarett für schwerverwundete Korea-Soldaten eingerichtet wurde. Sie sollten dort solange behandelt werden, bis ein Weitertransport in die USA möglich war. Noch viele Jahre nach Schließung dieses US-Militär-Hospitals standen dort die leeren Baracken und boten das Bild einer Geisterstadt. Jetzt ist alles weg, und nur ein einsamer

Steinkamin zeugt von der Existenz der einstigen Offiziersmesse. 1958 gaben die USA den Flugplatz auf, ein Jahr später eröffneten ihn die Dänen wieder für ihren Wetter- und Eiswarndienst. Jetzt ist er modernisiert und nach Søndre Strømfjord der zweitwichtigste Flugplatz Grönlands.

Da die Natur in dieser südgrönländischen Landschaft überaus eindrucksvoll ist, findet man dort im Sommer immer viele Touristen. Auch schon deshalb, weil man von dort sehr schnell ins Kerngebiet der alten Normannensiedlung Eystribygd kommen kann. Für Unterkunft und Verpflegung sorgt das dortige »Arctic Hotel« mit ca. 200 Betten. Zu dem normalen Hotelservice veranstaltet das Hotel auch sehr empfehlenswerte Exkursionen mit hoteleigenen Motorbooten nach *Qassiarsuk*, dem Hof Eriks des Roten, und nach *Igaliku*, dem alten nordischen Bischofssitz Gardar sowie in die naturschönen Gebiete der Umgebung.

Unbedingt erforderlich ist im Sommer eine rechtzeitige Vorbestellung von Flugtickets und einem Zimmer im »Arctic Hotel«. Und wenn man von dort wieder zurück nach Europa will – und das ist der beste Abschluß einer großen Grönland-Reise –, muß man auch rechtzeitig an die Buchung eines solchen Rückflugs von dort denken, der direkt nach Kopenhagen führt. Allerdings kann man – wenn man noch Island in sein Reiseprogramm einplanen möchte – auch direkt von Narsarsuaq nach Reykjavik kommen.

In Narsarsuaq angekommen, sollte man sich erst einmal die nähere Umgebung anschauen. Eine Wanderung in das Tal hinter der alten Hospitalstadt und weiter bis zum Gletscher bietet nicht nur unvergeßliche Naturerlebnisse, sondern auch Erholung, wie man sie kaum woanders finden kann. Schon bald, wenn man aus dem Lärmbereich des Flugplatzes herausgekommen ist, umfängt einen fast feierliche Stille. Bunt kann das Tal blühen, Zwergbirken und anderes Gesträuch erfreuen den Blick, links und rechts erheben sich die Bergwände, über denen Seeadler und Raben kreisen, und fern, ganz fern wird der europäische Alltag.

Folgt man dem weiteren Verlauf des Tales, so gelangt man zum **Kiattuut Sermiat**. Hier hat man – zumeist – den ersten direkten Kontakt zum Inlandeis. Die Tagestour dauert 6–8 Stunden, und der Weg wird lediglich am Ausgang des Tales steiler.

Für einen Ausflug ins Kerngebiet der alten Normannen muß man sich im Hotel melden. Man hat relativ schnell (in 20 Minuten) den Tunulliarfik (Eriksfjord) überquert, und schon steht man in der kleinen Ortschaft **Qassiarsuk**, dem nordischen Brattahlid, dem Stammsitz Eriks des Roten. Und dort kann man noch eine Reihe von Ruinen sehen, darunter die des alten Hofs des Gründers von Eystribygd (vgl. Abb. 38, 41 und S. 27). Nicht weit von den Ruinen sind an der Uferböschung des Fjords Eskimo-Behausungen zu sehen, die über längere Kriechgänge Zugang zum Inneren bieten. Eine Bronzetafel, angebracht vom Landesmuseum, berichtet, daß es sich hier um eine Eskimo-Wohnstätte von um 1700 handelt und daß man unter der Ruine in Abfallschichten Überbleibsel der Saqqaq-Kultur gefunden hat, was beweist, daß hier bereits 1500–1000 v. Chr. Eskimo gewohnt haben.

An einem Felsen, gar nicht weit von den Normannenruinen, brachte man 1970 eigenwillig moderne Reliefs des dänischen Künstlers Sven Havsteen-Mikkelsen an, die symbolisch die Landnahme der nordischen Siedler hier im Kerngebiet von Eystribygd darstellen (vgl. Abb. 39). Ein weiteres Denkmal trägt auf einem Granistein das von Hans Lynge gestaltete

Bronze-Relief, auf dem das Porträt von OTTO FREDERIKSEN (1890–1957) mit Grönländern im Hintergrund zu sehen ist. Frederiksen hat in diesem Gebiet die Schafzucht wieder eingeführt. Der Sockel des Steins besteht aus den roten Igaliku-Sandsteinen, die weiß gesprenkelt sind und die es nur im Gebiet von Igaliku gibt.

Nach Igaliku

Igaliku ist das Gardar der Normannen, wo noch Ruinen von dem alten Bischofssitz zeugen. Das heutige Igaliku ist ein einzigartiger Ort mit einer allerdings sehr geringen Einwohnerzahl (ca. 50 Menschen). Die meisten Häuser sind aus dem roten Igaliku-Sandstein gebaut und bilden zu dem sie umgebenden saftigen Grün einen erfrischenden Kontrast. Äußerst mild ist dort das Klima im Sommer, da der Ort im Schutz hoher Berge liegt. Dadurch wird auch das Wachstum der kleinen Küchengärten gefördert, die sich die Schafzüchter von Igaliku angelegt haben. Unten an dem kleinen Naturhafen, den der Igaliku Fjord dort bildet, liegt das rotbemalte Geschäft des KNI und dahinter die Handelsstelle der Fischer. Man findet in Igaliku sogar eine Cafeteria. Sie befindet sich in dem langen braunen Gebäude oben in der Ortschaft. Man kann dort nach Anmeldung gut essen und – wenn man ein paar Tage im Ort bleiben will – sogar ein Zimmer mieten.

Das kann man auch in einer anderen Unterkunft, die sich merkwürdigerweise »Simonsens Motel« nennt und in einer grünen US-Baracke untergebracht ist, die aus der niedergelegten Hospitalstadt von Narsarsuaq stammt. Dieses »Motel« liegt an der Hafenbucht.

Als Ausgangspunkt für Wanderungen ist Narsarsuaq hervorragend geeignet. So die erwähnte Route Igaliku–Qaqortoq oder von Qassiarsuk nach Narsaq. Zunächst quer über die Narsaq-Halbinsel bis Tasiusaq. Dieser Ort der Schafzüchter hat am eisgefüllten **Nordre Sermilik** eine eindrucksvolle Lage. Weiter Richtung Süden bis zum Schafzüchterort **Kangerdlua** und von dort nach **Sillisit**, gegenüber des Qooroq Fjords.

Informationen und Routenvorschläge erhält man bei der Niederlassung des Dänischen Wandervereins. Dort sind auch Übernachtungsmöglichkeiten mit Schlafsack vorhanden. Das Haus, nordöstlich des Flughafens, ist deutlich an der Dachaufschrift PAX zu erkennen.

Die Küste Richtung Norden

Von Narsarsuaq kann man mit dem Küstenschiff »Disko« weiter in den Norden bis Upernavik fahren – sicher eine interessante Möglichkeit, um die Westküste zu erleben. Der nächste Ort nördlich von Narsaq ist **Ivittuut**, der heute mit seinen 4 Einwohnern (1990) bedeutungslos geworden ist, nachdem der Kryolithabbau dort eingestellt wurde (vgl. Abb. 25). Nur das im Tagebau entstandene riesige Loch erinnert noch an die jährliche Spitzenproduk-

NORDWESTEN: PAAMIUT

tion von 40000 t. Während des Zweiten Weltkrieges erlangte der Kryolithabbau durch den Export in die USA – Kryolith wird u. a. für die Herstellung von Aluminium verwendet – für Grönland eine große finanzielle Bedeutung.

Von Ivittuut führt eine Landstraße – die einzige, die zwei Orte miteinander verbindet – nach **Grønnedal**, dem Stützpunkt des »Grönlandkommandos« der dänischen Armee, zu dessen Aufgaben u. a. die Überwachung der Fischereischutzbestimmungen, der Seerettungsdienst in Zusammenarbeit mit der Polizei, sowie die Seevermessung gehören.

Näher zur Küste liegt **Arsuk**, ein Fischereiort. Die Fischer hier haben zusammen eine kooperativ organisierte Fischfabrik gegründet, die in den letzten Jahren sehr erfolgreich gewirtschaftet hat.

Fährt man die Küste weiter in Richtung Norden, ist die nächste Station **Paamiut**, eine Stadt mit 2219 Einwohnern (1990) und Sitz der Kommunalverwaltung. Ihr grönländischer Name bedeutet ungefähr »die Bevölkerung an der Mündung«. Gegründet wurde sie 1742 von dem Kaufmann JACOB V. D. GEELMUYDEN und dem Missionar A. V. WESTEN SYDOW. Ihren kolonialen Namen »Frederikshåb« bekam sie nach Kronprinz Frederik, dem späteren König Frederik V. von Dänemark.

Paamiut besitzt eine sehr schöne **Kirche**, die 1909 errichtet wurde und in deren Inneren ein Modell des Kriegsschiffes »Røde Løve« hängt. Vor der Kirche steht ein Denkmal für den späteren Bischof OTHO FABRICIUS (1744–1822), der von 1768–1774 als Missionar im damaligen Frederikshåb wirkte.

In der Stadt wurden viele moderne mehrstöckige Wohnhäuser gebaut, in denen jetzt der größte Teil der Bevölkerung wohnt, die aber gegenüber den kleinen farbigen Holzhäusern einförmig wirken und das Stadtbild nicht gerade verschönern.

Specksteinfigur eines Eskimo von Anton Thorsen

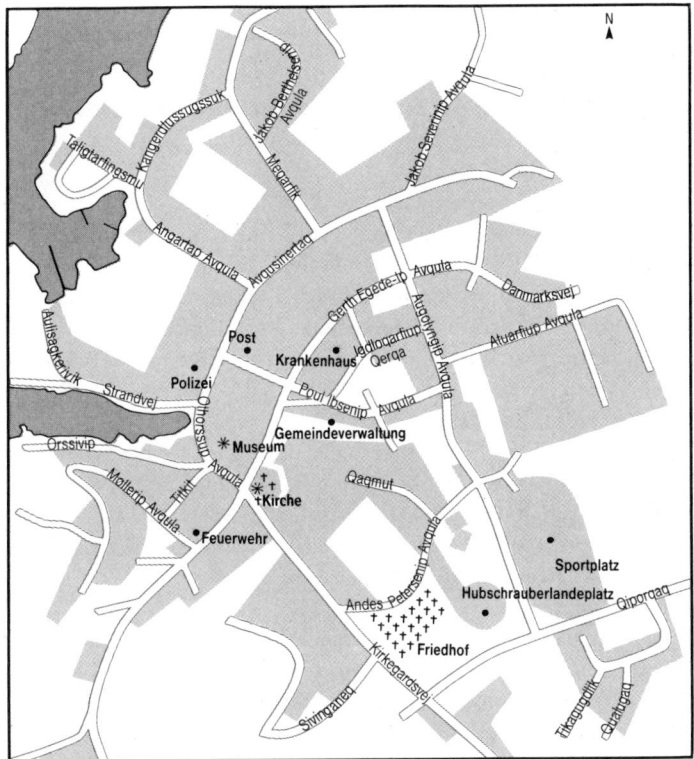

Paamiut

Groß geworden ist die Stadt durch die Fischerei, die hier besonders gut floriert. Das zeigt sich nicht nur an der Tätigkeit der dortigen Fischindustrie, sondern auch bei einem Spaziergang über den **Fischmarkt,** der am Ende des Hafens liegt und meist über ein reichhaltiges Angebot verfügt. Doch die Stadt hat noch etwas anderes zu bieten: dort werden hervorragende *Specksteinfiguren* hergestellt. Einer ihrer Meister war der vor Jahren verstorbene Anton Thorsen, dessen Söhne das Kunsthandwerk ihres Vaters fortsetzen. Der Speckstein wird nicht sehr weit von der Stadt, von der Kvane-Insel, geholt.

Paamiut spielt auch in der Geschichte der Grönlandforschung eine gewisse Rolle. 1751 hörte der Kaufmann Lars Dalager in Frederikshåb von einem Grönländer, daß dieser »auf der anderen Seite« des Inlandeises Berge gesehen hätte. Dalager glaubte nun, daß es sich um Berge der Ostküste handele und die Entfernung gar nicht so groß sein könnte. Er beschloß also, eine Expedition dorthin zu unternehmen und dabei vielleicht auch auf Spuren der immer noch an der Ostküste vermuteten Normannen-Siedlung Eystribygd zu stoßen, doch das Unternehmen scheiterte. Ihm gelang es aber, die Nunataks der Region zu erreichen und die Inlandeisformationen zu beschreiben, die sich von den Nunataks aus erkennen lassen.

NORDWESTEN: MANIITSOQ/SISIMIUT

Nach 12stündiger Schiffsfahrt von Paamiut aus vorbei an der zerklüfteten Küste ist Nuuk erreicht. Von hier aus geht es weiter nach Norden zur nächsten Station, **Maniitsoq**, auf halber Strecke zwischen Nuuk und Sisimiut. Der grönländische Name bedeutet »das Unebene«. Und »uneben« ist diese Stadt im wahrsten Sinn des Wortes, besonders wenn man sie in ihrer bergigen Lage von der Luft aus sieht. So gibt es nur wenige Baugrundstücke und deren Erschließung ist teuer.

Gegründet wurde Maniitsoq, das jetzt über 3000 Einwohner zählt, 1755 von dem Kaufmann ANDERS OLSEN an der Stelle, wo heute *Kangaamiut* liegt. Nördlich von Kangaamiut erheben sich die Berge, die holländische Walfänger bei ihrem schneebedeckten Anblick an die von ihnen so geliebten Zuckerbrote – Zuikerbrood – erinnerten, woraus in der dänischen Übersetzung Sukkertoppen (der Zuckerhut) wurde. 1781 verlegte man den Ort auf seinen jetzigen Platz, wo er sich in den folgenden Jahren relativ rasch entwickelte. Eine Walfangstation wurde eingerichtet und 1832 war Sukkertoppen mit 485 Einwohnern eine der größten Ortschaften des Landes.

Heute beruht der Haupterwerb der Bewohner auf der Fischerei. Moderne Fischverarbeitungsanlagen sorgen für die ökonomisch bestmögliche Ausnutzung der Fänge. Auch für Erfolge in der Rentierzucht ist Maniitsoq bekannt. Das Fleisch wird in der Jagdsaison August/September auf dem örtlichen Markt verkauft. Weitere Erwerbsmöglichkeiten bestehen in den Dienstleistungsbetrieben wie Krankenhaus, den drei Schulen und dem Altersheim.

Kann man einen kürzeren Aufenthalt in der Stadt einlegen, sollte man sich die alten Häuser aus der Kolonialzeit ansehen, den Hafen und die dort liegenden Walfangboote. Die alten Kolonialgebäude mußten zum Teil in den letzten Jahren verlegt werden, um in der Stadtmitte Baugrundstücke zu schaffen. Die **alte Kirche** steht aber immer noch an ihrem ursprünglichen Platz. Auch ein Besuch im **Museum** am Imkevej 210 ist zu empfehlen. Allerdings ist das Museum nur an wenigen Tagen geöffnet. Die Öffnungszeiten erfährt man am besten im Kontor von *Maniitsoq Turistforening*, wo man sich auch über Jagd- und Angelfahrtmöglichkeiten unterrichten lassen kann. Für beides bietet die Umgebung der Stadt beste Voraussetzungen. Das Gebirge nördlich von Maniitsoq eröffnet die Möglichkeit zu *Sommerski* neben dem winterlichen Skibetrieb; Skilift ist vorhanden. Hat man derartiges geplant, kann man in Maniitsoq in einem der beiden Hotels gut übernachten.

Weiter entlang der Küste in Richtung Norden gelangt man nach Sisimiut. Schon mehrere Kilometer vor **Sisimiut** hört man das wölfische Geheul der Schlittenhunde.

Die Stadt ist die erste jenseits der Schlittenhundgrenze, die auf der Höhe des Polarkreises verläuft. Nur nördlich von dieser Grenze dürfen die *Schlittenhunde* gehalten werden. Ihnen müssen die Eckzähne gezogen sein, woraus ersichtlich ist, daß sie gefährlich werden können. Es wird daher dringend davon abgeraten, sich ihnen zu dicht zu nähern. Andere Hunde dürfen nördlich dieser Grenze nicht gehalten werden (das gilt nicht für Ammassalik im Osten Grönlands), weil man die Rasse rein erhalten will und zudem Beißereien vermeiden möchte. Eine Ausnahme bilden nur Polizei- und Blindenhunde. Viele der Hunde verbringen den Sommer auf den der Westküste vorgelagerten Schären. Die Tiere werden nur jeden 2. bis

3. Tag gefüttert, damit sie nicht zu fett werden und leistungsfähig für den Winter bleiben. Entsprechend gierig versuchen sie alle organischen und somit freßbaren Sachen zu erreichen. Die Trockenfische hängen hoch und auch Schlitten und Fellgestelle werden aus ihrer Reichweite verbannt. Die Fütterung folgt einem streng ablaufenden Ritual, das der Schlittenhundführer zelebriert. Hierbei ist es wesentlich, die Hierarchie innerhalb des Gespannes einzuhalten. Der Leithund bekommt somit immer zuerst das beste Stück.

Die Schlittenhunde sind ausschließlich Nutztiere. Ihr Fell wird gerne als Schmuckbesatz an Ärmeln verwendet, hin und wieder sieht man es in den Orten auf der Leine hängen. Ein Schlittenhundgespann umfaßt 8–12 Tiere. Freilaufende Hunde – ausgenommen sehr junge und trächtige Tiere – werden abgeschossen, da sie sonst die angeketteten Rudel durcheinanderbringen oder angreifen.

Sisimiut ist mit seinen 4871 Einwohnern (1990) Grönlands zweitgrößte Stadt. Ihr grönländischer Name bedeutet »Fuchsbaubewohner«. Alle eskimoischen Kulturen sind in der dortigen Gegend nachweisbar. Die häufigsten Funde gibt es aus der Zeit der *Thule-Kultur,* die um 1200 dorthin kam und aus der sich das grönländische Gemeinwesen unserer Tage entwickelte. Holländische *Walfänger* operierten bis weit ins 18. Jh. vor der Küste von Sisimiut, und es kam zu mehreren gewaltsamen Auseinandersetzungen zwischen ihnen und der dänischen Kolonialmacht.

1756 wurde die Kolonie *Ukiivik* bei der Walfängerstation Sydbay nahe der Mündung des Nordre Isortoqs angelegt, 1764 jedoch auf den jetzigen Platz von Sisimiut verlegt. Einige Jahre vorher hatte man auf der anderen Seite der Ulke-Bucht auf Asummiut eine Missionsstation gegründet. Aber auch sie verlegte man später auf den jetzigen Platz von Sisimiut und gab ihr den Namen nach dem Vorsteher des Kopenhagener Missionskollegiums, Graf Johan Ludvig Holstein zu Ledreborg (1694–1763) – Holsteinsborg.

Heute ist die Stadt ein blühendes Gemeinwesen. Bekannt wurde Sisimiut durch die **Knud Rasmussen-Hochschule**, die am 3. Juli 1962 eingeweiht wurde. Der Unterricht wird in grönländischer Sprache abgehalten. Eine Ausnahme bilden nur die Sommerkurse in Dänisch. Ihre Thematik ist der historische Hintergrund des modernen Grönland und das grönländische Kulturerbe. Auch praktischer Unterricht wird dort erteilt in Fellnähen, Steinschleifen, Schnitzen in Knochen und Zahn, grönländischer Essenszubereitung etc.

Einen schönen Anblick bieten die großen **Speicher** am Hafen, der Naturhafen ist. Diese Speicher oder »Packhäuser«, wie man sie in dänischer Sprache nennt, wurden um die Mitte des 19. Jh. angelegt und später mit einem oberen Stockwerk aus Holz versehen. Ursprünglich dienten sie als Trankocherei und Böttcherwerkstatt.

Ein weiteres schönes Bauwerk aus der Mitte des 19. Jh. ist das sogenannte **»Halbwegshaus«**, ein Provianthaus mit holzverkleidetem Fachwerk, an dem man auf der Hauptstraße, Aqqusinersuaq, vorbeikommt, wenn man zum ersten Plateau geht. Direkt gegenüber des Hauses liegt das Plateau, auf dem die Kolonie angelegt wurde. Dort kann man noch heute gut die Entwicklung der Architektur in der ersten Kolonialzeit studieren. Ein großes Portal aus Walkiefern lädt zum Hindurchgehen ein (vgl. Abb. 54). Man kommt dann auf einen kleinen Platz, den Mittelpunkt der alten Kolonie. Schräg über den Platz hinweg steht ein

NORDWESTEN: SISIMIUT

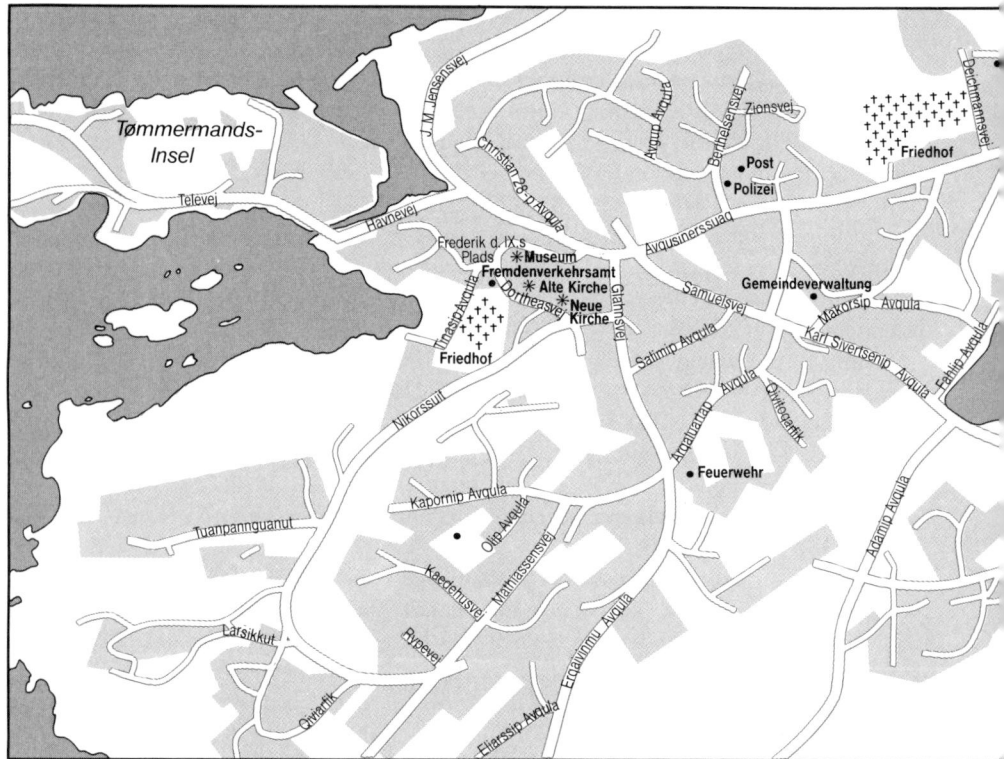

Sisimiut

kleines gelbes Haus. Es ist das älteste der Stadt, ursprünglich als Kaufmannswohnung in Ukiivik errichtet und dann mit der Kolonie hierher verlegt. Früher diente es als Bäckerei und Zimmermannswerkstatt. Jetzt beherbergt es das lokale **Museum**. Links davon liegt die **Bethelskirche**, die man auch die Blaue Kirche nennt. In alten Tagen wohnte gleich dahinter der Pastor in dem Haus, in dem sich jetzt der Kindergarten befindet. Die Kirche wurde mit Gemeindespenden in den Jahren 1774/75 gebaut. Sie bildet mit ihrer charakteristischen blauen Farbe und dem Dachreiter ein ansehnliches und gut proportioniertes Bauwerk.

Auf der rechten Seite erhebt sich ein Zweietagenhaus, das **Kolonieverwalterhaus** von 1846. Anbauten haben dort das ursprüngliche Aussehen verändert. Dieses Haus war ein Typenhaus, so wie man es in anderen Orten wiederfindet, beispielsweise in den Pastorenhäusern von Nuuk und Ilulissat. Hinter dem Kolonieverwalterhaus liegt das alte Geschäft von 1852. Zwei kleine Steinhäuser (hinter dem Pastorenhaus) gehören auch zu der ursprünglichen Kolonie. Sie wurden um 1800 gebaut. Das eine diente als *Schmiede,* das andere als *Postamt, Wäscherei* und *Gefängnis*.

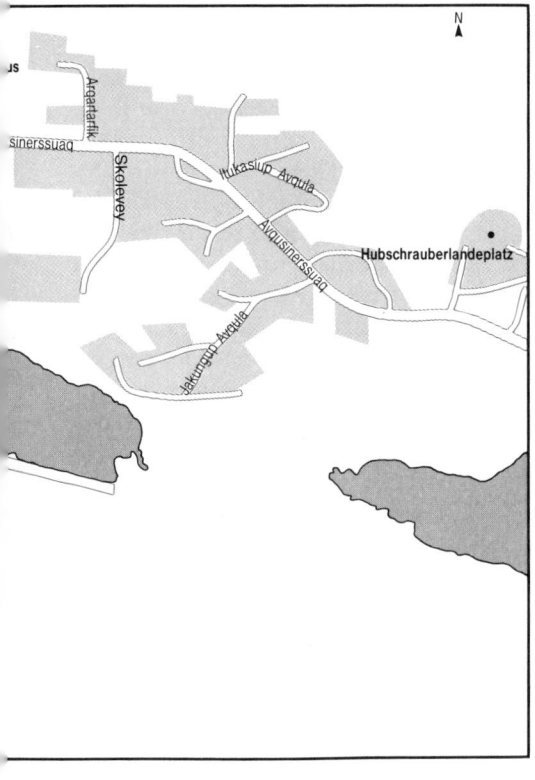

Südlich des alten Stadtteils erhebt sich ein Hügel, auf dem die **neue Kirche** steht. Sie leuchtet mit ihrer roten Farbe schon von weitem dem Besucher entgegen, der eine lange Treppe emporsteigen muß, um in ihr Einlaß zu finden. Sie entstand 1926 und ihr Architekt war BOJSEN-MØLLER. 1984 »schnitt« man die Kirche in der Mitte auseinander und setzte dort ein Zwischenstück hinein. Auf diese Weise wurde das Kirchenschiff um 6 m verlängert.

Das moderne Sisimiut ist eine aufstrebende Stadt mit Schwergewicht auf der Fischerei und *fischverarbeitenden Industrie*. Ungefähr 30 große Kutter und eine größere Anzahl kleinerer Fischereifahrzeuge haben dort ihren Heimathafen. Garnelen, Lachs, Heilbutt und Dorsch werden gefangen. Aber auch Seehunde, Walrosse und Wale werden dort in den vorgeschriebenen Jagdzeiten geschossen – und in den Bergen Rentiere. Alle Rohwaren werden in der Stadt verarbeitet: Garnelen und Dorsch in der Fabrik des KNI, während man in der Genossenschaftsfabrik »Sipeneq« u. a. Lachs, Seehundfleisch und Rentierfleisch verarbeitet und Rentier- und Seehundfelle gerbt.

Hat man einen längeren Aufenthalt in Sisimiut vor und wohnt im Hotel Sisimiut, im Seemannsheim oder in der Knud Rasmussen-Hochschule (in den Sommermonaten nach Vereinbarung), kann man abends zum Tanzen gehen. Jeden Abend ist in der Stadt Tanz im Hotel »Sisimiut« und im Restaurant »Tugto«. Auch gute Einkaufsmöglichkeiten bietet die Stadt. Sie weisen ein reiches Angebot an volkstümlichen *Kunstarbeiten* auf, die ausnahmslos in Handarbeit hergestellt sind aus Fettstein, Knochen, Zähnen, Leder und Glasperlen. Im Informationszentrum können Touristen auch gegerbte Seehund- und Rentierfelle erwerben.

Ein längerer Aufenthalt in der Stadt bietet auch gute Wandergelegenheiten in die Umgebung. Die Bewohner der Stadt lieben Ausflüge nach **Asummiut**, was leider auch zu einer gewissen Verunreinigung der Landschaft geführt hat. Trotzdem sollte man den Weg dorthin nicht scheuen. Man kommt nach Asummiut, wenn man rund um die Ulke-Bucht wandert, an deren Ende eine Brücke über den Fluß führt. Eine längere Tagestour kann rund um den Berg **Præstefjeld** gemacht werden. Man geht dann hinauf in den Paß östlich des Berges und hinüber zum Anoritooq-Fluß, der hinunter zur Küste fließt. Will man Asummiut näher

NORDWESTEN: SISIMIUT/SØNDRE STRØMFJORD/DISKO-BUCHT

studieren, muß man die Grasebene unter dem Præstefjeld aufsuchen. Dort hatte Niels Egede 1759 eine Missionsstation gebaut, die dann später südlich der Ulke-Bucht neu entstand und mit der Kolonie Holsteinsborg verschmolz. Die **Torfmauern** der Häuser kann man noch heute sehen. Auch gibt es dort noch Torfmauern alter eskimoischer Bauten aus dem 17. Jh. und späterer Zeit.

Ein anderer zu empfehlender Ausflug kann auf den Berg **Kællingehætten** führen. Der Name bedeutet »Weiberkapuze«, womit die Kapuze des traditionellen grönländischen Frauenanoraks gemeint ist, die wegen des Haaraufsatzes hoch und spitz sein mußte. Von oben hat man eine großartige Aussicht nach Süden über den Schärengürtel und ins Land zu den hohen Bergen im Nordosten. Will man nach oben, muß man der Nordseite des Berges über den Paß folgen. Ungefähr in Paßhöhe geht es dann nach Südwesten, indem ein Ausläufer zum ersten Plateau führt. Steil ist dann der Anstieg zum zweiten Plateau, auf dem die kapuzenähnliche Pyramide steht, die auf einem deutlich markierten Pfad bestiegen werden kann. Einzelne Passagen müssen erklettert werden, aber es hängen dort auch Taue, an denen man sich hochziehen kann. Dieser Anstieg zum zweiten Plateau kann also nicht älteren Menschen empfohlen werden.

Interessant ist eine Wanderung südlich um den Kælingehætten entlang der Küste nach **Qerrortusoq**. Auf dem Weg hat man gute Möglichkeit, Flora und Geologie zu studieren. In Qerrortusoq befinden sich alte **Inuit-Ruinen**.

Der Touristenverein arrangiert in Zusammenarbeit mit dem Museum auch kulturhistorische Ausflüge zu Wasser in die Mündung des **Amerloq Fjordes**. Dabei werden drei verlassene Wohnplätze besucht, u. a. Nipisat, das verschiedene Male zwischen 1724 und 1731 von den Dänen aufgebaut und von den Holländern im Kampf um die besten Walfangplätze niedergebrannt wurde. Eine andere Bootstour führt zu den beiden Siedlungen **Sarfannguaq** und **Itilleq**. Die Bewohner leben vom Fischfang und der Rentierjagd. Außer Wanderungen und Bergtouren im Sommer besteht im Winter von März bis April die Möglichkeit zum Skilauf und zu Schlittenhundfahrten.

Søndre Strømfjord

Das Gebiet Zentralgrönlands erstreckt sich von Ivittuut im Süden bis nach Kangerlussuaq (Søndre Strømfjord) im Norden.

Kangerlussuaq wird seit 1954 von der SAS als Zivilflugplatz angeflogen. Der Flughafen ist heute *der* Reiseumschlagplatz Grönlands, von hier starten Hubschrauber und Flugzeuge zu fast allen Orten des Landes (vgl. Abb. 36). 1941 errichtete die US Air Force hier einen Luftstützpunkt: *Blue West Eight*. Anders als in Narsarsuaq besteht der amerikanische Stützpunkt noch heute, er hat besonders als Versorgungsbasis für die Radarstationen, die auf dem Inlandeis liegen, große Bedeutung. Auf der einen Seite der Landebahn liegen die amerikanischen Gebäude – dieses Gebiet ist für Touristen ohne Sondergenehmigung gesperrt – und auf der anderen Seite befindet sich das Transithotel mit 315 Betten, Cafeteria, Warte- und

Abfertigungshalle. Neben dem Hotel liegt ein ausgewiesenes Camping-Areal in unmittelbarer Nachbarschaft zur Startbahn. Bei einem längeren Aufenthalt, der über die notwendige Wartezeit auf den Anschlußflug hinausgeht, muß man eine Genehmigung des Referats des Staatsministeriums Grönland in Kopenhagen vorlegen.

So wenig reizvoll die militärischen Anlagen sind, so verlockend ist das Umland. Nur einen Tagesmarsch entfernt ist der Russel-Gletscher, der Rand des Inlandeises (vgl. Abb. 37, Farbt. 7). Man kann einer Jeepspur durch das Sandflugtdalen folgen. Bei Wind macht das Tal seinem Namen alle Ehre. Faszinierend ist die Weite des Tales, in dem man schon bald den Gletscher erblickt. Am Ende der Jeepspur stehen Schilder, die vor abbrechenden Eisstücken warnen. Unter keinen Umständen auf das Eis gehen!

Bei Wanderungen in dieser Region trifft man *Rentiere* und Polarfüchse. Geht man in südöstlicher Richtung vom Flughafen besteht sogar die Möglichkeit, *Moschusochsen* zu sehen (vgl. Farbt. 24, 25).

Auch von diesem Gebiet hat der Dänische Wanderverein einen Wanderführer herausgebracht, in dem die unterschiedlichen Routen beschrieben sind. Eine beliebte Wanderung geht von Kangerlussuaq bis Sisimiut, ca. 180 km, und dauert ohne große Pausen wenigstens 10 Tage. Hüttenunterkünfte wie im Süden bestehen nicht. Man kann die Tour auch etwas verkürzen, indem man die Siedlung Sarfannguaq anläuft und von dort mit dem Versorgungsschiff weiterfährt.

Disko-Bucht

Eines der landschaftlich beeindruckensten Gebiete an der Westküste Grönlands ist die Disko-Bucht mit ihren 4 großen Orten Aasiaat, Qasigianguit, Ilulissat und Qeqertarsuaq auf der Disko-Insel. Die Fahrt mit dem Küstenschiff von Süden kommend aus der fast ganzjährig eisfreien Region zwischen Paamiut und Sisimiut vorbei an den gigantischen Eisbergen in der Bucht ist sicher einer der atemberaubendsten Erlebnisse einer Grönlandreise.

Aasiaat und Umgebung

Die Stadt Aasiaat, das frühere Egedesminde (3308 Einwohner 1990), liegt auf einer Insel in den Schären an der südlichen Einfahrt in die Disko-Bucht. Diese Insel trägt denselben grönländischen Namen wie die Stadt, was »Spinnen« bedeutet hat. Und ein Spinnennetz führt Aasiaat auch in seinem Wappen.

DISKO-BUCHT: AASIAAT

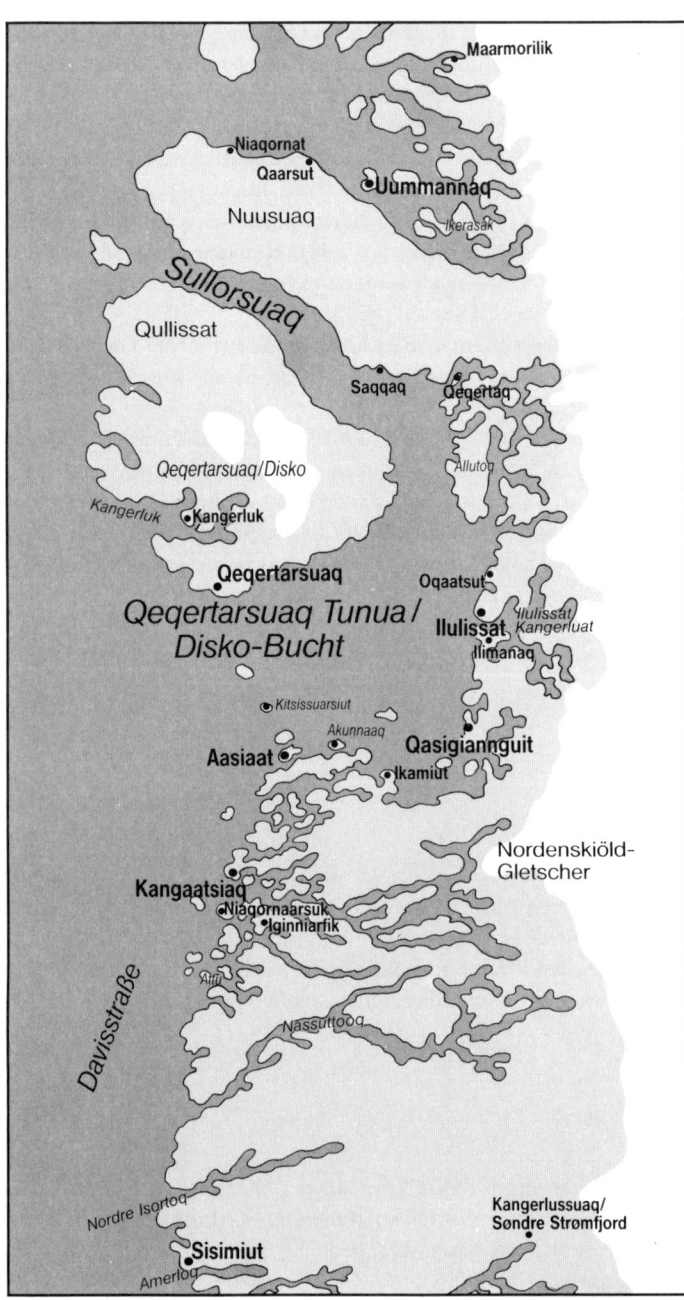

Karte der Disko-Bucht von Poul Egede, 18. Jh. ▷

Disko-Bucht

DISKO-BUCHT: AASIAAT

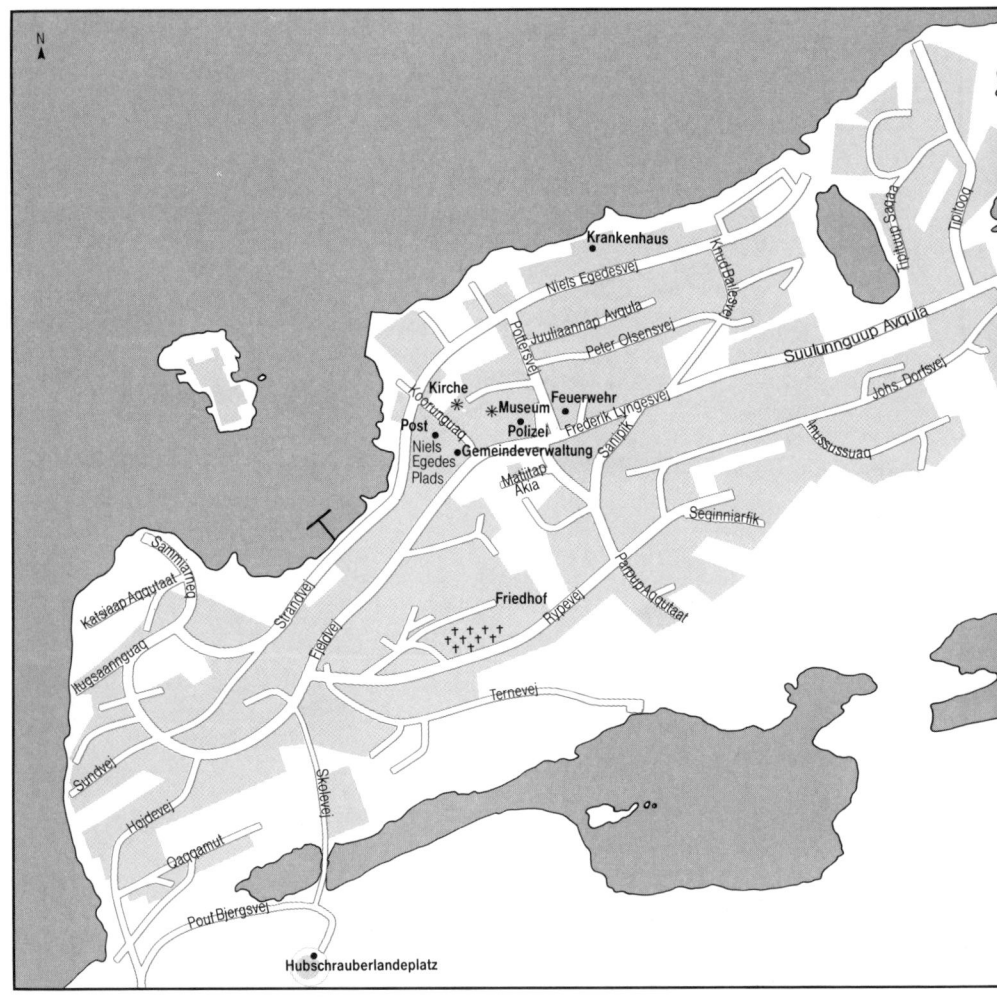

Gegründet wurde die Stadt im Sommer 1759 von NIELS EGEDE, dem zweiten Sohn des Grönlandapostels Hans Egede. Er nannte den Ort nach seinem Vater: Egedesminde – dem Andenken an Egede. Ursprünglich war die kleine Kolonie 5 Sm nördlich von Nordre Strømfjord angelegt, aber 1763 auf den jetzigen Platz verlegt worden.

Für einen etwas längeren Aufenthalt bietet ein kleines Hotel und ein größeres Seemannsheim gute Möglichkeiten.

Aasiaat

Gleich am **Hafen** umfängt einen die Atmosphäre der alten Kolonialzeit. Die farbigen Holzbauten sind es, die zusammen mit den Kanonen, die die größten in Grönland sein sollen (vgl. Abb. 63), an eine Zeit erinnern, als Grönland noch junges Kolonialland war. Die Kanonen waren in erster Linie Symbol für die dänische Souveränität und dienten zugleich der Abschreckung fremder Walfänger, die hier vorbeikamen, um in das walreichste Gebiet der Westküste, die Disko-Bucht, hinein zu segeln. Doch Aasiaat bewahrt kaum noch wei-

DISKO-BUCHT: KITSISSUARSUIT / QASIGIANNGUIT

Alte Stadtansicht von Aasiaat. Nach einer Zeichnung um 1860

tere Reminiszenzen an die alte Zeit. Viel Neues wurde in den letzten Jahrzehnten dort gebaut – Schulen zum Beispiel und auch eine neue Kirche.

1963 errichtete man einen **Gedenkstein** zur Erinnerung an den Gründer von Aasiaat. Er zeigt das Relief von Niels Egede. An seinen Vater erinnert in dieser Stadt vor allem die neue Kirche. Sie wurde am 29. August 1965 geweiht und bekam den Namen **Egedes-Kirche**. Ihr Architekt war OLE NIELSEN. Fünf Jahre später brach man die alte hölzerne Kirche ab. Steht man bei den alten Koloniehäusern, erhebt sich die neue Kirche auf einem Höhenzug dahinter. Sie bietet Platz für 370 Besucher der Gottesdienste und besitzt ein eigenwilliges Altarbild, das der grönländische Künstler JENS ROSING schuf. Es ist eine Keramikarbeit, die in vier Feldern aufgeteilt ist, die Christus, den Himmel, das Meer und das Land darstellen. Und in einem dieser Felder sieht man eine Spinne – Symbol für Insel und Stadt.

Von Aasiaat aus geht, quer über die Disko-Bucht, eine Schiffsverbindung nach *Qeqertarsuaq* (Fahrzeiten und Tickets im KNI-Kontor). Bei dieser Fahrt kommt man an zwei Inselgruppen vorbei, nämlich an der Gruppe **Kitsissuarsuit** und den *Kitsissut*. Die erste Gruppe liegt ca. 20 km von Aasiaat entfernt und wird von 126 Menschen bewohnt (1990). Sie leben von Jagd und Fischerei und sind zudem für ihre hervorragenden Handarbeiten bekannt wie beispielsweise Perlenstickerei, Schnitzarbeiten und Anfertigung von Kajakmodellen. Die dortige Siedlung liegt frei und ist dem Wind von der Davisstraße ausgesetzt. Sie besitzt auch eine **Kirche**, ein hölzerner rotgestrichener Bau mit einem freistehenden Glockenturm. Nahe der Siedlung liegt ein sehr alter Kirchhof, auf dem die gesamte Besatzung eines europäischen

Schiffs, das dort im 18. Jh. sank, begraben wurde. Sollte Bedarf bestehen, legt das Motorschiff dort auch an.

Die nächste Inselgruppe, **Kitsissut**, ist nicht mehr bewohnt. Bis 1960 lebten dort ca. 100 Menschen, die aber im Rahmen der damaligen Bevölkerungskonzentration in größere Orte umgesiedelt wurden. Das machten sich die Vögel zu Nutzen und ließen sich dort häuslich nieder. Eine der Inseln weist einen einzigartigen Jagdfalkenbestand auf, während auf einer anderen ein großer Brutplatz für Seepapageien liegt.

Hat man die Kitsissut passiert, sind es noch ca. 20 km nach *Qeqertarsuaq*.

60 km südwestlich von Aasiaat liegt die Insel **Kangaatsiaq** mit dem gleichnamigen Ort, der der Kommune auch ihren Namen gegeben hat. In den 8 Siedlungen und der Ortschaft Kangaatsiaq mit ihren 536 Einwohnern (1990) lebten 1990 zusammen 1347 Menschen. Aufgrund ihrer etwas abgelegenen Lage hat sich Kangaatsiaq noch viel von seiner ursprünglichkeit bewahrt.

Qasigiannguit und Umgebung

Hat man sich für Ilulissat als Basis für Touren zu anderen Orten und Landschaften entschlossen, kann man nach *Qasigiannguit* und *Aasiaat* kommen (Verbindungen bei KNI und Grønlandsfly).

Qasigiannguit ist eine stille, freundliche Stadt an der Disko-Bucht, die durch ihre Krabbenverarbeitung in neuerer Zeit bekannt wurde. Allerdings ist dort die Entwicklung nicht so rapide fortgeschritten wie in Nuuk oder in Ilulissat. Gegründet wurde der Ort am 25. Juni 1734 als Christianshåb durch den Kaufmann JACOB SEVERIN. Die Kolonie lag ursprünglich an der Bryghus-Bucht auf der Ostseite des Hafens, wurde aber 1763 wegen der oft zerstörerischen Fallwinde, die die Häuser beschädigten, auf die Westseite des Hafens verlegt.

Zu der modernen **Krabbenverarbeitungsfabrik** mit ihren qualmenden Schornsteinen bilden die alten **Holzhäuser von 1764** einen stimmungsvollen Kontrast. Über der Tür des Hauptgebäudes befindet sich ein eigenartiges Bild. Es ist ein Holzrelief, das auf weißem Grund die farbige Gestalt eines dänischen Soldaten darstellt, mit rotem Rock, weißen Kniehosen, hoher Grenadiermütze, Zopf, Säbel und Gewehr. Über dieses Bild ist viel gerätselt worden, und die Vermutung ist aufgetaucht, daß sich in dieser Uniform der Kolonieverwalter Niels Egede versteckt.

Schaut man von Qasigiannguit in südöstlicher Richtung zu den Bergen, dann dominiert dort der Berg **Qaqqarsuaq**, der ein lohnendes Wanderziel ist. Man wandert an der Küste in Richtung Süden entlang nach **Kangerluluk**, einer Bucht, die auch die Paradiesbucht genannt wird. Von dort kann man nun von der Südseite her auf den Berg kommen, der eine großartige Aussicht über die Stadt und einen Teil der Disko-Bucht bietet. Bei Kangerluluk gibt es eine Höhle, die in den Berg Qaqqarsuaq führt – die aber fast gänzlich durch einen großen, herabgefallenen Stein versperrt ist. Diese Höhle soll in alten Zeiten von den Lehrlingen der

DISKO-BUCHT: QASIGIANNGUIT/ILULISSAT

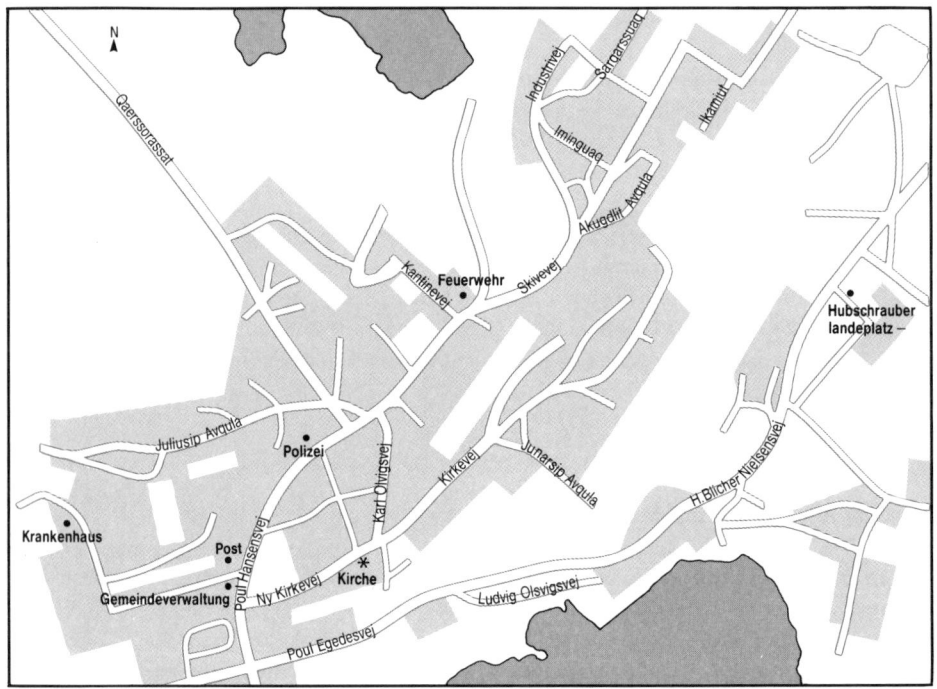

Qasigiannguit

Schamanen benutzt worden sein, diente aber auch dem ersten christlichen Missionar in Qasigiannguit, ANDREAS BING, als Aufenthaltsort, wenn er die Einsamkeit suchte. Angeblich soll diese Höhle Verbindung mit einer anderen Höhle, direkt unter dem Gipfel des Qaqqarsuaq haben.

Da es nur wenige Übernachtungsplätze im Seemannsheim gibt, sollte man ein Zelt mitbringen. Möglichkeit zum Campen hat man an dem *Flyversø*, nördlich der Stadt. Da bei hohem Wasserstand Meerwasser in den See kommen kann, ist er etwas salzig. Dagegen hat man gutes Süßwasser auf den Plätzen um das alte Pulverhaus südlich der Stadt, auf der anderen Seite der Bucht.

Außer einem Besuch der näheren Umgebung von Qasigiannguit kann man auch größere Wandertouren unternehmen. Der **Qasigiannguit-Distrikt** erstreckt sich vom Ilulissat-Eisfjord nach Süden hin vorbei an Qasigiannguit und hinunter in die südöstlichste Ecke der Disko-Bucht (Südostbucht). Der felsige Boden besteht – wie bei Ilulissat und dem östlichen Nuussuaq – vorwiegend aus Gneis und Granit und ist demnach 1,5 Milliarden Jahre alt. Die dortigen Berge sind im Durchschnitt 400–500 m hoch.

Vom Eisfjord führt der Seitenfjord **Tasiusaq** nach Süden und versperrt mit seinen vielen Verzweigungen den Zugang zum Inlandeis. Im Sommer kann man dort eine reichhaltige Flora erleben. Ganze Landschaftsstriche sind grün von dem dort gut gedeihenden Gras. Und wandert man im Spätsommer in diesem Gebiet, kann man sich an den vielen Preiselbeeren und Krähenbeeren gütlich tun, die dann auch ein wenig den Durst löschen können; denn die sehr trockne Luft in diesen Talstrichen, wo die Temperaturen im Hochsommer bis zu 20 °C erreichen können, sorgt immer für eine trockene Kehle.

So vielfältig dort auf dem Land die Flora sein kann, so bescheiden ist es mit der dortigen Fauna bestellt. Früher konnte man noch größeren Rentierherden begegnen, aber seit der letzten Jahrhundertwende ging ihre Zahl stark zurück. Erst in jüngster Zeit ändert sich dieses Bild ein wenig. Der Bestand beginnt wieder langsam zu wachsen. Füchse und Hasen gibt es dort in reicher Zahl, und in ganz seltenen Fällen kann man dort auch einmal einem Eisbären begegnen, der entweder den Weg von Nordostgrönland über das Inlandeis genommen hat oder vom Westeis der Davisstraße gekommen ist (allerdings sollte man diese Begegnung unbedingt vermeiden!). In den Bergen brüten Raben und Jagdfalken. Und längs der Küste gibt es viele Seevögel. Da nisten Tausende von Möwen auf den Vogelfelsen. Und auch Seepapageien, Seeschwalben, Kormorane und Alke leben dort am Meer. Eine solche Wanderung in die weitere Umgebung von Qasigiannguit kann mehrere Tage in Anspruch nehmen, und man sollte sich für eine derartige Exkursion gut ausrüsten und vor allem ein Zelt mitnehmen. Vom 22. Mai bis 23. Juli hat der Distrikt Mitternachtssonne.

So großartig die Landschaft dieses Distrikts ist, so wichtig ist auch der Name einer ca. 25 km südlich von Qasigiannguit liegenden kleinen Insel: **Qeqertasussuk** in der Südostbucht. 1984 begann man dort Ausgrabungen zu machen, die so bedeutende Funde ans Tageslicht förderten, die ein neues Licht auf die Ur- und Frühgeschichte Grönlands warfen (vgl. S. 18 f.).

Die Ausgrabungen wurden 1987 abgeschlossen und deren Funde später in dem kleinen Museum von Qasigiannguit ausgestellt. Will man sich die Insel Qeqertasussuk ansehen, wo diese epochemachenden Entdeckungen gemacht wurden, setzt man sich am besten mit dem Fremdenverkehrsbüro in Qasigiannguit in Verbindung.

Ilulissat und Umgebung

Die Disko-Bucht mit der Stadt **Ilulissat** spielt landschaftlich und kulturhistorisch eine bedeutende Rolle: landschaftlich wegen der phantastischen Ansammlung von bizarren und riesigen Eisbergen in der Disko-Bucht sowie wegen der einmaligen Schönheit des Ilulissat-Eisfjords. Auf all dieses Eis deutet bereits der grönländische Name der Stadt hin, der »Eisberge« bedeutet.

Kulturhistorisch hat die Stadt ihre Bedeutung bekommen, weil dort Knud Rasmussen seine Kindheit verbrachte. Was liegt also näher, als sich zuerst sein **Geburtshaus** anzusehen? Jenes große rote schöne Holzhaus, das mit seiner Front zum Meer hin steht, auf dem sich die

DISKO-BUCHT: ILULISSAT

Alte Ansicht der Bucht von Ilulissat

mächtigen Eisriesen versammelt haben. In der alten Pastorenwohnung ist ein **Museum** eingerichtet, dessen Exponate nicht nur an Knud Rasmussen und seine Expeditionen erinnern, sondern das auch Bilder mit grönländischen Motiven zeigt. Diese Bildergalerie wechselt in gewissen Abständen, und die Arbeiten der Künstler kann man auch kaufen. Neben dem Haus steht die Nachbildung eines alten Torfsteinhauses. Die alte **Zion-Kirche,** in der Christian Rasmussen oft auf der Kanzel stand, wurde auf Veranlassung des Pastors Jørgen Sverdrup errichtet, der 25 Jahre lang sein Amt in Ilulissat ausübte. Als Sisimiut 1774 seine selbstbezahlte Kirche bekam, begann man auch in Ilulissat Geld zu sammeln, um eine Kirche zu bauen. Sie wurde 1782 fertig. Die am Eingang eingeritzte Zahl 1779 gibt an, wann das Baumaterial abgesandt wurde. Ursprünglich stand sie 50 m näher am Wasser, wurde aber 1929–30 auf ihren jetzigen Platz verlegt. Innen hatte man die Decke gewölbt, und der kleinere Dachreiter war durch einen größeren Turm ersetzt worden. Gar nicht weit davon erhebt sich jener Hügel, auf dem der Gedenkstein für Knud Rasmussen steht, für »Grönlands treuen Sohn«.

Ilulissat wurde 1741 von dem dänischen Kaufmann Jacob Severin gegründet, nach dem der Ort seinen Namen bekam. Heute hat die Stadt ca. 4000 Einwohner. Während die Häuser

Portrait von Knud Rasmussen

der Mission nahe dem Meer lagen, standen die Gebäude des »Handels« an einem kleinen Fjord etwas nördlicher. Drei alte schwarzgeteerte Gebäude gegenüber dem Hafen, der durch seinen Atlantikkai größere Schiffe aufnehmen kann, stammen aus der ersten Kolonialzeit. In dem einen ist heute das Fahrkarten-Kontor des KNI, in dem anderen befindet sich das Kreisgericht. Das dritte, das älteste Haus des Ortes, ist jetzt **Museum** mit Fanggeräten, Kajaks, Schlitten usw.

Seit Beginn des 20. Jh. hat Ilulissat ein Krankenhaus. Und zwar wurde das erste bereits 1904 aufgeführt. Ilulissat ist im übrigen einer der ersten Orte in Grönland, der einen fest stationierten Arzt hatte. Bereits von 1793–94 wirkte dort der deutsche Chirurg T. K. EULNER, und ab 1839 war ein ständiger Arzt dort stationiert.

Wohnt man eine Zeitlang in Ilulissat, wird man zweckmäßig zuerst eine Wandertour längs des Ilulissat-Eisfjords machen, den man schnell vom Ort aus südlich über einen Pfad erreichen kann. Überwältigend ist der Anblick der Eismassen in dem 50 km langen und 10 km breiten Fjord. Jede Beschreibung dieses einmaligen Farben- und Lichtspiels mit dem permanenten Donnern und Krachen der abbrechenden Berge kann dieses Naturerlebnis nur unvollkommen wiedergeben. Einen anderen großartigen Ausblick auf die phantastisch

DISKO-BUCHT: SERMERMIUT

geformten Eisgebilde, die dieser Eisfjord an seiner Mündung entläßt, hat man von dem Berg Qaqarsuatsiaq, den man von der Nordostseite besteigen kann.

Eine weitere Wanderung kann nach **Sermermiut** gemacht werden. Dorthin braucht man von der Stadt nicht einmal eine halbe Stunde. Man geht an dem alten Heliport (jetzt Campingplatz) vorbei und weiter nach Süden auf dem markierten Weg. Sermermiut liegt in einer breiten Schlucht. Das Gelände ist grasbewachsen und kleine Erhöhungen deuten auf Ruinen von Eskimohäusern. Diese Häuser waren aus Stein und Grassoden gebaut und mit Steinen, Fellen und Schnee überdeckt. Bevor 1984 die großen Ausgrabungen südlich von Qasigiannguit begannen, waren die archäologischen Untersuchungen in Sermermiut die bedeutendsten, die einem grönländischen Wohnplatz gegolten hatten. Immer noch ist ein Besuch dieses Wohnplatzes lohnend; man sieht eine Menge Hausruinen jüngeren Datums und vom Meer freigelegte *Kökkenmöddinger* (Abfallhaufen). Dort haben die Archäologen die Theorie von den drei Einwanderungswellen nach Westgrönland entwickelt.

Ilulissat

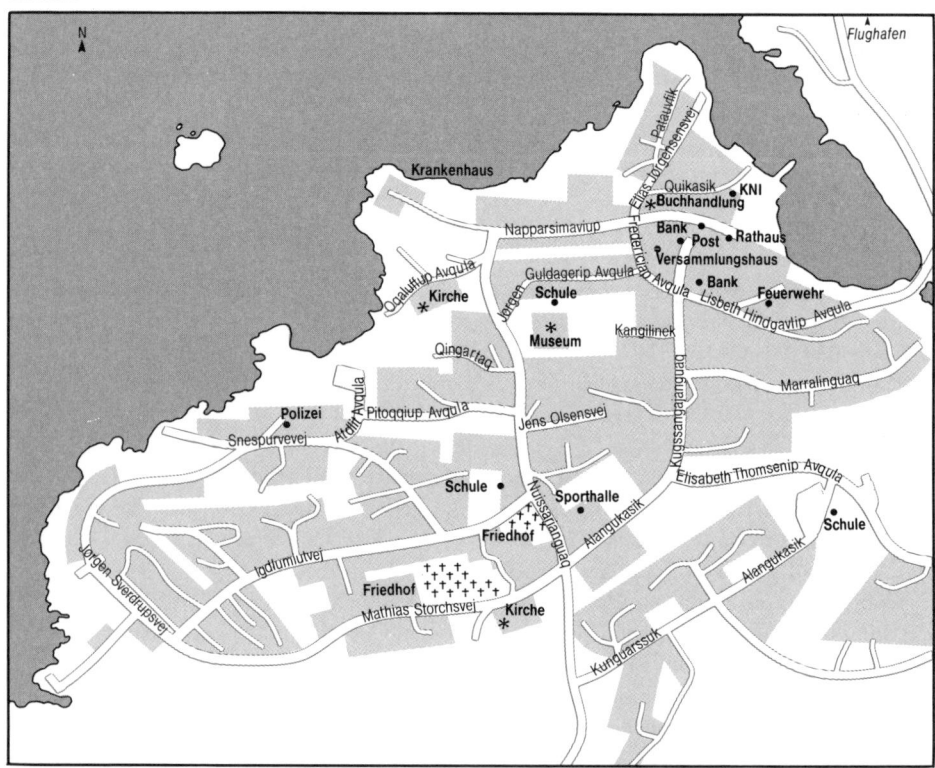

Jakobshavn (Ilulissat), um 1860

Nach genauer Untersuchung dieser Abfallhaufen durch einen senkrechten Schnitt bekam man eine Ahnung von Grönlands 4000jähriger Geschichte. Ganz unten fand man in einer Schicht einige wenige Steinwerkzeuge, Zeugen der ersten Besiedlung durch die Menschen der *Saqqaq-Kultur*. Darüber lag eine Schicht von Sand und Torf, und dann fand man eine Schicht mit anderen verarbeiteten Stücken. Das waren Überbleibsel der *Dorset-Kultur*, deren Blütezeit ungefähr zu Beginn unserer Zeitrechnung lag. Darauf folgte eine dicke Schicht ohne von Menschenhand geschaffenen Gegenständen. Und dann kamen die meisten Funde ans Tageslicht: Überbleibsel der Thule-Kultur, die hier seit etwa 1200 siedelten. Darüber lag dann eine Grassodendecke. Sermermiut wurde in der ersten Hälfte des 19. Jh. verlassen. Die Menschen dieses Wohnplatzes zogen dichter an die Niederlassung der Mission und des »Handels« heran.

Man kann die Wanderung verlängern, indem man von Sermermiut ostwärts durch eine kleine Schlucht und am Eisfjord entlang geht. Unmittelbar hinter der Schlucht kommt man zu einer Klippenspalte, wo der Felsen senkrecht in das kalte Wasser des Eisfjordes fällt. In Zeiten der Hungersnot in dem Wohnplatz bei Sermermiut war es üblich, daß schwache und alte Menschen die Siedlung verließen und sich in diese Klippenspalte stürzten, um den anderen bessere Überlebenschancen zu geben.

Nach einer halbstündigen Wanderung kommt man zu den alten **Eskimogräbern**. Folgt man dem Eisfjord ein paar hundert Meter ins Innere der »Kællingekløft« (Altweiberschlucht), führt ein niedriger Sattel zurück ins Sermermiut-Tal. Im Paß kann man mehrere offene Eskimogräber sehen, in denen Skeletteile zu erkennen sind. Es braucht wohl nicht betont zu werden, daß man daraus nichts entfernen darf. Das grönländische Gesetz zum Schutz von Bodenfunden verbietet jegliches Mitnehmen von mit dem Boden verbundenen Gegenständen. Diese Begräbnisstätte ist allerdings schwer zu finden.

Östlich davon erhebt sich der **Holms Bakke**, ein Hügel, von dem aus die Bewohner von Ilulissat am 13. Januar die Rückkehr der Sonne begrüßen, nachdem sie mehr als 40 Tage und Nächte nicht zu sehen war.

Wandert man weiter längs des Eisfjords kommt man zu felsigem Gelände, das aber kaum den Weg versperrt. In einer kleinen Bucht mündet ein Fluß mit frischem Wasser, wo man gut rasten kann. Manche Wanderer schlagen dort ihre Zelte auf, um die Landschaft etwas länger zu genießen.

Weiter am Wasser entlang in Richtung Osten gelangt man nach **Imilik** und von dort, längs des Flusses, hinauf zum Berg **Qaqarsuatsiaq** und nördlich um den langen See über den Paß im Westen wieder zurück nach Ilulissat.

Im Sermermiut-Tal und am »Wassersee« (er versorgt die Stadt mit Trinkwasser) auf der Nordseite des Hafens ist das Campen nicht erlaubt. Es gibt ein Wandererheim, das in einer älteren Baracke der Organisation GTO (Grønlands Tekniske Organisation) untergebracht ist. Auch die Sporthalle nimmt Wandergäste auf, jedoch sind dort die Verhältnisse nicht so gut wie in dem Wandererheim.

Da Ilulissat ein in großartiger Landschaft liegender Ort mit guten Unterbringungsmöglichkeiten ist, empfiehlt es sich, ihn als Ausgangspunkt zu größeren Touren in die weitere Umgebung zu benutzen.

Ausflugsmöglichkeiten mit dem Boot bestehen nach *Qqaatsut* und *Ilimanaq*. Von Ilimanaq kann man entlang des südlichen Randes des Eisfjords wandern. In einer mehrtägigen Tour der Schlittenspur folgend, die häufig an Abfällen, Holzstücken der Schlitten oder auch den mumifizierten Hundekadavern erkennbar ist, kann man nach Qasigiannguit wandern.

Einen lohnenden Ausflug kann man von Ilulissat nach **Saqqaq** machen. Von Ilulissat erreicht man Saqqaq mit dem Schiff in 7 Stunden. Gegründet wurde der Ort, dessen Name »Sonnenseite« bedeutet, 1755 als Kolonie Ritenbenk, die jedoch 1781 nach Arveprinsens Ejland verlegt wurde, bis sich dann in den 40er Jahren des 19. Jh. dort wieder Menschen niederließen, die Saqqaq in den 60er Jahren zu einem ganzjährig bewohnten Ort machten.

Dieser Ort hat jener eskimoischen Kultur seinen Namen gegeben, von der man Spuren durch archäologische Untersuchungen westlich des Wohnplatzes gefunden hat. Doch wurden auch Funde der Saqqaq-Kultur an anderen Orten gemacht.

Saqqaq, auf der Halbinsel Nuussuaq gelegen, wird oft von Menschen aufgesucht, die ein kleines Fängergemeinwesen kennenlernen wollen, was man nicht mehr allzu oft an der Westküste antrifft. Daher soll der Tourismus hierher auch begrenzt bleiben. Ist man aber einmal dorthin gekommen, sollte man dort länger bleiben. Hotels oder Wandererheime gibt es nicht, so daß man aufs Zelten angewiesen ist. Als eintägige Wanderung ist eine Tour zum örtlichen Gletscher geeignet. Man geht an der Küste in Richtung Osten auf dem markierten Weg entlang und wendet sich dann – einen knappen Kilometer nach Savik – nach Norden.

Man kommt dann über eine steinige Ebene auf einen Hügel mit großartiger Aussicht auf den Gletscher, der sich zwischen Qaqulluit und Palungataaq nach unten zieht. Für den Rückweg empfiehlt sich die Route über die Ebene.

Eine andere Wanderung kann auf einen Berg führen, der übersetzt »Gipfel des Lebens« heißt. Er erhebt sich nordöstlich des Wohnplatzes zu einer Höhe von 1010 m. Schon von Saqqaq aus kann man auf seinem Gipfel eine große Warte erkennen. Ist man dort oben angelangt, bietet sich einem eine herrliche Aussicht über die Disko-Bucht und die ganze Landschaft rund um Saqqaq.

Eine dritte Wanderung wird oft zum **Schlammvulkan** gemacht. Eine solche Exkursion eignet sich gut für Besucher von Saqqaq, die spezielle geologische Interessen haben. Schlammvulkane sind niedrige, kegelförmige Erhebungen, die oben eine kraterähnliche Vertiefung haben. In den organischen Resten von Schieferlagen aus vulkanischer Zeit können Methan oder Sumpfgase entstehen. Diese steigen nach oben, werden aber durch den Permafrost nahe der Erdoberfläche festgehalten. Durch Spalten in der Erdrinde wird das Gas hochgedrückt und damit auch gashaltiger Schlamm – daher der Name. Ein Schlammvulkan liegt ca. 4 km vor der Mündung des Flusses im Saqqaq-Tal. Dieser Vulkan ist allerdings nicht mehr aktiv und z. T. ausgewaschen. Will man ihn aufsuchen, muß man den Fluß südöstlich von Punkt 365 der Spezialkarte passieren (an geeigneter Stelle oder bei der Teilung des Flusses hinüberspringen). Der Punkt 365, mitten im Tal, bildet einen langgestreckten Kamm, der nach Süden hin am Vulkan vorbeikommt. Die Seiten des Höhenrückens stellen fast uneinnehmbare Basaltformationen dar, jedoch können die Abhänge an einigen Stellen beklettert werden. Jedenfalls muß man über den Kamm, wenn man zum Schlammvulkan kommen will. Die etwas mühsame Wanderung dorthin kann u. U. zwei Tage dauern; deshalb sollte man ein Zelt zum Übernachten mitnehmen.

Eine noch längere Wandertour, für die man am besten 5 Tage einplanen sollte, läßt sich von Saqqaq zum **Saqqap Tasersua** unternehmen, jenem großen in der Mitte der Halbinsel Nuussuaq liegenden See. Man wandert von Saqqaq aus in Richtung Norden zum Punkt 365 und von dort weiter nach Osten zum See **Iluliallup Tasia**. Dort sollte man dann am Westufer des Sees sein Zelt aufschlagen und übernachten; denn der nächste Lagerplatz liegt von dort einen Tagesmarsch entfernt. Am nächsten Tag erwartet einen ein schwieriger Marsch am Nordufer des Sees über Geröll, bis man schließlich ins Tal **Qoororsuaq** kommt, das nach Süden hin von großen Gletscherfeldern abgeschlossen wird. Zu beiden Seiten auf dem Weg nach Norden liegen Gletscher. Im Tal ist das Wandern nach Norden nicht mehr schwierig, und das Geröll geht langsam in eine Pflanzendecke über. Ungefähr 4 km vor Saqqap Tasersua wird das Tal durch einen alten Moränenwall blockiert. Von dort oben kann man eine großartige Landschaft überblicken mit dem smaragdgrünen See und der über 1000 m hohen Bergkette, die sich direkt vom Seeufer erhebt und von zahlreichen Gletschern durchschnitten wird. Der schneebedeckte Kamm der Berge bietet unter dem hohen arktischen Himmel einen unvergessenen Anblick. Das Zurückwandern nach Saqqaq führt über den Paß zwischen den Punkten 1210 und 700 und bietet dann keine großen Schwierigkeiten mehr.

Zur Disko-Insel

Von Ilulissat aus gelangt man quer über die eisgefüllte Disko-Bucht per Schiff oder Helikopter nach Qeqertarsuaq auf der Insel Disko (Fahrzeiten bei Grønlandsfly oder KNI in Ilulissat).

Qeqertarsuaq wurde 1773 gegründet und war bis Ende des 19. Jh. ein großer Walfängerort. Die kleine Stadt hat durch ihre bunten Häuser ein freundliches Gesicht. Neben diesen Holzhäusern aber gibt es auch längs der Hafenfront Steinhäuser aus der kolonialen Periode. Interessant ist die **Kirche** aus dem Jahre 1914 in ihrer pagodenähnlichen, achteckigen Form, weshalb sie auch scherzhaft »Gottes Tintenfaß« genannt wird. Für botanisch und geologisch interessierte Besucher bietet die Umgebung ein lohnendes Terrain. Die reiche Flora, die man dort antrifft, hat u. a. ihre Ursache in den vielen warmen Quellen, die gute Wachstumsmöglichkeiten bieten. Daher gründete 1906 der Magister M. P. Porsild *Den danske arktiske Station* (Die dänische arktische Station), die heute zur Kopenhagener Universität gehört. Sie ist Ausgangspunkt für naturwissenschaftliche Untersuchungen, Expeditionen und besitzt die größte naturwissenschaftliche Bibliothek Grönlands.

Leider gibt es im Ort keine Unterkünfte in Hotels oder Wandererheimen, so daß man eventuell an bestimmten Stellen zelten muß (Auskunft bei der Polizei oder in Ilulissat).

Die Umgebung von Qeqertarsuaq bietet gute Wandermöglichkeiten – so zu den Basaltklippen an der Südküste, deren Formenreichtum überwältigt. Die Basaltvorkommen der Disko sind berühmt für ihre vielen Erzeinschlüsse. Auch reizvoll ist ein Gang durch das

Ansicht von Qeqertarsuaq. Zeichnung von Hinrich Rink (um 1848/51)

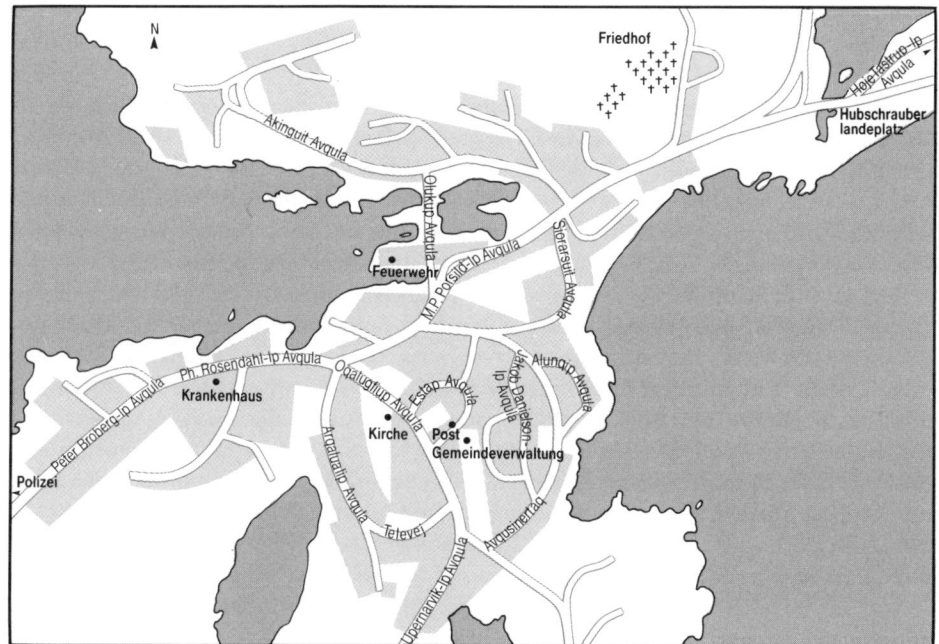

Qeqertarsuaq

Blæsedalen entlang des *Rødeelvs*, der sein rötlich-milchiges Wasser von den zahllosen Gletscherabflüssen bezieht. Mit dem Versorgungsboot kann man zu der Siedlung **Kangerluk** an der Westseite der Insel fahren. Die Fahrt führt an dem Gebirgsmassiv Kiofaq vorbei, an dem die charakteristische Bergform der Insel – Tafelberge mit steilem Klippenrand – besonders gut erkennbar ist, sowie an dem Schärengebiet Fortune Bay, in dem die Holländer ehemals auf Walfang gingen.

Im Nordosten der Disko-Insel lag der Ort **Qullinssat** – heute eine Geisterstadt –, wo bis 1969 jährlich 2000 bis 3000 t Kohle gefördert wurden. Schwierigkeiten beim Bergbaubetrieb und bei der Schiffsverladung, die auf offener Reede durchgeführt wurde, haben dazu geführt, daß die von der GTO betriebene Kohlegrube geschlossen wurde. Die über 1000 Bewohner siedelte man anschließend um.

Uummannaq und Niaqornat

Von Ilulissat aus lohnt sich ein Abstecher in den Norden nach Uummannaq und Niaqornat – am schnellsten mit einer Maschine von Grønlandsfly. **Uummannaq** hat ca. 1400 Einwohner (1990). Die Stadt wurde als Kolonie 1763 von I. H. Bruun gegründet. Ihr grönländischer Name bedeutet »das Herzförmige«. Der für die Insel, auf der die Stadt liegt, charakteristische Berg hat mit seinen 1175 m die Form eines mit der Spitze nach oben gerichteten Herzens, womit in der Vorstellung der Grönländer das eines Seehunds gemeint ist.

Bunt sieht die Stadt aus, wenn die Sonne des Sommers auf dem farbigen Holz ihrer kleinen Häuser liegt. Ins Auge fällt den Besuchern bald das holzverkleidete große **Krankenhaus**, das direkt am Wasser liegt und wie ein Hotel aussieht. Das hat schon manche Besucher getäuscht, die dort eine gute Unterkunft vermuteten. Das zweite auffallende Bauwerk der Stadt ist die **Kirche** (vgl. Abb. 68, 69). Es ist eine Steinkirche, die aus Granitquadern der Gegend errichtet und 1935 geweiht wurde. Solche Steinkirchen waren zur damaligen Zeit noch eine Seltenheit in Grönland. Hält man sich an einem Sonntag in Uummannaq auf, sollte man nicht versäumen, einem Gottesdienst in dieser schönen Kirche beizuwohnen. Kurz vor zehn Uhr beginnt die Glocke zu läuten, und spontan findet sich ein Echo in dem Geheul unzähliger Hunde, die das Läuten der Glocke auf alle Fälle übertreffen wollen. Kommt man aus der Kirche heraus, entdeckt man dahinter ein kleines **Torfsteinhaus** (vgl. Abb. 72). Das Haus vermittelt einen kleinen Einblick in die traditionelle Wohnweise der Eskimo. Es läßt sich auch – nach Rücksprache mit dem Fremdenverkehrsbüro – besichtigen. Dort erhält man auch Auskunft über Transportmöglichkeiten nach Niaqornat.

Hat man dort eine solche Fahrt mit einem Kutter oder Motorboot vermittelt bekommen, kann man noch einmal einen Blick auf Uummannaq werfen. Und man wird dann überall die Trockengestelle sehen, die zum Trocknen der Felle und Fleischstreifen bestimmt sind. Diese Stadt lebt noch fast ganz von Fang und Jagd. Es gibt wohl keine weiter südlich gelegene ähnliche Ortschaft, die noch so stark vom Seehundfang geprägt ist wie Uummannaq. Bekannt ist der Ort auch für seine starken Schlittenhunde, die sonntags immer die Eröffnung eines Gottesdienstes mit ihrem Geheul begleiten. Sie halten im Winter, wenn Eis auf dem Wasser liegt, den Verkehr mit der Außenwelt aufrecht und sind deshalb unentbehrlich. Zwar wird Uummannaq auch im Winter von Helikoptern angeflogen, aber höchstens zweimal in der Woche; Wind und Wetter können auch diese Flüge manchmal ausfallen lassen.

Die Fahrt nach **Niaqornat** – 60 km von Uummannaq entfernt – nimmt einige Zeit in Anspruch. Der Ort, der zu den kleinsten der Kommune Uummannaq gehört, liegt mit seinen knapp dreißig Häusern, wozu der Laden des KNI, ein paar alte Lagerhäuser, ein Gefrierhaus, Kirche und Schule gezählt werden müssen, auf dem westlichen schwarzen Strand einer Landzunge zwischen dem Festland, der Halbinsel Nuussuaq und ein paar Felsgebilden.

Sind die Fänger – das ist die Bezeichnung für alle grönländischen Jäger, die speziell auf Robbenjagd gehen – zu Hause, kann man in der Bucht vor dem Wohnplatz etwa 20 offene

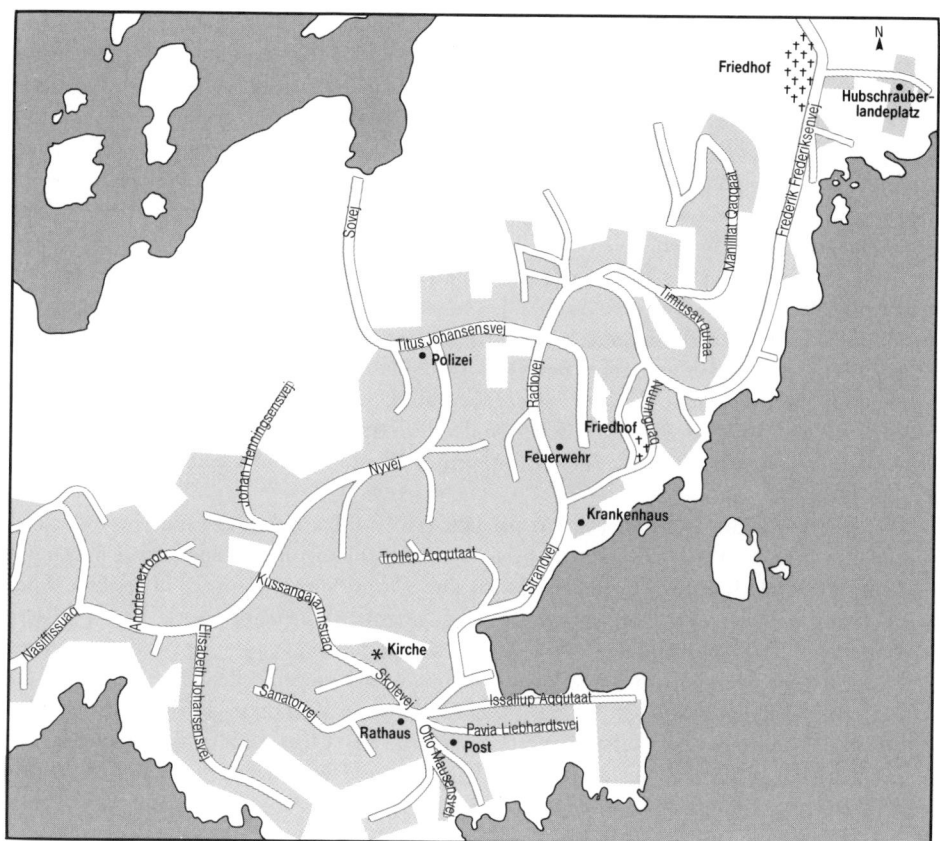

Uummannaq

Jollen mit Außenbordmotor und einen Kutter liegen sehen. Die Jollen – Plastik- oder Glasfiberboote – haben den traditionellen Kajak abgelöst. Er wird in Grönland kaum noch benutzt. Nur als Sportboot ist er wieder interessant geworden.

In der Siedlung Niaqornat mit ihren 85 Bewohnern (1990) haben sich noch Elemente der traditionellen eskimoischen Lebensweise halten können, und es gibt keinen Strom. Wenn hier die dunkle Zeit im November beginnt, verrichten die Menschen ihre Tätigkeiten für mehrere Monate im Haus. Allein die Fänger fahren aufs Meer hinaus, solange es noch nicht vom Eis verschlossen ist. Hier muß noch vieles, was das Leben aufrecht erhält, der Natur abgerungen werden.

Es nimmt deshalb nicht wunder, wenn man gerade hierher Vertreter von »Greenpeace« einlud, um sie davon zu überzeugen, daß ihre Kampagne gegen das Jagen von Robben was die Fängergebiete Grönlands betrifft wohl für den Schutz der Meeressäuger hilfreich sein kann, für die Menschen dort oben im Norden jedoch existenzbedrohend ist. Im September 1985 traf auf dem Heliport von Uummannaq die eingeladene Delegation ein. Viele Grönländer erwarteten sie dort mit Transparenten: »We can't do without seals and whales in our life. It is our life!« Der Vorsitzende der grönländischen Delegation, Johannes Tobiassen, versuchte den Gästen zu erklären, daß die arktische Natur hier weder das Halten von Vieh, noch das Züchten von Getreidesorten erlaube und man deshalb auf das angewiesen sei, was einem hier die Natur bietet.

Groß war der Schaden, den die grönländischen Gemeinwesen durch die Kampagnen gegen die Robbenjagd, die sich primär gegen das professionelle massenhafte Jagen der Seehundbabies in Kanada richtete, erlitten hatte. Kaum ein Seehundmantel wurde noch in Europa verkauft. Und es ist ja nicht nur das Robbenfleisch und ab und zu das von Walen, die von der Regierung zum Abschuß freigegeben sind, was die Existenz dieser Menschen sichert. Es sind auch die Felle, die den Grönländern durch den Handel mit KNI Devisen bringen, mit denen Petroleum, Benzin, Munition, Kleidung usw. gekauft werden können (vgl. S. 314).

Das grönländische *Landsting* erklärte das Jahr 1987 für das »Jahr des Fängerberufs«. Und Grönlands Premier Motzfeldt sagte in diesem Zusammenhang u. a.: »Heutzutage haben wir viele verschiedene Berufe in Grönland. Dazu sind wir gezwungen, um zu überleben. Aber der Fängerberuf ist der Hintergrund unseres gesamten Gemeinwesens. Er ist unsere Geschichte und unsere Kultur«.

Nur ein paar Stunden im Motorboot von Niaqornat entfernt liegt **Maarmorilik,** die einzige produzierende Mine in Grönland, eine Blei- und Zinkmine. Früher hatte man in Maarmorilik Marmor gebrochen – daher der Name des Ortes –, aus dem man u. a. die Fassade des dänischen Rathauses in Lyngby herstellte und den man auch in Nuuk an repräsentativen Bauten verwendete. Aber das hörte schon vor dem Zweiten Weltkrieg auf.

Will man noch höher hinauf in den Norden kommen, bietet sich ein weiterer Abstecher nach **Upernavik** (1990 918 Einwohner), wohin die Fahrt mit dem Schiff von Uummannaq 17 Stunden dauert. Das ist die nördlichste Stadt, die Touristen im allgemeinen erreichen können, und dort enden alle Schiffs- und Fluglinien des regulären Westküstenverkehrs. Der Distrikt hat 10 Siedlungen und bedeckt ein Gebiet, das viermal so groß ist wie Dänemark. Das Küstenschiff bleibt in Upernavik ein paar Stunden liegen, so daß man mit demselben Motorschiff wieder nach Uummannaq zurückkommen kann.

Die Reise dorthin ist sehr eindrucksvoll. Zwar fährt das Schiff wegen des Eises in einigem Abstand vor der Küste, aber Meer und Eis und die bergige Küstenlinie im Osten bieten doch einen großartigen Anblick, wenn das Wetter nicht allzu schlecht ist. Man kommt bei der Fahrt dorthin auch an dem Felsen *Sadlek* vorbei, der voller Vögel ist.

In Upernavik – der Name bedeutet »Frühlingsplatz« – gibt es nicht viel zu sehen. Ein kleines **Museum** ist dort, viele Hunde und Trockengestelle. Hier leben vor allem Fänger.

Qaanaaq, das frühere Thule

Nachdem Knud Rasmussen zusammen mit Peter Freuchen die Station Thule 1910 gegründet und dort Polareskimo angesiedelt hatte, wurde sie nach Knud Rasmussens Tod vom dänischen Staat übernommen. Das Leben der dort oben lebenden Thule-Eskimo ging mit Jagd und Fang in gewohnter Weise weiter, bis die Amerikaner dort ihren Luftstützpunkt errichteten. Der Bau der Thule Air Base bzw. Basis Dundas begann im Sommer 1951 unter dem Eindruck des Korea-Krieges als größte und modernste Luftbasis der westlichen Welt, die schließlich ungefähr 1,3 Milliarden Dollar kosten sollte.

Uummannaq – oder Thule, wie Europäer und Amerikaner den Ort nannten – war als Wohnplatz für die Eskimo aufgrund des Tierreichtums in der Bucht besonders gut geeignet. Das Eindringen der Amerikaner zerstörte die Lebensgrundlage der Menschen.

Flugzeuglärm, brennende amerikanische Abfallhaufen und auf dem Wasser verspritztes Öl hatten Robben und Walrosse vertrieben, woraufhin die dänische Regierung beschloß, die Eskimo umzusiedeln (vgl. S. 317). Bis Juni 1953 mußten alle ihren alten Heimatort verlassen haben. Sie wurden 120 km weiter nach **Qaanaaq** umgesiedelt, dem neuen Thule. An einem sonnigen Hang gelegen, berührt der Ort einen Fjord mit vielen Fangtieren. Aber die Ortschaft selbst ist nicht gerade schön. Man sieht es ihr an, daß sie in aller Eile auf dem Reißbrett entstand. Doch die kleine **Kirche** hat einen gewissen Reiz, besonders wenn sich an Festtagen dort die Gemeinde versammelt. Die Männer in der Festtracht mit ihren weißen Bärenfellhosen, die nur hier oben getragen werden, und die Frauen mit den langen weißen Kamiken und bunten Blusen. Das große Altarbild zeigt Christus auf dem Thule-Felsen sitzend mit zwei grönländischen Kindern, von denen er das eine, ein kleines Mädchen, im Arm hält. Das Bild stammt von dem dänischen Maler ERNST HANSEN (1892–1968), der mehrfach Grönland bereiste und 1933 Teilnehmer der 7. Thule-Expedition war.

So unschön an sich der kleine Ort ist, so großartig ist die Umgebung. Da gibt es herrliche Gletscher, von denen der Politiken-Gletscher den Schlittenweg nach Süden darstellt, bizarre Sandsteinklippen ragen im Osten auf, und auf dem Fjord bestechen immer wieder die vielen schwimmenden oder festgefrorenen Eisberge durch ihre seltsamen Formen und schimmernden Farben.

Ganz aus dem Sinn ist den Menschen von Qaanaaq ihre alte Heimat nicht gekommen. 120 km liegt sie von ihrem jetzigen Wohnort entfernt, und man betrachtet die US-Basis wie etwas, das nicht so recht der Wirklichkeit entspricht. Das Verhältnis zu den Amerikanern indes ist gut, da sie sich um die medizinische Versorgung besonders bei Notfällen kümmern.

Die Ortschaft **Qaanaaq** hat jetzt 551 Einwohner (1990). Das ist mehr als die Hälfte der Gesamteinwohnerzahl der Avanersuaq Kommunea, zu der außer der Verwaltungsortschaft Qaanaaq noch die Wohnplätze Savissivik, Moriusaq, Qeqertat, Qeqertarsuaq und Siorapaluk mit insgesamt 295 Menschen gehören.

Blick auf Ammassalik/ Tasiilaq an der Ostküste Grönlands

Die Ostküste

Die Ostküste Grönlands, »*Tunu*«, die Rückseite, genannt, ist nur noch in zwei Regionen besiedelt: Tasiilaq (Ammassalik) und Ittoqqortoormiit. Touristisch erschlossen ist nur die Tasiilaq-Kommune mit der gleichnamigen Stadt. Meistens wird der gebräuchlichere Name Ammassalik benutzt, vor allem an der Westküste und in der europäischen Literatur. Tasiilaq deutet auf die Lage der Stadt hin, am Kong Oscar Fjord, der fast wie ein Binnensee wirkt.

Das Traditionsbewußtsein an der Ostküste ist noch stärker ausgeprägt als im Westen, begünstigt durch den späten Kontakt mit den Europäern erst im 19. Jh. Anläßlich der 1000 Jahr-Feier 1982 zur Erinnerung an die Landung des ersten Europäers in Grönland, Erik des Roten, nahmen die Bewohner der Ostküste nicht an den Feierlichkeiten teil. Sie sagten zu Recht, daß die Inuit schon seit 4000 Jahren im Land lebten.

Nachdem **Gustav Holm** 1884 mit seiner sogenannten Frauenbootexpedition Ostgrönland in das Bewußtsein Europas gebracht hatte und die Dänen begannen, dieses bis dahin relativ unbekannte Gebiet zu erschließen, legte man 1894 den Ort Tasiilaq als Ammassalik an, um die Ostgrönländer, wie auch an der Westküste, zu zentralisieren.

Tasiilaq erreicht man von der Westküste oder direkt von Reykjavik/Island aus. Man landet auf der vorgelagerten Insel *Kulusuk*, auf der die Amerikaner einen weiteren Stützpunkt unterhalten, und fliegt mit dem Helikopter weiter. Die Stadt hat heute 1465 Einwohner (1990) und ist das Verwaltungs- und Versorgungszentrum der Ostküste, sie bietet alle Einrichtungen der anderen großen Orte Grönlands. Die Bevölkerung arbeitet vor allem im Dienstleistungsbereich, aber sie lebt auch von der Jagd und dem Fischfang. Besonders in den Monaten Juni/Juli werden die Robben gejagt, die dann häufig zur Frischerhaltung im Hafenwasser liegen.

Vor einem Rundgang durch die Stadt, die sehr malerisch zwischen steilen Bergen liegt und zu Recht »die Perle Ostgrönlands« genannt wird, sollte man sich einen Überblick vom höchsten Punkt im Zentrum des Ortes verschaffen. Auf einem Felsen steht ein **Erinnerungsmonument** an die Gründung der Stadt und an Holm, errichtet 1944. Dieser Punkt wird auch gerne als Treffpunkt der Bewohner benutzt, was man unschwer an den Glasscherben und Bierdosen erkennen kann. Etwas unterhalb davon liegt die fünfeckige **Kirche**, 1985 erbaut und von HOLGER JENSEN entworfen. Der Innenraum wurde von der grönländischen Künstlerin AKA HØEGH ausgestattet. Das Altarkreuz und das Taufbecken sind aus Treibholz gefertigt, das Altargeländer sowie die Kniepolster wurden mit Robbenfell bezogen, auf die Motive Ostgrönlands aufgenäht wurden. Das Schiffsmodell, ein Umiak mit Besatzung, arbeitete ein lokaler Künstler. In der Tasiilaq-Kommune werden die meisten grönländischen Handarbeiten aus Robbenfell gefertigt. Außerdem ist die Region bekannt für ihre Tupilak-Schnitzer. Die **alte Kirche** von 1908 liegt in der Nähe des Hafens, in ihr ist heute ein **Museum** untergebracht.

Kommt man vom Heliport und blickt in Richtung Friedhof, so fällt ein hellbraunes Haus mit 6 Satellitenantennen an der Rückseite auf. Es handelt sich dabei um einen Laden, geführt

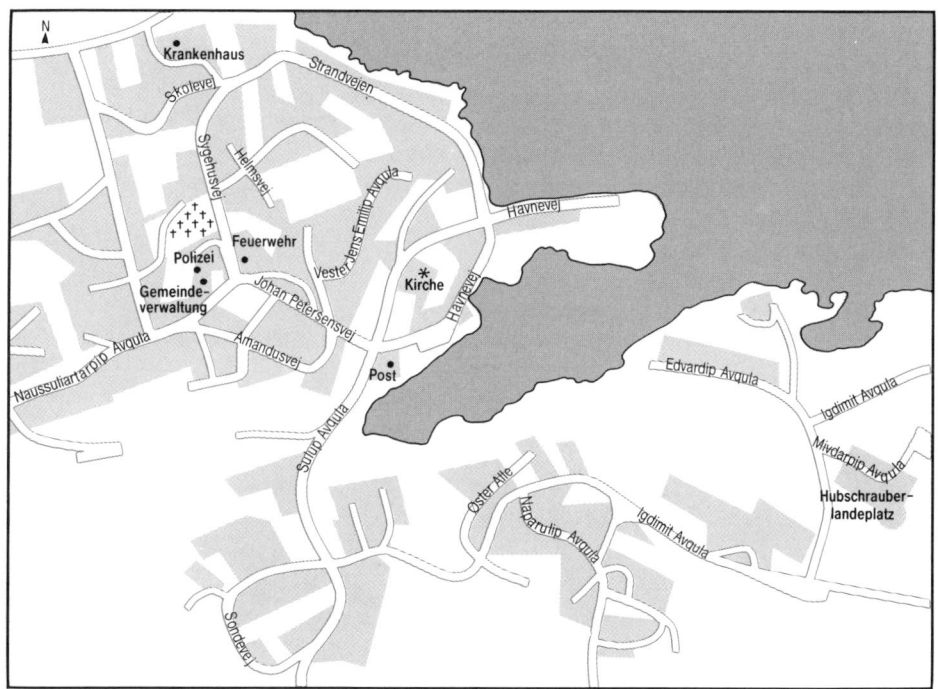

Ammassalik/Tasiilaq

von Dänen, der hauptsächlich Fernseher, Videos und andere elektronische Geräte wie auch die Antennen verkauft. Wenn man in dem Laden einkauft, so kann man sicher auf einem der vielen Fernseher ein deutsches Fernsehprogramm verfolgen, immerhin können mit den 6 Antennen 26 Programme empfangen werden. Anscheinend läuft das Geschäft nicht schlecht, denn selbst in dem kleinsten Ort des Distriktes, *Qernertuarssuit* mit 14 Einwohnern, ist eine solche Antenne vorhanden, die für Unterhaltung an langen Wintertagen sorgt.

Die Landschaft um Tasiilaq/Ammassalik ist sehenswert und wird mehr und mehr von den Westgrönländern als Urlaubsort aufgesucht. Die von schroffen, teilweise auch im Sommer schneebedeckten Bergen geprägte Landschaft unterscheidet sich stark von der grünen Westküste. Man kann hier erlebnisreiche Wandertouren in die Umgebung Ammassaliks unternehmen. So beispielsweise auf das **Sømandsfjeld**, einen 700 m hohen Berg südlich von Ammassalik, der ohne Schwierigkeiten von der Nordseite bestiegen werden kann. Dabei sollte man allerdings auf lose Steine achten. Oben angekommen hat man eine großartige Aussicht auf die Stadt, auf den Kong Oscars-Hafen und das Meer mit seinem Großeis.

Eine andere Wanderung sollte ins **Blomsterdal** gehen, eine der wenigen grünen Flächen dieses Bereichs. Dieses »Blumental« verläuft vom Kirchhof in Richtung Westen längs des

OSTKÜSTE: AMMASSALIK UND UMGEBUNG

Umgebung von Ammassalik/Tasiilaq

Flusses und einiger kleiner Seen. Oben im Tal liegt ein großer See. Und wenn man von dort über den Paß wandert und zwar in Richtung Norden, erreicht man weitere Seen und einen wasserreichen Fluß, dem man bis zur Küste folgt, von wo man dann wieder in die Stadt kommt.

Eine weitere Bergtour kann zu **Ymers Bjerg** führen (Ymer: Name aus der nordischen Mythologie, Urriese, geschaffen durch Vereinigung von Wärme und Kälte). Von dem großen See im Blomsterdal wandert man in südwestlicher Richtung zu einem weiteren See. Nun kann man die nach Nordwesten liegende Bergseite relativ leicht besteigen und auf den Bergrücken gelangen. Die Bergspitze kann man allerdings nur erklettern.

Will man eine längere Tour in die Landschaft dieses Bereichs machen, kann man zum **Mittivakkat Fjeld** wandern. Das ist eine Gletschertour, die auf der *Ammassalik-Insel* drei Tage in Anspruch nimmt. Man beginnt die Wanderung am Kong Oscars-Hafen und folgt dann der Schlittenspur zum Wohnplatz **Ikateq** am Sermilik Fjord. Dann wandert man nördlich um den Berg Præstefjeld und längs des Sees »168«. Von dort geht die Wanderung einen steilen Geröllhügel hinauf und zwar in nordwestlicher Richtung und vom Paß hinunter, vorbei an zwei Seen zu einem Wasserfall, weiter auf begehbarem Weg nach Norden zum Gletscher und hinauf zum **Mittivakkat**.

Der Berg selbst erhebt sich steil nach Westen, kann aber von Osten her relativ leicht bestiegen werden. Oben hat man, fast 1000 m über dem Sermilik Fjord, der voller Eis ist, eine einzigartige Aussicht über den Johan Petersens Fjord und auf das Inlandeis. Von der Spitze steigt man in südöstlicher Richtung auf einem kleinen Gletscherarm und längs einer steilen Schneefahne zum See nördlich vom Vegas Fjeld hinunter. Am Qorlortoq-See entlang erreicht man schließlich wieder den Kong Oscars-Hafen und Ammassalik.

Für ausgedehnte Wanderungen sind gute Plätze für Camping im Blomsterdal vorhanden.

Man kann auch Ammassalik und das umliegende Gebiet aus der Luft kennenlernen. Grønlandsfly hat einen Helikopterservice zwischen Ammassalik, Kulusuk und den Wohnplätzen dieses Gebiets eingerichtet. Auch gibt es einen Schiffsdienst, der mit einem größeren Motorschiff, der »Ejnar Mikkelsen« und mit kleineren Kuttern von Ammassalik die kleineren Ortschaften befährt. Jedoch gibt es dafür wegen der wechselnden Eisverhältnisse und der unterschiedlichen Zahl der Fahrgäste keinen festen Plan, so daß man sich an das KNI-Passagierbüro wenden muß.

Die größte Siedlung in der Region ist **Kuummiut** (1990 458 Einwohner). Von hier gelangt man entweder als mehrtägige Wanderung oder als Bootsausflug nach **Old Ikateq**, einem ehemaligen Stützpunkt der Amerikaner. Errichtet im Zweiten Weltkrieg, diente er vor allem der Versorgung bei den Zwischenstopps auf dem Flug nach Europa und der Betreuung der Schwerstverletzten bis zu ihrem Tod. Anfang der 50er Jahre verließen die Amerikaner innerhalb weniger Stunden den Stützpunkt, und zurück blieben LKWs, Gebäudereste, Flugzeughangar, Abfallhalden mit Cola-Flaschen und Dosen – sowie Tausende von Ölfässern, die in den Jahren von den Inuit geleert wurden. Auch ganze Gebäude wurden aus Old Ikateq in den Siedlungen wieder aufgebaut, wie z. B. der Klub in Tasiilaq. Heute mutet das Szenario des verrostenden Stützpunkts inmitten der wunderbaren Landschaft am Ikateq Fjord surreal an. Der Fußweg dorthin führt durch ein breites Delta mit Gletscherabflüssen, die nicht nur entsprechend kalt sind, sondern auch eine starke Strömung haben können. Eine Alternative ist der Weg über die Gletscherzunge.

Tiniteqilaaq (196 Einwohner) liegt direkt am Eingang zum Sermilik Fjord, auf dem die Eisberge von drei Gletschern vorbeitreiben.

OSTKÜSTE: KULUSUK, ITTOQQORTOORMIIT

Old Ikateq, der ehemalige Stützpunkt der Amerikaner

Kulusuk, der Ort auf der gleichnamigen Insel, nur eine knappe Stunde Fußmarsch vom Flughafen entfernt, ist ein tragisches Beispiel für die Zerstörungskraft des Tourismus. Sowohl das Gemeinschaftsleben wurde zerstört, wie auch das Verhalten der an sich zurückhaltenden Inuit völlig pervertiert ist. Die Probleme des Alkoholismus wie der steigenden Kriminalität sind schon Folgen der Stationierung der Amerikaner und der Dänen, für die sie arbeiten. Vor allem das Verhalten der europäischen Männer gegenüber den Inuit-Frauen ist menschenverachtend. Das offene Verhältnis der Inuit zur Sexualität wurde von den Ausländern radikal ausgenutzt. Ein anderes Thema in Kulusuk sind die Eisbären, die relativ häufig über die geschlossene Eisdecke im Winter aus dem Norden kommen. Obwohl die Eisbären unter Naturschutz stehen, haben die Jäger der Insel die Erlaubnis, die Bären zu jagen.

850 km nördlich von Tasiilaq liegt auf einer Halbinsel **Ittoqqortoormiit**, besser bekannt als Scoresbysund, 1925 gegründet. Die Umgebung bietet ein ideales Fang- und Jagdgebiet.

Der Ort kam vor einigen Jahren in die Schlagzeilen, als die Suche nach Öl begann. Man hat dieses Projekt aber aus ökologischen Gründen wieder aufgegeben, der Abtransport des Erdöls hätte an der Küste mit ihrem ca. 40 km breiten Packeisgürtel ein zu großes Problem dargestellt. Die Zerstörung eines Öltankers wäre zugleich auch die Zerstörung der Umwelt dort gewesen, wie das jüngste Beispiel in Alaska zeigte.

Das Tor zur Außenwelt stellt für Ittoqqortoormiit die Landebahn der ehemaligen Bleimine **Mestersvig**, 200 km nördlich, dar. Nördlich von Mestersvig befindet sich nur noch **Daneborg**, wo die Hundeschlittenabteilung der Sirius-Patrouille stationiert ist, sowie die Wetterstation Danmarks Havn. Der übrige Nordosten und Norden ist Nationalpark.

Ausgewählte Literatur

(MoG = Meddelelser om Grønland)

ARRON, W. J.: Aspects of the epic in Eskimo folklore. University of Alaska 1955
ARCTIC ANTHROPOLOGY: 23, 1–2. With an Introduction by Hans Christian Gulløv. Madison, Wisconsin 1986
ATLAS – GRØNLAND: Kalaallit Nunaat. Grønland. Atlas. Hrsg. v. Christian Berthelsen, Inger Mortensen u. Ebbe Holbech Mortensen. Nuuk 1989
BAK, ARNE GAARN: Atlas-håndbog over Grønland. Kopenhagen 1978
BANDI, HANS GEORG: Urgeschichte der Eskimo. Frankfurt 1965
BARÜSKE, HEINZ: Eskimo-Märchen. Düsseldorf/Köln 1969; erw. Neuauflage München 1991
ders.: Grønland. Reise in das Wunderland der Arktis. Berlin 1977
ders. (Hrsg.): Hans Egede. Die Heiden im Eis. Als Forscher und Missionar in Grönland 1721–1736. Stuttgart/Wien 1986
BECHLER, THEODOR: Samuel Kleinschmidt, der Sprachmeister Grönlands. Herrnhuter Missionsstudien Nr. 26. Herrnhut 1930
BERTHELSEN, CHRISTIAN, KLEIVAN, INGE, NIELSEN, FREDERIK et al.: Ordbogi. Kalaallisuumit-Qallunaatuumut. Grønlandsk-Dansk. Kopenhagen 1977
dies.: Oqaatsit. Kalaallisuumiit Qallunatuumut. Grønlandsk Dansk Ordbog. Nuuk 1990
BERTHELSEN, CHRISTIAN (Hrsg.): Grønlandsk Litteratur. Kommenteret Antologi. Århus 1983
BIRKET-SMITH, KAJ: Die Eskimos. Zürich 1948
BÖCHER, TYGE W. (Hrsg.): Grønlands Flora. Kopenhagen 1966
BRAUKMÜLLER, HEIDE: Grönland – gestern und heute. Grönlands Weg der Dekolonisation. Von der Teilhabe an der dänischen Gemeindeverwaltung bis zur Landesselbstverwaltung. Weener (Ems) 1990
BROCKAMP, BERNHARD: Erweiterter Nachtrag zu den wissenschaftlichen Ergebnissen der Deutschen Grönland-Expedition Alfred Wegener. München 1959
CRANZ, DAVID: Historie von Grönland. Leipzig 1765
DALAGER, LARS: Grønlandske Relationer (1752). In: Det Grønlandske Selskabs Skrifter II, Kopenhagen 1915
DAMAS, DAVID (Hrsg.): Handbook of North American Indians. Vol. 5, Arctic. Washington 1984
DAVIS, JOHN: The voyage and works of John Davis. Hrsg. v. A. H. Markham Hakluyt Society London 1880
ders.: Tre Rejser til Grønland i Aarene 1585–1587. Kopenhagen 1930
DEGE, WILHELM: Grönland ohne Eskimos. Wiesbaden 1964
EGEDE, HANS: Relationer fra Grønland, 1721–1736 og Det gamle Grønlands nye Perlustration, 1741. Ny udgave ved L. Bobé. In: MoG LIV, Kopenhagen 1925

EGEDE, POUL: Efterretninger om Grønland. Kopenhagen 1788
FREDERIKSEN, THOMAS: Grönländisches Tagebuch. Aufzeichnungen eines Fischers und Jägers. Hamburg 1981
FRIIS, ACHTON: Im Grönlandeis mit Mylius-Erichsen. Leipzig 1910
FRISTRUP, BØRGE: Inlandsisen. Kopenhagen 1966
ders.: Grønlands geografi. Femte udgave. Kopenhagen 1977
GAD, FINN: Grønland. Kopenhagen 1984
ders.: The History of Greenland I–III. Montreal 1971–82
GIESECKE, KARL LUDWIG: Mineralogisches Reisejournal über Grönland. 1806–13. In: MoG 1910
Grønland 1989. Årbog. Statsministeriet Grønlandsafdelingen. Kopenhagen 1990
Grønlands Grønne Bog. Hrsg. v. Grønlands Hjemmestyres Danmarkskontor. Kopenhagen 1988
Grønlands Lommekalender 1990. Nuuk 1989
GRONAU, WOLFGANG v.: Im Grönland-Wal. Dreimal über den Atlantik und einmal um die Welt. Berlin 1933
GULLØV, HANS CHRISTIAN, KAPEL, H. C.: Haabetz Colonie 1721–1728. A historical-archaeological investigation of the Danish-Norwegian colonization of Greenland. Kopenhagen 1979 (The National Museum of Denmark)
dies.: Herrnhuternes grønlændere. In: Grønland, Nr. 8–10, Kopenhagen 1983, S. 247–259
HANTSCHEL, ANTON: Grönland und der Gestaltwandel der Arktis. Würzburg 1963
HAASE, EVELIN: Der Schamanismus der Eskimos. Aachen 1987
HOLM, GUSTAV, GARDE, V.: Den danske Konebaads-Expedition til Grønlands Østkyst. Kopenhagen 1887
HOLM, GUSTAV: Ethnologisk Skizze af Angmagsalikerne. In: MoG X, Kopenhagen 1888
HOLTVED, ERIK: Eskimoisk Kunst. Kopenhagen 1947
ders.: The Polar Eskimos. Language and Folklore I–II. In: MoG 152, Kopenhagen 1951
HØYGAARD, ARNE: Im Treibeisgürtel. Braunschweig 1940
ISRAEL, HEINZ: Kulturwandel grönländischer Eskimo im 18. Jahrhundert. Wandlungen in Gesellschaft und Wirtschaft unter dem Einfluß der Herrnhuter Brüdermission (Abhandlungen und Berichte des Staatlichen Museums für Völkerkunde Dresden, Bd. 29). Berlin (DDR) 1969
ders.: Die Eskimo. In: Völkerkundemuseum Herrnhut. Dresden 1978, S. 56–81
ders.: Zur Stellung der Frau in der Gesellschaft der Inuit (Eskimo). In: Familie, Staat und Gesellschaftsformation (Veröffentlichungen des Zentralinstituts für Alte Geschichte und Archäologie der AdW der DDR, Bd. 16). Berlin 1988, S. 282–286

KAALUND, BODIL: The Art of Greenland. University of California Press. Berkeley 1983
KLEINSCHMIDT, SAMUEL: Grammatik der grönländischen Sprache mit teilweisem Einschluß des Labrador-dialects. Berlin 1851 (Reprint: 1968)
KLEIVAN, INGE, SONNE, BRIGITTE: Eskimos in Greenland and Canada. Leiden 1985
KNUTH, EIGIL: An outline of the archaeology of Peary Land. Arctic V. Ottawa 1952
ders.: The Paleo-Eskimo culture of Northeast Greenland elucidated by three new sites. Amer. Antiq. XIX. Salt Lake City 1954
ders.: Aron of Kangeq, the seal hunter who became father of Greenlands art of painting. Kopenhagen 1960 (Nationalmuseum)
ders.: Aron fra Kangek. The norsemen and the skraelings (Normannensagen). Nuuk 1968
KPOMASSIE, TÉTÉ-MICHEL: Ein Afrikaner in Grönland. Wien/Hamburg 1982
KROGH, KNUD J.: Erik den Rødes Grønland. Sagatekster ved Hans Bekker-Nielsen. Kopenhagen 1967 (Nationalmuseum)
MALAURIE, JEAN: Die letzten Könige von Thule. Leben mit den Eskimos. Frankfurt/M. 1977
MELDGAARD, JØRGEN: Eskimo Skulptur. Kopenhagen 1959
MELDGAARD, MORTEN, GRØNNOW, BJARNE: Sidste nyt fra Saqqaqfolket. Rapport fra udgravningerne i Disko Bugt. In: »forskning/tusaat i Grønland«, 1/86, Kopenhagen 1986
MØBJERG, TINNA, GRØNNOW, BJARNE, SCHULTZ-LORENTZEN, HELGE: Palæoeskimoisk forskning i Grønland. Foredrag fra et symposium om de palæoeskimoiske kulturer i Grønland. Århus 1988
NANSEN, FRIDTJOF: Eskimoleben. Leipzig 1921
ders.: Auf Schneeschuhen durch Grönland. Berlin 1948
The National Park in North-east Greenland. Greenland Newsletter 1984
NIEDNER, FELIX: Grönländer- und Färinger-Geschichten. In: Thule. Altnordische Dichtung und Prosa. Bd. 13, Düsseldorf/Köln 1965
NØRLUND, POUL: Wikingersiedlungen in Grönland. Ihr Entstehen und ihr Schicksal. Leipzig 1937
PERONI, ROBERT: Der weiße Horizont. Drei Männer durchqueren Grönlands unerforschte Eiswüste. Hamburg 1984
PETERSEN, HJALMAR (Hrsg.): Bogen om Grønland. Kopenhagen 1978
PETERSEN, OLE, SECHER, KARSTEN: Grönland. Mineralien, Geologie, Geschichte. Bochum 1985
PETERSEN, ROBERT: The last Eskimo Immigration into Greenland. In: Folk 4, Kopenhagen 1962, S. 95–110
ders.: Burial Forms and Death Cult Among the Eskimos. In: Folk 8–9, Kopenhagen 1966/67, S. 259–280
Qilakitsoq. Mumiehulen. Vejledning til udstillingen. Grønlands Landsmuseums Skrifter Nr. 4. Nuuk 1983
RASMUSSEN, KNUD: Nye Mennesker. Kopenhagen 1905
ders.: Under Nordenvindens Svøbe. Kopenhagen/Kristiania 1906

ders.: Myter og Sagn fra Grønland. I–III. Kopenhagen 1921–25
ders.: Fra Grønland til Stillehavet I–II. Kopenhagen 1925/26
ders.: Report of the Fifth Thule Expedition 1921–1924 Vol. VII–X. Kopenhagen 1929–1952
ders.: I Bjørnejægernes og Aandemanernes Land. Skildringen og Oplevelser fra Grønland. Udvalg ved Tom Kristensen. Kopenhagen 1945
ders.: Festens Gave. Eskimoiske Alaska-Eventry. Kopenhagen 1959
ders.: Snehyttens Sange. En arktisk hilsen til danske digtere. Kopenhagen 1961
RINK, HINRICH: The Eskimo Tribes. In: MoG XI und Supplement. Kopenhagen 1887–1891
ders.: Eskimoiske Eventyr og Sagn. Oversatte efter de indfødte Fortælleres Opskrifter og Meddelser I–II. Kopenhagen 1866/1871
ders.: Danish Greenland, its people and its products. London 1877
RINK, SIGNE: Grønlændere. Kristiania 1886
dies.: Koloni-Idyller fra Grønland. Kopenhagen 1888
dies.: Kajakmænd. Fortællinger af Grønlandske Sælhundefangere. Odense 1896 (dt. Ausgabe: Jagdgeschichten der Eskimo. Leipzig/Weimar 1988)
ROSING, CHRISTIAN: Østgrønlændere. Det Grønlandske Selskabs Skrifter XV, Kopenhagen 1946
ROSING, JENS (Hrsg.): Sagn og Saga fra Angmagssalik. Kopenhagen 1963
SALOMONSEN, FINN, MUUS, BENT, VIBE, CHRISTIAN: Grønlands Fauna. Kopenhagen 1981
SØRENSEN, JENS ERIK: Grønlands Kunst. Natur og Magi. Århus 1987
STEFANSSON, VILHJALMUR: My Life with the Eskimo. New York 1922
THALBITZER, WILLIAM: The Ammassalik Eskimo. In: MoG 39, 40, 1914–41
ders.: Den grønlandske kateket Hansêraqs dagbog om den grønlandske konebådsekspedition til Ammassalik i Østgrønland 1884/85. Det Grønlandske Selskabs Skrifter VII, Kopenhagen 1933
VIBE, CHRISTIAN: Arctic Animals in Relation to Climatic Fluctuations. Kopenhagen 1967
Vort sprog – vor kultur. Foredrag fra Symposium afholdt i Nuuk Oktober 1981 arrangeret af Ilisimatusarfik og Kalaalit Nunaata Katersugaasivia. Mit Beiträgen von H. C. Gulløv, Inge Kleivan, Jørgen Meldgaard, Robert Petersen u. a. Nuuk 1986
WEGENER, ALFRED: Mit Motorboot und Schlitten in Grönland. Bielefeld/Leipzig 1930
ders.: Alfred Wegeners letzte Grönlandfahrt. Hrsg. v. Else Wegener, Leipzig 1932
ders.: Tagebücher, Briefe, Erinnerungen. Hrsg. v. Else Wegener. Wiesbaden 1960
ders.: Tagebuch eines Abenteuers. Mit Pferdeschlitten quer durch Grönland. Hrsg. v. Else Wegener. Wiesbaden 1961
WORSØE, INGE: Inuit. Grønlændernes kultur og historie 900 til 1900. Kopenhagen 1985

Abbildungsnachweis

Farbabbildungen
Achim Sperber, Hamburg   Umschlagvorderseite, Umschlaginnenklappe, Umschlagrückseite, 1–29

Schwarzweißabbildungen
Heinz Barüske, Berlin   27–32, 34, 35, 39, 47, 51, 66
Achim Sperber, Hamburg   33, 36–38, 40–46, 49, 50, 52–65, 67, 69–73

Abbildungen im Text
Balle, Johannes: Grønlænderen Pôk. Særtryk af Tidsskriftet Grønland 1964   S. 46
Sabine Barth, Köln   S. 247, 267, 302, 308
Heinz Barüske, Berlin   S. 14, 72, 86, 98 lks. u. re., 111 lks. u. re., 142, 153, 165, 220, 232, 233, 274
Björnbo, Axel A., Petersen, Carl S.: Der Däne Claudius Claussøn Swart (Claudius Clavus). Innsbruck 1909   S. 37
Bluhme, Emil: Fra et ophold i Grønland 1863–64. Hrsg. u. eingel. von Sven Dahl. Kopenhagen 1952   S. 66 u.
Bobé, Louis: Hans Egede. Kopenhagen 1952   S. 45, 73, 75, 286, 293
Cranz, David: History of Greenland. Bd. 1 u. 2. London 1820   S. 23, 40, 41, 82, 101, 235
Die Zweite Deutsche Nordpolexpedition, Volksausgabe von Lindeman und Finsch. Leipzig 1875 S. 94
Egede, Hans: Relationer fra Grønland, 1721–36 og Det gamle Grønlands nye Perlustration, 1741. Ny udgave ved L. Bobé. In: Meddelelser om Grønland LIV. Kopenhagen 1925   S. 44, 68, 219, 221, 222
Erngaard, Erik: Grønland i tusinde år. Kopenhagen 1973   S. 42, 67, 80, 88, 96, 110, 136, 239, 246
Grønlands Kunst – Natur og Magi. Århus 1987   S. 22, 203, 204
Gulløv, H. C., Kapel, H. C.: Håbets Koloni. Hans Egedes første syv år på Grønland. Nationalmuseet. Kopenhagen 1971   S. 240, 241
Kongelige Bibliothek, Kopenhagen   S. 12, 71, 100, 107, 176, 230
Lisbet Lyager, Nuuk   S. 151
Nordisk Pressfoto, Kopenhagen   S. 150, 151
Rink, Hinrich J.: Grønland, geographisk og statistisk beskrevet, Kopenhagen 1852–57   S. 296
Achim Sperber, Hamburg   S. 9, 234, 291
Staatliches Museum für Völkerkunde, München   S. 39, 66 o., 173, 175
Henning Thempler, Kopenhagen   S. 150
Zerries, Otto: Die Eskimo. Hg. v. Staatlichen Museum für Völkerkunde München, Ausst.-Katalog, München 1978   S. 174

Alle Zeichnungen (soweit nicht gesondert ausgewiesen) und Karten: DuMont Buchverlag Köln

Alle anderen Abbildungen: Archiv des Autors

Autor und Verlag danken Herrn Dr. Wolfgang Schmitz von der Universitäts- und Stadtbibliothek Köln für die freundliche Zusammenarbeit

Praktische Reiseinformationen

Landeskundlicher Überblick

Lage und Größe

Nördlichster Punkt: Kap Morris Jesup, 83 ° 40' nördlicher Breite
Östlichster Punkt: Nordostrundingen, 11° 39' westlicher Länge
Südlichster Punkt: Kap Farvel 59° 46' nördlicher Breite
Westlichster Punkt: Kap Alexander, 73° 08' westlicher Breite
Nord-Süd-Ausdehnung: 2670 km
Ost-West-Ausdehnung: 1050 km an der breitesten Stelle

Gesamtfläche:	2 175 600 km²
Inlandeisfläche:	1 833 900 km²
Eisfreie Fläche:	341 700 km²
Küstenbereich:	296 900 km²
Inseln:	44 800 km²

Klima

Vorherrschend ist ein lokal sehr differenziertes Eis- und Tundrenklima. Zentralgrönland und der Norden gehören zum polaren Klimabereich und weisen hochpolare Temperaturverhältnisse auf. Der Süden ist durch zyklonalen Einfluß milder und niederschlagsreicher. In einigen kleinen Regionen der südlichen und südwestlichen Küste findet man subpolares Klima. An der Ostküste sorgt der eisführende Ostgrönlandstrom für niedrige Temperaturen.

Im Norden bleibt die Sonne im Winter etwa 4 Monate unter dem Horizont und im Sommer die gleiche Zeit darüber.
Klimatabellen und Niederschläge s. S. 216/17.

Vegetation

Es gibt rund 500 **höhere Pflanzenarten** in Grönland, von denen die meisten in Süd-Grönland vorkommen – in Peary-Land sind nur noch 100 unterschiedliche Arten zu finden. Die eisfreien Küsten tragen subpolare Wiesen oder polsterpflanzenreiche Fels-Tundren. Im Süden können Birken und Weiden bis zu 8 m hoch werden. Drei Blumen werden von den Inuit auch gerne verzehrt: Engelwurz (Angelica), die vor allem auf der Disko-Insel mit bis zu 2 m beeindruckende Höhe erreichen kann, Rosenrot, das für seinen Vitaminreichtum bekannt ist und Löwenzahn. Eine weitere Bereicherung für den Speisezettel stellen die Beeren und Pilze dar. Als Grönlands Nationalpflanze gilt das arktische Weidenröschen. Bei den niederen Gewächsen sind die über 1000 **Flechtenarten** zu nennen, die in den unterschiedlichsten Farben an den Felsen leuchten (vgl. S. 218ff.).

Fauna

Bei den **Säugern** zu Land kommen Schneehasen, Füchse, Lemminge, Hermeline und Moschus-

ÖKOLOGIE / ROBBENJAGD

ochsen sowie in den ausgewiesenen Gebieten Rentiere und Schafe vor, außerdem 30000 Schlittenhunde. Grönlands Wappentier, den Eisbär, gibt es v. a. im Nationalpark in Nord- und Nordostgrönland. Sein Bestand wird auf 1500 Exemplare geschätzt. Er steht wie auch die Moschusochsen unter Naturschutz.

Groß ist die Zahl der **Insekten,** von denen die Mücke jedem Grönlandreisenden besonders in Erinnerung bleiben wird. Rund 200 **Vogelarten** kann man in Grönland antreffen, der größte Teil sind Wasservögel wie Alke, Möwen und Enten. Ansonsten wären noch Raben, Gerfalken, Schneehühner, -eulen und -ammern zu erwähnen.

Besonders groß ist die Vielfalt an **Meerestieren,** deren Fang und Jagd auch das wichtigste wirtschaftliche Standbein Grönlands ausmachen. Stellvertretend seien erwähnt – Kabeljau, Dorsch, Lodde, Rotbarsch, Lachs, Forelle und verschiedene Walarten, die aber z. T. nicht mehr gejagt werden dürfen, wie Blauwal, Grönlandwal, Bukkelwal, oder sehr stark quotiert sind. Die Walarten, die heute noch gejagt werden, sind der Narwal, dessen Elfenbeinstoßzahn gerne für Schnitzereien verwendet wird, der Weißwal, der Grindwal und der Tümmler. Die wichtigsten Tiere der Grönländer sind von jeher die Seehunde und Robben. Die häufigsten Robbenarten sind die Ringelrobbe, deren Bestand auf 300000 geschätzt wird, die Sattel- und die Klappmützenrobbe.

Ökologie

Bisher gibt es in Grönland keine hausgemachten ökologischen Probleme, und die Regierung bemüht sich auch, keine ins Land zu holen, wie sie z. B. bei Ölförderung an der Ostküste entstehen könnten. Aber auch in Grönland wurde erhöhte Radioaktivität festgestellt, die von der Wiederaufbereitungsanlage Windscale/Sellafield in England

---

Zum Problem der Robbenjagd

Die traditonelle Lebensgrundlage der grönländischen Inuit ist der Fang, d. h. die Robbenjagd. Wie auch bei den Eskimo in Alaska töten die hiesigen Robbenjäger nur erwachsene Tiere – früher mit Lanzen und Harpunen, heute mit Gewehren – vorwiegend zum Eigenbedarf. Die arktischen Lebensbedingungen lassen besonders im Norden keine Haustierhaltung zu, so daß v. a. die Thule-Eskimo auf die Robbenjagd angewiesen sind. Pro Saison werden nach Schätzungen von »Greenpeace« etwa 20000 Robben gejagt. Das Fleisch wird verzehrt, die Felle nach Dänemark exportiert bzw. im Land zu Kleidung und Accesoires weiterverarbeitet.

Aufgrund vermehrter Informationen über die industrielle Jagd kanadischer und norwegischer Jäger auf Babyrobben, die erschlagen und bei noch lebendigem Leib abgezogen werden, hat »Greenpeace« 1977 eine erste Kampagne gegen das Babyrobbenschlachten gestartet und mit z. T. spektakulären Aktionen auf die Situation im Nordatlantik aufmerksam gemacht. Junge Robben wurden mit grüner Pflanzenfarbe besprüht, um die Felle für die Verarbeitung wertlos zu machen. Diese Aktivitäten sowie Unterschriftenaktionen führten schließlich zu einem EG-Importstopp für Robbenfelle. Die Auswirkungen des Importstopps trafen auch die grönländischen Inuit, die gar nicht das Ziel der Kampagnen waren, die sich ausschließlich gegen die Jagd auf Babyrobben von nicht grönländischen Jägern richteten. Der Boykott hatte große wirtschaftliche Nöte der Grönländer zur Folge, deren Existenzgrundlage einmal mehr gefährdet war.

> Kurz vor der geplanten Verlängerung des Importstopps für Robbenfelle in die EG im Sommer 1985 starteten grönländische Inuit mit Unterstützung der kanadischen Regierung eine Gegenkampagne mit dem Ziel der Aufklärung über die traditionellen Fangmethoden in Grönland, in deren Verlauf »Greenpeace« zusammen mit Vertretern des World Wildlife Funds nach Grönland eingeladen wurden (vgl. S. 300), um sich vor Ort ein Bild über die Situation in der betroffenen Region machen zu können. Diese Konferenz brachte jedoch keine Lösung des Problems, daß die ökologisch unbedenkliche Robbenjagd der Inuit von den Aktionen gegen die industriell organisierte Jagd mitbetroffen war.
>
> In den Nachrichten war als Ergebnis der Konferenz in Grönland die Rede davon, daß sich »Greenpeace« bei den Inuit entschuldigt und Wiedergutmachung in materieller Hinsicht angeboten habe, was »Greenpreace« jedoch dementiert hat.
>
> Das Problem der Babyrobbenjagd – traditionelles Jagdobjekt sind Sattelrobben und Klappmützenrobben –, die vielfach damit begründet wird, die Robben würden als Fischfresser die Fanggründe dezimieren und damit der Fischerei in den nordischen Gewässern die Grundlage entziehen (was argumentativ äußerst fragwürdig ist), bleibt weiterhin bestehen. Obwohl der Robbenfellmarkt nachhaltig gestört ist (der EG-Ministerrat hat 1989 eine Verlängerung des Importstopps beschlossen), geht die Jagd auf Babyrobben, wenn auch zwischenzeitlich etwas vermindert, weiter. Die grönländischen Robbenjäger müssen die wirtschaftlichen Einbußen, die sich daraus ergeben, mittragen. zwar haben verschiedene Aufklärungskampagnen inzwischen über die ökologisch unbedenkliche Art des Fangs in Grönland informiert, und der Export der Felle bzw. bereits verarbeiteter Robbenfellkleidung aus Grönland läuft zum Teil heute direkt über den internationalen Markt und nicht mehr, wie zuvor, ausschließlich über Dänemark als Zwischenhändler – doch ist das Verhältnis zwischen den grönländischen Jägern und »Greenpeace«, deren Aktionen sich gegen die Robbenjagd wenden, nach wie vor irritiert. Die Grönländer fühlen sich zu Unrecht als Opfer von Kampagnen, deren Verursacher ganz woanders zu suchen sind.

herrührt und natürlich nach dem Reaktorunfall in Tschernobyl. So fand eine skandinavische Expedition 1984 in Ost-Grönland Anzeichen für die Anspülung von Caesium 137 aus Sellafield. Das Inlandeis stellt ein Archiv für Umweltbelastungen durch die Jahrhunderte dar, die sich dort niederschlagen und einfrieren.

Die häufig von den Mitteleuropäern beklagten Abfälle vor den Häusern stellen noch kein Problem dar, was aber in den größeren Siedlungen passieren kann. Dennoch gilt es weniger die Grönländer umzuerziehen, sondern die Verpackungsindustrie Europas und Amerikas, woher die Waren importiert werden, zum Umdenken zu veranlassen.

Bevölkerung

In Grönland leben insgesamt 55 558 Menschen (Stand 1. 1. 1990), davon 46 142 Grönländer und 9416 Dänen (einschließlich anderer Skandinavier und Personen, die außerhalb Grönlands geboren sind). Bevölkerungswachstum (1989): 0,7 %; Geburtenrate: 2,2 %; Sterberate: 0,8 % (1988).

Religion

Die grönländische Kirche gehört der dänischen Staatskirche an, die protestantisch ist. Lediglich in Nuuk gibt es auch eine katholische Kirche.

Wirtschaft

Die **Selbstverwaltung** verfügt über Einnahmen aus Personen- und Gesellschaftssteuern, Abgaben auf Luxuswaren, Fischereilizenzen und Zuschüsse des dänischen Staates. Sie ist nahezu schuldenfrei und nimmt nur Darlehen für Energieanlagen und die Anlage von Wirtschaftsbetrieben auf. Über dänische Kreditverbände werden außerdem geringe Kredite für den Wohnungsbau aufgenommen.

Die grönländischen **Kommunen** beziehen ihre Einnahmen aus Steuern und Zuschüssen der Selbstverwaltung, wobei die wirtschaftliche Lage der einzelnen Kommunen sehr unterschiedlich ist. Wichtigster Wirtschaftszweig ist der Export von Fisch und Krabben, der 1988 ein Volumen von 2168 Mio. Kronen hatte. Weitere wesentliche Exportartikel sind Zink und Blei (1988 472 Mio. Kronen) neben Kryolith und Graphit. 90% des Handels wird mit EG-Ländern abgeschlossen. Hauptarbeitgeber ist der öffentliche Dienst. Die meisten Jäger und Fischer leben in den kleinen Ortschaften, in denen aber insgesamt nur 9777 Menschen wohnen.

Politische Situation

Die Grönländische Selbstverwaltung *(Grønlands Hjemmestyre)* wurde am 1. Mai 1979 gegründet. Sie setzt sich aus dem **Landesparlament** *(Landsting)* und der **Landesregierung** *(Landsstyre)* zusammen. Grönlands **Landsting** ist die gesetzgebende Behörde und besteht aus 27 Abgeordneten, die für einen Zeitraum von 4 Jahren gewählt werden. Die Mitglieder des Landsting sind in Parteien organisiert, und gemäß Wahlgesetz ist auch die Vertretung der Randgebiete jederzeit gewährleistet. Das Landsting wählt seinen Vorsitzenden. Es tagt in der Regel 3 × im Jahr. Die Wahl ist geheim und das Wahlrecht gilt nur für Personen ab 18 Jahren. Alle Personen mit festem Wohnsitz haben Stimmrecht und können in das Landsting gewählt werden, wobei fast ausschließlich Grönländer mit ständigem Wohnsitz in Grönland gewählt werden.

Status und Funktion von Grönlands **Landsstyre** entspricht denen einer Regierung, und der Vorsitzende hat in vielen Bereichen die gleiche Kompetenz wie ein Ministerpräsident.

Im Spannungsfeld militärischer Interessen

Von Sabine Barth

Wer in Søndre Strømfjord, dem bedeutendsten Flughafen an der Westküste Grönlands, landet und einen Ausflug in östlicher Richtung zum Inlandeis unternimmt, stößt schon bald auf Tafeln, die vor liegengebliebener Munition warnen oder den weiteren Weg blockieren: Militärisches Sperrgebiet! Und an Wochenenden rumpelt schon mal ein mit GIs besetzter Jeep an verdutzten Wanderern vorbei, auf einer Spazierfahrt zur nahe gelegenen Abbruchkante des Russel-Gletschers.

Amerikanische Einflußnahme in Grönland hat Tradition. 1941 begannen die USA mit der Errichtung von Luftbasen und Radarsystemen. Das Recht dazu sicherte ihnen ein Abkommen mit Dänemark, das durch die deutsche Besatzung von seiner damaligen Kolonie Grönland abgeschnitten worden war. Die Amerikaner übernahmen im Gegenzug die Versorgung der grönländischen Bevölkerung. Nach dem Krieg wurde 1951 die militärische Präsenz weiter vertraglich festgeschrieben.

Auch im Süden des Landes sind die Spuren davon noch sichtbar. Der inzwischen zivile Flughafen in Narsarsuaq war während des Zweiten Weltkriegs unter der Bezeichnung »Blue West One« bekannt und wurde bis 1957 mit einer zeitweiligen Stärke von 4000 Mann besetzt. Man stößt dort heute noch auf alte Grundmauern, verfallene Wasserspeicher, rostige Hydranten und kann von den umliegenden Bergen die Grundstruktur des alten Camps erkennen. Narsarsuaq erhielt noch einmal besondere Bedeutung während des Korea-Krieges, als hier Soldaten mit Granatschock gepflegt und Schwerverletzte versorgt wurden, deren Anblick man der amerikanischen Öffentlichkeit nicht zumuten wollte.

Ein weiterer ehemaliger militärischer Schauplatz befindet sich im Ammassalik-Distrikt an der Ostküste. 2–3 Bootsstunden von der Distrikthauptstadt Tasiilaq/Ammassalik entfernt zieht sich an der nördlichen Seite des Ikateq Fjords eine kilometerlange Kette rostig-brauner Fässer entlang. Es müssen Tausende sein, die hier lagern und nur sehr langsam verrotten oder von arktischen Weiden überwachsen werden. Mehrere ausgeschlachtete Militärfahrzeuge, Straßenbaumaschinen, ein zusammengestürzter Flugzeughangar, Schießstände, eine fast noch intakte Landebahn und zahlreiche hölzerne Überreste von Baracken lassen die einstige Größe des Komplexes noch gut erahnen. »Old Ikateq« ist ebenfalls ein Überbleibsel des Zweiten Weltkriegs. Als 1943 die Wehrmacht eine Gruppe von Meteorologen an der Ostküste Grönlands stationierte, errichteten die Amerikaner im Gegenzug diesen Luftwaffenstützpunkt, wo Flugzeuge auf dem Weg nach Europa aufgetankt werden konnten. Erst in den 50er Jahren wurde »Old Ikateq« endgültig aufgegeben. Um den militärischen »Abfall« scherte sich niemand.

Daß Grönland auch heute noch strategische Bedeutung zukommt, läßt eine Radarstation nur wenige Kilometer Luftlinie von »Old Ikateq« entfernt erkennen. Auf der Insel Kulusuk, während der Sommermonate Zielflughafen für einige hundert Besucher, die wöchentlich von Island kommen, kann man die Station in der Ferne an der golfballähnlichen weißen Verkleidung erkennen. Zwei ähnliche Stationen auf dem Inlandeis überfliegt man auf dem Weg von der West- an die Ostküste; eine weitere liegt westlich von Søndre Strømfjord. Die vier Stationen sind Teil einer Radarkette, die entlang des Polarkreises über den nördlichen Teil des amerikanischen Kontinents verläuft, Grönland miteinschließt und bis nach Island reicht. Dieses »Distant Early Warning System« (DEW) soll bei Luftangriffen auf die USA frühzeitig Alarm auslösen.

Der immer noch wichtigste militärische Stützpunkt liegt hoch im Norden Grönlands. 1953 fand hier eine der bis dahin größten militärischen Operationen der USA statt. Hunderte von Schiffen und Flugzeugen landeten unweit des Inuit-Dorfes Thule und errichteten in wenigen Monaten den größten Stützpunkt der Air Force außerhalb der USA mit zeitweise bis zu 10 000 Mann Besatzung. Die dort lebenden Jäger und ihre Familien wurden »umgesiedelt«, wie es offiziell heißt; der Begriff »strategische Vertreibung«, wie ihn der grönländische Dichter und Politiker Arqaluk Lynge benutzt, trifft die Sachlage wohl genauer. Erst Mitte der 80er Jahre wurden die näheren Umstände der Zwangsumsiedlung und Zerstörung wichtiger Jagdgründe kritisch untersucht und die Diskussion über – späte – Entschädigungszahlungen begonnen.

1968 geriet der bis dahin wenig beachtete Standort Thule weltweit in die Schlagzeilen. Im Januar zerschellte eine B-52 mit vier Wasserstoffbomben in der Nähe auf dem Eis. Die

> brisante Ladung verseuchte große Teile der Umgebung radioaktiv und machte deutlich, daß die USA offensichtlich das dänische Atomwaffenverbot mißachtet hatten.
> Dennoch ging man auch in den Folgejahren noch davon aus, daß die amerikanischen Militäranlagen auf Grönland ausschließlich defensiven Charakter hätten. 1983 wurde die Diskussion durch den schwedisch-amerikanischen Friedensforscher Poul Claesson verschärft, der argumentierte, daß Thule seine Funktion als eine Station innerhalb des Raketenfrühwarnsystems (Ballistic Missile Early Warning System) durch die Weiterentwicklung der Satellitentechnik verloren habe. Trotz dieses Funktionsverlustes sei Thule stets modernisiert worden. Nach Recherchen in amerikanischen Militärarchiven kam Claesson zu dem Schluß, daß Grönland im militärischen Denken der USA eine neue, offensive Aufgabe zugewiesen bekommen habe. Das dort stationierte Kommunikationssystem »Giant Talk« sollte den Einsatzbefehl zu Angriffsflügen der US Airforce koordinieren.
> Grönland in der Schußlinie der beiden Supermächte? Die 1977 gegründete »Inuit Circumpolar Conference«, ein Zusammenschluß der Inuit aus Alaska, Grönland und Kanada sowie Sibirien, plädierte für eine demilitarisierte Arktis und beschloß Widerstandsaktionen gegen die Aufstellung und Erprobung von MX-Raketen und Cruise Missiles in Kanada und Alaska. Und das grönländische *Landsting* schickte eine Entschließung an die allein für Verteidigungsaufgaben zuständige Reichsbehörde in Kopenhagen, in der es heißt:»Grönland muß atomwaffenfrei bleiben und daher in höchstem Maße der Billigung einer Stationierung von Atomwaffen widerstehen. Das Überfliegen des grönländischen Luftraums und die Durchquerung grönländischer Meeresgebiete von atomwaffenbestückten Transportmitteln in Friedens- und Kriegszeiten sollte verboten werden.«
> Die Chancen der Grönländer, ihr Land aus internationalen Konflikten herauszuhalten, sind nicht groß – zumal die Entscheidung über militärische Belange weiterhin ausschließlich beim NATO-Mitglied Dänemark liegt. Auch bei der Vorbereitung des amerikanischen Raketenabwehrsystems im Weltraum (SDI) hatte man Thule Air Base als Standort einer Satelliten-Leitzentrale vorgesehen. 1990 wurde bekannt, daß die USA alle ihre Stützpunkte in Grönland – mit Ausnahme von Thule – 1992 aufgeben wollen.

Verwaltung

Grönland ist administrativ in die Landesteile **Westgrönland, Nordgrönland** und **Ostgrönland** gegliedert. Diese Landesteile bestehen wiederum aus einzelnen **Kommunen,** die man etwa mit einem Kreis vergleichen kann. Davon entfallen auf Westgrönland 15 Kommunen, auf Nordgrönland 1 und auf Ostgrönland 2. Die Begrenzung der Landesteile und Kommunen wurde durch das Landstinggesetz Nr. 5 vom 8. Juni 1985 festgesetzt. Außer den Kommunen gibt es noch die Militärbasen in Thule/Qaanaaq und Søndre Strømfjord, die vertragsmäßig den USA unterstehen, sowie den Nationalpark.

Tourismus

Grönland ist erst 1953, als es dänische Provinz wurde, dem Fremdenverkehr geöffnet worden. Bis dahin war die Einreise nur mit besonderer Genehmigung der dänischen Behörden möglich. Seitdem hat sich der Grönlandtourismus langsam entwickelt. Im Herbst 1984 beschloß die grönländische Selbstverwaltung den Ausbau unter folgenden Prämissen:

Kommunen in Grönland
(Stand: 1.1.1990)

Aasiaat
Gesamteinwohnerzahl: 3599. Davon in der Stadt Aasiaat: 3308.
Ortschaften: Akunnaaq, Kitsissuarsuit.
Adresse: Box 220, 3950 Aasiaat: ∅ 4 10 77.
Filialkontor in Akunnaaq: ∅ 4 10 77.
Filialkontor in Kitsissuarsuit: ∅ 4 26 29.

Avanersuaq Kommunia
Gesamteinwohnerzahl: 846. Davon in der Stadt Qaanaaq: 551.
Ortschaften: Savissivik, Moriusaq, Qeqertat, Qeqertarsuaq, Siorapaluk.
Adresse: 3971 Qaanaaq. ∅ 5 00 77.

Ilulissat
Gesamteinwohnerzahl: 4568. Davon in der Stadt Ilulissat: 4191.
Ortschaften: Ilimanaq, Oqaatsut, Qeqertaq, Saqqaq.
Adresse: Box 120, 3952 Ilulissat. ∅ 4 32 77.

Ittoqqortoormiit
Gesamteinwohnerzahl: 554. Davon in der Stadt Ittoqqortoormiit: 470.
Ortschaften: Uunartoq, Itterajivit.
Adresse: 3980 Ittoqqortoormiit. ∅ 5 50 77.

Ivittuut
Gesamteinwohnerzahl: 4
Adresse: 3930 Grønnedal. ∅ 1 01 77.

Kangaatsiaq
Gesamteinwohnerzahl: 1347. Davon in der Stadt Kangaatsiaq: 536.
Ortschaften: Attu, Iginniarfik, Ikerasaarsuk, Niaqornaarsuk.
Adresse: Box 551, 3955 Kangaatsiaq. ∅ 4 00 77.

Maniitsoq
Gesamteinwohnerzahl: 4075. Davon in der Stadt Maniitsoq: 3135.
Ortschaften: Atammik, Napasoq, Kangaamiut.
Adresse: Box 100, 3912 Maniitsoq. ∅ 1 32 77.
(Technische Verwaltung: ∅ 1 35 77).

Nanortalik
Gesamteinwohnerzahl: 2672. Davon in der Stadt Nanortalik: 1424.

KOMMUNEN

Ortschaften: Aappilattoq, Tasiusaq, Akuliaruseq, Alluitsup Paa, Alluitsoq, Ammassivik, Qallimiut.
Adresse: Box 116, 3922 Nanortalik. ∅ 332 77.

Narsaq
Gesamteinwohnerzahl: 2148. Davon in der Stadt Narsaq: 1811.
Ortschaften:
Narsarsuaq, Qassiarsuk, Igaliko.
Adresse: Box 37, 3921 Narsaq. ∅ 312 77.

Nuuk
Gesamteinwohnerzahl: 12 687. Davon in der Stadt Nuuk, einschließlich der Satellitenstadt Nuussuaq: 12 217.
Ortschaften: Qeqertarsuatsiaat, Kapisillit
Adresse: Box 1005, 3900 Nuuk. ∅ 233 77.

Paamiut
Gesamteinwohnerzahl: 2556. Davon in der Stadt Paamiut: 2219.
Ortschaften: Arsuk, Narsalik.
Adresse: Box 93, 3940 Paamiut. ∅ 172 77.

Qaqortoq
Gesamteinwohnerzahl: 3543. Davon in der Stadt Qaqortoq: 3127.
Ortschaften: Saarloq, Eqalugaarsuit, Qassimiut.
Adresse: Box 514, 3920 Qaqortoq. ∅ 382 77.

Qasigiannguit
Gesamteinwohnerzahl: 1712. Davon in der Stadt Qasigiannguit: 1612.
Ortschaften: Ikamiut
Adresse: Box 113, 3951 Qasigiannguit. ∅ 452 77.

Qeqertarsuaq
Gesamteinwohnerzahl: 1164. Davon in der Stadt Qeqertarsuaq: 1093.
Ortschaften: Kangerdluk.
Adresse: Box 113, 3953 Qeqertarsuaq. ∅ 472 77.

Sisimiut
Gesamteinwohnerzahl: 5090. Davon in der Stadt Sisimiut: 4871.
Ortschaften: Sarfannguaq, Itilleq.
Adresse: Box 1014, 3911 Sisimiut. ∅ 140 77.

Tasiilaq
Gesamteinwohnerzahl: 2889. Davon in der Stadt Tasiilaq/Ammassalik: 1465.
Ortschaften: Isortoq, Ikateq, Tiniteqilaaq, Kulusuk, Kuummiut, Sermiligaq, Qernertuarsuit, Kangerlussuaq, Imaersivik.
Adresse: Box 120, 3913 Ammassalik. ∅ 1 82 77.

Uummannaq
Gesamteinwohnerzahl: 2677. Davon in der Stadt Uummannaq: 1405.
Ortschaften: Niaqornat, Qaarsut, Ikerasaq, Saattut, Ukkusissat, Illorsuit, Nuugaatsiaq, Maarmorilik.
Adresse: Box 70, 3961 Uummannaq, ∅ 4 82 77.

Upernavik
Gesamteinwohnerzahl: 2375. Davon in der Stadt Upernavik: 918.
Ortschaften: Upernavik Kujalleq, Kangersuatsiaq, Aappilattoq, Naajaat, Innaarsuit, Nutaarmiut, Tasiusaq, Nuussuaq, Kullorsuaq, Tussaaq.
Adresse: Box 95, 3962 Upernavik. ∅ 5 12 77.

- Wachstum auf Grundlage der kommunalen Schätzungen
- Bevorzugung des Pauschaltourismus, der auf den bestehenden Möglichkeiten basiert
- Harmonisierung des Tourismus mit den wichtigen anderen schon bestehenden Erwerbszweigen Grönlands
- Anerkennung des organisierten Tourismus als eine Einnahmequelle für Grönland und
- entscheidendes Gewicht auf der kommunalen Beschäftigung und den Einnahmen für die Gemeinden

In der internen grönländischen Regierung wird den touristischen Angelegenheiten ein Platz in der Abteilung des Informationsdienstes *Tusarlivik* eingeräumt, die direkt unter dem grönländischen Regierungschef rangiert.

Grundsätzlich gilt für die Entwicklung und den Ausbau des Tourismus, Gruppenreisen zu fördern und den Individualtourismus zu reduzieren, was sich auch an der Entwicklung der Flugpreise der SAS nach Grönland in den letzten Jahren ablesen läßt. Der Hintergrund dieser Politik: die Unterkunfts- und Transportkapazitäten sind äußerst gering, denn ein unkontrollierter Individualtourismus würde zu Lasten der Bevölkerung gehen. Außerdem fürchten die Grönländer den Massentourismus und seine Folgen für die Bevölkerung und die Natur, wie sie in anderen Ländern schon heute ersichtlich sind.

ORTSNAMEN

Übersicht über die Ortsnamen

Grönländisch-Dänisch

Aasiaat	Egedesminde
Alluitsoq	Lichtenau
Alluitsup Paa	Sydprøven
Igaliku Kujalleq	Søndre Igaliku
Ikerasassuaq	Prinz Christian Sund
Ilimanaq	Claushavn
Ilulissat	Jakobshavn
Itserajivit	Kap Hope
Ittoqqortoormiit	Scoresbysund
Kangerluarsoruseq	Færingehavn
Kangerluk	Disko Fjord
Kangerlussuaq	Søndre Strømfjord
Kangersuatsiaq	Prøven
Kangilinnguit	Grønnedal
Kitsissuarsuit	Hunde Ejlande
Kulusuk	Kap Dan
Maniitsoq	Sukkertoppen
Narsaq Kujalleq	Frederiksdal
Nuuk	Godthåb
Nuussuaq	Kraulshavn
Oqaatsut	Rodebay
Paamiut	Frederikshåb
Pituffik	Thule Air Base
Qaanaaq	Thule
Qaqortoq	Julianehåb
Qasigiannguit	Christianshåb
Qeqertarsuaq	Herbert Ø
Qeqertarsuaq	Godhavn
Qeqertarsuatsiaat	Fiskenæsset
Sisimiut	Holsteinsborg
Uummannaq	Dundas
Uunartoq	Kap Tobin
Upernavik Kujalleq	Søndre Upernavik

Vor Reiseantritt

Informationsstellen

Grönland unterhält keine eigenen Fremdenverkehrsbüros im Ausland, sondern wird mitvertreten durch die dänischen Fremdenverkehrsbüros.

... in der Bundesrepublik Deutschland:
Dänisches Fremdenverkehrsamt
Glockengießerwall 2
2000 Hamburg 1
∅ 040/327803

... Österreich
Dänisches Kulturinstitut
Ferstelgasse 3–4
1090 Wien
∅ 01/486790

... der Schweiz
Dänisches Generalkonsulat
Bürglistr. 8
8027 Zürich
∅ 01/2016670

Anfragen beim dänischen Fremdenverkehrsamt in Hamburg werden an die Stellen in Dänemark weiterverwiesen.

Grönland verfügt über ein Reisebüro in Nuuk und in Kopenhagen:

Grønlands Rejsebureau, Box 330, 3900 Nuuk,
∅ 29921205, Telefax: 29923369

Grønlands Rejsebureau, Gammel Mont 12, Box 130, DK-1004 Kopenhagen, ∅ 45331310 11, Telefax: 45 33 13 73 47

Fremdenverkehrsbüros in Grönland

Hauptverwaltung:
Nuuk Turistforening, Box 199, 3900 Nuuk,
∅ 22700, Telefax: 22710

Filialen:
Aasiaat Turistforening, Box 28, 3950 Aasiaat,
∅ 42130, Telefax: 42119

Ammassalik Turistforening, Box 14, 3913 Ammassalik, ∅ 18070, Telefax: 18471

Ilulissat Turistservice, Box 272, 3952 Ilulissat,
∅ 43246, Telefax: 44280

Maniitsoq Turistforening, Box 100, 3912 Maniitsoq, ∅ 13030, Telefax: 13877

Nanortalik Turistforening, Box 116, 3922 Nanortalik, ∅ 33441, Telefax: 33442

Narsaq Turistkontor, Box 148, 3921 Narsaq,
∅ 31325, Telefax: 31179

Qaqortoq Turistforening, Box 128, 3920 Qaqortoq, ∅ 38444, Telefax: 38495

Qasigiannguit Turistforening, 3951 Qasigiannguit, ∅ 45277, Telefax: 45377

Sisimiut Turistforening, Box 65, 3911 Sisimiut,
∅ 14848, Telefax: 15622

Uummannaq Turistudvalg, Box 70, 3961 Uummannaq, ∅ 48518, Telefax: 48262

INFORMATIONSSTELLEN/ZOLLBESTIMMUNGEN

*Informationsstellen für
...Kultur*

Grønlands Landsmuseum, Kalaallit Nunaata Katersugaasivia, Box 145, 3900 Nuuk, ⌀ 29 92 26 11, Telefax: 29 92 46 93

Grønlands Landsarkiv, Kalaallit Nunaata Toqqorsivia, Box 279, 3900 Nuuk, ⌀ 29 92 45 28, Telefax: 29 92 46 93

Det Grønlandske Landsbibliotek, Nunatta Atuagaateqarfia, Box 1011, 3900 Nuuk, ⌀ 29 92 11 56, Telefax: 29 92 46 93

...Verwaltung und Tourismus

Grønlands Hjemmestyre Informationstjeneste, Box 1020, 3900 Nuuk, ⌀ 29 92 30 00, Telefax: 29 92 46 93

Grønlands Handel, Kalaallit Niuerfiat (KNI), Box 1008, 3900 Nuuk, ⌀ 29 92 52 11, Telefax: 29 92 44 31

KNI (Schiffsverkehr), Grønlandshavn, DK-9220 Aalborg, ⌀ 45 98 15 76 77, Telefax: 45 98 15 53 98

Grønlandsfly (auch Charter), Box 1012, 3900 Nuuk, ⌀ 29 92 44 88, Telefax: 29 92 37 88

Grønlandsfly (auch Charter), Gammel Mont 12, DK-1117 Kopenhagen K, ⌀ 45 33 11 22 41, Telefax: 45 33 93 22 51

Kartenmaterial

Das Geodätische Institut in Kopenhagen hat die Kartierung Grönlands vorgenommen. Es gibt Grönlandkarten im Maßstab 1 : 5 000 000, aber auch Teilkarten der einzelnen grönländischen Küstengebiete im Maßstab 1 : 250 000. Ein komplettes Kartenverzeichnis kann man bestellen bei **Geodætisk Institut, Rigsdagsgården, DK-1218 Kopenhagen K.** Sonderkarten für Bergwanderer von Südgrönland, Nuuk sowie dem Gebiet zwischen Søndre Strømfjord und Sisimiut können bei den grönländischen Fremdenverkehrsbüros oder bei **DVL-Rejser, Kultorvet 7, DK-1175 Kopenhagen K,** bestellt werden.

Reisepapiere

Die Paß- und Visumbestimmungen für Grönland entsprechen den für Dänemark geltenden Regeln: für Bürger aus der Bundesrepublik Deutschland genügt für die Einreise ein **Personalausweis.** Für Reisen in die militärischen Sicherheitsbereiche sind jedoch **Sondergenehmigungen** (»entry approvals«) erforderlich, die nach Auflösung der US-Stützpunkte – mit Ausnahme von Thule – nicht mehr nötig sein werden. Für Transitreisende nach grönländischen Städten und Ortschaften via Søndre Strømfjord ist die Sondergenehmigung nicht erforderlich. Die Sondergenehmigungen gelten für diejenigen Touristen, die Søndre Strømfjord als Zielort in Grönland haben und sind über die dänischen Botschaften zu beziehen.

Diplomatische Vertretungen

Für Grönland zuständig sind die dänischen Vertretungen in

...der Bundesrepublik Deutschland
**Pfälzer Str. 14
5300 Bonn 1**
⌀ 02 28 / 72 99 10

...für Österreich
**Fürichgasse 6
1010 Wien**
⌀ 01 / 512 79 0 40

...für die Schweiz
**Thunstr. 95
3006 Bern**
⌀ 031 / 44 50 11

Vertretung der grönländischen Selbstverwaltung in Dänemark

Grønlands Hjemmestyre
Sjæleboderne 2
1016 Kopenhagen K
✆ 0045 33 13 42 24
Telefax: 0045 33 32 20 24

Reisezeit

Die besten Reisemonate sind Juni, Juli, August und eventuell die ersten Wochen im September. Die Sommermonate kennzeichnet meist eine Wetterlage, die Unternehmungen in frischer Luft begünstigt: Bergwanderungen von kürzerer oder längerer Dauer, Bergsteigen, Angeln, geologische, botanische, ornithologische und archäologische Ausflüge usw. Das Leben in der Natur ist im arktischen Sommer besonders ausgeprägt, das bezieht sich auf die Vegetation, auf die Tier- und Vogelwelt.

Gesundheitsvorsorge

Ein deutscher Auslandskrankenschein für Dänemark wird nicht in Grönland anerkannt; Grönland ist nicht in der EG. Es empfiehlt sich die genaue Nachfrage bei der Krankenkasse und eine mögliche Zusatzversicherung. Impfungen sind nicht vorgeschrieben. Empfohlen seien aber Tetanus- und Polioimpfung und v.a. eine Tollwut-Impfung.

Zollbestimmungen

Da Grönland nicht Mitglied in der EG ist, gilt es gegenüber Dänemark als Ausland. Reisende über 15 Jahre dürfen 200 Zigaretten (oder 250 g Tabak und 200 Stck. Zigarettenpapier) nach Grönland einführen. Reisende über 18 Jahre dürfen außerdem 1 l Spirituosen und 1 l Wein einführen, die persönlich mitgeführt werden müssen. Übertretungen dieser Vorschriften haben Beschlagnahme und Geldstrafen zur Folge.

Untersagt ist die Einfuhr von Pistolen, voll- oder halbautomatischen Waffen, Rauschgiften und lebenden Tieren, hierunter Haustiere jeder Art. Jagdgewehre dürfen mitgeführt werden, wenn eine Sondergenehmigung für die Beförderung im Flugzeug vorliegt. Nähere Auskunft bei den Fluggesellschaften.

Für Reisen von Grönland nach Dänemark (oder direkt nach Deutschland) gelten die allgemeinen Bestimmungen für Einfuhren von Nicht-EG- in EG-Länder.

Bei der Ausreise ist darauf zu achten, daß keine Gegenstände aus Walroßzahn oder von anderen, nach dem Washingtoner Artenschutzabkommen geschützten Tieren (z.B. Eisbärenfelle) außer Landes gebracht werden. Das gilt auch für archäologische Gegenstände und gewisse Gesteinsarten. Die Ausfuhr von Souvenirs und anderen Gegenständen, in die Produkte artengeschützter Tiere verarbeitet sind, bedarf einer Sondergenehmigung, die auf Antrag erteilt werden kann.

Anreise

...mit dem Flugzeug

Von der Bundesrepublik Deutschland, Österreich und der Schweiz kann man mittels kombinierter Flugreisen, die die Reisebüros anbieten, nach Grönland kommen. Die Flugverbindungen sind die einzige Möglichkeit für Touristen, nach Grönland zu kommen. Zwischen Dänemark und Grönland gibt es ganzjährig mehrere SAS- und Grønlandsfly-Verbindungen wöchentlich. Søndre Strømfjord und Narsarsuaq werden direkt von Kopenhagen mit Anschlüssen nach den anderen Städten angeflogen.

Will man eine kombinierte **Island–Grönlandreise** machen, hat man die Möglichkeit, von Reykjavik nach Nuuk sowie von Reykjavik nach Constable-Pynt (Scoresbysund) zu fliegen.

Im Sommer fliegt Grønlandsfly/Iceland Air viermal pro Woche auf der Strecke Reykjavik–Narsarsuaq und einmal wöchentlich im Winter.

Helgi Jonsson Air-Taxi fliegt ganzjährig jeden Dienstag auf der Strecke Reykjavik–Kulusuk, im Sommer zusätzlich jeden Freitag.

Auch **von Kanada** – sofern man nach einem Besuch in Kanada einen Abstecher nach Grönland machen möchte – kann man per Flugzeug die arktische Rieseninsel besuchen. Ab Frobisher Bay (Kanada) und mit Anschlußmöglichkeiten über Montreal fliegen Grønlandsfly und Bradley Air Services die grönländische Hauptstadt Nuuk zweimal wöchentlich an.

...mit dem Schiff

Schiffsverbindungen nach Grönland gibt es von Kopenhagen aus, z. B. in 4–5 Wochen nach Narsarsuaq oder Søndre Strømfjord. Über Verbindungen und Preise erteilen die Reisebüros Auskunft.

Kurzinformationen von A–Z

Alkohol

In Grönland kann man ab 13 Uhr in den KNI-Läden oder den speziellen Läden alkoholische Getränke kaufen. In Restaurants, Seemannsheimen und Cafeterien wird ab 18 Uhr Alkohol ausgeschenkt. Ansonsten ist der Verbrauch von Alkohol in Grönland etwas gesunken, nicht zuletzt wegen der hohen Preise, vor allem für Bier.

Ärztliche Versorgung

In sämtlichen Städten gibt es Krankenhäuser und Zahnärzte. Allgemein ist ärztliche Hilfe kostenlos, jedoch müssen Zahnärzte bezahlt werden. Vor einer Grönlandreise sollte man sich aber bei seiner Krankenkasse beraten lassen. Muß man regelmäßig Medikamente einnehmen, sollten diese mitgeführt werden, da nicht alle Präparate immer vorhanden sind. In allen größeren Städten Grönlands gibt es Apotheken. In Narsarsuaq und Søndre Strømfjord sind Krankenstationen vorhanden.

Kondome erhält man in den Geschäften. Zu AIDS in Grönland: Seit 1988 läuft eine Aufklärungskampagne mit Informationsbroschüren, Plakaten, Informationsveranstaltungen und TV-Spots, um den Gebrauch von Kondomen zu verstärken, unter der Leitung von PAARISA, einer gesundheitlichen Vorsorgeorganisation. Bisher sind in Grönland 16 HIV-positive Personen gemeldet worden, von denen eine Person als AIDS-erkrankt angegeben wurde (Stand 31. 12. 1989).

Camping

Es gibt keine Campingplätze in Grönland, die meisten Städte haben aber bestimmte Flächen für das Zelten zur Verfügung. Bitte erkundigen Sie sich am Ort. Außerhalb der Städte und anderer Ortschaften darf man überall nach Belieben zelten, jedoch nicht auf Ruinengelände, in Südgrönland auch nicht auf Ackerboden.

In Søndre Strømfjord gibt es einen ausgewiesenen Zeltplatz neben dem Transithotel. In Narsarsuaq ist das Zelten im direkten Umfeld des Flughafens verboten.

Das arktische Klima Grönlands stellt hohe Anforderungen an die Qualität der Ausrüstung. Das sollte bei den Reisevorbereitungen in jedem Fall berücksichtigt werden. Indvidualwanderer sollten unbedingt Leuchtmunition mitnehmen.

Einkäufe und Souvenirs

Das Warenangebot ist in Grönland in den einzelnen Orten und Städten sehr unterschiedlich, in Nordgrönland differiert es außerdem mit den Jahreszeiten. Generell entspricht das Angebot in den größeren Orten dem, was in einer normalen dänischen Kleinstadt erhältlich ist. Allgemein entspricht das Preisniveau in etwa dem in Dänemark.

In den meisten Städten kann man grönländisches **Kunsthandwerk** kaufen, davon sind die Knochen- und Fettsteinschnitzereien (Tupilaks, Tier- und Menschenfiguren) besonders beliebt, aber auch nicht billig. Derartige Arbeiten gehören zu den besten Souvenirs, die man aus Grönland mit nach Hause nehmen kann. Leder- und Perlenarbeiten, Modelle grönländischer Fanggeräte und Felle gehören ebenfalls zu den Angeboten, die besonders für Touristen gemacht werden.

Beim Kauf von Fellen muß man aber darauf achten, daß sie gegerbt sind, sonst verderben sie sehr schnell im europäischen Klima.

Zu den schönsten Souvenirs gehören außer den Tupilaks zweifellos Kajakmodelle und die dazugehörigen Fanggeräte. Aber ein solches Modell kann, wenn es gut gearbeitet ist, sehr viel Geld kosten.

Elektrizität

220-V-Wechselstrom, europäische Normalstecker.

Essen und Trinken

Die meisten Hotels haben ein Restaurant guten Standards, wo dänische Küche und grönländische Spezialitäten serviert werden. Die Preislage entspricht der dänischen. In den meisten Städten gibt es auch Restaurants und Cafeterias mit Preisen, die im allgemeinen denen in Seemannsheimen und Transithotels entsprechen, d.h. ca. Dkr. 30,– für Frühstück und Dkr. 65,– für Mittag- od. Abendessen. In der Regel ist Trinkgeld in den angegebenen Preisen eingeschlossen.

Der grönländische Speisezettel ist von großer Vielfalt vor allem im Hinblick auf die Meerestiere. Unbedingt sollte man Wal-, Alk- und Seehundgerichte probieren. Die Walhaut, *mattak* genannt, wird sowohl roh als auch gekocht von den Grönländern gegessen, sie gilt bei ihnen als Leckerbis-

327

ENTFERNUNGEN / KLEIDUNG

Entfernungen in Grönland

	Qaanaaq	Upernavik	Uummannaq	Ilulissat	Qasigiannguit	Qeqertarsuaq	Aasiaat	Kangaatsiaq	Sisimiut	Kangerlussuaq	Maniitsoq	Nuuk	Paamiut	Qaqortoq	Narsaq	Narsarsuaq	Nanortalik	Ammassalik
Upernavik	667																	
Uummannaq	880	270																
Ilulissat	1070	435	170															
Qasigiannguit	1100	480	210	45														
Qeqertarsuaq	1029	400	155	95	100													
Aasiaat	1091	465	225	85	40	60												
Kangaatsiaq	1146	500	260	140	110	50	50											
Sisimiut	1270	660	415	280	240	260	200	155										
Kangerlussuaq	1314	680	420	250	220	285	215	200	140									
Maniitsoq	1440	825	580	425	385	425	375	320	160	150								
Nuuk	1650	970	720	570	515	570	500	470	315	210	150							
Paamiut	1850	1225	1230	800	755	825	770	730	575	320	410	260						
Qaqortoq	2030	1410	1130	980	930	1005	940	904	755	575	605	450	230					
Narsaq	2015	1375	1100	950	905	985	910	880	760	700	600	465	215	25				
Narsarsuaq	2000	1370	1070	940	900	980	910	880	755	720	695	470	250	60	50			
Nanortalik	2100	1470	1470	1050	1005	1075	1010	980	850	775	785	545	300	65	100	115		
Ammassalik	1675	1070	810	690	680	775	730	745	720	580	685	680	705	680	660	625	715	
Ittoqqortoormiit	1580	1210	1110	1120	1140	1210	1200	1250	1315	1200	1390	1425	1530	1525	1500	1460	1550	845

sen. Ausgesprochen wohlschmeckend ist das Lamm- und Rentierfleisch.

Grönlands Eisberge in flüssiger Form kann man als Wodka oder Kvan Aquavit zu sich nehmen. Das zur Herstellung benutzte Wasser entstammt ausschließlich grönländischem Eis und wird per Schiff zur Produktion nach Dänemark gebracht.

Feste und Feiertage

Der grönländische **Nationalfeiertag** *Ullortuneq* (»der längste Tag«), ist der 21. Juni. Er ist aber kein arbeitsfreier Feiertag.

Weitere Feiertage sind der 1. Januar, 6. Januar, Gründonnerstag, Karfreitag, Ostermontag, Buß- und Bettag (4. Freitag nach Ostern), Himmelfahrtstag, Pfingstmontag, Verfassungstag (5. Juni), 24., 25., 26. und 31. Dezember. An allen diesen Tagen ruht die Arbeit, und es wird geflaggt.

Geflaggt wird ebenfalls an einer Reihe von Gedenktagen, die aber nicht arbeitsfrei sind. Dazu gehören u. a. die Geburtstage der dänischen Königin und ihrer Familie und der Hans Egede-Tag (3. Juli).

Die Rückkehr der Sonne nach der Polarnacht wird in Nordgrönland gefeiert. Meist besteigt die Bevölkerung einen Aussichtspunkt, um den Aufgang der Sonne am Horizont zu sehen. In Ilulissat findet das um den 13. Januar statt. Um Ostern herum werden in mehreren nord- und westgrönländischen Städten Hundeschlittenrennen veranstaltet. Jeden Sommer findet in Südgrönland ein Treffen für Schafzüchter statt, die an verschiedenen Wettbewerben wie Schafschur teilnehmen.

Fotografieren

Nimmt man auf einer Hundeschlittenfahrt einen Fotoapparat mit, sollte man darauf achten, daß man nicht zu dicke Handschuhe bei sich hat, die sonst natürlich unbedingt nötig sind. Aufgrund der Lichtverhältnisse (Reflexion auf Schnee und Eis) ist der Gebrauch von UV-Filtern oder Skylight-Filtern und einer Gegenlichtblende unbedingt notwendig. Im Winter müssen Kameras polargeölt sein. Man kann zwar in Grönland Filme kaufen, spezielle Marken sind jedoch nicht überall zu haben. Daher Filme mitbringen! Entwickelt werden Filme in Grönland nicht.

In Kirchen darf während des Gottesdienstes nicht fotografiert werden!

Geld und Geldwechsel

Dänische Münzen und Banknoten sind in Grönland gültige Zahlungsmittel und ihre Ein- und Ausfuhr ist nicht beschränkt. Auf dänische Geldinstitute ausgestellte Schecks sowie Euroschecks werden in den grönländischen Geldinstituten eingelöst, die auch Reiseschecks usw. einwechseln. Die Annahme von Kreditkarten ist noch auf die größeren Städte begrenzt.

Die beiden grönländischen Geldinstitute, »Nuna Bank« und »Grønlandsbanken«, haben eigene Filialen in Nuuk, Ilulissat, Sisimiut und Qaqortoq. In anderen Städten und Orten werden sie durch den KNI (Kalaallit Niuerfiat – Grönlands Handel, Nachfolgeorganisation des KGH) vertreten.

Kleidung

Die Temperaturen in Grönland können recht unterschiedlich sein. Zwar kann es im Sommer in den südlichen Teilen des Landes relativ warm werden, jedoch sind auch im Süden schlechte Wetterverhältnisse in der warmen Jahreszeit möglich. Daher sollte man generell gute, warme, wind- und wasserdichte **Sportkleidung** sowie derbe **Wanderschuhe** mit Profilsohlen und eventuell Gummistiefel, die man sich auch in Grönland kaufen könnte, mitnehmen. Es ist unbedingt notwendig, daß man bei Ganztagsausflügen seine Kleidung variieren kann, da die Temperaturunterschiede im Tagesverlauf beträchtlich sein können.

Die in Grönland sehr stark wirkende Sonne erfordert **Sonnenbrille** und **Sonnenschutzcreme**, auch schon deshalb, weil die Luft sehr klar sein kann. Macht man Ausflüge in die Gebiete der Fjorde oder landeinwärts, muß man unbedingt gute **Mückenschutzcreme** bei sich haben. Mückenschutznetze, die man über den Kopf streift, sind dagegen unpraktisch. Selbstverständlich muß man Handschuhe tragen, da die Hände völlig zerstochen werden können. Es gibt hier Mükken, die wesentlich größer, stärker und angriffslustiger sind als die in Mitteleuropa bekannten kleineren Arten.

Reisende, die im Winter nach Grönland fliegen – und einige Reisebüros werben auch für Reisen in den kälteren Jahreszeiten – müssen in Søndre Strømfjord bei der Landung mit bis zu −50 °C rechnen. Deshalb sind warme Mäntel als Handgepäck im Flugzeug mitzunehmen und immer wollene Socken!

Will man an einer **Hundeschlittenfahrt** teilnehmen, muß man wärmste Kleidung mitführen, etwa Thermo- oder Daunenanzüge, da die herkömmliche Winterbekleidung beim Stillsitzen auf dem Schlitten nicht ausreichend ist. Zusätzliche Kleidung wird nicht ohne weiteres in Grönland verliehen.

Museen und kulturelle Institutionen

Neben dem grönländischen Landesmuseum in Nuuk gibt es noch in den folgenden Städten regional- und kulturgeschichtliche Museen: Nanortalik, Qaqortoq, Narsaq, Paamiut, Maniitsoq, Sisimiut, Aasiaat, Qasigiannguit, Ilulissat, Tasiilaq und Qaanaaq.

In Nuuk sitzt auch das **Nordische Institut**, *NAPA*, das innerhalb des Nordischen Rates für die kulturelle Zusammenarbeit verantwortlich ist. Grönland gehört seit 1984 zum Nordischen Rat und ist dort mit 2 Stimmen vertreten. Die kulturelle Zusammenarbeit umfaßt die Gebiete Musik, Theater, Literatur, bildende Kunst und Film. Besondere Aufmerksamkeit wird dem Ziel gewidmet, die Kultur eines Landes in anderen nordischen Ländern bekanntzumachen. Der Nordische Kulturfonds in Kopenhagen stellte für die Förderung der nordischen Kulturprojekte 12 Mio. DKr. (1990) zur Verfügung. Unterstützt wird u. a. auch die Herausgabe von Literatur in kleinen Sprachgebieten wie Grönländisch, Färöisch und Lappisch.

Das **Tuukaq-Theater** wurde 1975 gegründet und bietet die Möglichkeit der Schauspielausbildung. Seit 1980 ist die Schule auch für andere ethnische Gruppen wie Samen, Inuit und Indianer aus Nord- und Südamerika geöffnet. Das Tuukaq-Theater spielt in ganz Grönland. Außerhalb Grönlands konnte man das Theater in Skandinavien, Alaska, Kanada und Mittelamerika sehen. Neben Vorstellungen und Schauspielunterricht werden auch regelmäßig Vorträge gehalten. Vom Tuukaq-Ensemble gibt es Schallplatten- und Kassettenaufnahmen mit traditionellen grönländischen Liedern.

Seit 1984 besteht die **Theatergruppe** *»Silamiut«* mit Sitz in Nuussuaq (Nuuk). Im Sommer gibt *»Silamiut«* oft Gastspiele in den Küstendistrikten, so daß Touristen eine gute Chance haben, einer Vorstellung beizuwohnen. 1988 war *»Silamiut«* in Helsinki beim Nordischen Theatertreffen.

Ulo – die grönländische **Schallplattengesellschaft** – hat ihren Sitz in Sisimiut, wo sich seit 1990 auch das Studio befindet. *Ulo* begann 1976 und hat bisher 60 LPs, Kassetten und Compact-Discs mit grönländischer Musik herausgebracht. Das Angebot reicht vom traditionellen Trommeltanz und Kehlgesang bis zur Volksmusik und Rock. Die Platten erreichen teilweise Auflagen von 10 000 Exemplaren (bei einer Bevölkerung von 55 558). Seit 1988 gibt es einen Katalog, der alle Musikausgaben und auch Bücher *Ulos* enthält. Bei Anfrage erhält man ihn gratis bei **ULO, Sisimiut, Grønland**.

Öffnungszeiten

In Grönland gibt es kein Ladenschlußgesetz. Deshalb sind auch in fast allen Städten Kioske und kleine Geschäfte sehr lange geöffnet.
Die größeren Geschäfte haben normalerweise von 9–17.30 und samstags von 9–13 Uhr geöffnet.
Öffentliche Büros haben allgemein von 9–12 und 13–16 Uhr geöffnet. Bei den Kontoren des KNI ist es örtlich verschieden. Grønlands Rejsebureau in Nuuk hat zur Abfertigung von 9–13 und samstags von 9–17 Uhr geöffnet.
In Narsarsuaq und Søndre Strømfjord sind die Ticketschalter bei Ankünften und Abflügen der Maschinen geöffnet.

Post und Telefon

In allen Orten gibt es Post- und Telegrafenämter. Telefonverbindung besteht zwischen Ammassalik, allen Orten in Westgrönland und dem Ausland. Kleinere Orte verfügen oft nur über einen einzigen Telefonanschluß, der sich dann im Büro des KNI befindet. Aus der Bundesrepublik erreichen Sie Grönland mit der 00299, an die nur noch die Teilnehmernummer gehängt wird. Wollen Sie von Grönland ins Ausland telefonieren, müssen Sie wählen:
1. 009 für das internationale Netz
2. die Kennzahl des gewünschten Landes (BRD = 49, A = 43, CH = 41)
3. die Ortsnetzkennzahl ohne die Anfangs-0
4. die Teilnehmernummer.

Auslandsgespräche können in Grönland von jedem Telefon aus geführt werden.
Die **Polizei** ist telefonisch unter der jeweiligen zweistelligen Ortsvorwahl und der anschließenden 222 erreichbar.

Preisniveau

Das Preisniveau orientiert sich an den dänischen Preisen, was v. a. für Lebensmittel gilt. Die anderen importierten Waren liegen wegen des Transportes ca. 10 % über dem dänischen Niveau.

Radio

Der **Landessender Grönland** Radio KNR *(Kalaallit Nunaata Radioa)* strahlt sowohl Rundfunk- als auch Fernsehsendungen aus. Die Radioprogramme sind vorwiegend in grönländischer Sprache, während das Fernsehen noch fast ausschließlich die gleichen Programme bringt, die in Dänemark gesendet werden, da diese aus wirtschaftlichen Gründen nur in begrenztem Umfang ins Grönländische synchronisiert werden können. Die gesamte Sendezeit im Fernsehen betrug 1988 ca. 2000 Stunden, von denen nur 103 in Grönländisch waren. Für das Radio ergibt sich für 1989 folgende Verteilung:

Gesamte Sendezeit	5316 Stunden
– Musiksendungen	1411 Stunden
– Sprechbeiträge	3905 Stunden
– Grönländisch	2454 Stunden
– Dänisch	1439 Stunden
– Färöisch	12 Stunden

KNR hat seinen Sitz in Nuuk mit regionalen Studios in Ilulissat, Qaqortoq und Kopenhagen.
Rundfunk kann überall in Grönland empfangen werden, Fernsehen dagegen nur in den Städten – es sei über Satelliten-Antennen die ausländischen Programme. Video erfreut sich großer Beliebtheit, wie das riesige Angebot in den Läden zeigt.

Reisebüros

Grönland selbst unterhält ein großes Reisebüro in Nuuk und in Kopenhagen (Anschriften s. S. 323) sowie eine Reihe von Fremdenverkehrsbüros in Grönland, die allein oder in Zusammenarbeit mit deutschen und dänischen Reisebüros Grönlandreisen und regionale Touren anbieten. Pauschalreisen bieten eine Fülle von Reisebüros an, die teilweise auf Reisen in skandinavische Länder spezialisiert sind. Daneben gibt es zahlreiche dänische Reisebüros mit entsprechenden Angeboten.

Sperrzonen

Gesperrt sind alle militärischen Einrichtungen und Areale der Amerikaner und Dänen sowie der Nationalpark im Norden Grönlands.

Sprache

Die Hauptsprache in Grönland ist Grönländisch, das nahe verwandt ist mit den Sprachen der Inuits in Nordkanada, Alaska und Sibirien. Es ist eine polysynthetische Sprache, die auf einem komplexen Suffix-System beruht.

Geschrieben wird Grönländisch seit 200 Jahren, und heute gibt es in ganz Grönland eine gemeinsame Schriftsprache. Die Grönländer sprechen teilweise auch dänisch, da bis vor wenigen Jahren der gesamte Unterricht in Dänisch abgehalten wurde, denn das Lehrpersonal kam überwiegend aus Dänemark. Heute wird von immer mehr jungen Leuten englisch gesprochen.

Einen **Sprachführer** Deutsch-Grönländisch gibt es nicht, aber es kann hilfreich sein, einen Sprachführer Dänisch-Deutsch mitzunehmen.

Taxi

In ganz Grönland gibt es ca. 250 Taxen. Eine einheitliche Kennzeichnung durch Farbe oder Aufschrift ist nicht üblich. Die Grönländer selber fahren gerne auch für kurze Strecken mit dem Taxi.

Trinkgeld

Trinkgelder sind nicht üblich. Bei Restaurants und Hotels ist das Trinkgeld bereits in der Rechnung enthalten.

Unterkunft

Es gibt Hotels in den größeren grönländischen Städten. Mit Ausnahme der Hotels in Ilulissat, Narsaq, Narsarsuaq, Nuuk, Qaqortoq und Sisimiut, deren Standard europäischen Verhältnissen entspricht, gibt es meist kleinere Hotels ohne besonderen Komfort. Man beachte, daß in Kangaatsiaq, Upernavik, Qaanaaq und Ittoqqortoormiit keine allgemeinen Übernachtungsmöglichkeiten vorhanden sind.

Es muß dringend empfohlen werden, noch vor der Abreise nach Grönland die Unterkunftsfrage zu regeln. Und genauso dringend wird davon abgeraten, mit Privatunterkünften zu rechnen. Diese Empfehlungen gelten besonders für Individualreisende. Die Übernachtung in Hütten ist für Individualtouristen nur schwer möglich, da sie meistens von Gruppen ausgebucht sind.

In Narsarsuaq, Narsaq und Qaqortoq bestehen Übernachtungsmöglichkeiten (mit Schlafsack) in Jugendherbergen. Außer in diesen Städten in Südgrönland gibt es Unterkunftsmöglichkeiten in Berghütten, die von örtlichen Schafzüchtern betrieben werden. In den Sommermonaten bestehen auch Unterkunftsmöglichkeiten in der Jugendherberge in Sisimiut. In Uummannaq können 20 Hotelstandardzimmer von Touristen gemietet weden. Auskünfte hierüber erteilen die örtlichen Fremdenverkehrsbüros.

Verkehrsmittel

Grønlandsfly bedient sämtliche Städte an der Westküste Grönlands, von Nanortalik im Süden bis Upernavik im Norden, darüber hinaus von Søndre Strømfjord nach Kulusuk/Ammassalik und Ittoqqortoormiit an der Ostküste. Eingesetzt werden Dash 7-Maschinen und S 61-Hubschrauber. Die Zahl der Flüge ist auf den einzelnen Routen unterschiedlich und wetterabhängig. Reservierungen vor der Abreise nach Grönland sind unbedingt zu empfehlen!

Das Hauptbüro von Grønlandsfly ist in Nuuk: **Grønlandsfly, Box 1012, 3900 Nuuk,** ∅ 29924488; Telefax: 29923788. In Kopenhagen: **Grønlandsfly, Gammel Mont 12, Box 192, DK-1117 Kopenhagen K,** ∅ 4533112241; Telefax: 4533932251.

In den Monaten Mai–Januar fahren die **Schiffe** des Grönland Handels (KNI) an der Westküste entlang. Außerdem gibt es Routen zwischen sämtlichen Orten, die die einzelnen Orte mit der nächsten Stadt verbinden. Für die Küstenschiffe können sowohl Kabinen als auch Deckplätze im voraus gebucht werden. Auf den lokalen Strecken gibt es nur Deckplätze, die auf diesen Schiffen sehr begrenzt sind.

Über Schiffs- und Flugverbindungen erteilen die Reisebüros Auskunft. In Grönland kann man sich an Grønlandsfly-Büros in den Heliports/Flughäfen oder im Hauptbüro in Nuuk wenden oder an die KNI-Küstenbüros und Grønlands Rejsebureaus AS in Nuuk und Ilulissat.

Wissenschaftliche Institutionen

Von den wissenschaftlichen Institutionen, deren Tätigkeit sich auf Grönland bezieht, können hier nur drei genannt werden. Zu diesen gehört das **Institut für Eskimologie der Kopenhagener Universität,** das neben der Lehrtätigkeit sprachwissenschaftliche Forschungen durchführt. Die geographischen Forschungen konzentrieren sich auf die Inuit-Gebiete Sibirien, Alaska, Kanada und Grönland, wobei der Schwerpunkt jedoch auf Grönland liegt.

Forschungen werden auch von **Grönlands Landesmuseum in Nuuk** betrieben, das beispielsweise mit Hilfe der Aage V. Jensen Charity Foundation in den Jahren 1988–90 eine großangelegte archäologische, biologische und botanische Kartierung von Nordostgrönland durchführte.

In die Grönlandforschung ist neuerdings auch die 1987 eröffnete Universität in Nuuk – *Ilisimatusarfik* – miteinbezogen. Die wissenschaftlichen Grönlandforschungen werden von **Dansk Polarcenter og Kommissionen for Videnskabelige Undersøgelser i Grønland** koordiniert: **Hausergarde 3, DK-1128 Kopenhagen K.**

Zeit

In Grönland gibt es 4 Zeitzonen: Der Nordwesten (Qaanaaq) hat GMT minus 5 Stunden, die westliche Hälfte hat GMT minus 4 Stunden, die östliche Inselhälfte hat GMT minus 3 Stunden und die Region von Ittoqqortoormiit hat GMT minus 2 Stunden.

Zeitungen

In Grönland gibt es zwei überregionale Zeitungen *Atuagagdliutit/Grønlandsposten* (A/G) und *Sermitsiaq*, jeweils mit einer Auflagenhöhe von 5000 Exemplaren. A/G erscheint seit Februar 1988 dreimal in der Woche und Sermitsiaq wöchentlich. Außerdem existieren mehrere Lokalzeitungen mit unterschiedlicher Erscheinungshäufigkeit.

In Nuuk wird noch ein Anzeigenblatt *Nuuk Ugeavis* gratis verteilt, Auflage 5000 Stück. Alle Zeitungen sind in Grönländisch und Dänisch. Internationale Nachrichten findet man nur in A/G. Auf dem Zeitschriftenmarkt stößt man auch auf deutsche Ausgaben, aber nur im Mode- und Handarbeitsbereich.

Urlaubsaktivitäten

Angeln

Grönland bietet beste Möglichkeiten für Angler. Z. T. werden spezielle Angebote vom Reiseveranstalter gemacht. Schon in der Nähe von Narsarsuaq sind reiche Fischgründe, so daß mancher einen ›Kurztrip‹ nach Grönland zum Angeln macht. Angelscheine erhält man bei den örtlichen Polizeistationen oder den Touristeninformationen. Die Gebühr richtet sich nach der Fischart und den Quantitäten, die man fischen will.

Bergsteigen

Zahlreiche Berge Grönlands warten auf ihre Erstbesteigung, und somit reisen viele Alpinisten voller Ehrgeiz dorthin. **Nicht organisierte Touren** seitens eines Reiseveranstalters mit entsprechender ortskundiger Führung **bedürfen der Expeditionsgenehmigung.** Alleingänge können tödlich werden!

Der Dänische Wanderverein hat im Tasermiut Fjord bei Nanortalik ein Basislager eingerichtet, das als Ausgangspunkt für Berg- und Gletschertouren dient.

Expeditionen

Alle wissenschaftlichen und nichtwissenschaftlichen Expeditionen bedürfen der Genehmigung des Dänischen Polarzentrums, der Kommission für wissenschaftliche Untersuchungen in Grönland. Unter nichtwissenschaftlichen Expeditionen werden alle Unternehmungen wie Bergklettern, Gletscherbegehungen, Eisüberquerungen, Wander- und Boots- bzw. Kajaktouren in unbewohnten und entfernt gelegenen Gebieten des Landes verstanden. Das Dänische Polarzentrum kann die Erlaubnis verweigern, wenn offensichtlich fahrlässige Unternehmungen gestartet werden sollen. Besonders streng sind die Bedingungen für geplante Expeditionen im Bereich des Nationalparks und in Ostgrönland. In diesen Gebieten muß man mit Eisbären rechnen, die nicht nur sehr neugierig, sondern auch Fleischfresser sind. Die Mitnahme eines Gewehres zur eigenen Beruhigung und Sicherheit ist dringend geraten, der Gebrauch aber nur im äußersten eindeutigen Notfall – es wird überprüft – gestattet.

So einzigartig Grönlands Natur ist, so unberechenbar und gefährlich können Wetterumschwünge und -einbrüche sein. Rettungsmaßnahmen in Grönland werden nicht ohne vorherige Vereinbarung unternommen. Alle Such- und Rettungsaktionen bringen ein hohes Risiko für die Mannschaft, Flugzeuge oder Helikopter und Boote mit sich. Soll eine Rettung gestartet werden, so müssen die Expeditionsteilnehmer eine hohe Versicherungssumme oder Banksicherheit hinterlegen. Grönland ist kein Land für Abenteurer, und es gibt genügend Beispiele gescheiterter Expeditionen bis in die Gegenwart, deren Tote unter dem ewigen Eis liegen.

Hundeschlittentouren

Hundeschlittentouren im März und April werden von einigen Reiseveranstaltern, aber auch von grönländischen Hotels angeboten. Es besteht sogar die Möglichkeit einer solchen Tour im Thule-Distrikt – eine gute, aber nicht ganz preiswerte Gelegenheit dorthin zu kommen.

Besitzer von Schlittenhunden dürfen ihre Tiere nur nach Südgrönland, also jenseits der Schlittenhundgrenze, mitnehmen. Entsprechende Einreiseverbindungen erfährt man bei den Informationsstellen in Dänemark.

Jagen

Die Möglichkeit der Jagd ist in Grönland gegeben, sofern man eine entsprechende Genehmigung hat und nicht unter Naturschutz stehende Tiere erlegt. Jagdscheine erhält man bei den örtlichen Polizeistationen oder den Touristenbüros gegen eine z. T. hohe Gebühr.

Kajaktouren

Auch diese Touren bedürfen der Genehmigung. Wichtig ist entsprechende Erfahrung. Wegen der Eisberge und des Treibeises ist eine Spezialausrüstung notwendig. Der Transport erfolgt per Schiff von Dänemark aus.

Wanderungen

Fast alle Reiseveranstalter bieten Wandertouren unterschiedlicher Dauer und unterschiedlichen Schwierigkeitsgrades an. Die hauptsächlichen Wandergebiete sind die Umgebung von Nanortalik, Narsaq und Qaqortoq im Süden, um Nuuk, Søndre Strømfjord bis Sisimiut sowie die Disko-Bucht im Westen.

Seit Sommer 1990 gibt es zu diesen Routen auch einen Wanderführer auf Deutsch, geschrieben von Torbjørn Ydegaard, einem an der norwegischen Hochgebirgsschule ausgebildeten Tourenführer des Dänischen Wandervereins. Bis auf den Bereich der Disko-Bucht gibt es Wanderkarten 1:100 000.

Wandern in Grönland ist in keiner Weise mit Wanderungen in skandinavischen Ländern vergleichbar! Es gibt weder Wege noch Hinweise, die Hütten liegen z. T. weit auseinander, und mit einer Unterkunft ist nicht generell zu rechnen. Mit Karte und Kompaß sollte man unbedingt umgehen können (die entsprechende Mißweisung beachten!) Siedlungen für eventuelle Hilfsaktionen sind gebietsweise mehrere Tagesmärsche entfernt. Wanderer in Grönland sollten sowohl über eine ausgezeichnete Kondition wie eine ebensolche Ausrüstung verfügen.

Die arktische Natur, die nur wenige Monate im Jahr zur Entfaltung hat, ist überaus sensibel. Jeder Eingriff und jede Zerstörung braucht Jahre bis Jahrzehnte zur Regeneration. Es ist unbedingt darauf zu achten, keine bleibenden Schäden zu hinterlassen. Abfälle dürfen weder verbrannt noch eingegraben werden, sondern müssen mitgenommen werden in die Ortschaften oder Städte. Jedes Aufschrecken von Tieren, vor allem während der Brutzeit der Vögel im Sommer ist zu unterlassen. Die Vögel brüten auf dem Boden, somit aufpassen, wohin man tritt, z. B. Schneehuhnjunge haben einen Tarnfarbenflaum und verharren regungslos auf dem Boden!

Wintersport

Möglichkeiten für alpinen Skilauf bestehen z. B. in Nuuk und Tasiilaq, dort gibt es Lifte. Touristisch ausgeweitet ist es nicht, und einen entsprechenden Verleih findet man auch nicht vor. Einige Hotels bieten Snowmobilfahrten an.

Routenvorschläge

Auf den Spuren der Nordleute

Narsarsuaq – Qassiarsuk – Igaliku – Qaqortoq – Hvalsey – Upernaviarsuk – Narsaq

Zunächst mit dem Flugzeug von Kopenhagen nach Narsarsuaq, dort sollte man einen Gang zum Inlandeis unternehmen. Von hieraus Bootsausflüge nach Qassiarsuk, der ehemaligen Siedlung Eriks des Roten, und nach Igaliku, dem ehemaligen Bischofssitz Gardar. Mit dem Schiff nach Qaqortoq, von hier aus sollte man unbedingt einen Bootsausflug nach Hvalsey, der besterhaltenen Kirchenruine der Normannenzeit, unternehmen. Eine weitere Kirchenruine jener Zeit, Undir Höfdi, findet man in Igaliku Kujalleq. Ebenso sehenswert ist die Schafzuchtstation Upernaviarsuk. Von Qaqortoq weiter mit dem Schiff nach Narsaq, von hier einen Ausflug ins Kvanefjeld. Zurück nach Narsarsuaq mit Boot oder Helikopter. Dauer der Reise: 14 Tage.

Südgrönland

Narsarsuaq – Nanortalik – Tasermiut Fjord – Alluitsoq – Alluitsup Paa – Uunartoq – Qaqortoq – Narsaq – Narsarsuaq

Mit dem Helikopter nach Nanortalik. Von hier Bootsausflüge zum Tasermiut Fjord, an dem das Basislager des Dänischen Wandervereins liegt, Ausgangspunkt für Wanderungen und Bergtouren, oder auf eine der zahlreichen vorgelagerten Inseln zum Vogelstudium. Mit dem Schiff nach Alluitsoq und Alluitsup Paa, der ehemaligen Herrnhuter Missionsstation. Von hier sollte man einen Ausflug zur Insel Uunartoq machen, um in der heißen Quelle zu baden. Von Qaqortoq werden auch Helikopterausflüge hierher angeboten. Weiter mit dem Schiff nach Qaqortoq und Narsaq, von wo die oben beschriebenen Ausflüge unternommen werden können, und zurück nach Narsarsuaq. Will man die obigen Ausflüge in diese Route integrieren, so sollte man mit einer Dauer von 3 Wochen rechnen.

Westgrönland

Søndre Strømfjord – Nuuk – Maniitsoq – Sisimiut – Søndre Strømfjord

Mit Flugzeug nach Søndre Strømfjord und weiter nach Nuuk. Hier steht das Grönländische Landesmuseum auf dem Programm. Reizvoll ist ein mehrtägiger Aufenthalt in einem der Hotels in der Landschaft Nuuks, Qooqqut oder Kangerluarsoruseq. Weiter mit dem Küstenschiff nach Maniitsoq und Sisimiut. Neben der reizvollen Altstadt ist es aufregend, zum ersten Mal die grönländischen Schlittenhunde zu sehen und vor allem ihr Geheul zu hören. Möglichkeiten zu kürzeren Spaziergängen in der Umgebung sind gegeben. Zurück mit dem Helikopter nach Søndre Strømfjord.

Die Disko-Bucht

Søndre Strømfjord – Sisimiut – Aasiaat – Qasigiannguit – Ilulissat – Qeqertarsuaq – Søndre Strømfjord

Von Søndre Strømfjord nach Sisimiut mit dem Helikopter und von hier aus weiter mit einem der Küstenschiffe. Unterwegs werden die Städte Aasiaat und Qasigiannguit angelaufen mit mehrstündigem Aufenthalt. Ziel ist Ilulissat am Eisfjord. Ein 2stündiger Spaziergang führt direkt an den Fjord. Südlich von Ilulissat sind die Überreste der alten Inuit-Siedlung Sermermiut. In der Stadt steht das Geburtshaus von Knud Rasmussen, das heute ein Museum ist. Von Ilulissat aus besteht die Möglichkeit, mit einem gecharterten Boot in den Eisfjord zu fahren oder mit dem Regionalschiff kleinere Orte nördlich von Ilulissat anzusteuern wie Rodebay und Saqqaq. Lohnend ist auch ein Ausflug auf die Disko-Insel zur alten Walfängerstadt Qeqertarsuaq. Von Ilulissat kann man zurück mit dem Flugzeug nach Søndre Strømfjord fliegen. Auch wenn der Flug über den Eisfjord seinen Reiz hat, so ist es doch ein großartiges Erlebnis, von Süden kommend mit dem Schiff sich den Eisbergen zu nähern. Reisedauer: ca. 14 Tage.

Die Westküste

Narsarsuaq – Narsaq – Qaqortoq – Paamiut – Nuuk – Maniitsoq – Sisimiut – Aasiaat – Qasigiannguit – Uummannaq – Upernavik
Diese Fahrt mit dem Küstenschiff dauert 6 Tage (eine Strecke). Da die Küstenschiffe regelmäßig fahren, sind natürlich auch Fahrten von Teilstrekken möglich, wie z. B. von Nuuk bis Upernavik. Auch lassen sich Kombinationen mit den anderen Touren erstellen.

Die Ostküste

Ammassalik – Kulusuk
Die einfachste Möglichkeit an die Ostküste zu kommen, ist ein Flug von Island aus. So gibt es ein 4-Tages-Angebot von Iceland Air. In Ammassalik kann man schöne Wanderungen in die nähere Umgebung machen, wie ins Blomsterdal. Außerdem bietet das Hotel mehrstündige Bootsausflüge an und einen Helikopterflug zum Mittivakkat-Gletscher. Wer sich länger in Ammassalik aufhalten will, muß den Flug der Grønlandsfly von Søndre Strømfjord aus nehmen. Bei einem längeren Aufenthalt ist eine Fahrt mit dem Versorgungsschiff »Ejnar Mikkelsen« zu den kleinen Orten sehr schön. Übernachtungsmöglichkeiten gibt es in den Orten nicht!

Die Anreise an die Ostküste erfolgt immer über den Anflug nach Kulusuk. Meistens hat man etwas Zeit, bis der Anschluß-Helikopter nach Ammassalik weiterfliegt, und man kann noch einen Ausflug in den Ort Kulusuk unternehmen.

Register

Orte und Sehenswürdigkeiten

Aappilattoq 246
Aasiaat 106, 139, **281 ff.**, 287
- Egedes-Kirche 286
Agpalilik 214
Akunnat 101
Alluitsoq 101, 247
Alluitsup Kangerlua 247
Alluitsup Paa 247, 248
Ameralik 238
Ameralik Fjord 238
Amerloq Fjord 43, 280
Amitsoq 247
Ammassalik s. Tasiilaq
Ammassalik Fjord 95
Anoritooq-Fluß 280
Arsuk 274
Asummiut 277, 279, 280
Austmannadal 91
Avanersuaq Kommunea 301

Baalsrevier 43, 238
Brattahlid 27, 31, **32 f.**, 272
Brønlund Fjord 15
Bryghus-Bucht 287

Camp Century 159, 208, 209
Christian IX.-Land 96
Christianshåb s. Qasigiannguit
Claushavn s. Ilimanaq
Clavering-Insel 15, 23

Daneborg 226, 309
Dannebrogs-Insel 90, 91
Danmark Fjord 15, 111
Danmarks Havn 45, 94, 129, 227, 309
Davisstrasse 39, 43, 71, 218
De Longs Fjord 111
Disko-Bucht 16, 18, 25, 27, 76, 83, 110, 112, 168, 209, 210, 215, 218, **281**, 285, 287, 288, 289, 295, **296 f.**
Disko-Insel 148, 223, 281

Egedesminde s. Aasiaat
Einarsfjord 28
Ellesmere-Insel 207, 212
Erik des Roten-Insel 96
Eriksfjord s. Tunulliarfik
Eulenspiegels Höhle 267
Ewigkeitsfjord 80, 81
Eystribygd 11, 27, 34, 41, 42, 89, 90, 91, 92, 244, 248, 270, 272, 275

Færingehavn s. Kangerluarsoruseq
Færinger Nordhavn 139
Fiskenæsset s. Qeqertarsuatsiaat
Flyversø 288
Fortune Bay 297
Frederik VI.-Land 90
Frederiksdal s. Narsaq Kujalleq
Frederikshåb s. Paamiut
Friedrichstal s. Narsaq Kujalleq

Gammel Nuulliit 15, 157
Gardar s. Igaliku
Godhavn s. Qeqertarsuaq
Godthåb s. Nuuk
Grønnedal 274

Håbets Ø 160, 229, **239 ff.**
Hall-Land 228
Harefjeld 267
Herbert Ø s. Qeqertarsuaq (bei Qaanaaq)
Herjolfsnes 33, 42, 244, 246
Holsteinsborg s. Sisimiut
Hudson Bay 111
Humboldt-Gletscher 226
Hunde Ejlande s. Kitsissuarsuit
Hvalsey s. Qaqortukulooq

Igaliku **28**, 36, 37, **247**, 268, 270, 272, **273**
Igaliku Kangerlua 267
Igaliku Kujalleq 248
Ikateq 307

Ikateq Fjord 307
Ikerasassuaq-Sund 89, 246
Île de France 226
Ilimmaasaq 212, 271
Ilimanaq 294
Illukasik 246
Illuluarssuk 90
Iluilek 95
Iluliallup Tasia 295
Ilulissat 18, 76, 84, 97, 110, 112, 160, 278, 281, 287, 288, **289 ff.**, 296, 298, 319
– Knud Rasmussen-Museum 160, 290
– Zion-Kirche 84, 290
Ilulissat-Eisgletscher 210
Imaarsivik 90, 112
Imilik 294
Independence Fjord 109, 131
Independence-Sund 129
Inussuk 26
Itilleq 43, 280
Itinnera 16
Ittoqqortoormiit 16, 25, 97, 112, 131, 141, 158, 225, 227, 228, 304, **308 f.**
Itvidleq 268
Ivittuut 87, 105, 140, 143, 148, 273, 274, 280

Jakobshavn s. Ilulissat
Jameson-Land 148
Jespersons Bræ 248
Johan Petersens Fjord 307
Julianenhåb s. Qaqortoq

Kangaamiut 81, 276
Kangaatsiaq 168, 287
Kangeq 239, 242
Kangerlua 273
Kangerluarsoruseq 139
Kangerluk 297
Kangerluluk 287
Kangerlussuaq 140, 141, 144, 159, 272, **280 f.**, 284
Kangersuatsiaq 132
Kangersuneq Fjord 239
Kap Bismarck 129
Kap Bourbon 141
Kap Brewster 141
Kap Dorset 21
Kap Farvel 25, 27, 40, 43, 47, 70, 159, 166, 211, 218, 244, 246
Kap Holbæk 15

Kap København 227
Kap Moltke 227
Kap Morris Jesup 218
Kap Rigsdagen 129
Kap Sanderson 40
Kap York 88, 109, 110, 214
Kapisillit **238**, 239
Ketil Fjord 243
Kiattuut Sermiat 272
Kingittorsuaq 29
Kitsissuarsuit 286
Kitsissut-Inseln 244, 286, **287**
Kobbe Fjord 238
Königin Luise-Land 131
Kong Oscar Fjord 226, 304
Kopenhagen 31, 74, 78, 83, 84, 103, 105, 112, 131, 134, 137, 143, 144, 148, 159, 160, 201, 214, 223, 232
Kulusuk 304, 307, **308**
Kuummiut 307
Kvanefjeld 213, 270, 271
Kvane-Insel 275

Lichtenau s. Alluitsoq
Lindenovs Fjord 89

Maarmorilik 148, 160, 300
Maniitsoq 80, 83, 139, 213, 225, **276**
– Museum 276
– Kirche 276
Mestersvig 227, 309
Melville-Bucht 109, 158, 214, 218
Mittivakkat Fjeld 307
Moriusaq 301
Munke-Bucht 267

Nanortalik 89, 90, **242 ff.**
– Kirche 244
– Museum 244
Nanuseq 89
Narsaq 28, 164, 212, **268 ff.**
– Kirche 270
– Museum 270
Narsaq Fjeld 271
Narsaq-Fluß 269, 271
Narsaq Kujalleq 158, **244 f.**, 270
Narsaq-Sund 269
Narsarsuaq 32, 141, 159, 268, **271 ff.**, 280
Neu-Herrnhut 73, 101, 102, 103, 234
Niaqornat **298 ff.**

339

REGISTER: ORTE/PERSONEN

Nipisat 280
Nordre Isortoq 277
Nordre Sermilik 269, 270, 271, 273
Nuuk 27, 40, 43, 72, 73, 76, 78, 81, 91, 97, 99, 101, 102, 103, 108, 134, 135, 138, 139, 141, 144, 145, 147, 148, 149, 153, 158, 159, 160, 161, 166, 167, 168, 170, 203, 211, 213, 218, **229 ff.**, 276, 278, 287, 300
– Erlöser-Kirche 229, 231, 235
– Gedenksteine 235
– Grönlands Landesmuseum 161, 232 f., 333
– Hans Egede-Haus 229
– Hans Egede-Kirche 229
– Landesbibliothek 160, 236
– Landsting 236
– Rathaus 236
– Universität Ilisimatusarfik 161, 234, 333
Nuuk Fjord 16, 39, 71, 144, 158, 236, 238, 239
Nuup Kangerlua 238
Nuussuaq 145, 148, 220, 223, **230**, 288, 294, 295

Old Ikateq 307
Oqaatsut 294

Paamiut 40, 47, 85, 89, 92, 95, 139, 143, 211, 248, **274 ff.**, 281
– Kirche 274
Palungataaq 295
Peary-Land 15, 21, 25, 111, 207, 227, 228
Peters Varde 266
Pingut 132
Pituffik 161, 301
Politiken-Gletscher 301
Prince Regent-Bucht 86
Prinsesse Ingeborg-Halbinsel 15
Prøven s. Kangersuatsiaq
Puissortoq 90

Qaanaaq 24, 25, 97, 109, 144, 145, 158, 159, 160, 227, **301**
Qajaa 18
Qallimiut 247
Qaqortoq 27, 34, 83, 89, 91, 144, 153, 211, 242, 244, **248 ff.**, 273
– Arbeiterhochschule Sulisartut Højskoliat 266
– Erlöser-Kirche 266
– Gertrud Rask-Kirche 266

– Museum 266
– Springbrunnen 248
Qaqortukulooq **34 f.**, 71, **267 f.**
Qaqulluit 295
Qasigiannguit 223, 281, **287 ff.**, 292, 294
– Holzhäuser von 1764 287
Qassiarsuk 31, 270, **272**
Qequertarsuaq 78, 83, 106, 135, 202, 281, 286, 287, **296**
– Kirche 296
Qeqertarsuaq (bei Qaanaaq) 301
Qeqertarsuatsiaat 40, 101, 239
Qeqertasussuk 16, **18 f.**, 157, 160, 289
Qeqertat 301
Qernertuarssuit 305
Qerrortusoq 280
Qilakitsoq **232 f.**
Qinquadalen 246
Qooqqut 238
Qooroq Fjord 273
Qordlortorssup Tasia-See 247
Qorlortoq-See 307
Qullinssat 297

Ravns Storø 139
Rodebay s. Oqaatsut
Rødeelv 297
Russel-Gletscher 281

Saqqap Tasersua 295
Saqqaq 294, 295
Sandflugtdalen 281
Sandhavn 244, 246
Sara Nielsen-Tal 247
Sarfannguaq 280, 281
Savik 294
Savissivik 301
»Schwarzer Engel« 148, 160
Scoresbysund s. Ittoqqortoormiit
Serketnoua 89
Sermermiut 16, 18, **292 f.**
Sermermiut-Tal 293, 294
Sermiligaq 42, 96
Sermilik Fjord 95, 307
Shannon-Insel 226
Sillisit 273
Siorapaluk 301
Sisimiut 78, 83, 139, 159, 161, 215, **276 ff.**, 280, 281, 290
– Bethelskirche 278

- Halbwegshaus 277
- Knud Rasmussen-Hochschule 159, 277, 279
- Kirche 279
- Kolonialverwalterhaus 278
- Museum 278
Sissarissoq 244
Smith-Sund 15, 218
Søndre Strømfjord s. Kangerlussuaq
Storefjeld 266
Sukkertoppen s. Maniitsoq
Sydprøven s. Alluitsup Paa

Tasermiut Fjord 246
Tasersuaq-See 246, 266, 267
Tasiilaq 16, 21, 36, 89, 91, 94, 95, 96, 97, 111, 112, 138, 158, 174, 201, 209, 215, 224, 225, 270, 276, 304 ff.
- Erinnerungsmonument 304
- Alte Kirche 304
- Kirche 304
Tasiusaq 246, 273, 289
Tasiusaq Fjord 268

Thule s. Qaanaaq
Thule Air Base s. Pituffik
Tiniteqilaaq 307
Toqqussaq 139
Tunulliarfik 28, 32, 213, 248, 269, 272

Ukiivik 277, 278
Ulke-Bucht 277, 279, 280
Umiivik 90
Upernavik 26, 40, 45, 83, 106, 112, 273, 300
Upernaviarsuk 267, 268
Uummannaq 105, 106, 133, 148, 232, **298 ff.**
- Krankenhaus 298
- Kirche 298
Uunartoq 248

Vatnaverfi 247
Vegas Fjeld 307
Vestribygd 11, 27, 29, 167, 236

Zackenberg-Bucht 15

Personen

Amundsen, Roald 111
Arnarson, Ingólfr 26
Aron von Kangeq 99 f., 133, 158, 201, 205

Bauer, Alfred 207, 208
Bertelsen, Aage 129
Berthelsen, Rasmus 43, **97 f.**, 104, 164, 201, 202
Bluhme, Emil 92, 153, 158
Boom, Volquard 88
Brandt, Ole 168, 169
Brønlund, Jørgen 109, 112, **129 f.**, 158, 236
Brun, Eske 140, 141, 142, 143, 226

Carl XII., König von Schweden 70
Carlson, William S. 141
Carolus, Joris 43
Chemnitz, Jens 143, 158, 270
Chemnitz, Lars 152
Christian I., König von Dänemark 36

Christian II., König von Dänemark 37, 38
Christian IV., König von Dänemark 238
Christian VI., König von Dänemark 40, 73, 158
Christian X., König von Dänemark 135
Clavering, Douglas Charles 89, 228
Clavus, Claudius (Claus Claussön Svart) 38
Cook, Frederick 109
Cranz, David 48
Cunningham, John 40, 41, 43

Dalager, Lars 92, 275
Dannel, David Urbanus 44, 90
Daugård-Jensen, Jens 135, 248
Davis, John **39 f.**, 42, 170, 238

Egede, Gerhard 140
Egede, Hans 11, 43, **70 ff.**, 79, 86, 89, 99, 108, 135, 138, 158, 160, 162, 165, 166, 170, 223, 224, 229, 231, 238, 239, 240, 241, 248, 266, 284

REGISTER: PERSONEN/SACHBEGRIFFE

Egede, Niels 70, 280, 284, 286, 287
Egede, Poul 70, 74, 76, 103, 170, 223
Erik der Rote 11, **26f.**, 29, 32, 33, 36, 91, 138, 157, 220, 236, 242, 266, 272, 304
Erneneq 90

Fabricius, Otho 103, 274
Frederik IV., König von Dänemark 70
Frederik V., König von Dänemark 274
Frederiksen, Otto 273
Freuchen, Peter **110f.**, 158, 301
Friis, Peder Claussön 70
Frobisher, Martin **38f.**, 158

Gabrielsen, Tobias 129
Giesecke, Karl Ludwig **86f.**, 158
Graah, Wilhelm August **89ff.**, 92, 95, 97, 105
Gronau, Wolfgang von 159
Gunnbjörn 26

Habakuk **80f.**, 201
Hakon VI., König von Norwegen 84
Hall, James 40, 41, 43, 238
Hansen, Godfred 111
Hansen, Jørgen Peder 151
Hauen, Salomon van 44
Havsteen-Mikkelsen, Sven 97, 162, 272
Hedtoft, Hans 143, 248
Hegemann, Paul 93
Hendrik, Hans 170
Hertling, Knud 147, 150, 160
Høegh, Aka 205, 304
Høegh-Hagen, Niels Peter 112, **129f.**
Holm, Gustav 91, **95f.**, 97, 158, 201, 304
Hørring, Hugo 108, 109

Ibsen, Poul 248

Jenness, Diamond 21
Jónsson, Bjørn 34, 35, 42

Kleinschmidt, Konrad 103, 246
Kleinschmidt, Samuel Petrus **101ff.**, 104, 158, **171f.**, 231, 235, 247
Knuth, Eigil 15, 21, 99, 133, 157, 226, 227, 232
Koch, Johann Peter 112, **129ff.**, 158
Koch, Lauge 111, 207, 225, 226
Koldewey, Karl 93, 95
Kreutzmann, Jens 201

Kreutzmann, Kristoffer 81, 201
Kristiansen, Abel 165

Labansen, Peter 201
Larsen, Lars **131f.**
Leif Eriksson (der Glückliche) 27, 29, 33
Lennert, Ulrik 169
Lindenov, Godske 40, 41
Lund, Henrik 164, 203, 244, 248, 270
Lund, Isak 165
Lund, Kistaat 205
Lund, Malene 270
Lynge, Arqaluk 317
Lynge, Avgo 140, 143, 144, 166, 236
Lynge, Hans 165, **167f.**, 203, 204, 236, 272
Lynge, Frederik 140, 143, 144

Malaurie, Jean 133
Maria Magdalena **80f.**
Mikkelsen, Einar 111, **130f.**
Møller, Aqigssiaq 166
Møller, Lars **98f.**, 108, 201, 203, 236
Møller, Signe 107
Møller, Steffen 201
Moltke, Harald 109, 158
Motzfeldt, Jonathan 10, 147, 152, 156, 160, 161, 300
Müller, Henrik 44
Mylius-Erichsen, Ludvig 109, 112, **129f.**, 134, 158

Nansen, Fridtjof 75, **91f.**, 158
Nielsen, Frederik 165, 167
Nordenskiöld, Adolf Erik 91, 98, 201

Oldendow, Knud 106, 143, 248
Olearius, Adam 45, 233
Olsen, Anders 248, 276
Olsen, Jens 140
Olsen, Kristian 165
Olsen, Moses 147, 160, 165

Paars, Claus Enevold 73, 158
Parry, William 79
Peary, Robert Edwin 69, 109, 158
Petermann, August 93
Petersen, Jonathan 164, 236
Petersen, Pavia 164
Petrussen, Amandus 165
Poulsen, Kristen 164

Quervain, Alfred de 112

Rask, Gertrud 70, 229
Rasmussen, Knud 14, 69, 88, **109 ff.**, 135, 136, 137, 158, 159, 162, 163, 165, 167, 225, 238, 248, 266, **289 f.**, 301
Resen, Hans Poulsen 42
Rink, Hinrich Johannes 81, 93, **97 ff.**, **103 ff.**, 134, 135, 158, 162, 171, 201, 236, 248
Rosing, Jens 97, 144, 162, 169, 203, 286
Rosing, Kristian 201, 202
Rosing, Otto 168, 201, 202
Rosing, Peter 202
Ross, John **85 ff.**

Sabine, Edward 89
Sandgreen, Otto 169
Scoresby, William der Ältere 88, 89, 158
Scoresby, William der Jüngere 88
Severin, Jacob 73, 76, 287, 290
Sigurd Jorsalfar, König von Norwegen 28
Sigurdsson, Vigtus 131

Simpson, Myrtle 134
Spindler, Carl Julius **100 f.**, 102, 164, 234
Stefánsson, Sigurd 42
Storch, Mathias 166
Sverdrup, Otto Neumann 91

Thjodhild 26, 32
Thorsen, Anton 275
Thorwald 26

Vahl, Jens 89
Victor, Paul-Emil 207
Villadsen, Villads 168
Villumsen, Rasmus 133

Walløe, Peter Olsen 89
Wegener, Alfred 112, **131 f.**, 158
Wulff, Thorild 111

Zakæus, Hans 86
Zeno, Nicolo 38, 39

Sachbegriffe

Alkoholismus 10, **92 f.**, 154, 231, 308
Angakkoq s. Schamanen
Atassut-Partei 149, 157, 160

Blutrache 69, 79

Dorset-Kultur 16, 18, 19, **21 ff.**, 23, 24, 25, 157, 174, 175, 236, 293
Duellieder 162

Europäische Gemeinschaft 155, **156 f.**, **314 f.**
Expeditionen
– Alabama-Expedition 131
– Danmarks-Expedition 112, 130, **131 f.**, 158
– Frauenbootexpedition 91, **95 f.**, 158, 304
– Germania-Expedition **93 f.**
– Gjøa-Expedition 111
– Literarische Grönlandexpedition **109 f.**, 134, 158
– Peary-Land-Expeditionen 133

– Thule-Expeditionen **110 ff.**, 301

Fang 14, 16, 19, 22, 24, 25, 89, 98, 266, 279, 298, **299 f.**, 304
Færinger **138 f.**
Fellbekleidung 18, 19, 25, 230, 233
Feste und Feiern 48, 65
Feuerstelle 17, 18, 21, 22
Fischerei 16, 98, 136, 138, 139, 145, 155, 156, 157, 244, 266, 270, 276, 279, 280
Frauen 24, 65, **68 f.**, 165, 308
Frauenboot 24, 78, 84, 89, 92, 170, 304
Frauenmesser 24
Frauentausch 48, 65, 69, 98, 163

Genesis, eskimoische 14
Gesundheitswesen 83, 96, 97, 143, 153, 291
Grassodenhaus s. Torfsteinhaus
Greenpeace 299, **314 f.**
»Grönländergesetz« 77

REGISTER: SACHBEGRIFFE

Grönländische Technische Organisation GTO 145, 149, 294, 297

Herrnhuter Brüdergemeine 73, **76f.**, 85, **100ff.**, 158, 163, 246, 247
Hjemmestyre s. Selbstverwaltung

Iglu 24, 230
Independence I-Kultur **15ff.**, 19, 21, 157, 228
Independence II-Kultur 21, 157, 228
Inlandeis 10, 73, 91, 92, 98, 109, 112, 132, 133, 141, 158, **206f.**, 281, 289, 313
Industrialisierung 145, 146, 153
Inuit Ataqatigiit-Partei 148, 149, 157, 160, 161
Inuit Circumpolar Conference 160, 161, 318
Inuit-Partei 147
Inussuk-Kultur 16, 21, **24f.**, 48, 157
Issittup-Partei 149

Jagd 15, 16, 19, 22, 24, 25, 89, 98, 145, 279, 280, 298, 304

Kajak 19, 24, 25, 92, 100, 146, 231, 299
Kampfspiele 98
Kieler Frieden 79, 84, 85, 138, 158
Königlich Grönländischer Handel KGH 76, **78**, 83, 92, 105, 108, 134, 135, 136, 144, 158, 159, 160, 244, 265, 269, 270, 271, 291, 293
Kalaallit Niurfiat KNI (Grönländischer Handel) 76, 242, 265, 273, 279, 300, 329
Kosmogonie der Eskimos 14, 65

Lampen 17, 18, 22, 24, 48
Lampenlöschspiel 48, 65, 67, 204
Literatur, orale 162

Märchen und Sagen der Eskimo 13, 22, 97, 99, 100, 107, 111, 162, 163
Masken **174f.**

Normannen 11, **29ff.**, 99, 247, 248, 267, 271, **272f.**
Nunataks 92, 209, 219, 275

Ostgrönländer 14, 90, **96f.**, 174, 228

Polareskimo s. Thule-Eskimo
Presse u. Medien
– »Atuagagdliutit« 97, 98, 99, 134, 141, 158, 201, 234
– »Grønlandsposten« 141, 202, 234

– Kalaallit Nunaata Radioa KNR 141, 152
– »Sujumut« 271

Rentierzucht 144, 239, 276
Robbenfang s. Fang

Saqqaq-Kultur 15, **16ff.**, 21, 22, 157, 174, 236, 272, 293, 294
Schamanen 48, **65ff.**, 72, 80, 169, 288
Schafzucht 31, 143, 248, 268, 270, 273
Schlittenhunde 13, 16, **276f.**, 298
Schlittenpatrouille Sirius **141f.**, 227, 309
Schulwesen 83, 85, 96, 97, 105, 143, 144
Selbstverwaltung 10, 11, 104, 148, 149, 152, 154, 160, 213, 226
Silamiut-Theater 330
Siumut-Partei 147, 152, 156, 157, 160, 161
Station »Eismitte« 133, 158
Sukaq-Partei 147, 160
Sulisartut-Partei 149

Tanz s. Trommeltanz
Thule-Eskimo 24, **86ff.**, 109, 133, 145, 301
Thule-Kultur 16, 18, 19, **23f.**, 25, 26, 157, 173, 228, 233, 236, 277, 293
Torfsteinhaus 230, 244, 246, 280, 290, 292, 298
Tran 24, 43, 46, 78, **223f.**, 265, 277
Trommeltanz 67, 98, 162, 163, 175
Tupilak 176, 304
Tuukaq-Theater 330

Überseeisches Land und Gebiet ÜLG 157, 161
Ulo s. Frauenmesser
Umiak s. Frauenboot
US-Militärbasen 140, 143, 145, 159, 161, **271f.**, 280, 304, 307, **316ff.**

Venstre-Partei 134
Vereinte Nationen 85, 141, 159
Vorsteherschaften 103, 109, 134, 135, 166

Walbarten 24, 45, 46
Walfang 16, 19, 24, 25, 27, 42, **43f.**, 48, 76, 77, 92, 158, 277, 279, 296, 297
Werkzeuge u. Waffen der Eskimo 19, 21, 24, 96
Wohnplätze der Eskimo 18, 19, 24, 67, 77, 84, 85, 92, 133, 145
World Wildlife Fund 315